Le droit de l'arbitrage et des institutions de médiation dans l'espace OHADA

Collection « Études africaines »

dirigée par Denis Pryen et son équipe

Forte de plus de mille titres publiés à ce jour, la collection « Études africaines » fait peau neuve. Elle présentera toujours les essais généraux qui ont fait son succès, mais se déclinera désormais également par séries thématiques : droit, économie, politique, sociologie, etc.

Dernières parutions

WOUAKO TCHALEU (Joseph), *Augustin Frederic Kodock, L'homme politique camerounais (1933-2011)*, 2015.
NDIONE (Marcel Samba), *Prophéties et politique au Sénégal. Prédicateurs* sereer (saltigi) *et acteurs politiques*, 2015.
TANDJIGORA (Abdou Karim), *Inégalités de développement au Sénégal*, 2015.
AUDIBERT (Martine) et KONDJI KONDJI (Dominique) dir., *Le développement sanitaire en Afrique francophone. Enjeux et perspectives*, 2015.
NGAMKAM (Gaston), *Le contrat de transport routier de marchandises sous la bannière de l'OHADA et à la lumière de la CMR européenne*, 2015.
SIMBAGOYE (Athanase), *Compétences langagières et apprentissage à l'université du Burundi*, 2015
WEMBOLUA OTSHUDI KENGE (Henri), *Réflexions sur la déclaration universelle des droits de l'homme, valeur, contenu et importance vus d'Afrique*, 2015.
N'GUETTIA KOUASSI (René), *L'Afrique : un géant qui refuse de naître*, 2015.
EKANI (Serge Christian), *Liberté de saisir et exécution forcée dans l'espace OHADA*, 2015.
KOUAKOU (Jean-Marie) dir., *Penser la réconciliation. Pour panser la Côte d'Ivoire*, 2015.

Ces dix derniers titres de la collection sont classés
par ordre chronologique en commençant par le plus récent.
La liste complète des parutions, avec une courte présentation
du contenu des ouvrages, peut être consultée
sur le site www.harmattan.fr

Hygin Didace Amboulou

Le droit de l'arbitrage et des institutions de médiation dans l'espace OHADA

L'Harmattan

Du même auteur

Le Droit des marchés financiers dans l'espace OHADA, L' Harmattan, 2015.

Le Droit des sûretés dans l'Espace OHADA, L'Harmattan, 2014.

Le Droit du développement et de l'intégration économique dans l'espace OHADA, L'Harmattan, 2014.

Le Droit des libertés publiques au Congo, L'Harmattan, 2014.

Le Mariage et les régimes matrimoniaux en droit congolais, L'Harmattan, 2014.

Le Droit des affaires dans l'espace OHADA, L'Harmattan, 2014.

L'Odyssée de l'amour (Poésie), L'Harmattan, 2013.

Les Trésors de Ndenda (Poésie), L'Harmattan, 2013.

Traité congolais de droit du travail et de la sécurité sociale, L'Harmattan, 2013.

Les Personnes, les incapacités et la filiation en droit congolais, L'Harmattan, 2013.

Histoire des institutions judiciaires congolaises de 1910 à nos jours, L'Harmattan, 2012.

Pratique et déontologie notariales en droit positif, L'Harmattan, 2012.

Traité congolais de procédure civile, commerciale, administrative, financière et des voies d'exécution, L'Harmattan, 2012.

Traité congolais de droit pénal et procédure pénale, L'Harmattan, 2012.

Le Divorce et la séparation de corps en droit congolais, L'Harmattan, 2011.

Nostalgite (Roman), L'Harmattan, 2010.

La Cause et l'objet des obligations civiles, Les éditions Hemar, 2010.

Le Droit des collectivités locales au Congo, L'Harmattan, 2010.

Les Libéralités et les successions en droit congolais, L'Harmattan, 2009.

La Légalisation et l'authentification des Actes, Les éditions Hemar, 2009.

Le Notaire et le service public, L'Harmattan, 2008.

L'Administration du territoire et les collectivités locales en République du Congo, L'Harmattan et Hemar, 2007.

Le Notariat congolais de 1960 à nos jours, Les éditions Hemar, 2005.

5-7, rue de l'Ecole-Polytechnique, 75005 Paris

http://www.harmattan.fr
diffusion.harmattan@wanadoo.fr

ISBN : 978-2-343-06419-2
EAN : 9782343064192

Liste des abréviations

Act. Proc. Coll.	Actualité des procédures collectives (lettre d')
AGS.	Association pour la gestion du régime d'assurance des créances de salariés
Bull. civ.	Bulletin des arrêts des chambres civiles de la Cour de cassation
Bull. Joly Sociétés	Bulletin july (mensuel d'information des sociétés)
C. civ.	Code civil
C. Com.	Code de commerce
C. consom.	Code de la consommation
C. monét. Fin.	Code monétaire et financier
C. trav.	Code du travail
CA	Arrêt de cour d'appel
CAC	Centre d'arbitrage du Congo en RDC
CACI	Centre d'arbitrage de Côte d'Ivoire
CAMC	Centre d'arbitrage, de médiation et de conciliation du Sénégal
CAMeC-CCIB	Centre d'arbitrage, de médiation et de conciliation de la Chambre de commerce et d'industrie du Bénin
Cass. ass. plén	Assemblée plénière de la Cour de cassation
Cass. civ. (1re, 2e , 3e)	Chambre civile (1re , 2e, 3e) de la Cour de cassation
Cass. com.	Chambre commerciale de la Cour de cassation
Cass. crim.	Chambre criminelle de la Cour de cassation
Cass. soc.	Chambre sociale de la Cour de cassation
CCJA, l'OHADA	Cour commune de justice et d'arbitrage de
CE.	Conseil d'Etat
CECAM	Centre de conciliation et d'arbitrage du Mali
CEMACO Brazzaville	Centre de médiation et d'arbitrage du Congo
CGCT	Code général des collectivités territoriales
CGI	Code général des impôts
CJCE	Cour de justice des Communautés européenne
CJUE	Cour de justice de l'Union européennes
Comp.	Comparer
Cons. const	Conseil constitutionnel
CPC ex.	Code des procédures civiles d'exécution
CPC	Code de procédure civile
CSS	Code de la sécurité sociale
D. 1985	Décret n°85-1388 du 27 décembre 1985
D. 2005	Décret n°2005-1677 du 28 décembre 2005
D. affaires	Recueil Dalloz affaires

Dr. Sac.	Droit social
EIRL	Entrepreneur individuel à responsabilité limitée
Gaz. Pal.	Gazette du Palais, spéc. Droit des entreprises en
difficulté	
GICAM	Centre d'arbitrage du groupement interprofessional
du Cameroun.	
JCl.	JurisClasseur (Commercial ou des Procédures collectives)
JCP E	JurisClasseur périodique, édition entreprise
JDI	Journal de droit international (Clunet)
JO	Journal officiel de la République française
Obs.	Observations
OCED.	Observation consulaire des entreprises en difficulté
OHADA	Organisation pour l'harmonisation en Afrique du
droit des affaires	
OHADA	Organisation pour l'harmonisation en Afrique du
droit des affaires	
Rev. proc. Coll.	Revue des procédures collectives, civiles et
commerciales	
Rev. Sociétés	Revue des sociétés
Rj com.	Revue de jurisprudence commerciale
RTD com	Revue trimestrielle de droit commercial et
économique	
SFA	Procédure de sauvegarde financière accélérée
T. com	Tribunal de commerce
T. confi	Tribunal de conflits
TA	Tribunal administratif
TGI	Tribunal de grande instance

« L'esprit de zèle tue la Recherche. Il nous précipite dans la perversion et détruit, en nous, l'éthique qui est la caractéristique principale du juriste »

Hygin Didace AMBOULOU

PRESENTATION GENERALE

1. Il est aujourd'hui devenu classique d'affirmer, sans d'ailleurs trop préciser la portée exacte de cette formule, que l'arbitrage est le mode de droit commun, ou encore usuel, ordinaire et habituel, de résolution des litiges du commerce. Et l'on prête à l'arbitrage des qualités qui manquent souvent à la justice étatique. Dans notre étude, nous devrons avant tout préciser la notion d'arbitrage des affaires dans l'approche du droit de l'OHADA. Par ailleurs, si l'on dit généralement que ce mécanisme de résolution des litiges intervient essentiellement dans le domaine « commercial », ce dernier terme ne doit toutefois pas être ici entendu, tant en matière internationale qu'aujourd'hui en matière interne, dans le sens traditionnel qu'il revêt en droit. Enfin, l'arbitrage connaît surtout un franc succès en matière internationale, où il bénéficie encore aujourd'hui d'un régime juridique souvent plus favorable qu'en matière interne, ce qui implique d'identifier précisément les situations donnant lieu à un arbitrage interne.

Section 1. La notion d'arbitrage

2. Afin de définir plus précisément l'arbitrage, il convient d'en préciser la nature juridique, de le différencier d'institutions juridiques voisines, puis de distinguer différents types d'arbitrages.

Paragraphe 1. Nature juridique de l'arbitrage

3. Définition générale. Si de nombreux Etats ont aujourd'hui adopté des législations spécifiques régissant l'arbitrage, aucune d'entre elles ne s'aventure à en donner une définition. Par ailleurs, les Etats n'ont pas toujours la même vision de ce qui relève de l'arbitrage ou d'autres institutions voisines. En revanche, la doctrine s'est depuis longtemps aventurée à dégager une définition de l'institution. Motulsky définissait l'arbitrage comme « le jugement d'une contestation par des particuliers choisis, en principe, par d'autres particuliers au moyen d'une convention ».[1] Pour M. Jarrosson, l'arbitrage est « l'institution par laquelle un tiers règle le différend qui oppose deux ou plusieurs parties, en exerçant la mission juridictionnelle qui lui a été confiée par celles-ci ». MM. Poudret et Besson estiment quant à eux qu'il conviendrait d'ajouter à cette définition que le tiers agit à titre privé, et non dans l'exercice d'une fonction publique, et parlent ainsi d'un « mode conventionnel de règlement des litiges par des particuliers choisis directement ou indirectement par les parties et investis du pouvoir de juger à la place des juridictions étatiques par une décision ayant des effets analogues à ceux d'un jugement. »[2] Ces définitions doctrinales,

---

[1] H. Moutulsky, Etude et notes sur l'arbitrage, Ecrits, T2, Dalloz, 1974, P.5
[2] J.F. Poudret, S. Besson, Droit comparé de l'arbitrage international, n° 3.P.3.

sans être totalement identiques, sont relativement équivalentes : si chacune insiste sur un aspect ou un autre de l'institution, toute s'accordent pour retenir que l'arbitrage est un mode de résolution des litiges par lequel les parties, d'un commun accord, décident de soustraire l'examen de leur litige aux juridictions étatiques et d'en confier le règlement définitif à une ou plusieurs personnes privées qu'elles choisissent et qui sont investies, pour la circonstance, de la mission de juger. Ce faisant, ces définitions soulignent toutes les dimensions conventionnelles et juridictionnelles de l'institution, qui caractérisent sa nature juridique duale.

Paragraphe 2. Caractère volontaire et privé de l'arbitrage

L'arbitrage apparaît comme une justice volontaire et privée.

4. Une justice volontaire. L'arbitrage est une justice volontaire en ce que les parties s'accordent pour soustraire leur litige à la connaissance de la justice étatique et le soumettre à une ou plusieurs personnes privées. Aussi, l'arbitrage repose avant tout sur une « convention d'arbitrage », par laquelle les parties donnent mission à un ou plusieurs arbitres, qui constitueront le « tribunal arbitral », de trancher un litige. En droit OHADA, cette convention peut prendre deux formes : *la clause compromissoire*, qui renferme l'accord des parties à un contrat avant l'apparition de tout différend et qui vise les litiges qui pourraient à l'avenir naître entre elles en relation avec ce contrat, et *le compromis*, stipulant l'accord des parties de soumettre un litige déjà né à l'arbitrage. En tout cas, l'existence d'une convention d'arbitrage conclue entre les parties à l'origine de la mission confiée à l'arbitre semble, à première vue, être consubstantielle à la notion d'arbitrage. De façon plus générale, l'élément volontaire innerve toute l'institution et se manifeste notamment par la grande place laissée à la volonté des parties dans l'organisation du règlement de leur litige, tant au niveau de la désignation des arbitres, que de la procédure suivie dans l'instance arbitrale, ou du choix des dispositions appliquées au fond par le tribunal arbitral pour la résolution du litige.

Paragraphe 3. Elément volontaire et arbitrage forcé

5. Dans l'espace OHADA, le caractère volontaire de l'arbitrage semble tant être de l'essence de l'institution qu'une grande partie de la doctrine considère que « l'arbitrage forcé », mécanisme juridictionnel préétabli et imposé aux parties par la loi pour les litiges en vue desquels il a été institué, n'est pas de l'arbitrage et porte donc mal son nom ; ce serait plutôt *une juridiction d'exception* qui emprunte, de par la volonté du législateur, une partie de son régime à celui de l'arbitrage. Ceci étant, ce point de vue peut-être discuté. Tout d'abord, l'arbitrage forcé est une figure ancienne, qui était relativement importante dans l'Ancien Droit et commune jusqu'à la seconde moitié du XIXe siècle, même s'il est vrai qu'il est devenu relativement exceptionnel aujourd'hui. Ensuite, on pourrait estimer que lorsque la loi ne fait qu'imposer le principe du recours à l'arbitrage, et non la personne des arbitres ou le reste des modalités de résolution du litige, on demeure dans le domaine de l'arbitrage ; le mécanisme en cause reste alors en effet une justice privée et, d'une certaine manière, volontaire, puisque ses modalités restent en grande partie aux mains des parties. En revanche, si la loi impose davantage, notamment la composition du tribunal, et à mesure que la maîtrise par les parties de l'organisation de la procédure s'amoindrit, la qualification d'arbitrage devient douteuse.[3]

Paragraphe 4. Une justice privée

6. Le recours à l'arbitrage traduit également un choix des parties pour une forme privée de justice. Les parties s'adressent à une ou des personnes privées, le ou les arbitres, et non à l'appareil judiciaire de l'Etat. L'arbitre n'est pas, contrairement au juge étatique, investi par l'Etat d'un pouvoir juridictionnel permanent ; il bénéficie néanmoins ponctuellement d'un pouvoir juridictionnel, pour une affaire déterminée, qui trouve son origine dans l'accord des parties qui l'ont désigné et qui est reconnu par le droit étatique. Ne rendant en tout cas pas la justice au nom d'un Etat, l'arbitre ne peut donc soumettre de questions préjudicielles à la Cour commune de justice et d'arbitrage de l'OHADA, dans la mesure où « un tribunal arbitral conventionnel ne constitue pas une juridiction d'un Etat membre au sens de l'Acte uniforme, dès lors qu'il n'y a aucune obligation, ni en droit ni en fait, pour les parties contractantes de confier leurs différends à l'arbitrage et que les autorités publiques de l'Etat membre concernés ne sont ni impliquées dans le choix de la voie de l'arbitrage, ni appelées à intervenir d'office dans le déroulement de la procédure devant l'arbitre ». De même, l'arbitre ne peut poser une question prioritaire de constitutionnalité au Conseil constitutionnel, dès lors que « l'arbitre, investi de son pouvoir juridictionnel par la volonté commune des parties, ne constitue pas une juridiction relavant de la Cour commune de justice d'arbitrage au sens de l'article 23-1 de l'ordonnance n°58-1067 du 7 novembre 1958 portant loi organique sur le Conseil constitutionnel ». Plus généralement, le constat selon lequel l'arbitre n'est pas une juridiction de l'Etat induit, en matière internationale, un phénomène particulier, que l'on décrit en affirmant que l'arbitre international n'a pas, à proprement parler, de for et est « délocalisé », ou en évoquant la « délocalisation » de l'arbitre international, et qui lui permet de bénéficier d'une très large autonomie à l'égard des règles étatiques (règles de droit international privé, règles de procédure, règles de fond), fussent-elles celles du siège du tribunal arbitral.

---

[3] A. Pinna, Réflexions sur l'arbitrage forcé, Cah. arb. Vol.1

Section 2. Dimension juridictionnelle de l'arbitrage

7. Mission juridictionnelle véritable mais particulière et éphémère de l'arbitre. De caractère privé, la justice arbitrale peut néanmoins être considérée comme une véritable forme de justice. L'arbitre désigné par les parties exerce en effet une mission très similaire à celle d'un juge, dès lors qu'il doit dire le droit dans la perspective de rendre une décision obligatoire tranchant la contestation entre les parties. S'il est un juge, l'arbitre est néanmoins un juge particulier. Le déroulement d'un arbitrage est relativement proche de celui d'un procès. Par ailleurs, selon l'article 1478 du Code de procédure civile, le tribunal arbitral tranche le litige en application des règles de droit. A l'issue de la procédure arbitrale, le tribunal arbitral, composé d'un ou de plusieurs membres, rend une sentence arbitrale, qui peut être vue comme l'équivalent d'un jugement et qui en possède d'ailleurs de nombreux attributs. Elle bénéficie notamment, de façon automatique, de l'autorité de chose jugée. Elle reste toutefois un acte de justice privée qui ne bénéficie pas automatiquement, en droit OHADA, de la force exécutoire au moment où elle est rendue. A défaut d'exécution volontaire, son exécution forcée pourra néanmoins être obtenue. L'un des grands avantages de l'arbitrage est en effet de permettre à la partie créancière en vertu de la sentence arbitrale d'obtenir l'aide de la force publique pour assurer l'exécution de celle-ci, après l'avoir soumise à un juge étatique, le juge de l'exequatur. Ce juge, avant d'accorder l'exequatur qui permet à la sentence arbitrale de produire des effets contraignants dans son ordre juridique, opérera un contrôle de régularité de la sentence au regard d'un certain nombre d'exigences posées par son droit. La sentence arbitrale peut également faire l'objet, en elle-même, d'un recours par la partie déçue devant le juge du lieu où elle est rendue qui en contrôlera alors la régularité (recours en annulation ou appel selon les cas). Ce contrôle vise en premier lieu à s'assurer que la volonté des parties a été respectée. Il porte alors sur la compétence de l'arbitre (qui doit effectivement avoir été investi par les parties du pouvoir qu'il a exercé), sur la constitution du tribunal arbitral (qui doit avoir été conforme à la volonté exprimée par les parties), ou encore sur le respect des termes de la mission qui lui avait été confiée par les parties.

Selon le règlement d'arbitrage de la CEMACO en République du Congo, ces vérifications mettent en avant l'aspect conventionnel de l'arbitrage. Un autre volet du contrôle souligne davantage l'aspect juridictionnel de l'arbitrage, même s'il se veut alors très limité, ce qui est une marque de confiance des Etats à l'égard de cette forme de justice privée. Ainsi, le juge s'interdit toute révision au fond de la sentence arbitrale, tout réexamen au fond de l'affaire tranchée par l'arbitre. Il n'entend contrôler que le respect d'exigences fondamentales en matière de justice, ainsi, son contrôle porte essentiellement sur la conformité de la sentence rendue à son ordre public (interne ou international selon le cas), ordre public qui revêt une dimension substantielle

– la solution retenue par la sentence ne devant pas heurter l'ordre public du for -, et également une dimension procédurale – la procédure ayant conduit à l'élaboration de la sentence devant répondre à certaines exigences minimales dans la manière de rendre la justice, à certains principes fondamentaux de procédure, inhérents à la justice comme le principe de la contradiction, l'égalité des parties, ou les droits de la défense. En droit OHADA, un arbitre n'étant pas habilité par un Etat pour la fonction juridictionnelle qu'il exerce, il est également un juge éphémère : une fois la mission que lui ont ponctuellement confiée les parties effectuée, soit dès le prononcé de la sentence, il est dessaisi et n'est plus juge.

PREMIERE PARTIE. LA CONVENTION D'ARBITRAGE

CHAPITRE 1. LE PRINCIPE D'INDEPENDANCE DE LA CONVENTION D'ARBITRAGE PAR RAPPORT AU CONTRAT PRINCIPAL

8. Position du problème et opportunité du principe d'indépendance. Le principe en est posé dans le règlement d'arbitrage du CEMACO en République du Congo. A priori, le non-respect des conditions de validité d'une convention d'arbitrage ne devrait soulever aucune difficulté particulière. En effet, la sanction du non-respect des conditions de validité d'un acte est, à l'évidence, la nullité de celui-ci. Toutefois, dans le cas particulier de la clause compromissoire, une première question peut se poser quant à l'étendue de cette nullité : influe-t-elle sur la validité du contrat substantiel dans lequel est généralement stipulée la clause compromissoire ? L'article 1447, alinéa 2, du Code de procédure civile donne la réponse à cette question en précisant que, « lorsqu'elle est nulle, la clause compromissoire n'affecte pas également le contrat substantiel, seule cette clause sera nulle et le contrat principal en principe maintenu. A titre d'exemple, lorsque la clause compromissoire est nulle en raison de l'inarbitrabilité du litige, le contrat principal ne devrait pas en être affecté. Cependant, une même cause de nullité pourrait affecter, dans le même temps, la clause compromissoire et le contrat principal, par exemple l'incapacité d'une partie à conclure un acte juridique. En ce cas, la nullité devrait logiquement atteindre les deux actes.

Une autre question, plus problématique, est celle de savoir quel est l'impact de la nullité du contrat principal sur la clause compromissoire lorsqu'une cause de nullité atteint ce contrat lui-même, comme une erreur sur les qualités substantielles de la chose objet du contrat, ou l'objet illicite de celui-ci. En vertu du principe de « Compétence-Compétence », selon lequel l'arbitre a le pouvoir de se prononcer lui-même sur sa compétence lorsqu'elle est contestée devant lui, si la nullité du contrat principal est invoquée devant l'arbitre, ce dernier pourra se prononcer sur cette question. Mais que doit faire l'arbitre s'il considère que le contrat principal est effectivement nul ? Au Cameroun, conformément aux dispositions du règlement d'arbitrage du GICAM, si l'on estime que la clause compromissoire est une clause du contrat parmi d'autres, devant suivre le sort de celui-ci, la nullité du contrat devrait emporter celle de la clause compromissoire et faire disparaître les pouvoirs de l'arbitre dont cette clause est la source. Autrement dit, la clause compromissoire, souvent stipulée dans le contrat principal, se verrait affectée par la nullité éventuelle de celui-ci, et l'arbitre qui constaterait la nullité du contrat principal devrait se déclarer incompétent, puisqu'alors, l'acte fondant sa compétence serait lui-même nul. Cependant, une telle solution serait particulièrement préjudiciable au bon fonctionnement de l'arbitrage. Il y aurait plutôt intérêt à retenir, pour assurer l'efficacité de l'arbitrage, que la clause compromissoire peut survivre à la

nullité du contrat principal : l'arbitre pourrait alors constater la nullité de ce contrat, et même la prononcer, sans « scier la brancher sur laquelle il est assis ». Autrement dit, il serait préférable de reconnaître un certain degré d'indépendance, ou l'autonomie, ou encore la séparabilité, de la clause compromissoire par rapport au contrat principal, ce qui permettrait à cette clause de ne pas être affectée par la nullité du contrat et, plus généralement, par les vicissitudes que peut connaître ce contrat. C'est la position qu'adoptent le CECAM, le CAC, le CEMACO et la CACI.
Si ce principe d'autonomie est depuis longtemps admis dans l'arbitrage international et aujourd'hui très largement en droit comparé, sa consécration par le droit OHADA dans l'arbitrage interne a été plus longue et problématique (section 1) ; le principe y étant aujourd'hui clairement reconnu, il doit par ailleurs être justifié (section 2).

Section 1. L'affirmation du principe d'indépendance en droit OHADA de l'arbitrage interne

Paragraphe 1. Reconnaissance progressive du principe d'indépendance

9. Dans son sens originaire, « l'indépendance », ou « l'autonomie » de la convention d'arbitrage s'exprime à l'égard du contrat principal liant les parties. Certes, la convention d'arbitrage est, par nature, liée à ce contrat, dans la mesure où elle vise à la résolution des litiges pouvant naître de ce contrat et n'aurait donc guère de raison d'être sans lui. Toutefois, elle demeure autonome par rapport à ce contrat, si bien que son sort ne dépend pas des tourments pouvant affecter celui-ci. Facile à admettre dans le cas du compromis, l'idée posait plus de difficultés s'agissant de la clause compromissoire dès lors que celle-ci est généralement stipulée dans le contrat principal et semble y être une clause parmi d'autres, devant donc suivre le sort de celui-ci. L'idée s'est néanmoins progressivement imposée. Dès 1963, dans l'arrêt Gosset, la Cour de cassation a consacré l'autonomie de la clause d'arbitrage internationale par rapport au contrat principal, si bien que celle-là ne peut-être affecté par l'invalidité de celui-ci. Cela permettant notamment à un arbitre de rendre une sentence sur la base d'une clause compromissoire figurant dans un contrat dont la nullité était avérée.[4] Dans l'arbitrage international, ce principe d'autonomie a même connu des extensions progressives pour aboutir à l'affirmation par la jurisprudence d'un « principe de validité » de la clause d'arbitrage internationale, détachée de toute loi étatique. Par ailleurs, le principe d'autonomie est aujourd'hui très répandu en droit comparé et figure expressément dans la plupart des règlements d'arbitrage international.

---

[4] Civ. 7 mai 1963, Gosset, JCP. 1963, II. 13405, note B. Goldman

La reconnaissance du même principe par le droit OHADA de l'arbitrage interne a été beaucoup plus tardive. Des décisions anciennes de la Cour de cassation liaient au contraire le sort de la clause compromissoire à celui du contrat principal. La doctrine avait beaucoup critiqué cette solution et la cour d'appel de Paris s'était prononcée en faveur d'une certaine autonomie de la clause compromissoire en matière d'arbitrage interne.[5] Désormais, l'article 1447, alinéa 1, du Code de procédure civile énonce : « La convention d'arbitrage est indépendante du contrat auquel elle se rapporte. Elle n'est pas affectée par l'inefficacité de celui-ci ». Si le principe est de ce fait désormais bien assis en droit OHADA de l'arbitrage interne, il convient toutefois d'en préciser le sens et la portée, et d'en examiner les éventuelles limites.

Paragraphe 2. Sens et portée du principe d'indépendance

10. Certains auteurs préfèrent, au terme « d'autonomie », les termes de « séparabilité » ou « d'indépendance » qui, évoquant une indépendance fonctionnelle de la clause compromissoire par rapport au contrat, rendraient mieux compte de la réalité des rapports entre cette clause et le reste du contrat. En effet, la clause n'a guère de raison d'être sans le contrat principal ; sans lui, elle n'aurait donc pas d'objet. L'Acte uniforme a, quant à lui, retenu le terme « indépendance ». Quoi qu'il en soit, le principe d'indépendance n'implique nullement que la clause compromissoire doive faire l'objet d'un consentement distinct de celui exprimé pour le contrat principal. La principale conséquence du principe est que cette clause ne peut être affectée par les événements, supposés ou avérés, pouvant affecter la validité ou la pérennité du contrat principal : la clause compromissoire verra ainsi ses effets maintenus bien que le contrat principal soit nul, ait été résilié ou résolu, ou encore ait pris fin par l'arrivée de son terme. L'arbitre pourra donc tout à fait, non seulement examiner toute question relative à la validité ou à la pérennité du contrat – en vertu du principe de Compétence-compétence mais également lui-même constater la réalité de ces différents événements affectant le contrat principal et en tirer toute conséquence. Autrement dit, la clause d'arbitrage est en principe détachable du contrat principal et indifférent au sort de celui-ci. L'opportunité de la solution est évidente : on permet ainsi à l'arbitre d'être le juge du contrat, susceptible de régler toutes les questions contentieuses pouvant se poser à son sujet.

Paragraphe 3. Limites du principe d'indépendance

11. Quelques divergences de rédaction entre les deux arrêts rendus en avril 2002 par la deuxième Chambre civile et la Chambre commerciale de la Cour avaient, dans un premier temps, pu susciter des interrogations quant à

[5] Paris, 8 oct. 1998. Rev. arb. 1998, P. 350 note P. Ancel et O. Gout

d'éventuelles limites au principe d'indépendance. En premier lieu, la deuxième Chambre civile avait parlé de « nullité » et « d'inefficacité » de la convention principale, là où la Chambre commerciale avait seulement employé le terme « d'inefficacité » de cette convention. Il ne fallait pas y voir une divergence puisque, très rapidement par la suite, la deuxième Chambre civile a adopté mot pour mot la formulation de la Chambre commerciale. Néanmoins, cette légère différence initiale dans le vocabulaire employé pouvait évoquer un débat antérieur, qui avait animé la doctrine lors de l'adoption du principe d'autonomie dans l'arbitrage international, relatif à la question de l'inexistence *ab initio* du contrat. Pour certains en effet, s'il était clair que le principe d'autonomie devait s'appliquer lorsque le contrat principal avait existé mais n'existait plus, notamment du fait de son extinction par arrivée du terme, de sa résiliation ou résolution, ou de sa caducité, le même principe était en revanche inapplicable en cas d'inexistence *ab initio* du contrat principal. En République du Congo et au Cameroun, la jurisprudence, quant à elle, n'a pas toujours été parfaitement claire. D'un côté, la proposition ne semblait guère la séduire, les juges ayant notamment admis l'application d'une clause compromissoire dans l'hypothèse d'un contrat signé par les parties mais son entré en vigueur du fait de la carence de l'une d'elles à fournir les garanties convenues, dès lors que le différend était lié à la conclusion du contrat. Cette affaire concernait cependant un contrat non entré en vigueur et non pas, à proprement parler, inexistant. Or, d'un autre côté, un arrêt de la Cour de cassation, rendu à propos d'un contrat paraphé mais non signé et dont l'exécution avait été abandonnée, avait indiqué que le principe d'autonomie de la clause d'arbitrage « trouve sa limite dans l'existence en la forme de la convention principale qui contiendrait la clause invoquée.[6] »

Cette décision a engendré des doutes quant à l'état exact du droit positif. En tout cas, la solution du contrat principal était certainement inopportune, compte tenu des incertitudes qui entourent la notion d'inexistence. Heureusement dans un arrêt Omenex du 25 octobre 2005, la Cour de cassation a clairement décidé qu' « en application du principe de validité de la convention d'arbitrage et de son autonomie en matière internationale, la nullité non plus que l'inexistence du contrat qui la contient ne l'affectent ». Cette solution, énoncée en matière d'arbitrage international, devait probablement être applicable à l'arbitrage interne malgré la justification « proprement internationale » donnée par la Cour de cassation à sa décision : d'une part, la clause compromissoire bénéficie aujourd'hui également, en matière interne, du principe d'autonomie et, au moins partiellement, d'un principe de validité énoncé à l'article 2061 du Code civil, même s'il ne saurait avoir le même sens et la même portée qu'en matière internationale ; d'autre part, on voit mal ce qui pourrait justifier une différence de traitement

[6] Civ. 10 juill. Cassia, Rev. arb. 1990, P. 851, note J.H. Moitry et C. Vergne

de la clause d'arbitrage interne et de la clause d'arbitrage international sur ce point. Au demeurant, la solution avait déjà été reconnue en matière interne[7] par certains juges du fond. Et la cour d'appel de Paris s'est récemment prononcée dans le même sens dans le cadre d'un arbitrage interne. Enfin, l'article 1447, alinéa 1, du Code de procédure civile, issu du décret du 13 janvier 2011, en énonçant que la clause compromissoire « n'est pas affectée par l'inefficacité » du contrat, devrait conforter ce point de vue. En effet, le terme d'inefficacité n'a pas été choisi par hasard, mais pour couvrir l'ensemble des vicissitudes que le contrat principal pourrait connaître.
En second lieu, la Chambre commerciale avait fait mention, dans l'arrêt *Toulousy,* d'une éventuelle « stipulation contraire », semblant ainsi réserver le cas où les parties auraient expressément lié le sort de la clause compromissoire à celui du contrat principal. Si elle ne mentionnait pas cette réserve dans son *arrêt Barbot,* la deuxième Chambre civile l'avait par la suite évoquée, en faisant sienne la formule de l'arrêt *Toulousy.* Néanmoins, on perçoit mal l'intérêt pour les parties de stipuler un tel lien de dépendance entre le contrat principal et la clause compromissoire. D'ailleurs, il n'est pas certain que le nouvel article 1447, alinéa 1, du Code de procédure civile l'autorise. En toute hypothèse, s'il était admis, ce lien devrait, pour être retenu, être expressément stipulé par les parties.[8]

Section 2. Cas particulier d'une transaction ou d'une novation

12. Une discussion demeure enfin quant à l'applicabilité du principe d'indépendance dans le cas où le contrat principal contenant la convention d'arbitrage fait l'objet d'une transaction ou d'une novation. Dans un arrêt, la cour d'appel de Paris avait décidé, au nom du principe d'autonomie, que « la transaction ou la novation intervenue sur la convention contenant la clause compromissoire ne peut avoir pour effet de priver cette clause de son efficacité.[9] » La solution, énoncée dans le cadre d'un arbitrage international, était probablement transposable à l'arbitrage interne. Toutefois, la doctrine restait plus nuancée, certains auteurs invitant à distinguer les situations. Tout d'abord, il est certain que la transaction, lorsqu'elle porte sur le litige entre les parties mais ne met pas fin au contrat d'origine les liant, ne devrait pas atteindre la clause compromissoire figurant dans ce contrat, qui demeure efficace pour des litiges futurs non couverts par la transaction. Ensuite, lorsque la transaction met également fin, pour l'avenir seulement ou avec effet rétroactif, au contrat d'origine, la question est plus délicate. Tout dépend du point de savoir si la transaction fait ou non en outre naître des obligations nouvelles. A défaut d'obligations nouvelles, la transaction opère

[7] Paris, 17 mars 2011, Rev. arb. P. 490, note J. Barbet
[8] Civ. 15 mai 2008, n°06 2008, n°1, obs. J. Béguin
[9] Paris, 4 mars 1986, Cosiac Rev. arb. 1987, P. 167 note Ch. Jarrosson

comme une résiliation ou une résolution du contrat, à laquelle la clause d'arbitrage devrait logiquement survivre, même si son usage risque d'être hypothétique puisque la transaction est censée mettre définitivement fin au litige qu'elle couvre et que, le contrat ayant disparu, les litiges futurs devraient être improbables.

En droit OHADA, lorsque la transaction met en outre à la charge des parties des obligations nouvelles, la question se complique : n'y a-t-il pas alors, de par l'effet de la volonté des parties, novation par changement d'objet et, en ce cas, anéantissement de la clause d'arbitrage figurant au contrat principal ? Tout d'abord, il convient de souligner qu'en toute hypothèse, l'arbitre est incompétent pour examiner la question de la réalité et de la portée d'une transaction sur les droits litigieux, en vertu du principe de compétence-compétence. Ensuite, M. Loquin estime, de son côté, que s'il constate une transaction, l'arbitre devrait se déclarer incompétent. En effet, selon l'auteur, la clause compromissoire est un contrat de procédure qui a pour objet le droit d'action attaché aux droits substantiels, et est ainsi l'accessoire de celui-ci. Or, si le droit d'action peut survivre à l'extinction des droits substantiels, il n'en serait pas de même en cas de transaction, celle-ci éteignant le droit d'action né des droits substantiels sur lesquels il a été transigé. Selon la jurisprudence congolaise, un litige portant sur les éventuels droits nés de la transaction porterait donc sur des droits nouveaux, la transaction ayant en ce cas un effet novatoire. Un droit d'action nouveau serait alors en cause, auquel, sauf volonté exprimée par les parties lors de l'opération novatoire, la clause compromissoire ancienne ne serait pas attachée. Le raisonnement suivi devrait être plus généralement applicable à toute novation par changement de l'obligation. Cependant, un autre auteur a pu surtout souligner l'incertitude des solutions jurisprudentielles en la matière.[10] Cela dit, la jurisprudence la plus récente semble confirmer que la transaction, à supposer même qu'elle ait un effet novatoire, ne remet pas en cause l'efficacité de la convention d'arbitrage insérée au contrat.[11]

S'agissant de la novation affectant un contrat contenant une clause compromissoire, deux hypothèses paraissent principalement envisageables, selon le type de novation en cause. Tout d'abord, il peut s'agir d'une novation par changement d'objet : les parties au contrat initial passent un accord ultérieur sur le même sujet que le contrat initial qui ne contient toutefois pas de clause d'arbitrage, et l'une d'elles prétend ensuite que cet accord emporte novation et a remplacé le contrat initial qui se trouve éteint, avec la clause compromissoire qui y était insérée. L'autre partie pourra bien entendu prétendre qu'il n'y a pas novation dans la mesure où les conditions de la novation ne sont pas réunies. Mais elle pourrait également songer à soutenir que, même en cas de novation, la clause compromissoire, en raison

[10] Com. 22 mai 2001 et Paris, 11 juin 1998, Rev. arb. 2002, P. 147

[11] Paris, 21 janv. 2010. Rev. arb. 2010, P. 339. Note. F.X. Train

de son autonomie, survit à la novation du contrat. Ensuite, la novation peut s'opérer par changement de personnes : un tiers intervient dans le rapport contractuel pour prendre la place de l'un des contractants, débiteur ou créancier. La question sera alors de savoir si la clause compromissoire s'applique aux rapports entre l'autre contractant initial et son nouveau débiteur ou créancier. En principe, la novation conduit à la disparition du contrat ou de l'obligation originaire, pour laisser la place à un contrat ou une obligation nouvelle. Aussi, la clause compromissoire, accessoire de l'ancien droit d'action, ne devrait pas concerner le nouveau droit d'action attaché aux nouveaux droits substantiels, d'autant moins lorsque le nouveau rapport lie des parties différentes. Toutefois, des considérations propres à l'arbitrage pourraient conduire la jurisprudence à faire quelques entorses à ces principes.
En droit ivoirien, pour la novation par changement de personnes, la jurisprudence pourrait utiliser ses solutions, pour le moment développées uniquement dans l'arbitrage international mais qui pourraient rapidement être étendues à l'arbitrage interne, relatives à l'extension de la clause compromissoire à des tiers, selon lesquelles la clause compromissoire doit être étendue à toute personne impliquée dans l'exécution du contrat contenant la clause. Or, celui qui se substitue à l'une des parties au contrat n'est-il pas « impliqué » dans l'exécution de celui-ci ? Ainsi, la jurisprudence pourrait songer à combiner le principe d'autonomie de la clause compromissoire au tiers impliqué dans l'exécution du contrat, pour étendre celle-ci aux rapports entre la partie initiale et la partie nouvelle.
S'agissant de la novation par changement de l'obligation, la jurisprudence pourrait maintenir la solution et la motivation de l'arrêt Cosiac, qui paraît au demeurant conforter par des arrêts plus récents relatifs à la transaction. Elle pourrait également songer à utiliser les solutions qu'elle retient en matière d'extension de la clause compromissoire dans un groupe de contrats signés entre les mêmes parties, pour décider que la clause compromissoire contenue dans le contrat initial doit être étendue aux nouveaux accords, même si ceux-ci fondent de nouveaux rapports d'obligations, dès lors qu'ils participent avec l'ancien contrat à la réalisation d'une opération économique unique.[12]

[12] Paris, 12 juin 2012, Rev. arb. 2012, P. 811. Note L. Aynès

CHAPITRE 2. LES CONDITIONS DE VALIDITE DE LA CONVENTION D'ARBITRAGE

13. La convention d'arbitrage est régie par les dispositions des articles 8 et 9 du CAC en République démocratique du Congo, les articles 2, 10 et 11 du CAMEC au Bénin, l'article 7 de la CACI en Côte-d'Ivoire et les articles 9 et 10 du règlement d'arbitrage de la Cour commun de justice et d'arbitrage de l'OHADA.

14. Division. Sur le terrain des conditions de validité, une convention d'arbitrage est bien entendu soumise aux conditions de validité classique traditionnellement posées à l'égard de tout acte juridique, et notamment à celles relatives à l'existence et à la qualité du consentement donné : le consentement à l'arbitrage doit être libre et éclairé, exempt de vices. Au demeurant, la qualité du consentement à la convention d'arbitrage devrait être vue comme une exigence fondamentale, dans la mesure où cette convention fonde la compétence du tribunal arbitral et la renonciation des parties à la compétence des tribunaux étatiques. A cet égard, une partie peut prétendre que son consentement à la convention d'arbitrage résulte d'une erreur, a été surpris par dol ou extorqué par violence. La question est relativement traditionnelle, si ce n'est qu'il importe d'y apporter deux précisions afin de tenir compte des particularités liées à la matière arbitrale. Tout d'abord, en vertu du principe de Compétence-Compétence tel que retenu par le droit OHADA, selon lequel le tribunal arbitral bénéficie d'une compétence prioritaire pour se prononcer sur les questions mettant en cause la validité de son investiture, le tribunal arbitral pourra se prononcer lui-même sur ce type de prétentions. D'autre part, en raison du principe d'autonomie de la convention d'arbitrage elle-même, et non simplement à l'égard du consentement au contrat principal, le vice devra être caractérisé à l'égard du consentement à la convention d'arbitrage elle-même, et non simplement à l'égard du consentement au contrat principal. La question se pose essentiellement à propos de la clause compromissoire. S'agissant du compromis en effet, son indépendance par rapport au contrat principal apparaît avec encore plus d'évidence puisqu'il est signé une fois le litige né, et donc postérieurement, et indépendamment du contrat principal. Ainsi, la qualité du consentement s'apprécie à l'évidence au regard du compromis lui-même. Pour la clause compromissoire, les vices du consentement doivent donc être envisagés de façon autonome pour elle et pour le contrat principal. Certes, assez souvent, le même vice peut affecter à la fois l'une et l'autre. Toutefois, cette coïncidence n'est pas systématique. Ainsi par exemple, un contrat de vente qui serait vicié pour erreur sur la substance de la chose vendue n'implique pas pour autant un vice du consentement affectant la clause compromissoire qui y est stipulée, dans la mesure où le vice en question est bien propre au contrat de vente lui-même.

Cela étant, ne seront ici étudiées que les conditions pour lesquelles la convention d'arbitrage connaît de réelles spécificités. A cet égard, la convention d'arbitrage est, en premier lieu, soumise à des conditions relatives à la capacité et au pouvoir de compromette, c'est-à-dire de conclure une convention d'arbitrage. Sa validité suppose également la licéité de son objet, du recours à l'arbitrage, ce qui a trait aux droits sur lesquels on peut compromettre et met notamment en cause l'arbitrabilité du litige. La convention d'arbitrage est enfin soumise à des conditions de validité en la forme.

Section 1. La capacité et le pouvoir de compromettre

15. Division. La convention d'arbitrage étant un acte juridique, la personne qui conclut une convention d'arbitrage en son nom et pour son compte doit être capable (§1). De plus, lorsqu'une personne prétend conclure un tel acte pour le compte d'autrui, elle doit avoir reçu un pouvoir à cet effet (§2).

Paragraphe 1. La capacité de compromettre

16. Personne privées et personnes publiques. L'article 2059 du Code civil dispose que « toutes personnes peuvent compromettre sur les droits dont elles ont la libre disposition ». Ainsi, la justice arbitrale semble en principe accessible à toute personne, à condition que celle-ci ait la libre disposition de ses droits. Toutefois, la convention d'arbitrage étant un acte juridique, il existe des exceptions pour certaines personnes dont la capacité juridique est restreinte. Il convient ici de se reporter pour l'essentiel aux dispositions relatives à la capacité à contracter en général. La capacité de compromettre doit toutefois être appréciée différemment pour les personnes privées et pour les personnes publiques.

Paragraphe 2. Les personnes privées. La convention d'arbitrage, acte d'administration ou de disposition ?

17. En tant qu'acte juridique, la convention d'arbitrage pose la question de la capacité à contracter de celui qui y souscrit. En application de l'article 1123 du Code civil, pourrait donc en principe compromettre toute personne qui n'est pas déclarée incapable de contracter par la loi. L'article 1124 précise que sont incapables de contracter, « dans la mesure définie par la loi », les mineurs non émancipés et les majeurs protégés au sens de l'article 488 du même code. Ainsi, la loi fixe « la mesure » de l'incapacité de ces catégories de personnes, et il est donc nécessaire de voir comment elle définit les contours de leur incapacité pour savoir précisément qui peut, et à quelles conditions, conclure une convention d'arbitrage. C'est la capacité d'exercice qui est ici en cause. Celle-ci peut se définir comme « l'aptitude à faire valoir par soi-même et seul un droit dont on est titulaire, sans avoir besoin d'être représenté ni assisté à cet effet par un tiers ». La question relevant davantage du droit des personnes, seules quelques indications générales seront ici données.

La capacité de contracter de certaines personnes protégées dépend souvent de la gravité de l'acte en cause. A cet égard, on distingue généralement les actes de disposition, les actes d'administration et les actes conservatoires. Si la convention d'arbitrage ne peut à l'évidence être regardée comme un simple acte conservatoire, on peut en revanche hésiter à la ranger dans la première ou la deuxième catégorie d'acte. En droit congolais et camerounais, l'opinion traditionnelle a longtemps été que la convention d'arbitrage est un acte grave, qui emporte renonciation à certaines garanties offertes par la justice étatique, ainsi qu'au droit litigieux tel qu'il serait reconnu par un juge étatique. De ce fait, elle devrait être rangée dans la catégorie des actes de disposition. A tout le moins, sa conclusion supposerait que la personne puisse disposer des droits litigieux.

Cependant, certains auteurs contestent aujourd'hui le caractère systématique de cette qualification. Ainsi, M. Ancel estime que l'arbitrage est devenu un mode sûr de règlement des litiges, dont il ne convient pas de se méfier *a priori* : l'arbitre statue généralement en droit, et sous le contrôle du juge étatique.[13] L'auteur propose donc de ne maintenir de façon systématique la qualification d'acte de disposition qu'à l'égard de la convention d'arbitrage stipulant l'amiable composition, dans la mesure où une telle convention implique effectivement renonciation par les parties à l'application stricte du droit au profit d'un usage par l'arbitre de l'équité. Au Bénin, en dehors de cette hypothèse spécifique, l'on plaide en revanche pour une analyse au cas par cas, tenant compte de l'objet du litige, ainsi que de la règle de capacité qu'il s'agit d'appliquer. Selon cette logique, la convention d'arbitrage ne serait pas un acte de disposition lorsque la décision de l'arbitre n'est pas susceptible d'avoir une influence sur la propriété des biens en litige, ni d'affecter durablement leur valeur ; autrement dit, elle constituerait un acte d'administration chaque fois qu'elle se rattache à l'administration du patrimoine. Elle devrait au contraire être qualifiée d'acte de disposition pour les litiges dont la solution risque d'affecter définitivement la consistance ou la valeur du patrimoine, ainsi que pour les litiges extrapatrimoniaux. Ainsi, la qualification ne dépendrait plus vraiment de la convention d'arbitrage elle-même, mais de l'objet du litige et des incidences possibles de la sentence arbitrale à intervenir sur les droits de l'individu concerné. Bien que séduisante, cette proposition risque d'être extrêmement difficile à mettre en œuvre. Elle implique en effet une démarche prospective souvent délicate à suivre : il n'est pas toujours évident de déterminer *a priori* si le litige mettra

[13] P. Ancel. « Convention d'arbitrage-Convention de fond ». J.Cl. proc. Civ. Fasc. 1022, n° 20 et s.

ou non durablement en cause le patrimoine de l'une des parties. La tâche risque même de se révéler impossible dans le cas de la clause compromissoire qui intervient par hypothèse avant tout litige et qui ne définit généralement pas de façon précise l'objet des litiges qu'elle entend couvrir. Pour les juges congolais et camerounais, la proposition, si elle était suivie, instaurerait donc une forte relativité quant à la validité de la clause compromissoire, qui serait affectée d'un statut bien précaire puisque, le plus souvent, cette validité ne pourrait être vérifiée qu'au moment de la naissance du litige. Cela paraît peu compatible avec le souci de sécurité juridique et de prévisibilité cher aux parties à un contrat. Aussi, cette proposition ne semble pouvoir être aisément mise en œuvre que pour le compromis.

Paragraphe 3. Mineurs

18. Au Cameroun, au Congo et en Côte-d'Ivoire, le mineur non émancipé ne peut à l'évidence conclure lui-même une convention d'arbitrage. Toutefois, son représentant légal pourra le faire en son nom. La question est en réalité davantage celle de savoir quel représentant peut agir, dans la mesure où il existe souvent plusieurs organes de représentation du mineur (administrateur légal, tuteur, conseil de famille, juge des tutelles), et à quelles conditions. L'organe qui peut agir au nom du mineur est en principe l'organe normal de représentation, c'est-à-dire, selon les cas, les parents en tant qu'administrateurs légaux, ou le tuteur. Cependant, se pose la question d'arbitrage pour l'incapable, obtenir au préalable une autorisation émanant d'une autre autorité.

Pour prendre l'exemple de l'administration pure et simple des parents qui exercent alors en commun l'autorité parentale, selon l'article 389-4 du Code civil, chacun des parents est réputé, à l'égard des tiers, avoir de l'autre le pouvoir de faire seul les actes pour lesquels un tuteur n'aurait besoin d'aucune autorisation. En revanche, l'article 389-5, alinéa 1, du même code dispose que les parents accomplissent ensemble les actes qu'un tuteur ne pourrait faire qu'avec l'autorisation du conseil de famille et, qu'à défaut d'accord entre les parents, l'acte doit être autorisé par le juge des tutelles. Or, l'article 506 du Code civil prévoit que le tuteur ne peut compromettre au nom de la personne protégée qu'après avoir fait approuver les clauses de la convention d'arbitrage par le conseil de famille ou, à défaut, par le juge. Il pourrait donc être déduit de ces dispositions que les parents agissant ensemble, pouvant accomplir sans autre autorisation les actes qu'un tuteur ne pourrait faire qu'avec l'autorisation du conseil de famille, peuvent notamment conclure une convention d'arbitrage au nom du mineur ; en revanche, à défaut d'accord entre eux, l'autorisation du juge des tutelles serait nécessaire.

Toutefois, selon l'article 389-5, alinéa 3, du Code civil, « même d'un commun accord, les parents ne peuvent renoncer pour (le mineur) à un droit, sans l'autorisation du juge des tutelles ». Ainsi, si l'on s'en tient à la conception traditionnelle, selon laquelle la convention d'arbitrage est un acte de disposition ou, à tout le moins, un acte grave, l'autorisation du juge des tutelles semblerait finalement dans tous les cas nécessaire. Au contraire, si la proposition de M. Ancel était retenue, la solution pourrait varier selon que le litige couvert par la convention d'arbitrage met en cause la propriété ou la consistance des biens du mineur, ou seulement leur administration sans être susceptible d'affecter durablement la propriété ou la valeur de ces biens. Néanmoins, compte tenu des incertitudes qui, à retenir cette seconde conception, sont susceptibles d'entourer la validité d'une convention d'arbitrage, et spécialement d'une clause compromissoire, il serait prudent d'obtenir dans tous les cas l'autorisation du juge des tutelles. Sauf à ce que la jurisprudence confirme son orientation actuelle, essentiellement manifestée dans l'arbitrage international, vers la reconnaissance de la convention d'arbitrage comme un acte « de gestion courante du patrimoine », auquel cas l'autorisation ne serait jamais nécessaire. Mais la prudence s'impose d'autant plus lorsqu'on examine les dispositions relatives à l'administration légale sous contrôle judiciaire.[14]

Le régime de l'administration légale sous contrôle judiciaire est applicable lorsque l'un des parents est décédé ou privé de l'exercice de l'autorité parentale, ou en cas d'exercice unilatéral de l'autorité parentale. En ce cas, l'article 389-6 du Code civil dispose que « l'administrateur doit se pourvoir d'une autorisation du juge des tutelles pour accomplir les actes qu'un tuteur ne pourrait faire qu'avec une autorisation » et « peut faire seul les autres actes ». Or, l'article 506 du Code soumettant à autorisation du conseil de famille ou du juge la conclusion par le tuteur d'une convention d'arbitrage, on peut en déduire que l'administrateur aura ici toujours besoin de l'autorisation du juge.

S'agissant de la tutelle d'un mineur, applicable en cas de décès ou de privation de l'exercice de l'autorité parentale des deux parents, l'article 506 du Code civil fournit la solution en énonçant : « Le tuteur ne peut transiger ou compromettre au nom de la personne protégée qu'après avoir fait approuver par le conseil de famille ou, à défaut, par le juge les clauses de la transaction ou du compromis et, le cas échéant, la clause compromissoire ». Par ailleurs, le compromis et la clause compromissoire sont rangés parmi les actes de disposition dans l'annexe 1 du décret n°2008-1484 du 22 décembre 2008, pris en application de l'article 496 du Code civil et qui fixe la liste des actes regardés, pour l'application du titre relatif à « la gestion du patrimoine des mineurs et majeurs en tutelle », comme des « actes d'administration relatifs à la gestion courante du patrimoine et comme des actes de disposition qui engagent celui-ci de manière durable et substantielle ». Le

---

[14] Sur la représentation du mineur, voir H.D. Amboulou, Les personnes, les incapacités et la filiation en droit congolais, L'Harmattan 2013

tuteur aura donc toujours besoin d'une autorisation pour valablement compromettre au nom du mineur en tutelle. Ainsi, de façon générale, le législateur semble bien traiter la convention d'arbitrage comme un acte grave, s'agissant des mineurs non émancipés. Le mineur émancipé est quant à lui, en vertu de l'article 413-6, alinéa 1 du Code civil, capable comme un majeur de tous les actes de la vie civile ; aucune restriction à sa capacité de compromettre ne semble posée. Toutefois, selon l'article 413-8 du Code civil, le mineur émancipé ne peut-être commerçant, ce qui peut conduire à restreindre les possibilités pour lui de conclure une clause compromissoire, dès lors que celle-ci ne peut-être conclue, en vertu de l'article 2061 du code civil, dans le cadre d'une activité professionnelle.

Paragraphe 4. Majeurs protégés

19. S'agissant du majeur placé sous sauvegarde de justice, l'article 435 du Code civil énonce qu'il « conserve l'exercice de ses droits ». Le texte ajoute qu'il ne peut toutefois, à peine de nullité, faire un acte pour lequel un mandataire spécial a été désigné en application de l'article 437. Le texte énonce encore que « les actes qu'il a passés et les engagements qu'il a contractés pendant la durée de la mesure peuvent être annulés en vertu de l'article 414-1 », cette dernière disposition prévoyant la nullité de l'acte s'il est établi l'existence d'un trouble mental à part, l'adhésion à une convention d'arbitrage devrait rarement pouvoir caractériser un excès ou une lésion.
Pour les personnes en curatelle, l'article 467 du Code civil énonce que « la personne en curatelle ne peut, sans l'assistance du curateur, faire aucun acte qui, en cas de tutelle, requerrait une autorisation du juge ou du conseil de famille ». Aussi, puisque l'article 506 du Code civil prévoit que le tuteur ne peut compromettre au nom de la personne protégée qu'après approbation des clauses du compromis ou de la clause compromissoire par le conseil de famille ou, à défaut, par le juge, l'assistance du curateur paraît nécessaire pour la conclusion d'une convention d'arbitrage. Cette exigence peut sembler suffisante pour protéger la personne qui fait simplement l'objet d'une mesure de curatelle, le curateur n'ayant pas en principe de pouvoir de représentation mais une simple mission d'assistance.

Paragraphe 5. Personne en mesure de sauvegarde, redressement ou liquidation judiciaire

20. Un cas particulier d'incapacité concerne le débiteur en faillite, s'agissant de la convention d'arbitrage conclue postérieurement au jugement d'ouverture de la procédure collective. On peut ici distinguer la sauvegarde, le redressement et la liquidation judiciaires.

En cas de mesure de sauvegarde[15], si l'administration de l'entreprise est en principe assurée par son dirigeant, le tribunal qui nomme un ou plusieurs administrateurs les charge ensemble ou séparément de surveiller le débiteur dans sa gestion ou de l'assister pour tous les actes de gestion ou pour certains d'entre eux. L'article 18 al. 5 de l'Acte uniforme portant organisation des procédures collectives d'apurement du passif ajoute que dès que la décision du règlement préventif est passée en force de chose jugée le débiteur continue à exercer sur son patrimoine les actes de disposition et d'administration, ainsi que les droits et actions qui ne sont pas compris dans la mission de l'administrateur. Tout semble donc dépendre en premier lieu de l'étendue de la mission confiée à l'administrateur par le jugement d'ouverture. Par ailleurs, l'alinéa 2 de l'article 622 du Code de commerce dispose que « sous réserve des dispositions des articles L. 622-7 et L. 622-13, les actes de gestion courante qu'accomplit seul le débiteur sont réputés valables à l'égard des tiers de bonne foi ». Or, la jurisprudence actuelle tend de plus en plus à considérer la conclusion d'une convention d'arbitrage comme acte de gestion courante dans la vie des sociétés. Aussi, si cette orientation était suivie, la stipulation d'une convention d'arbitrage par le débiteur seul pourrait sembler dans tous les cas valable à l'égard des tiers de bonne foi. Cependant, l'article L. 622-7 du Code de commerce dispose justement : « (...). Le juge-commissaire peut autoriser le débiteur à faire un acte de disposition étranger à la gestion courante de l'entreprise, à consentir une hypothèque, un gage ou un nantissement ou à compromettre ou transiger ».[16] On peut en déduire que l'autorisation du juge-commissaire est finalement toujours nécessaire, et doit être combinée avec les dispositions relatives à la mission (surveillance ou assistance) confiée dans chaque espèce à l'administrateur. Ainsi, le législateur donne expressément la solution et paraît toujours percevoir la convention d'arbitrage comme un acte relativement grave et, en tout cas, la soumettre à un traitement analogue à celui des actes étrangers à la gestion courante de l'entreprise en mesure de sauvegarde.

En cas de redressement judiciaire, les articles 33, 52, 118, 141 et 145 de l'Acte uniforme, qui sont en principe applicables à la procédure de sauvegarde, le sont également à la procédure de redressement judiciaire, sous réserve des dispositions particulières à cette dernière. A cet égard, l'Acte uniforme prévoit que lorsque l'administrateur a une mission de représentation, il exerce les prérogatives conférées au débiteur par le jeu de l'article 52 de l'Acte uniforme portant organisation des procédures collectives d'apurement de passif, et qu'en cas de mission d'assistance, il les

---

[15] Articles 11 et 18 de l'Acte uniforme portant organisation des procédures collectives d'apurement du passif

[16] Sur les mécanismes de ses sûretés, V.H.D. Amboulou, Le droit des sûretés dans l'espace OHADA, L'Harmattan, 2014

exerce concurremment avec le débiteur. Autrement dit, tout dépendra à nouveau de l'étendue de la mission confiée par le tribunal à l'administrateur (simple mission d'assistance ou mission de représentation) et, dans le cas d'une mission de représentation, l'administrateur se substitue au débiteur dans le cadre de l'application de l'article 41.
En cas de liquidation judiciaire, le liquidateur exerce en principe les droits et actions du débiteur concernant son patrimoine. Par ailleurs, l'article 148 de l'Acte uniforme permet au liquidateur avec l'autorisation du juge-commissaire et le débiteur entendu ou dûment appelé, de compromettre et transiger sur toutes les contestations qui intéressent collectivement les créanciers même sur celles qui sont relatives à des droits et actions immobiliers ; de plus, si l'objet du compromis est d'une valeur indéterminée ou excède la compétence en dernier ressort du tribunal, le compromis est soumis à l'homologation du tribunal. L'autorisation du juge-commissaire est donc toujours nécessaire pour « compromettre » sur les contestations qui intéressent collectivement les créanciers, et c'est le liquidateur qui peut conclure la convention d'arbitrage. La solution est à nouveau donnée par le législateur qui, sans s'aventurer à qualifier la convention d'arbitrage d'acte de disposition ou d'acte étranger à la gestion courante, peut-être en raison de la difficulté à la ranger dans les catégories existantes, prend la peine d'en traiter spécifiquement et semble bien la considérer comme un acte grave.

Section 2. Le cas particulier des personnes publiques

Paragraphe 1. Question de capacité ou d'arbitrabilité subjective

21. Certains auteurs abordent la question de l'aptitude de l'Etat et des autres personnes morales de droit public à compromettre sous l'angle de l'arbitrabilité dite « subjective ». Selon eux, il ne pourrait s'agir d'une question de capacité dans la mesure où l'Etat a, par nature, une pleine capacité juridique.[17] Néanmoins, nous nous rallierons ici, à tout le moins pour l'organisation de l'ouvrage, à un autre courant doctrinal qui retient qu'est bien ici en cause une limitation de la capacité de compromettre de l'Etat et des autres personnes morales de droit public, soit une limitation de leur capacité de jouissance[18]. Au demeurant, en droit OHADA au moins, la prohibition pour les personnes morales de droit public de compromettre s'explique essentiellement par des considérations liées au statut des personnes concernées. Comme le relève M. Loquin, l'interdiction est avant tout organique et frappe traditionnellement tous les types de conventions conclues par les personnes morales de droit public, peu important le

---

[17] Ph. Fouchard, E. Gaillard, B. Goldman, Traité de l'arbitrage commercial international, Litec, 1996, n°533, P. 329.

[18] Sur ce débat, V.J.F. Poudret, S. Besson, Droit comparé de l'arbitrage international, Bruylant, 2002, n°228, P. 190

caractère administratif ou non du litige. C'est l'Administration qui n'est pas, en principe, autorisée à compromettre. Les origines de cette prohibition confortent ce point de vue.[19]

Paragraphe 2. Une prohibition traditionnelle

22. L'article 2060 du Code civil semble poser une restriction à la capacité de jouissance des personnes publiques, capacité qui peut être définie comme « l'aptitude à devenir titulaire d'un droit ou d'une obligation » et qui, « pour une personne physique, ne peut être entamée, dans les cas exceptionnels limitativement prévus par la loi, que pour la jouissance d'un droit déterminé ». Il énonce en effet qu' « on ne peut compromettre sur les contestations intéressant les collectivités publiques et les établissements publics ». On déduit de la formulation de cet article que l'Etat, les collectivités locales et les établissements publics se voient dénier la capacité de compromettre. Cette prohibition, en réalité ancienne affirmée par la jurisprudence dès le début du XIXe siècle, s'est construite sur l'idée que les litiges intéressant l'Etat et les autres personnes morales de droit public relevaient de la compétence impérative des juridictions administratives, dès lors qu'ils concernent au plus près l'intérêt public, ce qui devait conduire à l'illégalité de toute convention tendant à déroger à cette attribution de compétence. La jurisprudence s'était notamment appuyée sur l'article 1004 du Code de procédure civile dans sa rédaction de 1806, qui disposait que l'on ne pouvait compromettre sur aucune des contestations qui seraient sujettes à communication au ministère public. Or, l'article 83 du même code prévoyait justement, parmi ces causes communicables, celles « qui concernent l'Etat, le domaine, les communes, les établissements publics ». Cette réserve envers l'arbitrage est assurément compréhensible. Elle est la marque de ce que l'administration n'a pas la même liberté de vouloir, d'agir, de disposer et de s'engager qu'une personne ordinaire. Et elle concrétise un souci de protection institutionnelle, et au besoin rigide, des intérêts publics et collectifs au besoin *contre* autant que *par* les autorités administratives ».[20]

Paragraphe 3. Exceptions au principe de prohibition

23. Cette prohibition connaît toutefois des exceptions légales ou règlementaires, ainsi qu'un mouvement d'idées en sens contraire. Une loi de budget du 17 avril 1906 avait déjà permis, dans les marchés de travaux publics, à l'Etat, aux départements et aux communes de recourir à l'arbitrage pour la liquidation de leurs dépenses de travaux et de fournitures. Surtout,

---

[19] E. Loquin, « Arbitrage – Compromis et clause compromissoire », J. cl. Proc. civ. Fasc. 1020, n°129

[20] B. Pacteau, « Arbitrage – arbitrage spéciaux – arbitrage en droit administratif », J. cl. Proc. Civ. Fasc. 1043, spéc. n°6 et s.

l'alinéa 2 de l'article 2060 du Code civil, ajouté par une loi du 9 juillet 1975, a précisé que « toutefois, des catégories d'EPIC peuvent être autorisées par décret à compromettre ». Pendant longtemps, les quelques autorisations données l'on été, non par décret, mais par une loi : au profit notamment de la SNCF en 1982, de la poste et de France Télécom en 1990, de Réseau Ferré de France en 1997. Plus récemment, la voie du décret a bénéficié d'un retour en grâce pour des autorisations données, en 2000 aux établissements publics d'enseignement supérieur, en 2002 aux établissements publics industriels et commerciaux des secteurs des mines et de l'électricité et du gaz, soit les Charbonnages de France, les Houillères de bassin, EDF et GDF, les deux derniers ayant cependant été privatisés depuis lors. Enfin, une étape importante dans l'ouverture à l'arbitrage du contentieux intéressant les personnes morales de droit public est certainement constituée par l'ordonnance du 17 juin 2004, qui a créé un nouveau type de contrats administratifs, *les contrats de partenariat*, et a prévu, à leur égard, le recours à l'arbitrage selon des modalités particulières. Ces contrats visent à assurer le financement par des sociétés de droit privé de la construction d'ouvrages ou d'équipements nécessaires au service public, voire d'associer ces sociétés à leur exploitation ou leur gestion ultérieure.
En France, l'Etat et les établissements publics, en vertu de l'article 11 de l'ordonnance du 17 juin 2004, et les collectivités territoriales et leurs établissements publics, en vertu de l'article 1414-12 du Code général des collectivités territoriales, peuvent ainsi désormais recourir à l'arbitrage dans ce type de contrats. Une tentative de synthèse de ces différentes dérogations se trouve aujourd'hui à l'article L. 311-6 du Code de justice administrative. Plus récemment encore, il a été prévu que l'Etat pouvait, sur l'autorisation délivrée par un décret en Conseil d'Etat délibéré en conseil des ministres, consentir à l'arbitrage pour la résolution des litiges dans lesquels il est engagé à propos de l'exploitation de l'énergie hydraulique. De même, les contrats passés par les personnes morales de droit public en lien avec la construction ou la rénovation des enceintes sportives destinées à accueillir l'UEFA Euro 2016 et des équipements connexes permettant le fonctionnement de celles-ci, ainsi qu'avec l'organisation et le déroulement de cette compétition, peuvent prévoir le recours à l'arbitrage avec application de la loi française.[21]

Section 3. Les droits de l'arbitre

24. Les droits de l'arbitre sont inhérents à sa mission. Cette mission est définie aux articles 17 du règlement d'arbitrage du CAC en République

---

[21] Loi n°2011-617 du 1er juin 2011 relatives à l'organisation du championnat d'Europe de football de l'UEFA en 2016. V.M. Maison neuve, Chronique de jurisprudence arbitrale en matière sportive. Rev. 2011, P. 831

démocratique du Congo et l'article 2 du Règlement de la Cour commune de justice et d'arbitrage de l'OHADA. A côté de ceux qu'il peut le cas échéant tirer des stipulations d'un règlement d'arbitrage, l'arbitre bénéfice toujours de droits inhérents, d'une part, à la nature juridictionnelle de sa mission et, d'autre part, au caractère conventionnel de sa relation avec les parties.

Paragraphe 1. Les droits inhérents à la mission juridictionnelle

25. Immunité de l'arbitre. Si l'on veut qu'un juge puisse exercer ses pouvoirs avec indépendance et impartialité, il faut le mettre à l'abri du ressentiment de parties insatisfaites par le sens de sa décision. Sa responsabilité personnelle, pour des faits tenant à l'exercice de sa mission juridictionnelle, ne doit pouvoir être engagée que de manière exceptionnelle. L'arbitre étant un juge, pour qu'il puisse exercer ses fonctions en toute sérénité, il doit donc être protégé contre les actions intempestives des parties mécontentes. Il ne doit notamment pas pouvoir se voir reprocher d'avoir mal jugé une affaire.[22] Aussi, indépendamment des clauses limitatives de responsabilité pouvant figurer dans les règlements d'arbitrage, la jurisprudence OHADA a-t-elle consacré une immunité de principe au profit de l'arbitre : il est protégé du reproche qui pourrait lui être fait d'avoir mal jugé une affaire, d'avoir commis une erreur de raisonnement. Cette immunité de l'arbitre dans l'exercice de ses pouvoirs juridictionnels connaît cependant une limite : la faute personnelle de l'arbitre qui relève un manquement incompatible avec la fonction juridictionnelle. L'arbitre peut-être tenu pour responsable des conséquences dommageables d'un mal jugé lorsqu'il est le résultat, par exemple, de sa fraude, de son dol, d'un déni de justice ou encore de sa faute pénale. Il est aussi responsable des conséquences de l'annulation de la sentence résultant de sa méconnaissance de l'obligation de révéler les faits susceptibles de faire douter de son indépendance ou de son impartialité, ou d'un manquement au principe de la contradiction.[23]

Paragraphe 2. Empêchement, abstention et démission de l'arbitre

26. L'arbitre n'est pas tenu de poursuivre sa mission jusqu'à son terme lorsqu'il en est empêché pour des raisons qui lui sont extérieures : maladie, incapacité juridique... A la condition de pouvoir se prévaloir d'une « cause légitime », comme le précise l'article 1457, alinéa 1, du Code de procédure civile, l'arbitre dispose aussi du droit de démissionner et de s'abstenir en cours d'instance, c'est-à-dire, dans cette seconde hypothèse, de renoncer à

---

[22] Ph. Fouchard, « Le statut de l'arbitre dans la jurisprudence française ». Rev. arb. 1996, P.325

[23] Paris, 22 mai 1991, Rev. arb. 1996, P. 476

exercer sa mission, par exemple parce qu'est survenue une circonstance susceptible d'affecter, aux yeux des parties, son indépendance ou son impartialité. Tous ces droits, évoqués par l'article 1457, alinéa 1, précité, dans sa rédaction issue du décret du 13 janvier 2011, sont directement liés à la nature juridictionnelle de la mission de l'arbitre, qui exige certaines qualités qui peuvent disparaître au cours de l'instance arbitrale. L'arbitre doit donc pouvoir mettre un terme à sa mission lorsqu'il constate qu'il ne les réunit plus. Ainsi, il peut s'abstenir lorsqu'une cause de récusation se révèle pendant la procédure arbitrale conformément à l'article 7 de l'Acte uniforme sur le droit de l'arbitrage. Il doit pareillement pouvoir être autorisé à renoncer à sa mission s'il apparaît qu'il se trouve dans l'impossibilité, pour une raison médicale notamment, de l'exercer correctement, puisqu'il s'agit là d'une « cause légitime », au sens du texte précité. Bien plus, il apparaît aussi légitime de lui offrir le droit de démissionner ou de s'abstenir en cas de comportement condamnable des autres arbitres auquel il ne voudrait pas être associé. Bien entendu, ce droit de l'arbitre de démissionner ou de s'abstenir n'est pas discrétionnaire. En raison de la gravité des conséquences de ces deux actes, qui suspendent l'instance arbitrale, ce qui peut considérablement accroître le coût et la durée de la procédure, la responsabilité de l'arbitre peut-être engagée si son abstention ou sa démission est abusive.[24]

Paragraphe 3. Liberté de jugement de l'arbitre

27. En droit OHADA, le principe fondamental d'indépendance de l'arbitre n'est pas uniquement constitutif d'obligations pour lui ; il est également source de droits. Lorsque le tribunal arbitral est composé de plusieurs membres, l'arbitre peut en effet exprimer sa propre opinion sur le litige, en toute indépendance de celles des autres arbitres. Au moins deux voies s'offrent alors à lui faire part de son désaccord. L'arbitre peut d'abord refuser de signer la sentence. Celle-ci doit alors mentionner ce refus, à peine de nullité. Ce procédé devrait cependant être réservé aux situations dans lesquelles le désaccord de l'arbitre ne se limite pas à la solution sur le fond du litige. Puisqu'il est prévu que la sentence est rendue à la majorité des voix et qu'elle doit-être signée par tous les arbitres, la signature de l'arbitre ne vaut pas accord sur la solution qu'elle consacre, si la solution retenue heurte la morale ou, comme pour l'abstention, si les autres arbitres ont adopté un comportement répréhensible. Au-delà du refus de signature, l'arbitre peut exprimer son désaccord en demandant que la sentence précise qu'elle n'a pas été rendue à l'unanimité, ce qui ne porte pas atteinte au secret du délibéré tel que prévu aux articles 17 et 18 de l'Acte uniforme sur le droit de l'arbitrage. Dans cette hypothèse, il est en effet impossible de déterminer la position de chacun des arbitres. En revanche, même si aucun texte ne condamne

[24] Paris 1er juill. 1997, Rev. arb. 1998, P. 131. Note. D. Hascher

directement cette pratique, compte tenu de cette obligation au secret du délibéré, posée par l'article 17 précité, l'arbitre ne peut pas exiger que la sentence fasse état de son opinion dissidente.[25] Ce faisant, l'arbitre en viendrait en effet nécessairement à exposer l'opinion majoritaire et donc, corrélativement, la position prise par les autres arbitres.[26]

Section 4. Les droits conventionnels. La rémunération de l'arbitre

28. Les frais de l'arbitrage sont fixés en République démocratique du Congo par les articles 11 et 12 du règlement du CAC, au Bénin par l'article 17 du règlement du CAMeC, en Côte-d'Ivoire par l'article 32 du règlement de la CACI et à la Cour commune de justice et d'arbitrage par les articles 24 du règlement. Si traditionnellement, il est admis que la rémunération de l'arbitre ne constitue pas une condition de validité du contrat d'arbitre, parce qu'il serait par nature gratuit, elle est le plus souvent prévue. En pratique, l'onérosité constitue même la règle. Les parties sont alors tenues de régler les honoraires qu'elles se sont engagées à verser à l'arbitre. Et il a été jugé que leur obligation à la dette est solidaire, indépendamment même de toute stipulation la prévoyant. L'arbitre peut contraindre les parties à le payer en les poursuivants devant le juge. La fixation du montant des honoraires de l'arbitre relevant du contrat d'arbitre, l'éventuel litige qui pourrait naître quant à leur paiement ou à leur montant doit-être soumis à la juridiction de droit commun, le juge de l'annulation étant incompétent. De la même façon, ce litige n'entre pas dans la sphère de compétence du juge d'appui. En outre, compte tenu du fondement contractuel de la rémunération de l'arbitre, celui-ci ne peut en fixer le montant seul dans la sentence arbitrale, pour se constituer un titre. La sentence serait sur ce point précis dépourvue de l'autorité de la chose jugée. L'arbitre peut uniquement y trancher la question de la répartition du montant des honoraires entre les parties. Il n'existe aucune règle, aucun barème pour déterminer le montant de la rémunération de l'arbitre prévus par l'Acte uniforme sur le droit de l'arbitrage. Ce barème existe par contre dans les autres institutions, au centre d'Arbitrage de la CCIAD de Dakar notamment. La liberté des parties au contrat d'arbitre est entière. Simplement, si les honoraires sont excessifs, disproportionnés au regard de la prestation réalisée, ils pourront être révisés par le juge, selon les règles du droit commun.[27]

De plus, l'arbitre qui n'a pas correctement exécuté ses obligations ne devrait pas pouvoir obtenir le paiement de la totalité de ses honoraires. En revanche,

[25] J.D. Berdin, « Le secret du délibéré arbitral », en Etudes offertes à P. Bellet, Litec, 1991, P. 71. Spéc. n° 6

[26] J.F. Poudret, « Légitimité et opportunité de l'opinion dissidente dans le silence de la loi. Poursuite d'un débat amical ». Litec, 2004, P. 243

[27] T.G.I, Paris, 25 nov. 1999, Rev. arb. 2003, P. 1312, note H. Lecuyer

sa rémunération ne doit pas être liée au sort de la sentence. Les honoraires convenus ne devraient donc pas être réduits simplement parce que d'ailleurs prétendre au règlement de son travail même si aucune sentence n'a été rendue parce que l'instance arbitrale s'est éteinte avec la démission d'un autre arbitre. Quant au régime fiscal de sa rémunération, il s'inscrit dans les règles du droit commun. En principe, pour déterminer si les honoraires de l'arbitre sont soumis à la taxe sur la valeur ajoutée, il faut vérifier si la partie qui les règle est ou non assujettie à cette taxe et si elle réside ou non dans un autre pays membre de l'OHADA ; les honoraires sont assujettis à la TVA de ce pays. En revanche, si l'arbitre est établi dans l'espace OHADA et la partie dans un autre Etat, il faut distinguer selon que celle-ci est ou non assujettie à la TVA et qu'elle réside dans un Etat de l'Union ou dans un Etat tiers. En premier lieu, lorsque la partie n'est pas assujettie à la TVA, les honoraires sont soumis à la TVA de ce pays, par un mécanisme d'auto-liquidation de la taxe : la partie la calcule et l'acquitte sur la base d'une facture hors taxe de l'arbitre. En troisième lieu, si la partie est établie dans un pays extérieur à l'espace OHADA, la prestation est détaxée. La situation n'est pas la même lorsque l'arbitre est établi à l'étranger. Dans cette hypothèse, si la partie est établie dans l'espace OHADA et si elle est assujettie à la TVA, alors, les honoraires de l'arbitre supportent toujours la TVA de ce pays, selon le régime de l'auto-liquidation, soit sur la base d'une facturée avec la TVA de ce pays si l'arbitre réside dans un pays de l'espace OHADA et est détaxée s'il est établi dans un pays extérieur à cet espace. En plus de la TVA, les honoraires de l'arbitre sont également soumis à l'impôt sur le revenu dans la catégorie des bénéfices non commerciaux si celui-ci est un résident fiscal d'un pays membre de l'OHADA.

Paragraphe 1. Les frais de l'arbitrage

29. En République Démocratique du Congo ces frais sont déterminés aux articles 11 et 12 du règlement d'arbitrage du centre d'Arbitrage du Congo. Les frais de l'arbitrage sont en principe supportés par les parties. Outre les éventuels frais de location de locaux et les dépenses de secrétariat, ces frais sont parfois particulièrement élevés si l'arbitre doit se déplacer ou si des mesures d'instruction (expertise, auditions de témoins…) sont organisées. L'obligation de payer les frais de l'arbitrage n'étant pas inhérente à la mission juridictionnelle de l'arbitre, dès lors qu'il n'est pas le mandataire des parties, il est prudent de prévoir que ces frais seront supportés par celles-ci, en plus du versement des honoraires. A défaut, elles pourraient soutenir que la rémunération de l'arbitre, forfaitaire, est supposée couvrir tous les frais qu'il a exposés pour remplir sa mission.[28]

[28] Th. Clay, L'arbitre, Dalloz, Nouvelle Bibliothèque de thèses, 2001, spéc. n°872

Paragraphe 2. Les provisions sur frais et honoraires

30. Il est de pratique courante que les parties versent une ou plusieurs provisions, en début puis au cours de l'instance arbitrale. Celles-ci permettent de couvrir tout ou partie des frais de l'arbitrage et de la rémunération des arbitres. Dans l'arbitrage institutionnel, le règlement d'arbitrage contient parfois des stipulations relatives à l'obligation des parties de verser des provisions, qui prévoient la sanction applicable en cas de refus de paiement. A titre d'exemple, le règlement d'arbitrage de l'Association française d'arbitrage prévoit, en son article 7, § 3, que « le versement de la provision, et éventuellement des compléments de provision, est effectué par les parties par parts égales » et qu'en « cas de défaillance ou de refus de l'une des parties de verser la part qui lui incombe, l'autre ou les autres parties peuvent se substituer à la partie défaillante ». Et il ajoute qu'à « défaut, la procédure arbitrale sera considérée comme abandonnée en ce qui concerne les demandes pour lesquelles la provision n'aura pas été versée ». On peut aussi trouver des stipulations en ce sens dans l'arbitrage *ad hoc*, notamment dans l'acte de mission. Il peut ainsi être valablement prévu que le défaut de paiement de la provision produira les effets d'un désistement. Mais, même lorsque rien n'a été arrêté sur ce point, les parties supportent une obligation conjointe de participer au paiement des provisions nécessaires au bon déroulement de l'instance. Celle-ci est directement liée à leur obligation, plus générale, de concourir avec loyauté à l'organisation et au bon déroulement de l'arbitrage, aujourd'hui consacrée par l'article 1464, alinéa 3, du Code de procédure civile. Indépendamment de toute stipulation conventionnelle, une partie peut donc être contrainte de payer sa part de provision des frais de l'arbitrage et honoraires des arbitres. Plusieurs autorités sont alors susceptibles de connaître d'une demande en ce sens. Il peut s'agir du tribunal arbitral, lorsqu'il est constitué. Il peut aussi s'agir du juge des référés lorsque le tribunal arbitral n'est pas constitué et que la condition d'urgence se trouve remplie. Enfin, une fois le tribunal arbitral constitué, le juge d'appui devrait également pouvoir être saisi par les arbitres d'une telle demande, puisqu'il est compétent pour trancher « tout différend lié à la constitution du tribunal arbitral », selon l'article 1454 du Code de procédure civile, même lorsqu'il intervient en cours d'instance.[29]

Section 5. La convention d'arbitrage désigne l'arbitre

31. Depuis le désert du 13 janvier 2011 portant réforme de l'arbitrage, la convention d'arbitrage, qu'il s'agisse du compromis ou de la clause compromissoire, ne doit plus, à peine de nullité, désigner le ou les arbitres

---

[29] I. Fadlallah, Le recouvrement de la provision pour frais dans l'arbitrage CCI : de l'obligation des parties entre elles, Bull. CCI, vol 14, n°1 sept. 2003, P. 57

ou prévoir les modalités de leur désignation. Ce texte ne s'applique cependant qu'aux conventions concluent après le 1er mai 2011. Pour celles conclues auparavant, elles doivent au moins, pour leur validité, prévoir les modalités de désignation du ou des arbitres. Avant comme après la réforme, la désignation de l'arbitre peut toujours résulter de la convention d'arbitrage. Pour le compromis, le différend étant déjà né au moment où il est conclu, la désignation du ou des arbitres par l'acte emportant soumission du litige à l'arbitrage ne paraît poser aucune difficulté particulière, les parties étant en mesure d'apprécier les qualités requises pour trancher les questions litigieuses. D'ailleurs, auparavant, la Cour de cassation justifiait la règle obligeant les parties à désigner les arbitres dans le compromis par la raison qu'elle « a pour but d'éviter les incidents et les procès sur la composition d'un tribunal arbitral, et principalement de mettre les citoyens en garde contre leur propre irréflexion, qui les porterait à souscrire avec trop de légèreté et d'imprévoyance à des arbitrages futurs, sans être certains d'avoir pour juges volontaires des personnes capables et dignes de leur confiance ». Sous l'empire des textes antérieurs à la réforme du 13 janvier 2011, c'est-à-dire pour les conventions d'arbitrage qui ont été conclues avant le 1er mai 2011, la désignation de l'arbitre dans le compromis présente cependant un inconvénient : si l'arbitre choisi n'accepte pas la mission qui lui est confiée, le compromis est caduc. La sanction n'ayant pas été reprise par les nouveaux textes, dans la même situation, pour une convention d'arbitrage postérieure au 1er mai 2011, en l'absence d'accord des parties sur la désignation d'un autre arbitre, on devrait admettre que la difficulté peut-être tranchée par la personne chargée d'organiser l'arbitrage ou, à défaut, par le juge d'appui. Les parties peuvent également s'entendre sur le nom du ou des arbitres dès la signature du contrat renfermant la clause compromissoire. Cette faculté est cependant rarement utilisée, parce qu'elle présente de sérieux désavantages. D'une part, le délai qui sépare la signature de la clause compromissoire de l'engagement de la procédure arbitrale peut provoquer des difficultés de constitution du tribunal arbitral. Ainsi, la personne initialement désignée dans la convention peut ne plus présenter les qualités requises pour être arbitre, ou même être décédée, au moment où survient le litige. D'autre part, il est toujours délicat de choisir des arbitres présentant les aptitudes requises pour juger un différend sans préalablement connaître les questions litigieuses.

Section 6. La convention d'arbitrage prévoit les modalités de désignation de l'arbitre

32. A défaut de désigner les arbitres, le compromis et la clause compromissoire peuvent, ou doivent s'ils ont été conclus avant le 1er mai 2011, prévoir les modalités de constitution du tribunal arbitral. De fait, le plus souvent, la convention d'arbitrage fixe les modalités de désignation des arbitres par les parties dans l'arbitrage *ad hoc*. Il est ainsi couramment prévu que chacune des deux parties choisira un arbitre et que les deux arbitres désignés nommeront ensuite un troisième arbitre, généralement en qualité de président du tribunal arbitral. Dans cette hypothèse, les arbitres directement choisis par les parties peuvent solliciter formellement l'accord de celles-ci sur le choix de l'arbitre qui viendra compléter le tribunal arbitral. Mais ils n'y sont pas obligés. Au lieu de préciser les modalités de désignation, la convention d'arbitrage peut aussi renvoyer à un autre document qui les prévoit de manière suffisamment précise. Le nouvel article 1444 du Code de procédure civile l'envisage d'ailleurs en indiquant que la désignation peut se faire « le cas échéant par référence à un règlement d'arbitrage ». Avant comme après la réforme résultant du décret du 13 janvier 2011, la clause compromissoire et le compromis peuvent donc se borner à confier l'arbitrage à un centre d'arbitrage dont le règlement précise les modalités de désignation des arbitres. Les parties acceptent alors les stipulations du règlement, qui s'incorporent à la convention d'arbitrage.

Paragraphe 1. Clause blanche

33. Pour les conventions d'arbitrage soumises aux textes antérieurs à la réforme du 13 janvier 2011, soit celles conclues avant le 1er 2011, en principe, la clause « blanche », c'est-à-dire celle qui se borne à prévoir la solution du litige par voie d'arbitrage sans préciser les modalités de désignation des arbitres, fût-ce par référence à un règlement d'arbitrage, est affectée de nullité manifeste dans l'arbitrage interne. Ainsi, il a notamment été jugé qu'est manifestement nulle la clause compromissoire qui stipule uniquement que « le tribunal arbitral, siégeant à tel lieu, sera juge de sa propre compétence et de la validité de la convention arbitrale ». Les modalités de désignation de l'arbitre font en effet défaut. Il faut toutefois bien distinguer cette clause « blanche » de la clause compromissoire simplement pathologique, qui ne détermine pas avec suffisamment de précision les modalités de la désignation des arbitres. Celle-ci était jugée valable, la difficulté de constitution du tribunal pouvant être tranchée par le juge d'appui ou par le centre d'arbitrage, si son règlement le prévoyait.
Dans tous les cas, les modalités de désignation de l'arbitre devront être scrupuleusement respectées par les parties. A défaut, la sentence pourrait être annulée, faute pour le tribunal arbitral d'avoir été régulièrement composé.

Paragraphe 2. L'absence d'accord des parties sur les modalités de désignation des arbitres

34. Le décret du 13 janvier 2011, portant réforme de l'arbitrage, est venu à la rescousse des parties qui ne se sont pas accordées sur les modalités de désignation du ou des arbitres et sur leur choix. En plus d'avoir écarté la nullité des clauses blanche, les articles 1452 et 1453 nouveaux du Code de procédure civile, applicables dès 1er mai 2011, prévoient en effet les modalités de constitution du tribunal arbitral dans cette hypothèse. Ils distinguent selon que le tribunal arbitral est composé d'un arbitre unique ou de trois arbitres, et le second texte traite de l'arbitrage multipartite.

Paragraphe 3. Arbitre unique ou pluralité d'arbitres

35. L'article 1452.1° dispose d'abord : « En cas d'arbitrage par un arbitre unique, si les parties ne s'accordent pas sur le choix de l'arbitre, celui-ci est désigné par la personne chargée d'organiser l'arbitrage ou, à défaut, par le juge d'appui ». Le texte ajoute, en son 2° : « En cas d'arbitrage par trois arbitres, chaque partie en choisit un et les deux arbitres ainsi choisis désignent le troisième ; si une partie ne choisit pas d'arbitre dans un délai d'un mois à compter de la réception de la demande qui lui en est faite par l'autre partie ou si les deux arbitres ne s'accordent pas sur le choix du troisième dans un délai d'un mois à compter de l'acceptation de leur désignation, la personne chargée d'organiser l'arbitrage ou, à défaut, le juge d'appui procède à cette désignation ». En présence d'une situation de blocage, c'est donc d'abord l'institution éventuellement désignée pour organiser l'arbitrage qui, faute d'accord des parties sur les modalités de désignation et sur le choix du ou des arbitres, intervient pour procéder à cette désignation. En cas d'arbitrage *ad hoc* ou de carence de cette institution, c'est le juge d'appui qui intervient pour compléter le tribunal arbitral. Par souci de célérité de la procédure, le choix des parties ou des arbitres a été enfermé dans un délai d'un mois lorsque le tribunal arbitral est composé de trois arbitres. Avant l'expiration de ce délai, dont le point d'une partie à une autre, ou à celle de l'acceptation de leur mission par les arbitres désignés par les parties, l'institution d'arbitrage et le juge d'appui ne pourront pas être saisis d'une demande de désignation d'un arbitre. De plus, parce qu'il ne s'agit pas d'un délai de forclusion, la saisine de l'institution ou du juge d'appui n'est elle-même enfermée dans aucun délai.

Section 7. Les obligations de l'Arbitre

36. En contrepartie de ses droits, l'arbitre supporte toute une série d'obligations, qui, lorsqu'elles sont méconnues, peuvent entraîner sa révocation ou la mise en jeu de sa responsabilité. Indépendamment de celles qui peuvent lui être imposées par la convention d'arbitrage ou par un règlement d'arbitrage, nécessairement contingentes, il supporte des obligations inhérentes à sa mission juridictionnelle et à l'arbitrage.

Paragraphe 1. Les obligations inhérentes à la mission juridictionnelle

37. L'indépendance, l'impartialité et l'obligation de révélation. L'indépendance et l'impartialité sont des qualités fondamentales exigées de l'arbitre, indissociables de l'acte de juger. L'arbitre choisi par les parties supporte l'obligation permanente de demeurer indépendant des parties ou de tout autre pouvoir de fait et de rester impartial. Ces deux exigences l'obligent aussi à révéler toute circonstance susceptible de faire douter les parties de ce qu'il possède ces qualités, avant et pendant le déroulement de l'instance. En outre, le manquement de l'arbitre à l'une ou l'autre de ces obligations, qui peut-être sanctionné par sa récusation ou l'annulation de la sentence arbitrale, peut également conduire à la mise en jeu de sa responsabilité civile.

38. L'obligation de juger. L'obligation principale de l'arbitre, de laquelle sont ensuite déduites toutes les autres, consiste à trancher le différend qui lui est soumis. C'est la raison d'être de sa désignation par les parties et l'objet même du contrat d'arbitre. Cette obligation de juger, indirectement énoncée par l'article 1457 du Code de procédure civile, qui prévoit qu'il « appartient à l'arbitre de poursuivre sa mission jusqu'au terme de celle-ci », comporte de multiples facettes. Elle implique d'abord que l'arbitre étudie les documents soumis par les parties, afin de bien cerner les termes du litige et les faits du débat, qu'il est tenu de respecter en application des articles 4 et 7 du Code de procédure civile, auquel renvoie l'article 1464, alinéa 2, du même code. L'arbitre doit ensuite accomplir personnellement son office, sans déléguer sa mission juridictionnelle à un tiers et ne peut démissionner ou s'abstenir, sauf cause légitime ou accord des parties. A l'issue de la procédure, l'arbitre est tenu de délibérer secrètement sur toutes les questions soumises par les parties, après avoir préalablement fixé la date de ce délibéré, et ce, même s'il refuse ensuite de signer la sentence. Il doit par ailleurs rendre une sentence motivée et qui répond aux exigences de forme prévues par la loi. L'obligation de juger comporte également celle de trancher le litige dans des conditions équitables. En ce sens, l'arbitre doit respecter le principe de la contradiction et l'égalité des parties.

39. L'obligation d'organiser efficacement l'arbitrage. L'arbitre doit organiser efficacement et contrôler le déroulement de la procédure arbitrale, à moins que ce rôle ne soit confié par les parties à un centre d'arbitrage, lorsqu'elles ont souscrit à un règlement qui le prévoit. Dans l'arbitrage *ad* *hoc,* ce rôle d'organisation est souvent assumé par le président du tribunal arbitral. Pour remplir son obligation, l'arbitre dispose de toute une série de pouvoirs, dont il doit user, énoncés par les dispositions du Code de procédure civile relatives à l'arbitrage. Il peut, notamment, saisir le juge d'appui de tout différend lié à la constitution du tribunal et procéder, collectivement ou non, aux actes d'instruction nécessaires. Le tribunal arbitral peut aussi ordonner toute mesure conservatoire ou provisoire nécessaire.

40. L'obligation de célérité. Le tribunal arbitral, comme les parties, supporte une obligation de célérité dans la conduite de la procédure, aujourd'hui consacrée par l'article 1464, alinéa 3, du Code de procédure civile. Combinée avec son devoir de surveillance de l'instance, elle impose d'abord au tribunal arbitral de s'assurer que le délai de l'arbitrage est respecté pour éviter l'extinction de l'instance avant le prononcé de la sentence. Des articles 1460, alinéa 1er, et 1463, alinéa 2, du Code de procédure civile, il en résulte que, selon les circonstances, le tribunal arbitral, ou l'un de ses membres, peut-être tenu de solliciter une prolongation du délai de l'arbitrage auprès des parties ou du juge d'appui, sous peine de risquer ensuite de voir sa responsabilité engagée si la sentence est annulée parce qu'elle a été rendue hors délai. A cet égard, la Cour de cassation a même décidé que l'arbitre était tenu d'une obligation de résultat de saisir le juge d'appui en cas de carence des parties.[30] Plus généralement, cette obligation de célérité oblige l'arbitre à « mettre en œuvre la procédure arbitrale avec diligence et sérieux », afin qu'elle se déroule dans un délai raisonnable. Il peut ainsi être conduit à prévoir un calendrier des productions, la tenue des audiences ou encore la date du délibéré.[31]

40 bis. L'obligation de loyauté. L'article 1464, alinéa 3, du Code de procédure civile, issu du décret du 13 janvier 2011, a codifié l'obligation de loyauté de l'arbitre dans la conduite de la procédure, dégagée par la jurisprudence. Cette loyauté de l'arbitre s'entend non seulement vis-à-vis des parties, mais aussi des autres arbitres et, le cas échéant, de l'institution d'arbitrage. Elle impose notamment à l'arbitre d'user équitablement de ses pouvoirs dans la conduite de la procédure, l'une des parties ne devant pas être désavantagée par rapport à l'autre. Elle l'oblige aussi, plus largement, à s'assurer que les décisions qu'il prend pour organiser la procédure ne surprennent pas les parties et à maintenir un dialogue avec elles pour dénouer toute situation de blocage.

---

[30] Civ. 1ère, 6 déc, 2005 précité

[31] P. Level, Breves réflexions sur l'office de l'arbitre, in Nouveaux pouvoirs, Dalloz, 1996, P. 259, n°

Paragraphe 2. Les obligations inhérentes à l'arbitrage

41. La confidentialité. Sous réserve de dispositions spécialement arrêtées en ce sens par les parties, propres à chaque arbitrage, l'arbitre supporte une obligation de confidentialité. Avant la réforme de 2011, elle était traditionnellement rattachée à la convention d'arbitrage ; il était plus précisément présumé que les litigants souhaitaient que l'arbitrage demeure confidentiel. Cette obligation a aujourd'hui une nature légale : elle a été inscrite dans les textes par le décret n°2011-48 du 13 janvier 2011. Le nouvel article 1464, alinéa 4, du Code de procédure civile dispose que « sous réserve des obligations légales et à moins que les parties n'en disposent autrement, la procédure arbitrale est soumise au principe de confidentialité ». Au-delà du secret du délibéré, qui est, lui, directement lié à la nature juridictionnelle de l'arbitrage, l'obligation de confidentialité supportée par l'arbitre a une très large portée. Sauf autorisation des deux parties, ou obligation résultant de la loi, le tribunal arbitral ne peut donc notamment révéler l'existence du litige ou la teneur des pièces et débats. Il ne peut pas non plus évoquer la sentence en des termes permettant de distinguer les parties au litige. La confidentialité s'applique ainsi à chacune des étapes de l'instance arbitrale, de la nomination des arbitres à la signature de la sentence, et perdure même après son prononcé. L'arbitre est cependant libéré de son obligation si une disposition légale l'oblige à révéler des informations relatives à l'arbitrage ou pour les besoins de sa défense, en cas d'action en responsabilité engagée à son encontre.

42. Constitution du tribunal arbitral. La désignation des arbitres relevant de la volonté commune des parties, celles-ci peuvent entrer en conflit sur ce point au moment de la constitution du tribunal. Les textes issus de la réforme de 2011 donnent des pouvoirs importants aux arbitres déjà choisis par les parties pour débloquer cette situation : ils peuvent nommer un arbitre complémentaire si la convention d'arbitrage prévoit la désignation d'arbitres. Bien plus, l'exécution loyale du contrat d'arbitre postule que le ou les arbitres déjà choisis tentent d'abord d'accorder les litigants, pour ensuite, si le désaccord persiste au-delà du raisonnable, saisir le juge d'appui afin qu'il exerce les pouvoirs qu'il tient de l'article 1454 du Code de procédure civile. La constitution du tribunal arbitral constitue en effet la première étape conduisant vers la résolution du différend pour lequel l'arbitre a accepté son investiture.

43. Efficacité de la sentence. L'exécution du contrat d'arbitre suppose également que l'arbitre s'assure que la sentence qu'il rend ne s'expose pas trop facilement à la censure ou à un refus d'exequatur. Ce contrôle répond sans aucun doute aux attentes légitimes des parties, leur préoccupation première étant d'obtenir une décision qui puisse ensuite être exécutée. Un auteur a justement relevé que le désintérêt concernant le sort de la sentence « procède d'une déontologie curieuse, et, à la limite, pourrait engager la responsabilité de l'arbitre.[32] » Pour s'assurer de l'efficacité de sa sentence, l'arbitre devrait donc veiller, d'une part, à ce qu'elle ne risque pas d'être annulée pour l'un des cas prévus à l'article 1492 du Code de procédure civile et, d'autre part, à ce que la solution qu'il a retenue ne heurte pas manifestement d'ordre public interne, pour que l'exequatur ne lui soit pas refusé. Bien entendu, comme les précédentes, l'obligation de l'arbitre, à cet égard, ne peut-être que de moyens.

Section 8. Les sanctions

Paragraphe 1. Révocation

44. La méconnaissance par l'arbitre de ses obligations contractuelles ou juridictionnelles peut, au premier chef, être sanctionnée par sa révocation, qui doit résulter du consentement unanime des parties. La condition est d'évidence : puisque la désignation de l'arbitre procède de la commune volonté des parties, sa révocation suppose également leur accord unanime. Faute d'un tel accord, l'article 1458 du Code de procédure civile prévoit que le litige né de cette question est soumis à la personne chargée d'organiser l'arbitrage ou, à défaut, tranché par le juge d'appui. Sous réserve de la convention contraire des parties, cette révocation emporte alors la suspension de l'instance arbitrale et non plus, comme auparavant, son extinction. Si la révocation peut constituer une sanction au comportement indélicat d'un arbitre, plus largement, elle peut aussi être prononcée pour quelque cause que ce soit, sans aucune faute de l'arbitre. Simplement, dans cette hypothèse, l'arbitre devra nécessairement être rémunéré pour le travail accompli.

Paragraphe 2. Responsabilité

45. En plus de la révocation, l'arbitre qui a manqué aux obligations inhérentes à sa mission juridictionnelle, ou découlant du contrat d'arbitre ou des textes, peut voir sa responsabilité engagée. Il en est notamment ainsi lorsque l'arbitre a manqué à son obligation d'indépendance ou d'impartialité ou lorsqu'il a laissé expirer le délai de l'arbitrage sans solliciter la prorogation des parties ou du juge. L'arbitre peut alors être condamné à verser des dommages et intérêts aux parties, voire même à un tiers, si sa faute personnelle a causé un dommage. Ce dommage peut par exemple consister en la nécessité, pour les parties, d'engager une nouvelle instance

[32] Ph. Fouchard, Les conflits de lois en matière d'arbitrage des litiges de propriété industrielle, Rev. arb. 1977, P. 63, spéc. P. 66

arbitrale, et donc d'exposer des frais supplémentaires, après l'annulation de la sentence parce que l'arbitre n'avait pas révélé une cause de récusation. L'action en responsabilité relève du droit commun s'agissant de la prescription, des juridictions compétentes et des éventuelles causes d'exonération ou d'atténuation de la responsabilité de l'arbitre.

Paragraphe 3. L'exception d'inexécution de ses obligations par l'arbitre

46. Puisqu'il est contractuellement lié aux parties, il a été soutenu que l'arbitre pouvait refuser d'exécuter ses obligations en cas d'inexécution des leurs par les parties. Plus précisément, il pourrait agir ainsi lorsque les parties refusent de lui rembourser les frais et de lui payer ses honoraires. Cette solution apparaît cependant inconciliable avec la nature juridictionnelle de la mission confiée à l'arbitre, qui doit prévaloir sur son aspect contractuel. L'arbitre n'est pas n'importe quel contractant : il dit le droit. Il participe ainsi à la régulation des rapports sociaux, ce qui dépasse le cadre limité de ses propres rapports avec les litigants. L'arbitre ne devrait donc pas se retrancher derrière le non-respect de leurs obligations par les parties qui l'ont désigné pour refuser de mener sa mission à son terme. L'article 1457 du Code de procédure civile pose d'ailleurs en principe qu'il « appartient à l'arbitre de poursuivre sa mission jusqu'au terme de celle-ci ». Au demeurant, admettre que l'arbitre puisse se prévaloir de l'*exceptiono non adimpleti contractus* en cas de non-paiement des frais et honoraires par une partie, c'est encourager l'attitude dilatoire consistant à refuser de payer pour provoquer un ralentissement de l'arbitrage et, à terme, l'extinction de l'instance. Il ne faut en effet pas perdre de vue que l'arbitre doit remplir sa mission dans un certain délai et que, passé celui-ci, l'instance s'éteint conformément à l'article 12 de l'Acte uniforme sur le droit de l'arbitrage.

DEUXIEME PARTIE. L'INSTANCE ARBITRALE

47. L'instance arbitrale débute par la mise en place du tribunal arbitral (chapitre 1), qui fait ensuite place au déroulement de l'instance arbitrale proprement dite (chapitre 2).

CHAPITRE 1. LA CONSTITUTION DU TRIBUNAL ARBITRAL

48. Au Tchad et aux Comores, à la différence du juge, l'arbitre n'est pas investi en permanence du pouvoir de juger. Son pouvoir juridictionnel est éphémère ; il ne dure que le temps de l'instance. De ce fait, il faudra constituer un tribunal arbitral chaque fois que les parties choisissent de soumettre leur litige à l'arbitrage. La désignation des arbitres apparaît dès lors comme une opération essentielle, parfois difficile, dans le règlement du litige par voie d'arbitrage ; essentielle parce que la qualité de la sentence, qui facilitera ensuite sa reconnaissance et son exécution, est directement fonction des capacités des arbitres ; difficile dès lors que, avec ou sans malice, les parties peuvent ralentir ou bloquer la procédure en s'abstenant de désigner un arbitre. Pour surmonter les difficultés rencontrées lors de la constitution du tribunal arbitral, il est d'ailleurs parfois indispensable de recourir au juge ou à un tiers, le tribunal arbitral n'étant valablement constitué que lorsque tous les arbitres ont accepté leur mission.

Section 1. La désignation des arbitres

49. Le choix de l'arbitre est une opération délicate, ne laissant en principe aucune place au hasard. Au Sénégal, il n'est pas seulement exigé de lui qu'il présente les qualités traditionnelles d'indépendance et d'impartialité, indissociables de l'acte de juger. En plus, les parties exigent très souvent qu'il dispose d'aptitudes et connaissances particulières pour résoudre leur litige. La procédure de désignation de l'arbitre peut donc s'avérer relativement complexe. Paradoxalement, les règles posées en ce domaine par le Code de procédure civile sont relativement peu nombreuses, que les arbitres soient désignés par les parties ou nommés par un tiers. En droit OHADA, la désignation des arbitres est en définitive presque entièrement dominée par un seul principe fondamental : le principe d'égalité des parties. Au moment de constituer un tribunal arbitral, les litigants se posent essentiellement trois questions. Quelles sont les qualités que les arbitres doivent réunir ? Quel doit-être leur nombre ? Quelles sont les modalités de leur désignation ? Seront donc successivement envisagées les qualités requises de l'arbitre, le nombre et les modalités de désignation des arbitres.

Paragraphe 1. Les qualités requises de l'arbitre

50. Dans l'espace OHADA, l'évolution générale du droit de l'arbitrage, même interne, étant fortement marquée par sa libéralisation, le choix de l'arbitre aurait pu être laissé à l'entière discrétion des parties ; Ce n'est toutefois pas la règle qui prévaut aujourd'hui, même si, pour l'essentiel, la liberté des parties est respectée sous réserve de quelques corrections. En effet, compte tenu de la confiance placée en lui par les parties et de sa fonction, l'arbitre ne peut-être n'importe qui. Il remplit une mission juridictionnelle qui exige de lui certaines qualités attachées à sa personne et à sa fonction. Ces qualités sont définies dans les règlements d'arbitrage du GICAM, du CEMACO, du CAC et de la CACI.

Paragraphe 2. Qualités indifférentes

51. Les textes applicables à l'arbitrage interne laissent hors réglementation certains des aspects de la personne et de la personnalité de l'arbitre. Il s'agit, entre autres, des capacités physiques et psychiques de l'arbitre, de ses qualités humaines, de son sexe, de sa religion ou de sa nationalité. Sa qualification professionnelle ou ses diplômes sont également indifférents pour le droit OHADA. Sauf incapacité prévue par la loi, les parties sont donc libres de choisir une personne pourvue de connaissances juridiques ou techniques particulières, directement ou par référence à un règlement d'arbitrage. Sur ce point, la volonté des parties n'est pas encadrée par la réglementation du droit OHADA. Elle l'est, en revanche, sur d'autres aspects. L'arbitre doit en effet être une personne physique disposant du plein exercice de ses droits et n'étant frappée d'aucune incompatibilité professionnelle.

Paragraphe 3. Une personne physique

52. L'article 1451, alinéa du Code de procédure civile prévoyait que « la mission d'arbitre ne peut-être confiée qu'à une personne physique ». La règle reprise par le nouvel article 6 de l'Acte uniforme de l'OHADA relatif à l'arbitrage, sa formulation étant légèrement modifiée. Ce texte énonce notamment que « la mission d'arbitre ne peut-être exercée que par une personne physique ». Jusqu'au décret du 14 mai 1980, la jurisprudence admettait la désignation d'une personne morale en qualité d'arbitre. La règle a été renversée, sauf en matière internationale, de sorte qu'aujourd'hui, une institution d'arbitrage ne peut trancher elle-même le litige en qualité d'arbitre. Si malgré cette interdiction, une convention d'arbitrage prévoit tout de même la désignation d'une personne morale pour arbitrer un litige, elle n'est pas nulle. Il a en effet été prévu un mécanisme de sauvetage de la convention. En son alinéa second, l'article 1450 du Code de procédure civile, qui reproduit mot pour mot l'ancien article 1451, alinéa 2, du même code, énonce ainsi que « si la convention d'arbitrage désigne une personne morale, celle-ci ne dispose que du pouvoir d'organiser l'arbitrage ». L'arbitrage pourra donc être confié à une personne physique, malgré la pathologie qui affecte la convention d'arbitrage désignant une personne morale en qualité d'arbitre. On présume alors que la personne morale n'a été choisie que pour organiser l'instance arbitrale. En revanche, si une sentence est rendue par une personne morale, elle pourra être annulée par le juge du contrôle.

Paragraphe 4. Le plein exercice des droits

53. L'article 1450 précité restreint aussi la liberté des parties dans le choix de l'arbitre à la personne « jouissant du plein exercice de ses droits », et non plus seulement, comme le prévoyait l'ancien article 1451 du Code de procédure civile, « de ses droits civils ». En revanche, il n'est plus prévu, comme le faisait l'ancien article 1464.1° du même code, que l'instance arbitrale prend fin lorsque l'arbitre perd le plein exercice de ses droits. Cette perte devra désormais être traitée comme une cause d'empêchement de l'exercice de sa mission par l'arbitre, qui entraîne la suspension de l'instance arbitrale jusqu'à l'acception de sa mission par l'arbitre désigné en remplacement, la difficulté pouvant, le cas échéant, être réglée par le juge d'appui.

Section 2. Majeur protégé et mineur émancipé

54. En droit congolais, tout comme au Cameroun, en principe, ne peuvent donc être désignés en qualité d'arbitre, ni les personnes physiques placées sous le régime de tutelle, ni celles placées sous curatelle, ni les mineurs non émancipés. La question est controversée pour le mineur émancipé, qui ne peut accomplir seul tous les actes de la vie. Il ne peut en effet se marier ou adopter librement, ou être commerçant que sur autorisation du juge. Si l'on interprète l'article 1450 de manière littérale, ne peut exercer la mission d'arbitre que la personne physique qui dispose du plein exercice de ses droits. Le mineur émancipé étant soumis à des restrictions pour l'exercice de certains de ses droits, il ne peut dès lors exercer cette mission. La situation du majeur placé sous sauvegarde de justice présente aussi certaines particularités qui font obstacle à sa désignation en qualité d'arbitre. Certes, selon l'article 435 du Code civil, il conserve « l'exercice de ses droits ». Mais il ne s'agit pas du « plein exercice » des droits puisqu'à tout moment, le juge des tutelles peut désigner un mandataire pour gérer les biens de la personne protégée.

Section 3. Personnes frappées de certaines sanctions

55. Au Congo, et au Tchad, les personnes frappées de sanctions les privant de certains de leurs droits civils, civiques et familiaux, quelle que soit l'importance de la déchéance prononcée, ne peuvent pas non plus être nommées en qualité d'arbitre. Il en est ainsi en cas de retrait d'une autorisation administrative d'exercer une activité sociale ou professionnelle, d'interdiction d'exercer cette activité elle-même ou de participer à la vie publique ou familiale. A ces restrictions à la liberté des parties dans le choix des arbitres, s'en ajoutent d'autres, tenant à l'existence d'incompatibilités liées à l'exercice de certaines professions ou fonctions.

Paragraphe 1. Les incompatibilités professionnelles

56. L'exercice de certaines activités professionnelles est incompatible avec la fonction d'arbitre. La principale incompatibilité concerne les magistrats. Selon l'article 8 de l'ordonnance n°58-1270 du 22 décembre 1958, portant loi organique relative au statut de la magistrature, tel qu'il est issu de la loi du 25 juin 2001, l'exercice des fonctions de magistrat « est incompatible avec l'exercice de toute autre activité professionnelle ou salariée », aucune dérogation ne pouvant plus être donnée par les chefs de Cour pour les « activités d'arbitrage ».

Paragraphe 2. Magistrats

57. Dans l'espace OHADA, l'interdiction pour les magistrats de l'ordre judiciaire d'être désignés en qualité d'arbitre, ce qui était auparavant admis, a été présentée comme étant la conséquence de la revalorisation de leur rémunération. Les travaux préparatoires révèlent aussi que l'incompatibilité, toujours discutée, a pour principale ambition de protéger l'indépendance des magistrats dans l'exercice de leurs fonctions judiciaires et d'empêcher qu'ils ne délaissent leurs juridictions au profit d'une activité mieux rémunérée. Au-delà de la question de l'indépendance, qui présente plusieurs facettes, puisqu'il peut aussi bien s'agir de celle du magistrat qui doit trancher un litige auquel est partie celui qui a déjà eu l'occasion de le nommer arbitre, que de celle des juges conduit à statuer sur la régularité de la sentence rendue par l'un de leurs collègues, il peut sembler paradoxal de critiquer une surcharge de travail résultant de l'encombrement des juridictions pour, dans le même temps, demander à être autorisé à pratiquer des « heures supplémentaires » au profit d'un autre type de juridiction. Le magistrat peut au demeurant se mettre en disponibilité s'il souhaite participer à un arbitrage. L'arbitrage est donc aujourd'hui réservé aux magistrats ayant cessé leur activité ou en disponibilité. On peut toutefois regretter que, pour les mêmes raisons, l'incompatibilité ne concerne expressément ni les magistrats consulaires, ni les juges administratifs, ni les membres des autorités administratives indépendantes.

Paragraphe 3. Fonctionnaires

58. En principe, sauf sur autorisation, les fonctionnaires qui ne sont pas en disponibilité ne peuvent pas non plus être désignés en qualité d'arbitres puisqu'ils doivent consacrer « l'intégralité de leur activité professionnelle aux tâches qui leur sont confiées ». Mais puisqu'il est admis que les « membres du personnel enseignant, technique ou scientifique des établissements d'enseignement » peuvent exercer des activités libérales découlant de leurs fonctions, les professeurs de droit, notamment, peuvent arbitrer des litiges commerciaux privés à titre onéreux, sous la réserve qu'ils n'agissent pas dans un sens défavorable à l'Etat. Cette règle est d'usage au Congo, Cameroun, Côte-d'Ivoire, Comores et au Tchad.

Paragraphe 4. Elus et salariés

59. En revanche, ni les parlementaires, ni les élus locaux, ne souffrent, semble-t-il, d'une incompatibilité leur interdisant d'intervenir en qualité d'arbitre dans un litige, sous la réserve que l'Etat ne soit pas en cause. Quant aux fonctions privées, on peut notamment relever que les huissiers de justice ne peuvent être arbitres et que la question peut éventuellement être posée pour les administrateurs judiciaires et mandataires judiciaires qui, avec la réforme de leur statut par la loi du 7 janvier 2003, ne peuvent plus exercer aucune activité « à caractère commercial ». Pour le reste, l'obligation de loyauté à l'égard de l'employeur, sauf circonstances dans lesquelles la sentence pourrait porter préjudice à ce dernier, n'interdit pas à un salarié d'être arbitre. Le principe de liberté du travail prime l'exclusivité que l'employeur peut attendre de son salarié. Au demeurant, à supposer qu'il puisse valablement être inséré au contrat de travail une clause interdisant à un salarié d'être arbitre, elle serait inopposable aux litigants et la sentence ne pourrait sans doute pas être annulée au seul motif qu'elle a été rendue par le salarié.

Section 5. Sanctions des qualités personnelles de l'arbitre

60. L'exercice de la mission d'arbitre par une personne ne remplissant les conditions personnelles précédemment envisagées a des conséquences sur l'arbitrage. D'abord, sous réserve de ce qui a été dit pour la désignation d'une personne morale, la convention d'arbitrage désignant un arbitre privé de tout ou partie de ses droits est, sur ce seul point précis, réputée non écrite, en application de l'article 1461 du Code de procédure civile. Et, faute d'accord entre les parties pour désigner un autre arbitre, ce différend, lié à la constitution du tribunal arbitral, sera réglé par la personne chargée d'organiser l'arbitrage, ou tranché par le juge d'appui. Ensuite, si une sentence est rendue par une personne ne remplissant pas les conditions personnelles requises pour exercer la mission d'arbitre, elle pourra être annulée, ou infirmée, par le juge puisque, dans cette hypothèse, le tribunal a été « irrégulièrement constitué », au sens de l'article 1492.2° du Code de procédure civile. Enfin, précisément pour éviter l'annulation de la sentence, l'incapacité de l'arbitre, survenue ou découverte pendant l'instance, constitue une cause d'empêchement de ce dernier, au sens de l'article 1457 du Code de procédure civile, faisant obstacle à la poursuite de sa mission. Sauf stipulation contraire, l'instance est alors suspendue, en application de l'article 1473 du même code, jusqu'à l'acceptation de sa mission par l'arbitre désigné en remplacement. Le litige portant sur la réalité du motif d'empêchement, ou sur la désignation d'un nouvel arbitre, est éventuellement réglé par la personne chargée d'organiser l'arbitrage ou tranché par le juge d'appui. Bien plus, la découverte d'une incapacité de l'arbitre constitue également, pour les parties, une cause de révocation de l'arbitre, qui doit alors intervenir, selon ce que prévoit l'article 1458 du Code de procédure civile, avec leur « consentement unanime ». A défaut d'unanimité, il est prévu, par le même texte qui renvoie à l'article 1456, que la personne chargée d'organiser l'arbitrage règle la difficulté ou qu'elle est tranchée par le juge d'appui. Il faut rappeler que sous l'empire des textes antérieurs à la réforme du 13 janvier 2011, il avait été admis que le fait, pour l'arbitre, de ne pas remplir les qualités prévues par les parties, pouvait constituer une cause de récusation, lorsqu'elle était révélée ou était survenue depuis sa désignation.[33]

Section 6. Les qualités attachées à la fonction juridictionnelle de l'arbitre

Paragraphe 1. Fondement

61. Les questions relatives à l'indépendance, l'impartialité et la récusation de l'arbitre sont réglées aux articles 4 du règlement du CAC en République Démocratique du Congo, l'article 7 du règlement du CAMeC au Bénin, l'article 13 du règlement de la CACI en Côte-d'Ivoire et l'article 4 du règlement de la Cour commune de justice et d'arbitrage de l'OHADA. L'arbitre remplit une mission juridictionnelle et doit, dès lors, réunir certaines qualités, communément exigées d'un juge. En soustrayant l'examen de leur litige aux juridictions étatiques pour le soumettre à l'arbitrage, les parties n'ont en effet pas renoncé aux exigences fondamentales inhérentes à l'acte de juger, celles « en l'absence desquelles on ne pourrait parler de justice » et qui « transcendent tous les particularismes techniques et nationaux ».[34] Parmi ces exigences, figurent l'indépendance et l'impartialité, qui sont « de l'essence de (la) fonction juridictionnelle exclusive par nature de tout lien de dépendance à l'égard notamment des parties, et de tout préjugé ». C'est parce qu'il est un juge que l'arbitre doit-être indépendant et impartial. Ces exigences, aujourd'hui

[33] TGI. Metz (Ord. Néf) 5 août 1993, Rev. arb. 1996, P. 524, obs. Ph. Fauchard
[34] B. Oppetit, Théorie de l'arbitrage PUE, 1998, P. 29

inscrites dans l'article 1456, alinéa 2, du Code de procédure civile, sont à ce point fondamentales que leur contrôle est assuré par plusieurs mécanismes.

Paragraphe 2. L'indépendance et l'impartialité

62. L'indépendance. Il a beaucoup été écrit sur l'exigence d'indépendance de l'arbitre dans les règlements d'arbitrage du GICAM, du CAC, de la CACI et de la CCJA, parfois confondue avec son impartialité ; Théoriquement, les deux notions se distinguent toutefois : la première suppose l'inexistence de lien entre l'arbitre et les parties, ou tout autre pouvoir de fait ; la seconde renvoie à l'absence de préjugé de l'arbitre. Si l'indépendance est un préalable à l'impartialité, l'arbitre peut devenir partial sans que n'existe aucun lien de dépendance. En pratique, le juge de la régularité de la sentence associe toutefois souvent l'indépendance et l'impartialité de l'arbitre, pour les apprécier globalement.[35]

Traditionnellement, l'indépendance de l'arbitre est comprise comme supposant l'absence de lien matériel ou intellectuel caractérisant une situation de nature à affecter le jugement de l'arbitre et constituant un risque de prévention à l'égard de l'une des parties. C'est à partir de ce critère que le juge recherche, au cas par cas, si l'arbitre présente des liens avec une partie ou avec un tiers, qui sont susceptibles d'affecter son indépendance aux yeux d'une partie. La preuve d'un lien existant ou ayant existé entre l'arbitre et une partie, ou le tiers, ne suffit donc pas à affecter la régularité de la composition du tribunal arbitral. Il faut, en plus, que ce lien provoque, fût-ce seulement dans l'esprit des parties, un doute raisonnable sur l'indépendance de l'arbitre. L'indépendance de l'arbitre est donc appréciée de manière objective.[36]

Paragraphe 3. Circonstances affectant l'indépendance objective de l'arbitre

63. Cette exigence peut ainsi faire obstacle à la désignation, en qualité d'arbitre, de celui qui a préalablement été l'avocat d'une partie dans le même litige ou l'administrateur d'un cabinet ayant exercé les fonctions de commissaire aux comptes pour plusieurs filiales d'une partie. De même, l'indépendance de l'arbitre peut-être raisonnablement suspectée lorsqu'il existe un rapport de subordination avec l'une des parties, même si le premier est le supérieur hiérarchique de la seconde, ou entre le Président du tribunal arbitral et l'un des autres arbitres. De même encore, les parties peuvent raisonnablement douter de l'indépendance d'un arbitre qui est le parent de

---

[35] Pars, 9 sept. 2010, Cah.arb. 2010, P. 1169

[36] M. Henri, Les obligations d'information de l'arbitre à la lumière de la jurisprudence récente. Rév.arb. 1999, P. 193.spéc. n°10, P. 198

l'un des conseils des parties ou qui entretient des rapports d'amitié, suffisamment étroits, avec l'une d'elles. Les parties peuvent aussi légitimement s'interroger sur l'indépendance d'un arbitre dont la fille exerce dans le cabinet qui conseille l'une des parties ou qui a déjà été choisi par l'une des parties dans de nombreux litiges posant des questions de droit similaires. Récemment, la Cour de cassation a d'ailleurs jugé en ce sens que « le caractère systématique de la désignation d'une personne donnée par les sociétés d'un même groupe, sa fréquence et sa régularité sur une longue période, dans des contrats comparables, ont créé les conditions d'un courant d'affaires entre cette personne et les sociétés du groupe parties à la procédure de sorte que l'arbitre » devait révéler ces circonstances, pour permettre aux parties d'exercer leur droit de récusation.[37] En revanche, sauf si la preuve est faite de l'existence de véritables relations d'intérêts, actuelles, entre l'arbitre et le conseil d'une partie, les consultations et conseils juridiques qu'à pu délivrer ponctuellement le premier au second ne devraient pas être considérées comme pouvant faire naître, dans l'esprit d'une partie, un doute raisonnable sur l'indépendance de l'arbitre.[38]

Paragraphe 4. Indépendance objective et « arbitrage corporatif »

64. L'indépendance de l'arbitre n'est pas envisagée avec la même rigueur dans l'hypothèse des arbitrages dits « corporatifs », qui relèvent souvent de centres d'arbitrages spécialisés. Compte tenu de la technicité des litiges, ceux-ci ne peuvent être tranchés que par un nombre relativement limité de personnes présentant les aptitudes requises. Ce sont donc très souvent les mêmes experts, avocats, techniciens ou ingénieurs qui sont désignés en qualité d'arbitre, ceux-ci ayant au demeurant pu intervenir comme conseils des parties dans d'autres litiges. Aussi, en apparence, les liens unissant les arbitres aux membres de la profession considérée peuvent presque systématiquement faire douter de leur indépendance. Pour éviter la paralysie de ce type d'arbitrage, il a alors été admis que compte tenu de leur spécificité, ils sont « confiés à des professionnels en tant qu'arbitres, lesquels sont nécessairement en relation d'affaires les uns avec les autres ou les un contre les autres selon les circonstances sans que l'existence de telles relations d'affaires doive, par principe, mettre en doute et même en cause leur indépendance et leur impartialité ».[39]

[37] Civ, 20 oct. 2010 (2 arrêts) JCP G 2011, 1286
[38] Civ. 10 oct. 2012, JCP. 2012, Act, 1929, obs. Henri
[39] Paris, 27 juin 2002, Rév.arb. 2003, P. 427, note C. Legros

Paragraphe 5. L'impartialité

65. L'arbitre impartial étant celui dépourvu de préjugé, l'impartialité présente plusieurs facettes. Elle peut en effet être appréciée de manière subjective, en considération des convictions personnelles de l'arbitre, de ses traits propres. Selon cette première démarche, l'arbitre partial est, par exemple, celui qui a déjà fait preuve d'animosité à l'égard de l'une des parties ou, inversement, a manifesté un parti pris en sa faveur. L'impartialité peut ensuite être envisagée de façon objective, au regard de tout fait susceptible de faire légitimement douter les parties. Dans une telle hypothèse, ce sont alors les apparences légitimes qui seront prises en considération, peu important que l'arbitre ait ou non été effectivement animé par un véritable préjugé. C'est cette analyse de l'impartialité qui est consacrée par la jurisprudence. L'impartialité de l'arbitre est en effet appréciée au regard de tous les éléments « de nature à faire naître dans l'esprit d'une partie un doute raisonnable sur l'objectivité de l'arbitre »[40]. Si la partialité subjective, aussi dite personnelle, est difficile à établir, puisqu'il s'agit essentiellement de sonder l'âme de l'arbitre pour s'assurer de sa neutralité à l'égard des parties, il est plus aisé d'envisager objectivement ce grief.

Section 7. Circonstances affectant l'impartialité objective de l'arbitre

66. Selon une analyse objective des juridictions congolaises, il est permis de douter de l'impartialité de l'arbitre qui, au cours d'un précédent arbitrage, a pris position ou émis une appréciation pouvant caractériser un préjugé sur le nouveau litige soumis à son examen. Il serait également permis de s'interroger sur l'impartialité de l'arbitre qui, après avoir rendu une première sentence, serait désigné par le centre d'arbitrage pour composer le tribunal arbitral de second degré. Dans cette situation, en effet, l'arbitre n'aurait sans doute objectivement pas le recul suffisant, par rapport à sa première décision, pour la modifier. De même, il existe un doute raisonnable sur l'objectivité de l'arbitre qui est désigné par un franchiseur dans un litige sur trois l'opposant à ses franchisés. L'appréciation de l'impartialité, fût-elle objective, repose toujours sur des éléments factuels, propres à chaque espèce, de sorte qu'il est délicat de tenter d'en dresser une liste. L'impartialité de l'arbitre étant envisagée de la même manière en matière interne ou internationale, il peut être renvoyé aux développements consacrés à l'arbitrage international pour cerner davantage cette notion.[41]

---

[40] T. com. Paris, 6 juill. 2004, D. 2006, Pan, P. 3056, obs. Th. Clay.
[41] Paris, 28 nov. 2002, JCP G 2003, I, 164, n°3, obs. Ch. Seraglini

Section 8. Les mécanismes de contrôle de l'indépendance et de l'impartialité de l'arbitre

67. Deux types de mécanismes sont mis œuvre pour s'assurer de l'indépendance et de l'impartialité de l'arbitre : les uns sont préventifs, les autres curatifs.

Paragraphe 1. Les mécanismes préventifs : obligation de révélation et abstention

68. L'obligation de révélation. Pour permettre aux parties de s'assurer *a priori* de son indépendance et de son impartialité, et le cas échéant de le récuser, l'arbitre doit faire preuve de transparence : il supporte une obligation de révélation. D'abord dégagée par la jurisprudence à partir de l'article 1452, alinéa 2, ancien du Code de procédure civile, elle est maintenant consacrée par l'article 1456, alinéa 2, du même code qui dispose : « Il appartient à l'arbitre, avant d'accepter sa mission, de révéler toute circonstance susceptible d'affecter son indépendance ou son impartialité. Il lui est également fait obligation de révéler sans délai toute circonstance de même nature qui pourrait naître après l'acception de sa mission ». Selon les juges congolais, camerounais, ivoirien, et tchadien, pour être efficace, l'obligation de révélation persiste donc tout au long de l'instance arbitrale, ce qui avait auparavant été posé par la jurisprudence. L'arbitre doit donc, en cours d'instance, révéler aux parties les faits qui, survenus après sa désignation, sont susceptibles de faire douter de son indépendance ou de son impartialité. Par ailleurs, l'efficacité de l'obligation de révélation est affermie par la sanction qui lui est attachée aujourd'hui : un manquement de l'arbitre peut conduire le juge à annuler la sentence.[42]

Paragraphe 2. Révélation et nomination de l'arbitre

69. Il faut noter que l'ancien article 1452, alinéa 2, du Code de procédure civile prévoyait que l'arbitre qui supposait en sa personne une cause de récusation et en avait informé les parties ne pouvait accepter sa mission qu'avec l'accord de toutes les parties. La constitution du tribunal arbitral était donc subordonnée à un nouvel accord des parties. Autrement dit, chaque partie bénéficiait d'un véritable droit de véto à cet égard, alors même que les circonstances révélées n'auraient pas été sérieusement susceptibles de faire douter de l'indépendance ou de l'impartialité de l'arbitre en question. La solution favorisait les tactiques dilatoires. Désormais, le nouvel article 1456, alinéa 3, du Code de procédure civile ne permet plus à une partie d'opposer abusivement son véto à la nomination de l'arbitre dans une

[42] Paris, 12 fév. 2002, Rev. arb. 2009, P. 186, note Th. Clay

telle situation, puisqu'en cas de différend sur le maintien de l'arbitre, « la difficulté est réglée par la personne chargée d'organiser l'arbitrage ou, à défaut, tranchée par le juge d'appui, saisi dans le mois qui suit la révélation ou la découverte du fait litigieux ». Cette nouvelle disposition favorise sans doute la correcte exécution par l'arbitre de son obligation de révélation puisque les circonstances dévoilées ne pourront systématiquement être invoquées par une partie pour s'opposer à sa désignation.

L'obligation de révélation n'est pas limitée aux faits énumérés à l'article 341 du Code de procédure civile, qui constituent autant de causes de récusation du juge. Pour que le choix des parties soit suffisamment éclairé, comme le pose en principe la cour d'appel de Paris, « l'arbitre doit révéler aux parties toute circonstance de nature à affecter son jugement et provoquer dans l'esprit des parties un doute raisonnable sur ses qualités d'impartialité et d'indépendance qui sont l'essence même de la fonction arbitrale. Puisque l'indépendance et l'impartialité sont appréciées objectivement, ce sont sous les faits de nature à faire légitimement douter les parties de ces qualités (mais uniquement ceux-ci) qui doivent être révélés par l'arbitre avant qu'il accepte sa mission et tant que dure l'instance, au moyen de ce qu'il est convenu de qualifier de « déclaration d'indépendance ». Cette obligation d'information qui pèse sur l'arbitre, pour permettre aux parties d'exercer leur droit de récusation, doit s'apprécier au regard à la fois de la notoriété de la situation critiquée et de son incidence sur le jugement de l'arbitre. Corrélativement le fait notoire au moment de la désignation de l'arbitre, même non révélé, ne peut justifier par la suite l'annulation de la sentence si la récusation de ce dernier n'a pas été sollicitée.[43]

Sous le contrôle du juge, l'arbitre doit donc révéler les faits qui peuvent faire légitimement ou raisonnablement douter une partie, elle-même raisonnable, de son indépendance et de son impartialité. Cette révélation doit-être suffisamment précise pour permettre aux parties de refuser sa nomination ou de le récuser, la déclaration d'indépendance de l'arbitre devant comporter « tout ce qui pourrait être interprété de près ou de loin comme une atteinte à son indépendance ». Elle est bien évidemment fonction de chaque espèce, même si, progressivement, la jurisprudence dégage des lignes directrices permettant de déterminer ce qui doit nécessairement être révélé, en annulant des sentences dans des hypothèses où, soit l'obligation de révélation n'a pas été respectée, soit les exigences d'indépendance ou d'impartialité n'ont pas été satisfaites. Ces décisions constituent un guide utile pour l'arbitre qui hésite à révéler telle ou telle circonstance particulière.

---

[43] Paris, 16 déc. 2010, Rév. arb. 2011, P. 710

Circonstances que doit révéler l'arbitre

70. L'arbitre doit révéler tout courant d'affaires ou toute relation d'intérêts avec l'une des parties, ou même avec son conseil. Il est bien évident que la dépendance économique de l'arbitre pouvant en résulter, vis-à-vis d'une partie ou de son conseil, est incompatible avec sa fonction juridictionnelle. En ce sens, dans deux arrêts rendus le 20 octobre 2010, la première Chambre civile de la Cour de cassation a relevé que « le caractère systématique de la désignation d'une personne donnée par les sociétés d'un même groupe, sa fréquence et sa régularité sur une longue période, dans des contrats comparables, ont créé les conditions d'un courant d'affaires entre cette personne et les sociétés du groupe parties à la procédure », ce qui devait conduire l'arbitre à révéler ces circonstances, pour permettre aux parties d'exercer leur droit de récusation. Ainsi, l'arbitre qui a été le conseil de l'une des parties doit le révéler, afin que l'autre partie puisse exercer son droit de récusation. La cour d'appel de Paris a également annulé des sentences, par arrêts des 9 septembre 2010 et 10 mars 2011[44], en reprochant à l'arbitre, de manière peut-être quelque peu excessive au regard des circonstances factuelles des espèces en cause, de n'avoir pas révélé des « relations d'intérêts » entretenus avec le conseil d'une partie. Il s'agissait en effet, dans le premier cas, de consultations établies par l'arbitre, et à deux ou trois consultations pour ce cabinet, circonstances non révélées n'étaient aucunement susceptibles de faire raisonnablement douter de l'impartialité et de l'indépendance de l'arbitrc, professeur de droit au profit du conseil de la partie qui l'avait désigné. Dans le second, la cour d'appel a retenu un manquement au devoir de révélation à la position d' « *of conseil* » de l'arbitre. Il a été cassé par la Cour de cassation, par un arrêt du 10 octobre 2012, qui sonne le glas de la théorie selon laquelle l'obligation de révélation aurait absorbé l'obligation d'indépendance et d'impartialité de l'arbitre. La Cour régulatrice a en effet estimé « qu'en se déterminant par ces seuls motifs sans expliquer en quoi ces éléments étaient de nature à provoquer dans l'esprit des parties un doute raisonnable quant à l'impartialité de l'arbitre et à son indépendance, la cour d'appel n'a pas mis la Cour de cassation en mesure d'exercer son contrôle sur la décision ».[45] L'arbitre doit aussi divulguer les relations professionnelles existant entre le cabinet dans lequel il exerce et l'une des parties.[46] Il peut par ailleurs être tenu de dévoiler les liens personnels qu'il entretient avec son conseil, s'ils ne sont pas suffisamment étroits, notamment s'ils se sont développés dans le cadre professionnel.

---

[44] Paris, 10 mars 2011, Cah.arb. 2011, P. 787, note M. Henri

[45] Civ, 10 oct. 2012, n° 11. 20299 à paraître au Bull. Civ

[46] Paris, 12 févr. 2009, Rév. arb. 2009, P. 186, note Th. Clay

71. L'abstention. L'arbitre qui suppose en sa personne, en cours d'instance, des circonstances susceptibles d'affecter son indépendance ou son impartialité, peut s'abstenir. Cette éventualité est indirectement prévue par l'article 1457 du Code de procédure civile, qui dispose que l'arbitre doit poursuivre sa mission jusqu'au terme de celle-ci à moins qu'il justifie, notamment, « d'une cause légitime d'abstention ». Cela consiste, pour l'arbitre, à renoncer à exécuter sa mission lorsque surviennent des circonstances prévues à l'article 1456, alinéa 2, du Code de procédure civile. En droit OHADA, on ne peut en effet véritablement parler d'abstention qu'une fois que l'arbitre a accepté sa mission puisque auparavant, le contrat d'arbitre n'étant pas formé, il peut toujours refuser sa désignation, pour quelque cause que ce soit. L'abstention apparaît ainsi comme une exception à l'obligation de l'arbitre d'accomplir sa mission jusqu'à son terme et entraîne la suspension de l'instance. Elle ne doit pas être exercée avec une légèreté blâmable, parce qu'elle oblige les parties à remplacer l'arbitre. Il est d'ailleurs prévu qu'en cas de différend sur la réalité du motif invoqué, la difficulté est réglée par la personne chargée d'organiser l'arbitrage ou par le juge d'appui. Si l'arbitre s'abstient sans raison valable, il peut voir sa responsabilité engagée par les parties. C'est le cas notamment au Tchad, au Mali, au Bénin et au Congo.

Section 10. Les mécanismes curatifs : récusation, annulation et responsabilité de l'arbitre

Paragraphe 1. La récusation

72. Pour prévenir tout risque de dépendance ou de partialité de l'arbitre avant que la sentence ne soit rendue, et éviter qu'elle ne soit ensuite annulée pour ce motif, les parties peuvent récuser l'arbitre, la procédure étant fixée par l'article 1456, alinéa 3, du Code de procédure civile. Toute circonstance susceptible de faire douter de l'indépendance ou l'impartialité de l'arbitre n'autorise cependant pas sa récusation : elle doit s'être révélée aux parties depuis sa désignation. Si elle était connue avant cette date, les parties devaient refuser de le nommer. A défaut de s'opposer à sa nomination, les parties sont réputées avoir renoncé à se prévaloir de leur droit de récuser l'arbitre.

Paragraphe 2. Délai pour récuser

73. Avant la réforme du 13 janvier 2011, il était jugé que la récusation devait être demandée avant le prononcé de la sentence puisqu'une fois celle-ci rendue, les arbitres sont dessaisis et il n'existe plus aucune difficulté de constitution du tribunal arbitral susceptible de justifier la compétence du juge d'appui. En France pour accroître l'efficacité de la procédure arbitrale, le décret du 13 janvier 2011 portant réforme de l'arbitrage a enfermé la demande de récusation dans un délai : selon le nouvel article 1456, alinéa 3, la difficulté est réglée « par la personne chargée d'organiser l'arbitrage ou, à défaut, tranchée par le juge d'appui, saisi dans le mois qui suit la révélation ou la découverte du fait litigieux ». Si le texte ne précise pas la sanction attachée au non-respect de ce délai, qui ne court qu'à partir du moment où la partie a connaissance de la circonstance litigieuse, soit que l'arbitre la révèle, soit qu'elle l'apprenne fortuitement, il s'agit sans doute d'une forclusion, qui rend irrecevable la demande de récusation tardive. Compte tenu de la rédaction du texte, il est permis de se demander si c'est uniquement la saisine du juge d'appui qui est enfermée dans le délai d'un mois, ou également celle de la personne chargée d'organiser l'arbitrage. On pourrait soutenir que ce délai ne vise que le juge et ne s'applique pas aux demandes de récusation présentée devant une institution d'arbitrage, ce qui permettrait de valider les dispositions d'un règlement d'arbitrage prévoyant un autre délai pour la saisine de l'institution, malgré les termes de l'article 1461 qui répute non écrite toute stipulation contraire aux règles édictées aux alinéas 2 et 3 de l'article 1456. Sur un plan pratique, il serait néanmoins utile d'appliquer ce délai légal à titre de principe lorsque rien n'est prévu par le règlement d'arbitrage. En tout cas, sous l'empire de la jurisprudence antérieure, il était jugé que pour être recevable, la requête en récusation devait être présentée dès qu'étaient connues les circonstances susceptibles d'affecter le jugement de l'arbitre ou à « bref délai ».[47] Il faut par ailleurs noter qu'il n'est pas prévu de délai de forclusion en cas de saisine successive de la personne chargée d'organiser l'arbitrage et du juge d'appui, lorsque la première n'a pu résoudre la difficulté. Enfin, la récusation d'un arbitre peut aussi être sollicitée si, après le prononcé de la sentence, le tribunal arbitral est saisi d'une requête en interprétation.[48]

Section 11. Autorité compétente pour récuser l'arbitre

74. La réforme du 13 janvier 2011 a confirmé la dichotomie existant entre l'arbitrage institutionnel et l'arbitrage *ad' hoc,* soit celui qui ne se déroule pas sous l'égide d'un centre d'arbitrage. En effet, selon l'article 1456, alinéa 3, du Code de procédure civile, l'autorité compétente pour prononcer la récusation d'un arbitre est la personne chargée d'organiser l'arbitrage et, à défaut, le juge d'appui. Dans un arbitrage institutionnel, dont le règlement d'arbitrage le prévoit, la procédure de récusation va donc se dérouler en priorité devant le centre d'arbitrage, ce qui était de longue date admis par la jurisprudence. Dans cette hypothèse, le juge d'appui est alors incompétent pour se prononcer sur la dernière situation, comme dans un arbitrage *ad hoc*

---

[47] Civ. 1er fév., 2012, Rev. arb. 2012, P. 91 (2e esp.) note E. Loquin
[48] Paris, 19 nov. 1993, Rev. arb. 1996, P. 419, note P. Fouchard

ou lorsque l'arbitrage n'organise aucune procédure de récusation, le juge compétent est le Président du tribunal de grande instance. Lorsque la convention n'a pas désigné de juge d'appui, il s'agit du président du tribunal de grande instance dans le ressort duquel le siège de l'arbitrage a été fixé, et, en l'absence de stipulation sur ce point, de celui du tribunal de grande instance du lieu où demeure le ou l'un des défendeurs à l'incident, ou, lorsque le défendeur ne demeure en dans un Etat partie au Traité de l'OHADA. Sur cet aspect, la réforme du 13 janvier 2011, dont les dispositions idoines sont applicables au tribunal arbitral constitué après le 1er mai 2011, n'a pas bouleversé les règles antérieures. En revanche, le président du tribunal de commerce, que les parties peuvent conventionnellement choisir en qualité de juge d'appui, notamment pour désigner les arbitres, ne peut plus, comme auparavant, connaître des demandes de récusation de ceux-ci. Il en est ainsi en Côte-d'Ivoire, aux Comores et au Congo.

Section 12. Infirmité de la récusation « institutionnelle »

75. Il existe une différence de régime notable entre la décision rendue par la personne chargée d'organiser l'arbitrage et celle du juge d'appui. La décision sur la récusation rendue par la première n'est pas une sentence arbitrale et ne peut dès lors faire l'objet d'un recours devant le juge. En cela, le régime juridique de la « récusation institutionnelle » diffère en pratique peu de celui applicable devant le juge d'appui puisque les décisions rendues par ce dernier ne peuvent en principe faire l'objet d'aucun recours. L'article 1460, alinéa 3, du Code de procédure civile, issu de la réforme du 13 janvier 2011, le précise, reprenant la règle antérieurement dégagée par la jurisprudence. Comme toute décision judiciaire, celle du juge d'appui est seulement susceptible d'un appel-nullité en cas d'excès de pouvoirs, l'existence de ce grief étant appréciée très strictement. Mais, et c'est là la principale infirmité de la « récusation institutionnelle », puisque la décision rendue par l'institution d'arbitrage ne constitue par une sentence, elle n'est pas assortie de l'autorité de la chose jugée. Elle peut donc être remise en cause par le juge du contrôle, qui peut annuler la sentence pour manquement de l'arbitre à son obligation d'impartialité ou d'indépendance alors même que les circonstances en cause auront été considérées, par le centre d'arbitrage, comme ne pouvant justifier la récusation de l'arbitre. A l'inverse, la décision du juge d'appui s'impose au juge de la régularité de la sentence. La « récusation institutionnelle » présente donc une infirmité par rapport à la récusation juridictionnelle : elle est beaucoup moins efficace. C'est le cas notamment au Congo et en Côte-d'Ivoire.

Section 13. Procédure de récusation

76. C'est la procédure fixée par l'article 1460 nouveau du Code de procédure civile qui est suivie devant le président du tribunal compétent. Le juge d'appui est saisi « comme en matière de référé », soit par voie d'assignation ou de requête conjointe, la procédure étant contradictoire. Il peut, sans méconnaître l'étendue de ses pouvoirs, ordonner une mesure d'instruction pour déterminer si les circonstances permettent de douter de l'impartialité ou de l'indépendance d'un arbitre, en faisant par exemple injonction à une partie de révéler le nombre d'arbitrage ayant trait à un type de litige en particulier pour lesquels elle a désigné une personne en qualité d'arbitre. Par ailleurs, puisque nulle personne ne doit-être jugée sans avoir été entendue ou appelée, selon ce que prescrit l'article 14 du Code de procédure civile, et que sa décision pourrait ensuite avoir une incidence sur la responsabilité de l'arbitre, le juge d'appui devrait sans doute s'efforcer de solliciter les observations de celui dont la récusation est demandée. L'article 1460, alinéa 3, du Code de procédure civile prévoit que le juge statue par voie d'ordonnance « non susceptible de recours », étant précisé qu'elle demeure tout de même susceptible d'un appel-nullité en cas d'excès de pouvoirs du juge. Et cette ordonnance, exécutoire de plein droit sauf si le juge en décide autrement, s'impose ensuite à la cour d'appel saisie d'un recours en annulation. Au Tchad, au Congo et au Cameroun, le juge du contrôle ne pourra donc pas annuler la sentence en relevant que le tribunal était irrégulièrement constitué au motif que l'arbitre n'était pas impartial ou indépendant, si le juge d'appui a préalablement écarté une demande de récusation, à tout le moins en l'absence d'éléments nouveaux apparus postérieurement à la décision du juge d'appui.

Section 14. Effets de la récusation sur l'instance arbitrale

77. En principe, l'instance arbitrale n'est pas interrompue ou suspendue par la requête en récusation et la procédure qui en découle. Jusqu'à la décision de l'institution d'arbitrage ou du juge qui récuse un arbitre, le tribunal arbitral, qui n'est pas dessaisi, peut donc poursuivre sa mission et les actes accomplis par lui sont tenus pour valables. Toutefois, pour éviter le risque que la sentence ne soit annulée parce qu'elle a été rendue par un arbitre récusé, soit par un tribunal arbitral irrégulièrement constitué au sens de l'article 1492.2° du Code de procédure civile, les parties peuvent prévoir, directement ou par référence à un règlement d'arbitrage, que l'instance arbitrale, et corrélativement le délai de l'arbitrage, sont suspendus pendant l'incident de récusation. De plus, l'article 1472 du Code de procédure civile issu de la réforme du 13 janvier 2011 autorisant le tribunal arbitral à surseoir à statuer, ce qui suspend le cours de l'instance pour le temps ou jusqu'à la survenance de l'événement qu'il détermine, il est loisible au tribunal arbitral de décider un tel sursis jusqu'à la décision de l'autorité compétente pour statuer sur la demande de récusation. Avant la réforme de 2011, lorsque l'un des arbitres était récusé, à défaut d'accord contraire des parties, cela mettait fin à l'instance arbitrale, en application de l'article 1464.2° du Code de procédure civile. Les parties avaient donc intérêt à prévoir (dès la conclusion de la convention d'arbitrage parce qu'un accord sur ce point est alors plus aisé à trouver qu'une fois l'arbitre récusé) que la récusation n'entraînait pas la fin de l'instance. Le décret du 13 janvier 2011 a modifié cette règle : à compter du 1er mai 2011, la récusation de l'arbitre entraîne la suspension de l'instance arbitrale jusqu'à l'acceptation de sa mission par l'arbitre désigné en remplacement, selon les modalités convenues par les parties ou, à défaut, suivant celles qui ont présidé à la désignation de l'arbitre qu'il remplace.

Section 15. Annulation de la sentence

78. En droit camerounais, au Congo et même au Bénin, à moins qu'en connaissance des circonstances susceptibles d'affecter le jugement de l'arbitre, une partie ait renoncé à s'en prévaloir en s'abstenant d'engager une procédure de récusation à son encontre, auquel cas elle n'est plus recevable à invoquer ce grief devant le juge de la régularité, la dépendance et la partialité de l'arbitre sont sanctionnées par l'annulation de la sentence. En cas de manquement de l'arbitre à son obligation d'indépendance ou d'impartialité, l'annulation de la sentence est encourue parce que le tribunal n'a pas été régulièrement constitué, sur le fondement de l'article 1492.2° nouveau du Code de procédure civile, soit l'ancien article 1484.2°. Mais elle est aussi parfois prononcée au motif que la convention d'arbitrage est nulle, puisque le consentement de l'une des parties a été vicié, ou pour contrariété de la sentence à l'ordre public. En tout cas, le recours en annulation ne peut venir suppléer la carence d'une partie qui n'a pas fait état d'une circonstance qu'elle connaissait pour exercer son droit de récusation.[49]
Le manquement de l'arbitre à son obligation de révélation peut également entraîner l'annulation de la sentence. Pendant longtemps, personne n'a songé à discuter que cette sanction n'est pas automatique et qu'il faut « mesurer les effets de cette réticence » et apprécier « si, à elle seule, ou rapprochée d'autres éléments de la cause, elle constitue une présomption suffisante du défaut d'indépendance » ou d'impartialité allégué. Plus récemment, des décisions de la cour d'appel de Paris et de la Cour de cassation, indifféremment rendues en matière d'arbitrage interne et international, sont cependant venues semer le trouble, à tel point qu'il a pu être soutenu que l'annulation de la sentence devrait intervenir *ipso facto* si l'arbitre manquait à son obligation de révélation 7h. Clay, note sous Paris, 12 fév. 2009, Rev. arb. 2009, P. 156. Il s'agit cependant de décisions d'espèce dans lesquelles

[49] Com. 25 mars 199, Bull. civ.4 n°56, Rev. arb. 1999, P. 319, note Jarresson

l'imprécision des déclarations faites par les arbitres était telle qu'elle avait effectivement privé l'une des parties de la possibilité d'apprécier, en connaissance de cause, si elle devait ou non refuser sa nomination. Des arrêts postérieurs de la cour d'appel de Paris sont d'ailleurs venus confirmer que la sentence n'est annulée que lorsque les circonstances non révélées sont de nature à faire raisonnablement douter une partie de l'indépendance ou de l'impartialité de l'arbitre[50]. Et cette solution a été récemment confirmée par un arrêt de la Cour de cassation du 10 octobre 2012.[51] Tout oubli de révélation par l'arbitre n'est donc pas synonyme de défaut d'indépendance ou d'impartialité et ne conduira pas automatiquement à l'annulation de la sentence. La partie qui recherche cette annulation doit établir que les éléments non révélés en l'espèce, soit à eux seuls, soit rapprochés d'autres éléments de la cause, sont de nature à provoquer, dans l'esprit des parties, un doute raisonnable sur l'indépendance de l'arbitre, c'est-à-dire s'ils constituent une présomption suffisante de défaut d'indépendance ou d'impartialité. En droit OHADA, une telle « présomption » devrait par exemple être retenue lorsque l'arbitre n'a pas révélé précisément la consistance du véritable « courant d'affaires » s'étant instauré entre lui et l'une des parties à l'arbitrage du fait de « nominations à répétition ». Elle a également été retenue en cas de refus, non motivé, de se soumettre à la demande d'une partie de souscrire une déclaration d'indépendance au cours de l'instance arbitrale.[52]

Section 16. Responsabilité de l'arbitre

79. Le manquement de l'arbitre à son obligation de révélation et, plus largement, à son devoir d'indépendance et d'impartialité, est aussi susceptible d'engager sa responsabilité civile.[53] Il a été jugé que cette responsabilité était soit de nature contractuelle, en raison du lien unissant l'arbitre aux parties, soit de nature délictuelle, parce que le compromis d'arbitrage avait été annulé pour dol.[54] Les devoirs d'indépendance et d'impartialité étant attachés à la nature juridictionnelle de la mission exercée par l'arbitre, celui-ci serait tenu de les respecter même si le contrat d'arbitre était jugé nul, et l'on peut dès lors penser que la responsabilité de l'arbitre, pour manquement à l'un ou l'autre de ces devoirs, devrait toujours présenter un caractère délictuel. Quant au dommage réparable, il est au moins constitué par tous les frais exposés par les parties au cours de l'instance

---

[50] Paris, 10 mars 2011, Cah. arb. 2011, P. 787, note M. Henri

[51] Civ. 10 oct. 2012 n°11. 20299, à paraître au Bull. civ., JCP. G 2012, Act. P.1929 obs. M. Henri

[52] Paris, 10 mars 2011, Rev. arb. 2011, P. 568

[53] Paris, 12 oct. 1995, Rev. arb. 1999, P. 324, note

[54] TGI. Paris, 9 déc. 1992, Rev. arb. 1996, P. 483, obs. Ph. Fourchard

arbitrale, notamment les honoraires versés aux arbitres, et par les frais d'annulation de la sentence ou de récusation de l'arbitre.[55]

Section 17. Le nombre des arbitres

Paragraphe 1. L'imparité

80. Le choix du nombre des arbitres n'est pas libre dans l'arbitrage interne. L'article 1451 du Code de procédure civile prévoit en effet que le tribunal arbitral « est composé d'un ou de plusieurs arbitres en nombre impair ». Le décret du 14 mai 1980 avait consacré la règle de l'imparité dans la composition du tribunal arbitral, rompant ainsi avec le droit antérieur qui autorisait la constitution d'un tribunal arbitral composé d'arbitres en nombre pair. Cette exigence d'imparité, que l'on ne retrouve pas en matière d'arbitrage international, repose essentiellement sur une considération pratique : elle permet de dégager facilement une majorité. Mais elle révèle aussi le pouvoir juridictionnel de l'arbitre, qui n'est pas le représentant de l'une ou l'autre des parties. La parité accréditerait au contraire l'idée inverse puisque chacune des parties désignerait « son arbitre ».[56] Les litigants peuvent soumettre leur litige à autant d'arbitres qu'ils le souhaitent pour autant qu'ils soient en nombre impair. Le plus souvent, chacune des parties, ou celles qui ont un intérêt commun au litige, désigne un arbitre. Et, les deux arbitres ainsi nommés choisissent ensuite un troisième arbitre pour présider le tribunal arbitral.

Paragraphe 2. Mise en œuvre de l'exigence d'imparité

81. Si les parties ne peuvent déroger à la règle de l'imparité dans la composition du tribunal arbitral, la désignation d'arbitres en nombre pair dans la convention d'arbitrage n'entraîne pas sa nullité. L'article 1451, alinéa 2, du Code de procédure civile résultant du décret du 13 janvier 2011 prévoit que le tribunal arbitral est « complété si la convention d'arbitrage prévoit la désignation d'arbitres en nombre pair ». Comme sous l'empire des textes issus du décret du 14 mai 1980, la convention d'arbitrage n'est donc pas nulle, ou manifestement nulle, lorsqu'elle méconnaît ouvertement la règle de l'imparité. Les parties peuvent compléter le tribunal arbitral. Et, pour assurer l'efficacité de l'arbitrage, l'alinéa 3 du texte précité envisage l'hypothèse dans laquelle elles ne parviendraient pas à s'entendre. Il prévoit en effet que « si les parties ne s'accordent pas sur la désignation d'un arbitre complémentaire, le tribunal arbitral est complété dans un délai d'un mois à

---

[55] E. Loquin. Les garanties de l'arbitrage, l'arbitrage ; une question d'actualité, L PA n°197, spéc. n°36 P. 20

[56] G. Cornu, Présentation de la forme, Rev, arb. 1980, P. 583, spéc. n° 13, P. 590

compter le l'acceptation de leur désignation par les arbitres choisis ou, à défaut, par le juge d'appui mentionné à l'article 1459 ». En droit OHADA, en cas de désaccord des parties dans le choix d'un arbitre pour compléter le tribunal arbitral irrégulièrement composé d'arbitres en nombre pair, ces derniers disposent donc d'un délai d'un mois pour procéder à la désignation d'un arbitre supplémentaire ; passé ce délai, le juge d'appui peut-être saisi par une partie, le tribunal arbitral ou l'un des arbitres pour régulariser la composition du tribunal arbitral. Au Sénégal et au Burkina Faso, le juge d'appui, qui est le président du tribunal de grande instance ou celui du tribunal de commerce si les parties l'ont prévu dans la convention d'arbitrage, est saisi comme en matière de référé et se prononce par une ordonnance exécutoire de plein droit et qui n'est pas susceptible de recours, sous réserve de l'excès de pouvoir.

Paragraphe 3. Sanction de l'exigence d'imparité

82. Ce n'est qu'à défaut de régularisation de sa composition que la sentence rendue par un tribunal arbitral composé d'arbitres en nombre pair peut-être annulée par le juge. Mais encore faut-il que les parties n'aient pas renoncé à se prévaloir de cette irrégularité. Les conditions d'une telle renonciation ne vont cependant pas de soi. Il a en effet déjà été jugé que les parties ne peuvent renoncer à se prévaloir de l'irrégularité née de l'imparité du tribunal arbitral au cours de l'instance arbitrale. Il est vrai qu'elles ne sont pas autorisées, à ce stade, à s'accorder pour que le tribunal arbitral soit composé d'arbitres en nombre pair. De plus, la sanction affectant la sentence, et non la convention d'arbitrage, la renonciation ne peut de toute façon intervenir avant que la décision des arbitres ne soit rendue. Ce n'est donc qu'après le prononcé de la sentence que les parties peuvent efficacement renoncer à se prévaloir de la cause de nullité liée au nombre pair des arbitres, la règle méconnue intéressant au plus un ordre public de protection, non de direction. On peut ajouter, de façon plus générale, que la sentence qui ne serait pas rendue par le nombre d'arbitres préalablement fixé par les parties, directement ou par référence à un règlement d'arbitrage, pourrait être annulée, à moins que celles-ci n'aient participé sans réserve et en connaissance de cause à l'instance arbitrale, ce qui révélerait leur renonciation à se prévaloir de cette irrégularité.[57]

[57] Paris, 10 févr. 1994 Rev. arb. 1996, P. 57

CHAPITRE 2. LE DEROULEMENT DE L'INSTANCE ARBITRALE

Section 1. Instance arbitrale et instance judiciaire

83. L'instance arbitrale, comme l'instance judiciaire, ne se confond pas avec le litige qu'elle a pour objet de trancher. Elle est constituée des actes de procédure accomplis par les parties et par l'arbitre de son introduction à son terme, soit en principe au moment du prononcé de la sentence arbitrale. En droit congolais, au même titre que l'instance judiciaire, l'instance arbitrale crée un rapport de droit substantiel unissant les parties. L'extinction accidentelle de l'instance arbitrale est, en conséquence, sans incidence sur ces droits substantiels ; les parties peuvent à nouveau soumettre leurs demandes respectives à un arbitre, sous réserve qu'elles soient toujours liées par une convention d'arbitrage. En cela, l'instance arbitrale se rapproche de l'instance judiciaire, cette proximité étant encore accentuée par un phénomène d'institutionnalisation de l'arbitrage et par le renvoi à l'essentiel des « principes directeurs du procès » par l'article 1464, alinéa 2, du Code de procédure civile. Mais les deux instances ne peuvent être assimilées complètement l'une à l'autre, compte tenu, notamment, de la source du pouvoir juridictionnel de l'arbitre. En droit OHADA, les instances arbitrale et judiciaire se distinguent en effet essentiellement par l'origine du lien juridique d'instance. Il est conventionnel dans l'arbitrage, puisqu'il résulte de la volonté commune des parties de soumettre le litige à un tribunal arbitral. Il est légal en matière judiciaire, le défendeur subissant le procès. Ce caractère conventionnel de l'instance arbitrale a deux conséquences importantes. En premier lieu, à l'inverse du juge, l'arbitre est partie au lien d'instance. L'investiture de ce dernier peut donc être contestée, alors qu'en principe, seule la compétence du juge peut-être remise en cause. En second lieu, l'instance arbitrale se singularise, par rapport à l'instance judiciaire, par sa souplesse, son formalisme limité, la mise en œuvre de règles de procédure originales et, surtout, les pouvoirs moins importants dont dispose l'arbitre, au regard de ceux du juge, dans la conduite de la procédure. Cela est néanmoins l'impression qui ressort de la lecture des règlements d'arbitrage du GICAM, du CAC, du CAMeC et de la CACI.
La réforme du droit de l'arbitrage découlant du décret n°2011-48 du 13 janvier 2011 a d'ailleurs contribué à renforcer cette singularité, en améliorant l'efficacité et la qualité des procédures arbitrales. Ce texte a notamment consacré le tribunal arbitral en tant qu'entité à part entière, de nombreuses dispositions y renvoyant aujourd'hui plutôt qu'à celle, auparavant très largement usitée, « d'arbitre ». Il a accueilli plusieurs règles essentielles dégagées par la jurisprudence (principe de loyauté et de célérité et confidentialité de l'arbitrage, notamment) et a renforcé les pouvoirs du tribunal arbitral, en matière de mesures d'instruction et en cas de suspension

et d'interruption de l'instance par exemple. C'est sous le bénéfice de ces observations que seront successivement étudiées la progression de l'instance arbitrale, les règles de procédure qui lui sont applicables et la compétence résiduelle du juge étatique pour accorder des mesures provisoires ou conservatoires.

Section 2. La progression de l'instance arbitrale

84. On examinera successivement l'introduction de l'instance arbitrale, sa durée et les principaux incidents susceptibles de l'affecter.

Paragraphe 1. L'introduction de l'instance

85. La requête ou demande d'arbitrage. La saisine des arbitres peut se faire en plusieurs étapes. La procédure débute le plus souvent par une requête ou demande d'arbitrage, avant que le tribunal ne soit constitué et qu'il soit effectivement saisi du litige. Il s'agit de l'acte par lequel l'un des cocontractants informe le ou les autres cocontractants de son intention de recourir à l'arbitrage en se prévalant de la convention d'arbitrage. En droit OHADA, les modalités pratiques de cette requête, qui constitue un préalable à la constitution du tribunal arbitral et à sa saisine effective, sont parfois déterminées par le contrat dans lequel est logée la clause compromissoire ou, plus fréquemment, par le règlement d'arbitrage auquel les parties se sont référées. Il peut, en outre, valablement avoir été prévu que la demande est enfermée dans un certain délai que les parties doivent respecter à peine de forclusion. Comme la demande en justice, la requête d'arbitrage adressée à la partie adverse ou, le cas échéant, à un centre d'arbitrage, interrompt la prescription éventuellement applicable. Elle n'est soumise à aucune condition de forme autre que celles fixées par les parties, le cas échéant par référence à un règlement d'arbitrage. Pour éviter tout problème de preuve, il est cependant préférable de l'adresser par la voie d'une lettre recommandée avec demande d'avis de réception ou de la faire notifier par acte d'huissier. Le droit OHADA n'exige pas non plus que la demande soit motivée. Si elle l'est, sauf convention contraire des parties, il n'est pas interdit de modifier ensuite les prétentions et moyens qui y sont exposés. En tout état de cause, si elle constitue une étape dans l'introduction de l'instance arbitrale, la requête d'arbitrage n'en constitue pas le point de départ. C'est le cas notamment au Burkina-Faso et au Sénégal.

Paragraphe 2. Le point de départ de l'instance

86. L'instance arbitrale ne peut débuter, et le lien d'instance être créé entre les arbitres et les parties, qu'une fois acceptée leur mission par tous les arbitres désignés. La date de ce consentement correspond aussi, depuis la

réforme de 2011 et sauf prévision contraire des parties, à la date à laquelle le tribunal arbitral est saisi du litige. Sous l'empire des textes antérieurs à cette réforme, la Cour de cassation jugeait que « l'instance arbitrale n'est en cours qu'à partir du moment où le tribunal arbitral est définitivement constitué et peut donc être saisi du litige, c'est-à-dire à partir de l'acceptation par tous les arbitres de leur mission ».[58] La règle relève du bon sens puisque l'instance arbitrale ne peut débuter avant que le tribunal arbitral n'existe. Selon les textes issus de la réforme résultant du décret du 13 janvier 2011, l'instance débute, non plus à compter de l'acceptation de leur mission par les arbitres, mais lorsqu'ils sont saisis du litige. Pratiquement toutefois, la solution antérieure a été reconduite puisque, sauf si les parties en décident autrement, ces deux événements coïncidents. L'article 1456, alinéa 1, du Code de procédure civile prévoit en effet que « le tribunal arbitral est constitué lorsque le ou les arbitres ont accepté la mission qui leur est confiée » et que, à cette date, il est saisi du litige. Et l'article 1463 du même texte dispose que « si la convention d'arbitrage ne fixe pas de délai, la durée de la mission du tribunal arbitral est limitée à six mois à compter de sa saisine ».
Cette corrélation, faite par le décret du 13 janvier 2011, entre le point de départ de l'instance et la saisine des arbitres est opportune, si l'on admet qu'il est nécessaire que les arbitres acceptent leur mission en pleine connaissance de cause pour que se noue le lien d'instance. Cela suppose que leur mission soit définie avec suffisamment de précision pour qu'ils puissent apprécier ce qui est attendu d'eux, pour qu'ils soient véritablement en mesure de déterminer l'étendue de leurs droits et obligations, et donc, qu'ils soient effectivement saisis du litige. Au demeurant, et la réforme consacre en partie cette jurisprudence, il a déjà été jugé, sous l'empire des textes antérieurs au décret de 2011, que le délai de l'arbitrage n'avait pas commencé à courir faute d'une définition suffisante de la mission des arbitres, ou parce que ceux-ci avaient sollicité des parties des éclaircissements sur leur mission.[59] Il a également été soutenu que l'instance ne peut débuter que si l'acceptation de sa mission par le dernier arbitre est certaine et définitive, si elle n'est soumise à aucune condition.[60]

Paragraphe 3. La saisine du tribunal arbitral

87. La saisine du tribunal arbitral se réalise en principe par la soumission du litige aux arbitres. Si les parties n'ont rien prévu, cette saisine coïncide, selon l'article 1456, alinéa 1, du Code de procédure civile, avec la constitution du tribunal arbitral, qui découle de l'acceptation de leur mission par les arbitres. Il résulte cependant de l'article 1461 du Code de procédure civile que les

---

[58] Civ. 6 fév. 2007, Rev. arb. 2007, P. 138
[59] Paris, 28 nov 1991, Rev. arb. 1992, P. 625, obs. J. Pellerin
[60] V. J. Pellerin, note sous civ. 30 mars 2004, Rev. arb. 2005. P. 977

parties peuvent déroger à ce principe et convenir de la date à laquelle le tribunal arbitral est saisi du litige. En pratique d'ailleurs, la soumission du litige aux arbitres correspond rarement à la date de constitution du tribunal arbitral. L'article 1462 du Code de procédure civile, qui reprend mot pour mot la règle énoncée par l'ancien article 1445 du même code, et qui dispose que « le litige est soumis au tribunal arbitral soit conjointement par les parties, soit par la partie la plus diligente », confirme que la constitution du tribunal arbitral et la soumission du litige au tribunal constitué sont deux opérations successives. En droit OHADA, la saisine effective du tribunal arbitral ne peut en effet intervenir qu'à partir du moment où celui-ci est constitué et prend connaissance des données du litige. Ainsi, lorsque ces données ne sont connues qu'après l'acceptation par les arbitres de leur mission, la saisine peut-être retardée à la date à laquelle elles leur sont communiquées, notamment par la remise du dossier. Il faut aussi noter que la précision, par l'article 1462 précité, que le « litige » est soumis au tribunal conjointement fait obstacle à ce que les parties demandent aux arbitres, *ab initio,* de rendre une sentence d'accord-parties.[61]

Paragraphe 4. L'acte de mission

88. Sauf convention contraire des parties, la rédaction d'un acte de mission est facultative, puisqu'elle n'est prévue par aucun texte de droit OHADA. La sentence arbitrale n'encourt donc bien évidemment pas l'annulation simplement parce qu'un tel acte n'a pas été établi. En pratique, un acte de mission est cependant souvent signé par les parties et les arbitres dans l'arbitrage *ad hoc.* Il est aussi parfois imposé par des règlements d'arbitrage. Cela tient principalement à ce qu'à l'inverse du compromis, la clause compromissoire ne déterminant pas l'objet du litige, il peut apparaître opportun de le préciser dès le début de l'instance. Il comprend aussi des stipulations relatives à l'organisation de l'instance d'arbitrage, notamment le calendrier de la procédure et le délai de l'arbitrage, et constitue l'instrument par lequel les arbitres formalisent l'acceptation de leur mission. L'acte de mission a donc la nature d'une convention, passée après le début de l'instance arbitrale entre les parties et les arbitres, dont l'objet est strictement procédural. Il peut valoir compromis si les conditions posées par l'article 1443 et 1445 du Code de procédure civile sont respectées. Toutefois, à moins qu'il ne soit rendu obligatoire par la convention d'arbitrage ou un règlement d'arbitrage, auquel cas il conserve son caractère conventionnel, si l'une des parties refuse de le signer, l'acte de mission ne constitue qu'un acte de procédure des arbitres parmi d'autres. Il ne peut alors enfermer les termes du débat et permet uniquement aux arbitres de fixer les modalités

---

[61] Ch. Jarresson et J. Pellerin, Le droit français de l'arbitrage après le décret du 13 janvier 2011, Rev. arb. 2011, P.5

d'organisation de la procédure, à la condition, bien entendu, que ceux-ci disposent du pouvoir de l'organiser. Par ailleurs, il a été jugé que la clause de cet acte qui prévoit que les parties renoncent à se prévaloir de tout moyen relatif à l'irrégularité de la constitution du tribunal arbitral est réputée non écrite.[62]

Paragraphe 5. L'incidence d'une procédure collective antérieure

89. L'ouverture d'une procédure collective ne prive pas l'arbitre de sa compétence matérielle pour trancher le litige. Toutefois, lorsqu'elle intervient avant le début de l'instance arbitrale, plus précisément avant qu'elle ne soit « en cours » au sens des articles L. 622-22 et L. 624-2 du Code de commerce, c'est-à-dire, en principe, antérieurement à la saisine du tribunal arbitral, la procédure de sauvegarde, le redressement ou la liquidation judiciaire de la défenderesse à l'arbitrage complique l'engagement de la procédure. Certes, dans cette situation, selon le principe Compétence-compétence, le juge-commissaire est incompétent pour trancher le litige. Ainsi, s'il est saisi d'une contestation et qu'est invoquée devant lui une convention d'arbitrage, il « doit, après avoir le cas échéant, vérifié la régularité de la déclaration de créance, se déclarer incompétent à moins que la convention d'arbitrage ne soit manifestement nulle ou inapplicable ».[63] Mais il faut alors attendre sa décision d'incompétence avant de pouvoir saisir effectivement les arbitres. Dans un arrêt du 2 juin 2005, la chambre commerciale de la Cour de cassation a décidé en ce sens que « le principe d'ordre public de l'arrêt des poursuites individuelles interdit, après l'ouverture de la procédure collective, la saisine du tribunal arbitral par un créancier dont la créance a son origine antérieurement au jugement d'ouverture, sans qu'il ne se soit soumis au préalable à la procédure de vérification des créances ». L'instance arbitrale ne pourra donc être engagée qu'après le prononcé de l'ordonnance d'incompétence du juge-commissaire, ce qui peut retarder considérablement l'issue du litige.[64]

Section 3. La durée de l'instance

90. A l'origine, c'est pour éviter que les parties puissent indéfiniment faire obstacle à la compétence des juridictions étatiques, alors que le litige n'était pas tranché, que l'instance arbitrale a été enfermée dans un délai, on peut penser qu'aujourd'hui, compte tenu de la faveur accordée à l'arbitrage, le maintien de la règle posée par l'article 1463 du Code de procédure civile, depuis longtemps discutée, se justifie surtout pour préserver l'un des attraits

[62] Paris, 18 déc. 2008, Rev. arb. 2009, P. 232
[63] Com. 2 juin 2004, Rev. arb. 2004, P. 591 (3e esp)
[64] P. Ancel, note sous com. 2 juin 2004, préc.

de ce mode de règlement des différends : sa rapidité. La célérité de la procédure, qui est une exigence posée notamment par l'article 6, § 1 de la convention européenne de sauvegarde des droits de l'homme et des libertés fondamentales et reprise, depuis la réforme du 13 janvier 2011, par l'article 1464, alinéa 3, du Code de procédure civile, est consubstantielle à l'idée même de justice. L'arbitrage demeure donc enfermé dans un délai qui peut toutefois être prorogé.

Paragraphe 1. Le délai de l'arbitrage

91. L'article 1463 du Code de procédure civile envisage les modalités de fixation du délai de l'arbitrage lorsqu'il prévoit que « si la convention d'arbitrage ne fixe pas de délai, la durée de la mission du tribunal arbitral est limitée à six mois à compter de sa saisine ». La sanction de cette règle résulte de la combinaison de l'article 1477 de ce code, qui dispose que « l'expiration du délai d'arbitrage entraîne la fin de l'instance arbitrale », et de l'article 1492.3° du même texte, qui prévoit que le recours en annulation de la sentence est ouvert « si le tribunal arbitral a statué sans se conformer à la mission qui lui avait été confiée ».

Paragraphe 2. La fixation du délai initial de l'arbitrage

92. Fixation conventionnelle du délai. Le délai de l'arbitrage peut-être fixé par les parties dans la convention d'arbitrage, qu'il s'agisse d'une clause compromissoire ou d'un compromis. Le délai légal ne s'applique en effet, selon l'article 1463 du Code de procédure civile, que si « la convention d'arbitrage ne fixe pas de délai ». Formellement, il n'est pas exigé que cette convention précise le délai de l'arbitrage pour que soit écarté le délai légal. Il suffit qu'elle renvoie à un autre document, par exemple un règlement d'arbitrage, qui détermine un délai différent de celui de l'article 1463. Si le délai de l'arbitrage peut ainsi être librement choisi par les parties, celles-ci doivent au moins prendre le soin de l'indiquer. Compte tenu de la rédaction de l'article 1463 précité, et parce que les parties sont obligées de préciser le nouveau délai lorsqu'elles consentent une prorogation du délai initial, la pratique consistant à écarter le délai légal sans fixer un autre délai ne devrait pas être tolérée. Au Cameroun et au Congo, cette façon de procéder permettrait d'ailleurs à l'arbitre de déterminer lui-même la durée de sa mission, alors pourtant qu'il lui est en principe interdit (sauf l'hypothèse particulière de la reprise d'instance) de la proroger sans le consentement des parties ou le concours du juge.

Paragraphe 3. Le délai légal

93. Si les parties n'ont pas prévu le délai de l'arbitrage, la mission des arbitres ne dure que six mois, comme le précise l'article 1463 du Code de procédure civile. Ce délai, qui ne court plus, comme avant la réforme du 13 janvier 2011, à compter de l'acceptation par le dernier arbitre de sa mission, mais de la saisine du tribunal arbitral, est donc particulièrement bref. Trop sans doute, lorsque l'affaire est complexe. Sous l'empire des textes antérieurs, il était admis que les parties pouvaient reporter le point de départ du délai de l'arbitrage à une date différente de celle à laquelle les arbitres avaient accepté leur mission. Cette faculté de reporter le *dies a quo* de ce délai, directement dans la convention d'arbitrage ou indirectement, par référence à un règlement d'arbitrage, résulte aujourd'hui de la combinaison des articles 1456, alinéa 1er, et 1461 du Code de procédure civile ; elle permet de le fixer à une date à partir de laquelle les arbitres peuvent effectivement entreprendre leur mission, soit après la remise de leurs dossiers par les parties ou en suite de la signature d'un acte de mission. Le délai de l'arbitrage se calcule de quantième en quantième et expire le denier jour à vingt-quatre heures, reporté au premier jour, ouvrable suivant s'il s'agit d'un samedi, d'un dimanche ou d'un jour férié ou chômé, en application de l'article 642 du Code de procédure civile.

Section 4. La sanction du dépassement du délai d'arbitrage

Paragraphe 1. L'extinction de l'instance et la disparition de la convention d'arbitrage

94. L'article 1477 du Code de procédure civile prévoit que « l'expiration du délai d'arbitrage entraîne la fin de l'instance arbitrale ». En principe donc, une fois expiré le délai dans lequel il doit exercer sa mission, le tribunal est privé du pouvoir de rendre une sentence. Bien plus, l'expiration du délai d'arbitrage peut avoir des incidences sur la convention d'arbitrage, selon qu'il s'agit d'un compromis ou d'une clause compromissoire. Dans le premier cas, puisque le compromis a été conclu pour trancher un litige né, ses effets sont épuisés une fois l'instance éteinte. La mission des arbitres étant expirée, les juridictions étatiques sont à nouveau compétentes. Ainsi, si le délai de l'arbitrage expire avant qu'une sentence ne soit rendue, les parties ne peuvent à nouveau soumettre le litige à l'arbitrage qu'en passant un nouveau compromis. En revanche, si l'arbitrage « a sa source dans une clause compromissoire, l'expiration du délai de mission des arbitres sans qu'une sentence ait été rendue ne prive pas nécessairement d'effet la clause compromissoire ». En droit OHADA, les parties demeurent en principe tenues de soumettre leur litige à l'arbitrage, la clause compromissoire n'étant pas limitée à la résolution d'un litige en particulier. La clause n'est privée d'effet que dans certaines circonstances particulières. Au Sénégal et au Burkina Faso, il en est notamment ainsi lorsque la volonté des parties de soumettre le litige à l'arbitrage était subordonnée à des conditions qui, pour une raison ou une autre, ne peuvent plus être remplies après l'extinction de l'instance arbitrale (décès d'un arbitre, délai préfix conventionnel pour saisir l'arbitre une fois le litige né…).

Paragraphe 2. L'annulation de la sentence rendue hors délai

95. L'article 1481.1° ancien du Code de procédure civile prévoyait que la sentence pouvait être annulée lorsque « l'arbitre a statué sur une convention expirée ». Il envisageait donc expressément l'hypothèse de la sentence prononcée après l'expiration de la mission de l'arbitre. Si l'article 1492 nouveau, issu de la réforme du 13 janvier 2011, ne contient plus cette précision, il recouvre cette hypothèse lorsqu'il précise que le recours en annulation est ouvert si le « tribunal arbitral a statué sans se conformer à la mission qui lui avait été confiée ». Une telle sentence peut-être anéantie par le juge de l'annulation à la demande des parties. Ce cas d'ouverture particulier du recours en annulation appelle trois observations. D'abord, par faveur pour l'arbitrage, il est admis que la sentence est valable si elle a été rendue avant le *dies ad quem* du délai de l'arbitrage, même si elle n'a été notifiée qu'après. Ensuite, la portée de l'annulation est limitée à la sentence rendue postérieurement à la date d'expiration du délai d'arbitrage. Les actes accomplis antérieurement subsistent, en particulier les rapports d'expertise déposés avant cette date. Enfin, la nullité n'est encourue que si la partie qui l'invoque n'a pas préalablement renoncé à s'en prévaloir. L'article 1466 du Code de procédure civile, issu du décret du 13 janvier 2011, qui consacre sur ce point la jurisprudence, précise en effet que « la partie qui, en connaissance de cause et sans motif légitime, s'abstient d'invoquer en temps utile une irrégularité devant le tribunal arbitral est réputée avoir renoncé à s'en prévaloir ». Ainsi, si la participation active d'une partie à l'instance est parfois l'indice de sa volonté tacite de proroger le délai de l'arbitrage ; cette partie est de toute façon irrecevable à invoquer le moyen tiré de l'expiration de ce délai devant le juge de l'annulation lorsqu'elle n'a pas invoqué cette irrégularité devant les arbitres. Selon les termes du règlement d'arbitrage du CEMACO en République du Congo, et ceux de la CACI en Côte-d'Ivoire, la partie qui sait que la mission des arbitres a pris fin par l'arrivée du terme conventionnel ou légal doit faire preuve de loyauté et s'en prévaloir devant l'arbitre. A défaut, elle ne pourra plus l'invoquer pour obtenir l'annulation de la sentence. Cela dit, la Cour de cassation a admis qu'une partie ayant contesté la compétence du tribunal arbitral et sa composition, sans précisément se prévaloir de l'expiration du délai de l'arbitrage, n'avait cependant pas renoncé à invoquer cette irrégularité.[65]

[65] Civ. 22 sept. 2010, Bull. Civ. I, n° 176

Section 5. La responsabilité de l'arbitre

96. En droit camerounais et en droit congolais, l'expiration du délai de l'arbitrage, sans que la sentence ne soit rendue, peut résulter en tout ou partie d'une faute de l'arbitre, qui est alors susceptible d'engager sa responsabilité. Celui-ci supporte en effet une obligation de juger, dont le respect postule qu'il rende une décision avant l'expiration du délai qui lui est imparti pour accomplir sa mission. Ainsi, si c'est par la faute de l'arbitre qu'une sentence n'a pu être rendue dans le délai légal ou conventionnel, sa responsabilité civile peut-être engagée. L'obligation supportée par l'arbitre est, à cet égard, nécessairement de moyens, puisque des aléas, liés notamment au comportement des parties, peuvent affecter le bon déroulement de l'instance arbitrale. En Côte-d'Ivoire, l'arbitre supporte en revanche une obligation de résultat de solliciter du juge d'appui, en cas d'impéritie des litigants ou de l'institution, une prorogation du délai. Le succès d'une action en responsabilité contre l'arbitre suppose, en outre, que soit démontrée l'existence d'un préjudice directement né de l'expiration de l'instance arbitrale.[66]

Section 6. La prorogation du délai de l'arbitrage

97. Le tribunal arbitral ne peut proroger seul le délai. L'article 1463, alinéa 2, du Code de procédure civile autorise une ou plusieurs prorogations du délai initial de l'arbitrage. La solution est opportune, d'une part, en raison de la brièveté du délai légal et, d'autre part, parce que les litigants ne sont pas toujours en mesure d'apprécier le temps nécessaire à l'accomplissement de tous les actes d'instruction et de jugement au moment où ils fixent le délai de l'arbitrage. Au Congo et au Cameroun, cette prorogation peut-être conventionnelle ou judiciaire. En revanche, il est depuis longtemps admis que le tribunal arbitral ne peut proroger seul le délai de l'arbitrage. Pour la Cour de cassation, ce principe « traduit une exigence de l'ordre public aussi bien interne qu'international en ce qu'il est inhérent au caractère contractuel de l'arbitrage ». C'est donc l'aspect conventionnel de l'arbitrage qui interdit à l'arbitre de prolonger sa mission sans l'accord des parties. Elle connaît toutefois une exception depuis la réforme du 13 janvier 2011. Le tribunal peut en effet, en application de l'article 1475, alinéa 2, du Code de procédure civile, proroger le délai de l'arbitrage « pour une durée qui n'excède pas six mois » au « moment de la reprise de l'instance », postérieurement à son interruption ou sa suspension. Au passage, il faut aussi noter que, sauf à priver de portée les dispositions relatives à la suspension et à l'interruption de l'instance arbitrale, ces incidents emportent nécessairement suspension du délai de l'arbitrage. L'article 1475 précité précise d'ailleurs, en son alinéa 1,

[66] Civ. 6 déc. 2005 Bull. civ. I. n°462; JCL.G 2006, I, 148,I, n°2, obs. Ch. Seraglini

que « l'instance reprend son cours en l'état où elle se trouvait au moment où elle a été interrompue ou suspendue lorsque les causes de son interruption ou de sa suspension cessent d'exister ». De plus, le second alinéa autorise le tribunal arbitral, au moment de la reprise de l'instance, à proroger le délai d'arbitrage, ce qui signifie, au moins implicitement, que l'interruption et la suspension de l'instance arbitrale emportent suspension du délai d'arbitrage jusqu'à la reprise de l'instance, de telle sorte que les arbitres seraient dessaisis et ne pourraient pas proroger le délai d'arbitrage.

Section 7. La prorogation conventionnelle

Paragraphe 1. La prorogation expressément consentie par les parties

98. L'article 1463, alinéa 2, du Code de procédure civile prévoyant, sans autre précision, que « le délai légal ou conventionnel peut-être prorogé… par accord des parties », leur consentement n'est soumis à aucune condition de forme. Il peut-être exprès ou tacite. Les parties peuvent expressément convenir de proroger le délai initial de l'arbitrage en cours d'instance. De plus, même si cette hypothèse de prorogation du délai de l'arbitrage n'est pas expressément envisagée par l'article 1463 du Code de procédure civile, elles peuvent aussi confier à un tiers, le plus souvent un centre d'arbitrage, le soin de proroger le délai de l'arbitrage. Cette pratique est depuis longtemps admise. En donnant à un centre le pouvoir de proroger le délai d'exécution de la mission des arbitres, les parties lui confient un mandat. Cette pratique est courante en Côte-d'Ivoire, au Cameroun et au Congo.

C'est donc au nom de celles-ci qu'il proroge la mission des arbitres. Les modalités d'intervention du centre d'arbitrage sont en principe précisées par son règlement d'arbitrage (motivation ou non de la prorogation, notification ou non aux parties…) et si sa décision s'impose aux parties, elle n'a pas une nature juridictionnelle. Elle n'a donc pas à être motivée, ne peut faire l'objet d'aucun recours devant le juge et est dépourvue de l'autorité de la chose jugée. Elle n'a pas non plus, sauf stipulation contraire du règlement d'arbitrage, à être notifiée aux parties pour produire des effets. Pour suppléer l'éventuelle impéritie du centre à cet égard, les parties peuvent saisir le juge d'appui qui pourra prolonger la mission de l'arbitre. Et, cette inexécution de sa mission par le centre d'arbitrage pourrait constituer une cause de responsabilité civile.[67]
En revanche, la solution consistant à prévoir, dans la convention d'arbitrage, que l'arbitre pourra proroger le délai de l'arbitrage pour une durée déterminée à l'avance, semble toujours proscrite. Certes, dans un arrêt du 20 juin 1996, la Cour de cassation avait admis que les parties pouvaient

[67] Ch. Jarrosson, Le rôle respectif de l'institution, de l'arbitre et des parties dans l'instance arbitrale. Rev. arb. 1990, P. 381

« décider par avance, dans la convention d'arbitrage, des prorogations de délai d'arbitrage d'une durée déterminée auxquelles l'arbitre pourra recourir, dès lors que le temps maximum imparti à ce dernier pour statuer est ainsi conventionnellement arrêté ».[68] Mais, dans un arrêt du 7 novembre 2002, cette même formation est revenue sur cette solution en censurant une décision ayant admis que les parties avaient valablement pu prévoir, dans le compromis, que le délai d'arbitrage initial de 90 jours pourrait être prorogé à l'initiative du tribunal arbitral, le délai maximum pour statuer étant par ailleurs fixe. Pour la Haute juridiction, « en statuant ainsi, alors qu'il n'est pas au pouvoir des arbitres de proroger le délai dans lequel ils doivent rendre leur décision et qu'elle constatait que les arbitres devaient prononcer leur sentence dans le délai, la cour d'appel a violé » l'article 1456 du Code de procédure civile.[69] La solution, qui n'a pas été modifiée par le décret du 13 janvier 2011, est contestable. La possibilité pour les parties d'accepter par avance et pour un temps limité la prorogation du délai de l'arbitrage, tout comme la mise en œuvre de cet accord par l'arbitre, ne trahissent pas le caractère contractuel de l'arbitrage. Bien au contraire, en faisant application de la clause figurant à la convention d'arbitrage, l'arbitre exécute purement et simplement la convention des parties et ne proroge pas seul le délai de l'arbitrage.[70]

Paragraphe 2. La prorogation tacitement consentie par les parties

99. Puisque le consentement des parties pour prolonger la durée de la mission des arbitres n'est soumis à aucune exigence de forme, il peut-être tacite et s'évincer des circonstances de la cause. La jurisprudence est sur ce point particulièrement libérale. En Côte-d'Ivoire et au Congo, les juges saisis d'une demande d'annulation d'une sentence pour dépassement du délai de l'arbitrage admettent en effet très largement la prorogation tacite du délai de l'arbitrage par les litigants. Il suffit que soit rapportée la preuve d'actes manifestant sans équivoque la volonté certaine des deux parties sur ce point. Au Sénégal et au Burkina Faso, l'acceptation tacite peut notamment résulter de la participation active et sans réserve des parties à l'instance arbitrale, ou à des mesures d'instruction, après l'expiration du délai initial. Elle se déduit, aussi, de ce qu'après avoir d'abord consenti à une suspension de l'instance pendant une année, puis accepté de proroger le délai de l'arbitrage de près de six mois, les parties n'ont pas protesté à la réception d'une lettre des arbitres les informant d'une brève prorogation supplémentaire d'un mois, alors que la complexité de l'affaire imposait au tribunal arbitral de se réunir pour délibérer et que ces réunions étaient rendues délicates en raison de difficultés

---

[68] Civ. 20 juin 1996, Bull. civ. II, n°167

[69] Paris, 29 juin 2006, Rev. arb. 2008, P. 79, note Ch. Jarroson

[70] Ch. Jarrosson, Rev. arb. 2008, P.88; E. Loquin, Rev. arb. 2003, p. 115

de transport.[71] La prorogation du délai de l'arbitrage peut également résulter d'actes de celui qui est investi d'un mandat de représentation en justice. Lorsqu'il s'agit d'un avocat, il a été jugé qu'il n'était pas exigé qu'il soit muni d'un pouvoir spécial pour accepter la prorogation du délai au nom des parties. Il est vrai que le mandat de représentation en justice, dont jouiront l'avocat dans l'instance arbitrale, l'autorise à acquiescer et à donner un consentement.[72]

100. Point de départ et durée de la prorogation. En principe, à défaut de précision par les parties, le nouveau délai accordé à l'arbitre pour remplir sa mission débute à la date d'expiration du délai initial. Et il n'est pas à durée indéterminée. Sauf accord contraire des parties, c'est en effet le délai légal qui est applicable, soit celui de six mois.[73]

Section 8. La prorogation judiciaire

Paragraphe 1. Principe

111. La durée de la mission des arbitres, et donc de l'instance arbitrale, peut-être prorogée par le juge, même si les parties s'y opposent. Cela permet d'éviter un blocage de la procédure lorsque celles-ci ne parviennent pas à s'entendre sur le principe de la prorogation ou sur sa durée. La solution, issue de la réforme du 14 mai 1980, a été reconduite sous l'empire du décret du 13 janvier 2011. Avant la réforme de 1980, le juge ne pouvait prolonger le délai de l'arbitrage que si les parties lui avaient conventionnellement confié cette mission.[74] L'article 1463, alinéa 2, du Code de procédure civile dispose aujourd'hui que le délai légal ou conventionnel peut-être prorogé par accord des parties, ou « à défaut, par le juge d'appui ».

Paragraphe 2. Procédure

112. Le juge d'appui peut-être saisi uniquement « à défaut » d'accord des parties sur la prorogation du délai de l'arbitrage, sous réserve, sans doute, d'une situation d'urgence rendant cette démarche impossible. Le juge peut-être saisi par l'une des parties, le tribunal arbitral ou l'un de ses membres, l'article 1463 du Code de procédure civile ne dérogeant pas, sur ce point, à la procédure de droit commun fixée par l'article 1460 du même code. Tout comme en présence de difficultés de constitution du tribunal arbitral, la demande est formée, instruite et jugée « comme en matière de référé », ainsi

---

[71] Civ. 18 oct. 2001, Rev. arb. 2002, P ; 899 ; Note J.G. Betto
[72] Civ. 2e. 21 nov. 2002, JCPG 2003, I, 164, spec. n° 5. obs. J. Ortscheidt
[73] Pano, 17 janv. 2002, préc.
[74] E. Loquin, Arbitrage, compétence arbitrale, étendue, J. Cl. Proc. Civ. fasc. 1032. Spec. n°80

que le précise l'article 1460, alinéa 2, du Code de procédure civile ; l'instance est orale et le juge doit-être saisi par voie d'assignation ou de requête conjointe, la procédure étant contradictoire. La saisine doit nécessairement intervenir avant l'expiration du délia initial de l'arbitrage, puisque le juge d'appui ne s'est pas vu attribuer le pouvoir de faire revivre une instance éteinte.[75] Le juge compétent pour proroger le délai de l'arbitrage ne peut plus être le président du tribunal de commerce, depuis la réforme du 13 janvier 2011 qui a limité ses pouvoirs. Il s'agit en effet nécessairement du président du tribunal de grande instance désigné par la convention d'arbitrage qui est, au premier chef, l'autorité compétente pour proroger le délai de l'arbitrage. A défaut de précision dans la convention d'arbitrage, c'est le président du tribunal dans le ressort duquel le siège du tribunal a été fixé qui est territorialement compétent. Et quand cette convention ne précise pas le siège de l'arbitrage, le juge compétent est celui du lieu où demeure le ou l'un des défendeurs à l'incident et, si aucun ne demeure à ce lieu, celui du tribunal du lieu où demeure le demandeur. Au Tchad, et au Congo, dans cette dernière situation, si la saisine est effectuée par le tribunal arbitral ou par l'un de ses membres, le juge d'appui compétent est, soit celui où l'arbitrage se déroule effectivement, soit celui ou demeure l'arbitre qui saisit le juge.

Section 9. Autorité de la décision

113. Comme lorsqu'il règle une difficulté de constitution du tribunal arbitral, l'ordonnance du juge d'appui qui prolonge le délai de l'arbitrage n'a pas un caractère provisoire. Elle est au contraire véritablement assortie de l'autorité de la chose jugée s'agissant de la contestation qu'elle tranche. Dans l'espace OHADA, les parties et le tribunal arbitral ne peuvent en effet saisir le juge d'appui d'une demande de prorogation du délai de l'arbitrage lorsque, dans une précédente ordonnance, celui-ci a déjà constaté que le délai de l'arbitrage était expiré. Et, comme en matière de récusation, le décision du juge d'appui qui a irrévocablement statué sur la durée de la mission s'impose à la cour d'appel saisie d'un recours en annulation de la sentence, qui doit, soit écarter le moyen tiré de l'expiration du délai de l'arbitrage, soit annuler la sentence si ce juge a estimé que le délai était expiré. La décision du juge est, sauf précision contraire, exécutoire de plein droit, puisqu'il n'est pas fait exception aux dispositions générales de l'article 492-1° du Code de procédure civile, applicables à tout juge statuant comme en matière de référé. Cette règle est applicable au Cameroun, Congo, Comores et en Côte-d'Ivoire.

[75] Ph. Fouchard, La coopération du Président du tribunal de grande instance à l'arbitrage. Rev. arb. 1985. P.5

Section 10. Voies de recours

114. En application de l'article 1460, alinéa 3, du Code de procédure civile, l'ordonnance du juge d'appui est « non susceptible de recours ». Conformément au droit commun, sous l'empire de textes antérieurs à la réforme du 13 janvier 2011, la jurisprudence a cependant admis que cette ordonnance pouvait faire l'objet d'un appel-nullité, en cas d'excès de pouvoirs du juge. Il devait alors être formé comme en matière de contredit de compétence. Et le pourvoi en cassation contre la décision du juge d'appui était jugé irrecevable. L'appel-nullité demeure ouvert après la réforme, mais son régime a été modifié s'agissant de ses modalités d'exercice. Il est jugé par la cour d'appel territorialement compétente et n'est ouvert, comme auparavant, qu'en cas d'excès de pouvoir du juge d'appui. Ainsi, celui-ci excède sans doute ses pouvoirs lorsqu'il proroge la mission d'un arbitre qui est déjà expirée. Mais, comme en matière de difficulté de constitution du tribunal arbitral, depuis le 1er mai 2011, date d'entrée en vigueur de la réforme du 13 janvier 2011, le délai de recours contre l'ordonnance, si le juge avait informé les parties de la date du prononcé le jour de la clôture des débats. En effet, puisque l'appel prévu par l'article 1460, alinéa 3, du Code de procédure civile est formé, instruit et jugé selon les règles de la procédure ordinaire avec représentation obligatoire, l'appel-nullité des ordonnances du juge d'appui est maintenant soumis au même régime. Le délai d'appel est donc d'un mois à compter de la signification à partir de l'ordonnance et il n'est plus déposé au secrétariat de la juridiction qui a rendu la décision, mais formé devant la cour d'appel territorialement compétente. Pour le reste, comme avant la réforme de 2011, si la cour d'appel constate un excès de pouvoir, elle annule l'ordonnance du juge d'appui et doit se prononcer sur la question de la prorogation du délai. L'arrêt de la cour d'appel peut ensuite faire l'objet d'un pourvoi en cassation, instruit et jugé selon la procédure avec représentation obligatoire. Sur le fond, si la cour d'appel a annulé la décision du président du tribunal de grande instance, son arrêt ne pourra cependant être remis en cause, devant la Cour de cassation, que si le juge d'appel a lui-même commis un excès de pouvoir, notamment parce qu'il a consacré celui du juge d'appui.

Section 11. Les principaux incidents affectant l'instance arbitrale

Paragraphe 1. Notion d'incident d'instance

115. L'instance arbitrale se déroule rarement sans que l'arbitre ou les parties ne rencontrent des difficultés procédurales. Celles-ci sont qualifiées d'incidents, par mimétisme avec la procédure judiciaire. La notion embrasse donc de très nombreuses situations, pour certaines déjà envisagées. Certains incidents, comme l'expiration du délai de l'arbitrage, précédemment étudiée, sont particulièrement graves puisqu'ils mettent fin à l'instance arbitrale. D'autres ont simplement pour effet d'interrompre ou de suspendre l'instance. D'autres encore sont relatifs aux preuves soumises aux arbitres. Si l'on s'attache à leur objet, on peut regrouper les principaux incidents susceptibles d'affecter l'instance arbitrale en trois catégories : ceux relatifs à la compétence de l'arbitre, ceux liés à la preuve et, enfin, tous les autres incidents qui n'entrent pas dans l'un de ces deux groupes en particulier.

Paragraphe 2. Les incidents relatifs à la compétence de l'arbitre

116. Selon les dispositions de la quasi-totalité des règlements d'arbitrage (CAC, CACI, CAMeC et CCJA),
il existe principalement deux types de difficultés procédurales liées à la compétence de l'arbitre : celles nées de la contestation de cette compétence par les parties et celles résultant de situations de litispendance et de connexité qui, à terme, peuvent provoquer des décisions inconciliables entre plusieurs tribunaux arbitraux, ou entre un tribunal arbitral et une juridiction étatique. Celles du premier ordre ont déjà été envisagées avec l'étude de la convention d'arbitrage. A ce stade, on rappellera simplement que, puisqu'il appartient à l'arbitre de statuer en priorité sur l'existence, la validité et l'étendue de la convention d'arbitrage, la contestation d'une partie en cours d'instance, touchant à l'un ou l'autre de ces points, est tranchée par l'arbitre. L'article 1465 du Code de procédure civile dispose en ce sens que « le tribunal arbitral est seul compétent pour statuer sur les contestations relatives à son pouvoir juridictionnel ». Aux Comores et au Tchad l'arbitre peut, par exemple, rendre une sentence portant sur cette question particulière ou décider de joindre l'incident et le fond et statuer par une même sentence sur son investiture, sa compétence de l'arbitre tient à l'existence de demandes portées simultanément, soit devant l'arbitre et le juge, soit devant deux arbitres. Il s'agit des incidents de connexité et de litispendance.

Section 12. La connexité

Paragraphe 1. Notion

117. Le tribunal et le juge, ou plusieurs tribunaux arbitraux, peuvent être saisis de demandes qui, sans être tout à fait identiques en leurs causes et objets respectifs, apparaissent susceptibles d'être jugées ensemble. La situation se rencontre, notamment, lorsque deux contrats similaires ont été signés entre les mêmes parties, que deux litiges portant sur la même question sont nés de l'exécution de ces conventions mais que, seule l'une d'elles comportant une clause compromissoire, le soin de trancher la question litigieuse a été confié en même temps à un tribunal arbitral et à une juridiction étatique. En droit OHADA, la connexité peut aussi apparaître, dans cette hypothèse, lorsque pour chacune des conventions en cause, le différend a été soumis à un tribunal arbitral différemment constitué. De même encore, des demandes dirigées contre des tiers, par l'une ou l'autre des parties à la convention d'arbitrage, peuvent apparaître connexes avec celles formées au cours de l'instance arbitrale. Dans toutes ces situations, le lien entre les affaires portées simultanément, soit devant plusieurs tribunaux arbitraux, soit devant l'arbitre et devant le juge, justifierait, dans l'intérêt d'une bonne administration de la justice, de les faire instruire et juger ensemble. Le caractère original de l'investiture du tribunal arbitral fait cependant obstacle à certaines initiatives de sa part.

Paragraphe 2. Traitement de l'incident par le tribunal arbitral

118. Tout d'abord, le tribunal arbitral ne peut, de son propre chef, se dessaisir du litige. Il ne peut le renvoyer à un autre juge parce qu'il supporte une obligation de le trancher. Si le tribunal arbitral prenait l'initiative, à la demande de l'une des parties seulement, de renvoyer l'examen de l'affaire devant la juridiction saisie de la question connexe, qu'elle soit arbitrale ou judiciaire, sa sentence pourrait s'exposer à une annulation pour méconnaissance des termes de sa mission, puisque contrairement au juge, aucun texte ne l'autorise à se dessaisir du litige dans une telle hypothèse. Au demeurant, cette autre juridiction n'ayant pas d'injonction à recevoir d'un tribunal arbitral constitué par les parties, elle pourrait de toute façon refuser de se prononcer sur la question litigieuse. Ensuite, pour des raisons tenant là encore à l'origine conventionnelle de son pouvoir, sauf accord de toutes les parties concernées, le tribunal arbitral ne peut pas non plus « consolider » deux instances arbitrales pour se prononcer sur les demandes connexes.[76]
Le tribunal arbitral peut certes se dessaisir du litige si toutes les parties à la procédure acceptent de renoncer à la convention d'arbitrage. Et, sous réserve également de l'accord de toutes les parties, il peut aussi se prononcer sur les demandes connexes dont l'autre juridiction a été saisie pour trancher globalement le litige. Mais ces deux façons d'aborder la connexité dans l'arbitrage peuvent se heurter à des difficultés pratiques. Dans le premier cas, il n'est pas certain que l'autre juridiction, juge ou tribunal arbitral, et les autres litigants concernés, acceptent que le litige dont le tribunal arbitral s'est dessaisi soit tranché par cette juridiction. Dans le second, il existe un risque indéniable de contrariété de décision, puisque la juridiction à laquelle a été initialement soumise la demande connexe n'est pas nécessairement dessaisie. C'est la position qu'ont adoptée les juridictions tchadiennes, congolaises et béninoises.
Au vrai, pour résoudre l'incident, la solution consistant pour l'arbitre à surseoir à statuer jusqu'à ce que l'autre juridiction saisie rende sa décision

[76] Paris, 7 mars 1990, Rev. arb. 1991, P. 326, note E. Loquin

est sans doute la plus appropriée. Elle est offerte au tribunal arbitral depuis la réforme résultant du décret du 13 janvier 2011. Depuis l'entrée en vigueur de ce texte, soit le 1er mai 2011, le tribunal arbitral peut, même sans l'accord de toutes les parties, prendre l'initiative de surseoir à statuer en attendant la décision du juge ou du tribunal arbitral saisi d'une demande connexe, et ce sans risquer de commettre un déni de justice. L'article 1472, alinéa 1er, nouveau du Code de procédure civile précise en effet que « le tribunal arbitral peut, s'il y a lieu, surseoir à statuer. Cette décision suspend le cours de l'instance pour le temps ou la survenance de l'événement qu'elle détermine ». L'alinéa 2 du même texte ajoute que « le tribunal arbitral peut, suivant les circonstances, révoquer le sursis ou en abréger le délai ». Et, l'instance et le délai de l'arbitrage étant suspendus par le sursis, l'instance ne s'éteint pas à l'expiration du délai légal ou conventionnel.

Section 13. La litispendance

Paragraphe 1. Notion

119. Cette situation procédurale est rarissime dans l'arbitrage, au moins en matière interne. Elle suppose en effet que deux juridictions, également compétentes, soient saisies du même litige. Or, en principe, si un litige relève de l'arbitrage, sa connaissance échappe au juge étatique, même si aucun tribunal arbitral n'en a déjà été saisi. C'est la conséquence de l'aspect négatif du principe Compétence-Compétence, puisque, sauf si la convention d'arbitrage est manifestement nulle ou manifestement inapplicable, le juge doit se déclarer incompétent. Pour le juge camerounais, congolais et camerounais, lorsque le litige a déjà été soumis à un tribunal arbitral, on ne voit pas très bien ce qui pourrait conduire les parties à constituer un nouveau tribunal arbitral pour le trancher. Il a cependant été observé que la situation de litispendance naît parfois de ce qu'au cours d'une procédure arbitrale, l'une des parties reprend des demandes déjà formulées au cours d'une précédente instance arbitrale dans laquelle aucune sentence sur le fond n'est encore intervenue. Dans ce cas, le risque existe alors que soient prononcées des décisions radicalement inconciliables.

Paragraphe 2. Traitement de l'incident par le tribunal arbitral

120. En première analyse, comme pour la connexité, le tribunal arbitral devant lequel est invoquée une exception de litispendance ne paraît pas pouvoir se dessaisir du litige au profit de l'autre juridiction sans l'accord de toutes les parties concernées. En effet, s'il s'agissait ainsi, il refuserait d'exercer la mission qui lui a été confiée et exposerait sa sentence à l'annulation. La solution doit cependant être nuancée selon que le tribunal arbitral a ou non été saisi en premier du litige soumis à un autre juge. Dans la seconde hypothèse en effet, le tribunal arbitral, compétent pour apprécier le champ d'application matériel de la clause compromissoire, pourrait rendre une sentence par laquelle il constate son incompétence dès lors que cette clause a épuisé ses effets. C'est la position qu'ont adopté la plupart des règlements d'arbitrage (CAC, GICAM, CACI, CCJA, CEMACO et CECAM). La solution, identique à celle posée par l'article 100 du Code de procédure civile, résulte alors d'une interprétation de la convention d'arbitrage, qui doit être lue comme autorisant la soumission du litige à « un » tribunal arbitral résulte d'un compromis d'arbitrage, ou quand l'exception de litispendance est soulevée devant le tribunal arbitral saisi en premier. Dans ces situations, si le tribunal arbitral veut éviter le risque de décisions inconciliables, il peut sans doute, comme lorsqu'il se trouve en présence d'une exception de connexité, surseoir à statuer, en faisant application des pouvoirs qu'il tient de l'article 1472 du Code de procédure civile, jusqu'à ce que l'autre juridiction saisie se prononce. Puis, une fois la décision rendue par l'autre juge, compte tenu de l'autorité de la chose jugée qui y est attachée, le tribunal arbitral peut reprendre la solution retenue ou déclarer irrecevable la demande dont il est saisi.

Section 14. Les incidents relatifs à la preuve

121. A côté de ceux qui peuvent affecter l'organisation et le déroulement des mesures d'instruction ordonnées par l'arbitre, trop nombreux pour être étudiés, les incidents relatifs à la preuve sont principalement de deux ordres : ceux qui touchent à la production forcée des éléments de preuve ; ceux qui sont liés à la contestation de ces éléments.

Paragraphe 1. La production forcée des éléments de preuve

Selon que l'élément de preuve est détenu par une partie à l'instance ou un tiers, les modalités de production ne sont pas les mêmes.

122. La production forcée des éléments détenus par les parties. Même si les parties à l'arbitrage sont en principe tenues d'apporter leur concours aux mesures d'instruction et, plus largement, si elles doivent agir avec loyauté dans la conduite de la procédure et donc loyalement collaborer à l'administration de la preuve, il arrive que l'une d'elles refuse de produire un document qui apparaît pourtant essentiel pour l'issue du litige. Pour vaincre l'inertie ou le refus délibéré de cette partie, l'arbitre dispose alors du pouvoir de la forcer à communiquer cette pièce. L'article 1467, alinéa 3, du Code de procédure civile prévoit en effet que « si une partie détient un élément de preuve, le tribunal arbitral peut lui enjoindre de le produire selon les modalités qu'il détermine et au besoin à peine d'astreinte ». Une partie à

l'arbitrage peut donc être tenue de produire une pièce contre son propre intérêt.
Ce pouvoir d'injonction de l'arbitre, lié à sa *juridictio,* a un domaine restreint au cercle des parties à l'arbitrage. Ni le texte précité, ni aucun autre, n'autorise un tribunal arbitral à enjoindre à un tiers d'apporter son concours à l'arbitrage en communiquant des documents en sa possession. Le caractère conventionnel de la compétence de l'arbitre, qui tire son pouvoir de juger de la convention d'arbitrage, exclut l'existence d'un tel pouvoir d'injonction. On comprend dès lors que l'article 1464, alinéa 2, du code précité qui précise les principes directeurs du procès que l'arbitre est toujours tenu de respecter, ne renvoie pas aux dispositions de l'alinéa 2 de l'article 11 de ce code, qui autorisent le juge à ordonner à un tiers de produire un élément de preuve sous astreinte. La réforme du 13 janvier 2011 a cependant institué une procédure permettant de demander à un juge, qui n'est pas le juge d'appui, d'ordonner la production d'un élément de preuve par un tiers.

Paragraphe 2. Régime

123. Contrairement au juge, l'arbitre peut d'office ordonner la production forcée d'une pièce, l'article 1467, alinéa 3, du Code de procédure civile ne subordonnant pas son pouvoir d'injonction à la demande d'une partie. Dans tous les cas, il s'agit toujours pour lui d'un pouvoir et non d'un devoir. Ainsi, même si la mesure est sollicitée, l'arbitre ne supporte aucune obligation d'enjoindre à une partie de produire un élément de preuve. Il est depuis longtemps admis que son injonction peut-être assortie d'une astreinte, ce que précise aujourd'hui le Code de procédure civile. A défaut pour la partie de déférer à cette mesure, l'arbitre peut en tirer toutes conséquences sur le fond du litige, en application de l'article 11, alinéa 1er, du Code de procédure civile, auquel renvoie l'article 1464, alinéa 2, de ce texte. De plus, si l'on admet que l'arbitre peut ordonner des mesures provisoires ou conservatoires par voie de sentence arbitrale, et pas simplement par des ordonnances de procédures, l'article 1468 du Code de procédure civile ne faisant aucune distinction à cet égard, la décision de l'arbitre d'enjoindre à une partie de produire un élément de preuve peut recevoir l'exequatur et est alors susceptible d'exécution forcée.

Section 5. La production forcée d'éléments détenus par un tiers

Paragraphe 1. Domaine

124. Le décret du 13 janvier 2011 a institué une procédure originale, qui permet aux parties de saisir un « juge de la preuve » pour obtenir une pièce auprès d'un tiers. On l'a vu, une faiblesse naturelle de l'arbitrage, résultant de sa nature contractuelle et susceptible d'affecter la qualité de cette forme de justice, tient en effet à l'absence de pouvoir de contrainte de l'arbitre à l'égard des tiers à la procédure arbitrale. Pourtant, dans certaines procédures arbitrales, la production de documents détenus par des tiers peut s'avérer fort utile. Aussi, dans le silence des textes antérieurs, on discutait le point de savoir si une partie ou le tribunal arbitral pouvait faire appel au juge étatique pour enjoindre à un tiers récalcitrant de témoigner devant le tribunal arbitral ou d'y produire des éléments de preuve. Dorénavant, le nouvel article 1469, alinéa 1er, du Code de procédure civile, dont la rédaction est manifestement inspirée de l'article 138 du même code, prévoit que « si une partie à l'instance arbitrale entend faire état d'un acte authentique ou sous seing privé auquel elle n'a pas été partie ou d'une pièce détenue par un tiers, elle peut, sur invitation du tribunal arbitral, faire assigner ce tiers devant le président du tribunal de grande instance aux fins d'obtenir la délivrance d'une expédition ou la production de l'acte ou de la pièce ». Au Congo et en Côte-d'Ivoire, le président du tribunal de grande instance a été choisi par préférence au juge d'appui de droit commun parce que le tiers est étranger à la convention d'arbitrage et que le droit commun procédural est particulièrement protecteur à leur égard. Même si on peut comprendre l'argument, il est permis de regretter ce possible dédoublement des compétences quant au juge susceptible d'aider au bon déroulement de la procédure arbitrale. Enfin, il faut également relever, pour le regretter, qu'il ne soit pas prévu de pouvoir recourir au même mécanisme pour contraindre à l'audition de tiers par le tribunal arbitral.

Paragraphe 2. Régime

125. Le président du tribunal de grande instance ne peut-être saisi par une partie à un arbitrage d'une demande fondée sur l'article 1469 précité sans que celle-ci ait préalablement été invitée par le tribunal arbitral à le faire. C'est une condition de recevabilité de la demande devant le juge. Ainsi, si les litigants peuvent demander au tribunal arbitral à être invités à saisir le juge, la maîtrise de la procédure demeure entre les mains de ce dernier qui pourra ne pas délivrer cette invitation. Le texte ne précise pas la forme qu'elle doit prendre, mais elle peut sans aucun doute se loger dans une simple ordonnance de procédure. Et la décision du tribunal arbitral d'inviter ou non à saisir le juge, n'apparaît pas comme étant susceptible de recours. De plus, cette procédure ne devant pas permettre d'autoriser une « *fishing expedition* » auprès de tiers, les parties devront préciser au tribunal, puis devant le juge, les actes ou pièces dont elles souhaitent obtenir la production. L'article 1469, alinéa 2, prévoit que « la compétence territoriale du président du tribunal de grande instance est déterminée conformément aux articles 42 à 48 » du Code de procédure civile, soit selon les règles applicables en droit commun. Pour assurer la célérité de la procédure, l'alinéa 3 du texte précité dispose que la « demande fondée, le président « ordonne la délivrance ou la production de l'acte ou de la pièce, en original, en copie ou en extrait, selon le cas, dans les conditions et sous les garanties qu'il fixe, au besoin à peine d'astreints ». La décision du président n'est cependant pas exécutoire de plein droit, par exception à ce que prévoit l'article 492-1° du Code de procédure civile, de sorte que pour accélérer son exécution rapide, le demandeur devra solliciter l'exécution provisoire. Cette décision est susceptible d'appel dans un délai de 15 jours suivant sa signification.

Section 16. La contestation des éléments de preuve

Paragraphe 1. Compétence de l'arbitre

126. Certaines des règles issues du Code de procédure civile relatives à la contestation des éléments de preuve écrits sont transportées à l'instance arbitrale. L'article 1470, alinéa 1, du Code de procédure civile prévoit en effet que « sauf convention contraire, l'arbitre a le pouvoir de trancher l'incident de vérification d'écriture ou de faux, conformément aux disposition des articles 287 à 294 et de l'article 299 ». Au Sénégal et au Burkina Faso, à moins que les parties à la convention d'arbitrage ne se soient entendues pour exclure la compétence matérielle du tribunal arbitral, celui-ci peut donc trancher les incidents nés de ce que l'une des parties dénie sa signature ou son écriture sur un acte sous seing privé,
déclare ne pas reconnaître celles de son auteur ou encore, prétend que l'acte a été frauduleusement altéré. En revanche, l'arbitre est incompétent pour statuer, à titre principal ou incident, sur l'inscription de faux contre les actes authentiques. Cette demande relève, lorsqu'elle est formée à titre principal, de la compétence exclusive du tribunal de grande instance. Si la demande est formée à titre incident, la cour d'appel peut également trancher la difficulté. L'arbitre est quant à lui dépourvu de ce pouvoir. L'article 1440, alinéa 2, du Code de procédure civile renvoie à l'article 313 du même code dans cette hypothèse, et c'est la procédure de droit commun qui doit donc être suivie.

Paragraphe 2. Régime

127. En matière de vérification d'écriture, ou lorsqu'un acte sous seing privé est argué de faux, ce sont uniquement les règles du droit commun, énoncées aux articles 287 à 294 du Code de procédure civile, qui doivent être suivies par l'arbitre, selon ce que prévoit l'article 1470, alinéa 1, de ce code. En revanche, même s'il est aussi renvoyé à l'article 299 du Code de procédure civile, qui se réfère à l'article 295 qui la prévoit, l'arbitre, dépourvu du pouvoir de contrainte, ne peut prononcer une amende civile contre la personne qui a dénié sa signature ou son écriture. A supposer qu'il soit saisi d'une demande en ce sens, il peut uniquement condamner à des dommages et intérêts celui qui a élevé un incident à des fins purement dilatoires. En outre, compte tenu du caractère conventionnel de la compétence arbitrale, certaines des règles prévues par les textes précités du Code de procédure civile ne peuvent être appliquées. Pour des arisons déjà exposées, l'arbitre ne peut pas enjoindre à un tiers de produire des documents, de se présenter devant lui ou de témoigner pour procéder à la vérification d'écriture, comme le prévoient les articles 290, alinéa 1, 291, alinéa 2 et 293. L'incident ne peut pas non plus être tranché par voie de mention au dossier ou au registre d'audience. S'il estime ne pouvoir faire abstraction de la pièce contestée pour statuer, l'arbitre rend une décision sur celle-ci. Et même si l'incident n'est pas joint au fond, sa décision pourra être qualifiée de sentence, si l'on admet que ses décisions provisoires ou conservatoires sont effectivement des sentences arbitrales.

Section 17. Les principaux autres incidents

128. A côté des incidents qui touchent à la compétence du tribunal arbitral et à la preuve, d'autres difficultés procédurales sont susceptibles d'affecter le déroulement de l'instance arbitrale. Certaines de celles-ci, liées à la récusation des arbitres ou leur abstention, ont déjà été envisagées. Les autres incidents sont essentiellement de deux ordres. Les premiers ont trait aux parties concernées par la procédure arbitrale. Les seconds, plus nombreux, touchent au lien d'instance lui-même.

Paragraphe 1. Les incidents affectant les parties à l'arbitrage

129. Typologie des incidents. Deux principaux types d'incidents affectent directement les parties à l'instance. Le premier résulte de la nécessité de respecter en toutes circonstances le principe de la contradiction. Une partie à la convention d'arbitrage peut en effet non seulement refuser de participer à la constitution du tribunal arbitral, ce qui peut conduire le juge d'appui à intervenir, mais aussi s'abstenir de comparaître devant les arbitres désignés et d'accomplir tout acte de procédure. Pour ne pas priver d'efficacité la convention d'arbitrage, il est alors admis que la procédure arbitrale peut se dérouler par défaut, c'est-à-dire en l'absence de l'une des parties au litige. Il suffit que soient respectées les dispositions de l'article 14 du Code de procédure civile : toutes les parties doivent au moins avoir été appelées à l'instance. La qualification de la sentence arbitrale n'est pas affectée par le défaut de comparution ou d'accomplissement des actes de la procédure par l'une des parties au litige. La sentence est assortie de l'autorité de la chose jugée et les voies de recours ouvertes à son encontre sont celles du droit commun de l'arbitrage. En effet, même si elle a été rendue par défaut, la sentence n'est pas susceptible d'opposition. Le second type d'incidents lié aux parties naît de la question de l'intervention d'un tiers au cours de l'instance. Les parties initialement concernées par la procédure peuvent en effet vouloir y attraire un ou plusieurs tiers à la convention d'arbitrage, ou des contractants contre lesquels la demande d'arbitrage n'a pas été initialement dirigée. Cette demande peut avoir pour objet d'obtenir leur condamnation, principale ou en garantie, ou, plus simplement, que la sentence leur soit déclarée commune. Inversement, des tiers à la convention d'arbitrage, ou des contractants contre lesquels aucune demande n'a été formée lors de l'introduction de l'instance mais dans lesquels aucune demande n'a été formée lors de l'introduction de l'instance mais dont les droits et obligations sont susceptibles d'être affectés par la décision de l'arbitre, peuvent souhaiter participer à la procédure pour élever une prétention qui leur est propre, ou pour appuyer celles de l'un des litigants. Dans la première de ces deux situations, on parlera d'intervention forcée et, dans la seconde, qui n'est pas traitée de la même manière devant l'arbitre, d'intervention volontaire.

Paragraphe 2. L'intervention forcée

130. Il est traditionnellement admis que l'intervention forcée est incompatible avec la nature contractuelle de l'arbitrage. Ce mode de règlement repose sur le consentement des litigants, ce qui ne permet pas, en principe, d'appeler des tiers à l'arbitrage. Sous réserve de l'extension des effets de la convention d'arbitrage à un tiers, qui devient alors partie à cette convention, et hors le cas où elle serait acceptée non seulement par tous les litigants, mais aussi par l'arbitre, puisque s'adjoindrait ainsi une nouvelle partie au contrat d'arbitre, l'intervention forcée du tiers à la convention d'arbitrage est donc exclue. De la même façon, une partie au contrat comportant la clause compromissoire qui n'a pas été mise en cause au début de l'arbitrage ne devrait pas pouvoir, sans son consentement, ni celui des autres litigants et de l'arbitre, être appelée en la cause en cours d'instance. En plus du caractère consensuel de l'arbitrage, le principe d'égalité des parties dans la désignation des arbitres fait alors obstacle à cette mise en cause. Selon ce principe, d'ordre public, toutes les parties à l'arbitrage doivent en effet disposer des mêmes droits dans le processus de désignation des arbitres. Or, par hypothèse, le principe ne pourrait être respecté en cas d'intervention forcée à la procédure puisque le tribunal arbitral est déjà constitué.

Paragraphe 3. L'intervention volontaire

131. Sous la même réserve tirée de l'extension de la convention d'arbitrage, l'intervention volontaire d'un tiers à l'instance, qui est aussi tiers à la convention d'arbitrage, est également inconciliable avec la nature contractuelle de l'arbitrage. Certes, en intervenant volontairement à la procédure, le tiers consent à se soumettre à cette convention que si les autres parties l'acceptent. De plus, il ne peut volontairement se joindre à la procédure sans que l'arbitre ne l'y autorise. Celui-ci doit en effet consentir à l'adjonction d'une nouvelle partie au lien contractuel qui le lie déjà aux litigants. Et la nature des demandes présentées par le tiers est sans incidence sur la recevabilité de son intervention volontaire. En effet, le fait que l'intervention soit principale, c'est-à-dire lorsque le tiers émet des prétentions qui lui sont propres, ou qu'elle soit accessoire, quand il intervient uniquement pour soutenir les demandes d'une partie à l'instance, ne modifie pas les données du problème. Dans tous les cas, les litigants et l'arbitre ne peuvent être obligés de supporter les effets d'une extension de la convention d'arbitrage et du contrat d'arbitre à un tiers.

L'intervention volontaire d'un tiers à la procédure arbitrale, qui est cependant partie à la convention d'arbitrage, provoque les mêmes difficultés. Certes, de son point de vue, il peut paraître surprenant de lui refuser d'intervenir à l'instance alors même qu'une personne *a priori* tiers à la convention d'arbitrage peut parfois être contrainte d'y participer dès son introduction, par un phénomène d'extension des effets de la clause compromissoire. En outre, le principe d'égalité des parties dans la désignation des arbitres ne constitue pas un obstacle à son intervention : le tiers à l'instance accepte nécessairement la composition du tribunal arbitral en intervenant volontairement à la procédure. La bonne foi procédurale, qui domine la matière, lui interdit alors ensuite de se prévaloir d'une violation de ce principe devant le juge de l'annulation. Il pourrait en effet être admis que lorsque les demandes formées par le tiers à l'instance, par ailleurs partie à la convention d'arbitrage, entrent dans le champ d'application matériel de cette convention et se rattachent aux prétentions originaires par un lien suffisant, les autres parties à l'instance et à la convention d'arbitrage ne puissent pas s'opposer à cette intervention, puisqu'elles ont par avance accepté que le litige qui pourrait naître avec ce contractant soit tranché par l'arbitre. En revanche, le consentement de l'arbitre demeure toujours indispensable puisque sa responsabilité pourrait éventuellement être engagée par cette nouvelle partie à l'instance, qui deviendrait nécessairement partie au contrat d'arbitre.

Section 18. Les incidentes affectant le lien d'instance

132. Ces incidents sont de deux sortes : les premiers affectent la poursuite de l'instance arbitrale ; les seconds ont un effet plus radical, puisqu'ils entraînent son extinction.

Paragraphe 1. Les incidents affectant la poursuite de l'instance

133. Interruption et suspension de l'instance. Bien qu'enfermée dans un délai légal ou conventionnel, l'instance arbitrale peut, comme une instance judiciaire, être troublée par des événements qui entraînent son arrêt provisoire. Dans cette hypothèse, la mission des arbitres se trouve alors temporairement suspendue, en même temps que le délai d'arbitrage. Dans la procédure judiciaire, l'instance reprend ensuite son cours soit automatiquement, une fois disparue la cause qui en avait affecté la poursuite, soit en respectant une formalité particulière. Dans le premier cas, on parle alors de suspension de l'instance et, dans le second, d'interruption. Le décret n°2011-48 du 13 janvier 2011 distingue bien les causes de suspension des causes d'interruption de l'instance arbitrale. Mais il prévoit, dans les deux cas, au moyen de disposition commune aux deux incidents, que l'instance reprend son cours « lorsque les causes de son interruption ou de sa suspension cessent d'exister », c'est-à-dire sans formalité particulière.

Paragraphe 2. La suspension de l'instance

134. Fondement. Depuis la réforme résultant du décret du 13 janvier 2011, le Code de procédure civile contient des dispositions spécifiques à l'arbitrage traitant précisément des causes de suspension de l'instance arbitrale. Ce n'était pas le cas avant la réforme. Contrairement à ce qui est prévu pour l'interruption de l'instance, le Code ne procède pas par renvoi aux dispositions applicables devant les juridictions judiciaires, c'est-à-dire aux articles 377 à 383 du Code de procédure civile, qui prévoient que l'instance est suspendue en cas de sursis à statuer, de radiation de l'affaire ou de retrait du rôle et dans les cas, peu nombreux, « où la loi le prévoit ». La réglementation propre à l'arbitrage envisage plusieurs causes de suspension de l'instance. En plus des événements qui y sont énoncés, c'est dans le Code de procédure pénale et, le cas échéant, dans la convention des parties, qu'il faut rechercher les autres causes de suspension de l'instance.

Paragraphe 3. Sursis à statuer

134 bis. En plus de l'hypothèse marginale d'une inscription de faux incident, la suspension de l'instance résulte d'abord de la décision du tribunal arbitral de surseoir à statuer. L'article 1472, alinéa 1, du Code de procédure civile, issu du décret du 13 janvier 2011, précise en effet que cette décision « suspend le cours de l'instance pour le temps ou jusqu'à la survenance de l'événement qu'elle détermine ». Ce texte augmente donc considérablement les pouvoirs du tribunal arbitral, qui ne pouvait auparavant suspendre seul l'instance arbitrale, dès lors qu'il est complété par l'article 1475, alinéa 2, nouveau qui prévoit qu'au moment de la reprise le délai de l'instance sera prorogé pour une durée qui n'excède pas six mois ». Autrement dit, le tribunal arbitral peut choisir de surseoir à statuer et donc de suspendre l'instance, notamment pour le temps d'une mesure d'instruction, puis, ensuite exceptionnellement proroger le délai de l'arbitrage, pour une nouvelle durée de six mois. L'article 1472, alinéa 2, nouveau du Code de procédure civile lui donne aussi pouvoir de révoquer le sursis ou d'en abréger le délai.

Paragraphe 4. Décès, empêchement, abstention, démission et révocation d'un arbitre

135. La suspension de l'instance résulte ensuite, sauf convention contraire, du décès, de l'empêchement, de l'abstention, de la démission, de la récusation ou de la révocation d'un arbitre, « jusqu'à l'acceptation de sa mission par l'arbitre désigné en remplacement ». Ces causes de suspension correspondent à plusieurs hypothèses dans lesquelles le lien d'instance est affecté par la situation personnelle de l'arbitre. A côté du décès et de la démission, qui n'appellent aucune observation particulière, l'empêchement correspond à l'hypothèse dans laquelle l'arbitre ne peut poursuivre sa mission pour des raisons qui lui sont extérieures (maladie, incapacité juridique…) et qui doivent être réelles et sérieuses, puisque l'arbitre supporte l'obligation d'accomplir sa mission jusqu'à son terme. A cet égard, il a déjà été observé que l'article 1450 du Code de procédure civile prévoit que la mission de l'arbitre ne peut-être exercée que par une personne physique « jouissant du plein exercice de ses droits ». La perte de ses droits par l'arbitre, en cours d'instance, constitue une cause d'empêchement. L'abstention est le mécanisme offert à l'arbitre pour renoncer à exercer sa mission lorsqu'il suppose en sa personne une cause de partialité et, plus largement, recouvre toutes les situations dans lesquelles ce dernier renonce à accomplir sa mission. Comme la démission, il faut cependant que cette renonciation repose sur une cause « légitime ». La révocation de l'arbitre correspond à la situation dans laquelle il est mis fin à sa mission « du consentement unanime des parties », étant alors observé qu'il devra être rémunéré pour le travail accompli. Quant à la récusation, elle survient notamment lorsque l'une ou l'autre des parties découvre, après la désignation de l'arbitre, un élément susceptible de faire douter de son indépendance ou de son impartialité.

TROISIEME PARTIE. LA SENTENCE ARBITRALE ET LES VOIES DE RECOURS OUVERTES A SON ENCONTRE

136. Sauf extinction de l'instance résultant de l'un des incidents précédemment décrits, celle-ci s'achève par une sentence arbitrale (chapitre 1), à l'encontre de laquelle sont ouvertes des voies de recours (chapitre 2).

CHAPITRE 1. LA SENTENCE ARBITRALE

137. Le régime juridique de la sentence arbitrale est défini aux articles 20 et suivants du CAC en République démocratique du Congo, les articles 18 et suivants du règlement du CAMeC au Bénin, les articles 24 et suivants du règlement de règlement de la CACI en Côte d'Ivoire et l'article 27 du règlement d'arbitrage de la CCJA. La sentence arbitrale, dont il faudra cerner la notion (section 1), marque l'aboutissement de la procédure arbitrale, comme le jugement met fin à l'instance judiciaire. Sans doute parce que, comme lui, elle constitue un acte juridictionnel, « une décision de justice » au sens de l'article 68 de la loi du 9 juillet 1991, son régime juridique est pour partie calqué sur celui du jugement s'agissant de ses conditions de confection (section 2) et de ses attributs (section 3), qui n'ont pas été bouleversés par la réforme du 13 janvier 2011. En revanche, il s'en distingue au stade de l'exécution (section 4).

Section 1. La notion de sentence

Paragraphe 1. Enjeux

138. Comme la notion d'arbitrage, celle de sentence arbitrale est encore débattue parce qu'à cette qualification, sont attachées des conséquences juridiques importantes : seule la sentence est revêtue de l'autorité de la chose jugée, peut obtenir l'exequatur et faire l'objet d'un recours devant le juge. Aussi, même si théoriquement, la qualification commande le régime, les discussions sur la nature de la décision du tribunal arbitral sont principalement liées aux conséquences juridiques que l'on souhaite lui attacher. Pour accentuer l'efficacité de l'arbitrage, il pourrait adopter une définition large de la sentence afin de permettre au plus grand nombre de décisions d'être revêtues de l'exequatur et, par voie de conséquence, de pouvoir faire l'objet de mesures d'exécution forcée. D'un autre côté, si l'on souhaite éviter une multiplication des recours dilatoires, l'un des moyens d'y parvenir est au contraire de consacrer une définition restrictive de la sentence. L'examen des critères d'identification de la sentence (§1) dégagés par la jurisprudence montre que le système juridique OHADA a opté pour la première de ces deux approches et qu'il existe plusieurs catégories de sentence.

Paragraphe 2. Une décision du tribunal arbitral

139. La sentence arbitrale est, par hypothèse, une décision rendue par un tribunal arbitral. Celles prises par les centres chargés d'organiser des arbitrages, quelle que soit la dénomination qui leur est donnée, ne sont pas des sentences arbitrales. Elles n'ont pas un caractère juridictionnel. Il en est notamment ainsi des décisions de centres d'arbitrage qui se prononcent sur une demande de récusation d'un arbitre.

140. Une décision qui tranche définitivement un litige. Pour être qualifiée de sentence, la décision arbitrale doit trancher définitivement un litige. Un simple avis ne constitue pas une sentence. Une note adressée par le président du tribunal arbitral, qui se limite à soumettre aux parties des constatations exprimées avec prudence, sollicite la communication de nouvelles pièces, envisage la nécessité de proroger le délai de l'arbitrage et réclame de nouvelles provisions, qui ne tranche aucun litige, n'est pas non plus une sentence arbitrale. Pour que sa décision soit qualifiée de sentence, le tribunal arbitral doit y trancher de manière définitive, en tout ou partie, le litige, ce qui signifie qu'il doit trancher entre deux prétentions juridiques antagonistes et que sa décision doit-être définitive sur ce point. En lui-même, ce critère ne permet d'écarter la qualification de sentence que pour certaines des décisions procédurales de l'arbitre : les mesures d'instruction qu'il ordonne et, plus largement, celles qui tendent à l'organisation et au déroulement de l'instance, dès lors qu'elles sont prises sans que ne s'élève un litige entre les parties. Mais dès que le tribunal arbitral se prononce sur des prétentions juridiques contradictoires des parties, il tranche un litige. Et sa décision peut-être considérée comme étant définitive s'il a véritablement statué sur tout ou partie des points litigieux soumis à son examen, s'il n'existe aucun doute qu'il a exercé son pouvoir juridictionnel.

Section 2. L'objet du litige tranché

141. Pour le juge OHADA, il ne suffit pas que la décision du tribunal arbitral tranche de manière définitive un litige pour qu'elle constitue nécessairement une sentence. La qualification dépend également de l'objet du litige sur lequel il s'est prononcé. Jusqu'à récemment, le juge du contrôle estimait qu'il s'agissait d'une sentence seulement si la question litigieuse tranchée était relative au fond, à la compétence ou à un moyen de procédure conduisant à mettre fin à l'instance. Selon cette définition, la décision d'un tribunal arbitral qui se borne à, prendre parti sur la recevabilité de pièces produites et sur la poursuite de l'instance n'est donc pas une sentence. Plus généralement, toutes celles qui ont uniquement pour objet le déroulement de l'instance arbitrale, à moins de se prononcer sur la compétence du tribunal arbitral ou sur un moyen de procédure le conduisant à mettre fin à cette instance, ne peuvent être qualifiées de sentence. Pour les distinguer de la sentence, elles sont d'ailleurs communément désignées sous le vocable d' « ordonnances de procédure ». Il paraît cependant préférable de les qualifier de *mesures d'administration de l'arbitrage,* ce qui présente l'avantage de cerner plus précisément leur objet par rapport aux véritables sentences statuant sur des questions de procédure. Cette définition de la sentence arbitrale, louable en ce qu'elle évite la multiplication des recours, était critiquable parce qu'elle laissait hors de son champ certaines décisions méritant pourtant cette qualification. Selon cette analyse, en effet, la décision arbitrale arrêtant des mesures provisoires ou conservatoires, pour la durée de l'instance, ne constituait pas une sentence, ce qui interdisait d'en obtenir l'exécution forcée puisqu'elle ne pouvait être ordonnée par voie de sentence.[77]

Dans un arrêt du 7 octobre 2004, rendu en matière internationale mais dont la solution a vocation à être étendue à l'arbitrage interne compte tenu de la généralité de la formule employée par la cour d'appel, celle-ci a précisé que la mesure conservatoire ne prend pas nécessairement la forme d'une ordonnance. Il s'agit, selon la juridiction parisienne, d'un « choix de procédure » du tribunal arbitral. Se trouve ainsi consacrée l'idée, au demeurant soutenue par l'un des juges qui composaient la formation de jugement dans cette affaire, selon laquelle le tribunal arbitral peut toujours « couler » sa décision dans une sentence après avoir d'abord ordonné les mesures conservatoires par ordonnance, afin de pallier l'éventuel refus d'exécution de ces mesures par l'une des parties. Le procédé présente certes l'avantage de la souplesse. Mais il apparaît délicat à concilier avec l'indisponibilité des voies de recours.

Dans l'espace OHADA, laisser au tribunal arbitral le choix de prononcer des mesures conservatoires sous forme d'ordonnance ou de sentence, c'est en effet abandonner à sa discrétion l'existence d'un recours en annulation à l'encontre de celle-ci. En outre, la solution retenue paraît en contradiction avec la règle, précédemment rappelée, selon laquelle la qualification de sentence ne dépend pas des termes retenus par les arbitres ou par les parties. Il paraît dès lors préférable de systématiquement qualifier la décision du tribunal arbitral arrêtant des mesures conservatoires de sentence quitte, pour éviter de morceler la procédure et réduire le risque de recours dilatatoire, à différer le recours jusqu'au moment de la sentence qui tranche le principal. Le nouvel article 1468 du Code de procédure civile, issu de la réforme du 13 janvier 2011, incite d'ailleurs à penser qu'aujourd'hui, les mesures provisoires ou conservatoires ordonnées par le tribunal arbitral, parce qu'elles peuvent être assorties d'astreintes, le sont par voie de sentences arbitrales.

La définition consacrée par la juridiction parisienne et la Cour de cassation présente également l'inconvénient de distinguer, s'agissant des moyens de procédure sur lesquels se prononce le tribunal arbitral, selon le sens de sa décision. En effet, s'il accueille le moyen et met fin à l'instance, sa décision constitue une sentence. Au contraire, s'il écarte le moyen et que la procédure se poursuit, sa décision n'est pas qualifiée de sentence. Une telle distinction est discutable. Le sens de la décision du tribunal arbitral n'en modifie pas sa

[77] Paris, 7 oct. 2004, Rev. arb. 2004, P. 382

nature profonde. Lorsqu'il statue sur un moyen de procédure litigieux, il exerce un pouvoir juridictionnel, que l'instance se poursuive ou qu'elle s'arrête. Au passage, il faut noter qu'il n'est pas nécessaire, pour éviter la multiplication des recours contre les décisions statuant sur des moyens de procédure sans mettre fin à l'instance, d'écarter la qualification de sentence arbitrale. Il suffirait d'admettre qu'elles ne peuvent être frappées de recours indépendamment de la sentence qui se prononce, en tout ou partie, sur le fond du litige. Au vrai, pour faire le départ entre la sentence et la mesure d'administration de l'arbitrage, qui n'en constitue pas une, lorsque le tribunal arbitral se prononce sur des questions de procédure, il paraît préférable d'adopter le critère retenu par la cour d'appel de Paris dans un arrêt du 10 novembre 1995 : on se trouve en présence d'une sentence chaque fois que l'arbitre a tranché un litige sur une question de procédure « tendant à mettre fin à l'instance ».[78]
En République démocratique du Congo ce sont les articles 20 et suivants du Règlement d'arbitrage du centre d'Arbitrage du Congo (CAC) qui traitent de la sentence arbitrale. En République du Bénin, ce sont les articles 18 et suivants du règlement d'arbitrage du centre d'arbitrage, de médiation et de conciliation (CAMeC) qui définissent les différents régimes de la sentence. En République de Côte d'Ivoire, ce sont les articles 24 et suivants du Règlement d'arbitrage de la Cour d'appel de Côte d'Ivoire (CACI) qui en fixent les règles. A la Cour commune de justice et d'arbitrage de l'OHADA, ce sont les dispositions des articles 20 et suivants du Règlement d'arbitrage qui en font état.

Section 3. Les différentes catégories de sentences

142. Présentation. En pratique, toutes les décisions du tribunal arbitral répondant à la définition de la sentence, précédemment exposées, n'ont pas le même objet. Il est ainsi traditionnellement distingué entre les sentences finales ou définitives, les sentences partielles, les sentences mixtes, les sentences avant-dire droit, celles rendues par défaut et les sentences d'accord-parties.

Paragraphe 1. Sentence finale ou définitive

143. Il existe deux acceptions de la sentence finale ou définitive. Selon la première, la sentence est finale parce qu'elle tranche tout ou partie d'une question litigieuse soumise au tribunal arbitral. Peuvent alors être qualifiées de finales des sentences partielles ou des sentences mixtes. En revanche, ne relèvent pas de cette catégorie celles qui se prononcent sur des questions relatives au déroulement de la procédure arbitrale. Cette acception de la

---

[78] Paris, 10 nov. 1995, Rev. arb. 1997, P. 596, obs. J. Pellerin

sentence finale apparaît trop large puisqu'elle recouvre toutes les décisions qui dessaisissent le tribunal d'une partie de la contestation, ce qui correspond en réalité à la notion même de sentence arbitrale. On peut alors lui préférer une définition plus étroite : la sentence est finale lorsqu'elle constitue l'aboutissement de la procédure arbitrale. Elle met fin à l'instance arbitrale, en même temps que s'achève le contrat d'arbitre. La sentence finale s'oppose alors à la sentence partielle et à la sentence mixte.

Paragraphe 2. Sentence partielle

144. La sentence est dite partielle si elle ne se prononce que sur l'un des aspects du litige, sans dessaisir totalement le tribunal arbitral. Celui-ci demeure tenu de trancher les autres questions litigieuses. Sauf volonté contraire des parties, qui devrait alors être exprimée avant le début de l'instance, le tribunal arbitral peut en effet choisir de statuer sur une partie seulement des questions litigieuses par une première sentence. Il peut notamment statuer sur sa compétence, puis, ensuite, se prononcer sur le fond dans une seconde sentence. Mais, inversement, il est libre de joindre l'incident sur la compétence et le fond. Selon le règlement d'arbitrage du GICAM au Cameroun et du CEMACO au Congo, le tribunal arbitral peut aussi rendre une sentence partielle sur le principe de la responsabilité, puis une autre sur le *quantum* des dommages et intérêts. Il peut, par exemple, ordonner des mesures provisoires ou conservatoires par une sentence partielle. En définitive, tout est question d'opportunité, sachant que le choix de découper l'instance par plusieurs sentences dépend aussi du délai dont dispose le tribunal arbitral pour statuer. La sentence partielle recouvre deux autres catégories de sentences : les sentences mixtes et les sentences avant-dire droit.

Paragraphe 3. Sentence mixte et sentence avant-dire droit

145. Au Congo et au Cameroun, la sentence mixte est celle qui tranche une partie du litige et, dans le même temps, ordonne une mesure provisoire ou une mesure d'instruction. Cette expression, peu employée dans l'arbitrage, est empruntée à la pratique judiciaire française. La sentence mixte s'oppose à la sentence finale, en son acception étroite, en ce qu'elle ne met pas fin à l'instance arbitrale. La sentence avant-dire droit se distingue de la précédente en ce qu'elle ne dessaisit le tribunal arbitral d'aucun aspect du litige. Elle prépare uniquement la décision à venir sur le fond, en ordonnant par exemple des mesures conservatoires ou provisoires. Cette distinction entre, d'un côté, la sentence mixte et, de l'autre, la sentence avant-dire droit, permet de faire le départ entre les sentences susceptibles d'un recours immédiat devant le juge du contrôle et celles qui ne le sont pas. Le recours ouvert contre les secondes est en principe différé ; il doit-être formé en même temps que la sentence qui tranche le litige sur le fond.

Paragraphe 4. Sentence par défaut

146. Ce type de sentences ne se distingue des précédents que parce que la sentence a été rendue en l'absence de l'une des parties à la convention d'arbitrage, pourtant régulièrement appelée à participer à l'instance. La partie ne se présente pas devant le tribunal arbitral. Dès lors que celle-ci a été appelée en la cause, il peut statuer sans méconnaître le principe de la contraction. Toutes les catégories de sentence précédemment décrites sont susceptibles d'être rendues par défaut. En elle-même, une sentence ainsi qualifiée ne présente pas de spécificité particulière. Elle demeure notamment soumise aux mêmes recours que les autres sentences.

Paragraphe 5. Sentence d'accord-parties

147. La sentence d'accord-parties est celle qui constate l'accord des litigants sur la question litigieuse en cours d'instance, le tribunal arbitral ne pouvant être, dès l'origine, saisi d'une demande, conjointe ou non, tendant uniquement à voir constater l'accord de parties. Dans l'espace OHADA, l'arbitrage suppose en effet un litige ; lorsqu'il fait défaut, il ne saurait y avoir d'arbitrage. Lorsque pendant le cours de l'instance, les parties transigent et mettent fin au litige, même si la transaction a, en elle-même, l'autorité de la chose jugée en droit OHADA, celles-ci peuvent souhaiter que leur accord soit constaté de manière plus solennelle, par une sentence arbitrale, elle-même assortie de l'autorité de la chose jugée. Cela facilite l'exécution de l'accord et permet d'éviter de respecter le formalisme de la transaction et, plus généralement, de l'acte sous seing privé.

Section 4. La confection de la sentence

147bis. Schématiquement, parce qu'en pratique elles sont souvent confondues, l'élaboration de la sentence arbitrale est marquée par deux étapes principales. La première est presque exclusivement intellectuelle : il s'agit du délibéré (§1). La seconde, plus matérielle, consiste à rédiger la sentence (§2).

Paragraphe 1. Le délibéré

148. Le tribunal arbitral supporte une obligation de délibérer et les délibérations doivent demeurer secrètes.

149. Principe. L'exigence d'un délibéré résulte de l'article 1476, alinéa 1, du Code de procédure civile, qui prévoit que « le tribunal arbitral fixe la date à laquelle le délibéré sera prononcé ». Elle ressort aussi de l'article 1479 du même code, qui dispose que « les délibérations du tribunal arbitral sont secrètes ». Cette exigence est d'ordre public, « car elle est de nature à garantir les droits des plaideurs » et la nature juridictionnelle de la décision rendue. Elle permet en effet d'assurer l'effectivité de la collégialité qui, autrement, perdrait tout sens : si les parties ont confié à plusieurs arbitres le soin de trancher leur litige, c'est bien pour que la sentence soit le fruit d'une discussion entre eux. Et, lorsque c'est un arbitre unique qui doit se prononcer, il est légitime d'attendre de lui qu'il se donne le temps de la réflexion pour rendre la meilleure sentence possible. Délibérer, c'est en effet essentiellement réfléchir, seul ou à plusieurs, pour parvenir à une décision.[79]

Paragraphe 2. Portée de l'obligation

150. Elle est double. En premier lieu, le tribunal arbitral doit fixer la date du délibéré. Cette formalité est essentielle puisqu'en l'absence d'un calendrier plus rigoureux, « au cours du délibéré, aucune demande ne peut-être formée, aucun moyens soulevé et aucune pièce produite, si ce n'est à la demande du tribunal arbitral ». Ainsi, même si les observations ou productions ne sont pas systématiquement irrecevables après que l'affaire a été mise en délibéré, la fixation de la date du délibéré correspond, en quelque sorte, à celle de la clôture de l'instruction devant le juge étatique. A ceci près qu'elle peut ici intervenir après l'audience des débats. En Côte d'Ivoire, au Congo et au Cameroun, la procédure arbitrale n'étant pas nécessairement écrite, à défaut de règle contraire adoptée par elles ou par le tribunal arbitral, les parties peuvent en effet soulever de nouvelles demandes ou de nouveaux moyens au cours de cette audience. En outre, même si elle est en pratique très utile pour éviter les demandes et productions tardives, la fixation de la date du délibéré « ne constitue pas une formalité d'ordre public » et « n'ouvre pas le recours en annulation de la sentence ». Elle n'est, de plus, soumise à aucun formalisme. Le tribunal arbitral peut par exemple informer les parties de la date du délibéré par lettre simple.
Une fois la date du délibéré fixée, le tribunal arbitral doit, en second lieu, véritablement délibérer sur le litige qui lui est soumis. A défaut, même si l'article 1483 du Code de procédure civile ne renvoie pas à l'article 1479 précité, la sentence pourrait ensuite être annulée, sur le fondement de l'article 1492.5° du même code, car alors, la solution qu'elle consacrerait heurterait l'ordre public. Il faut cependant bien comprendre la portée de la règle et de sa sanction. Sa mise en œuvre ne doit pas permettre à un arbitre

---

[79] J.P. Dumas, Secret de juges en droit à la fin du XXe siècle. Etudes offertes à P. Catala, Litec 2001, P. 179

inféodé à la partie qui l'a désigné, lorsqu'il devine que la sentence ne sera pas favorable à cette dernière, de volontairement s'abstenir de participer au délibéré pour ouvrir grande la porte du recours en annulation. Si l'absence de délibération d'un arbitre est la conséquence de ses manœuvres dilatoires, la sentence ne doit pas être annulée. Il suffit en effet que tous les membres du tribunal arbitral aient été mis en mesure de participer effectivement au délibéré pour que l'exigence découlant des articles 1476 et 1479 du Code de procédure civile soit satisfaite. En revanche, la responsabilité de l'arbitre qui, sans motif légitime, a volontairement refusé de participer au délibéré, pourra sans doute être difficile à rapporter. La mention de l'existence d'une délibération dans la sentence, par quelque formule que ce soit, fait en effet foi jusqu'à inscription de faux, compte tenu de la force probante reconnue à la sentence. Il a aussi été jugé que la signature de la sentence, aujourd'hui exigée par l'article 1480 du Code de procédure civile, fait présumer de ce que les arbitres ont délibéré. Et l'on peut admettre que la mention de ce qu'un arbitre a refusé de signer la sentence, parce qu'il a émis une opinion dissidente, fait aussi présumer de l'existence du délibéré.[80]

Paragraphe 3. Forme du délibéré

151. Cette forme est prévu à l'article 19 de l'Acte uniforme. Le délibéré, qui peut-être bref puisqu'il n'existe pas de règle relative à sa durée, n'est soumis à aucune exigence de forme. Sauf convention des parties, ou exigence particulière résultant d'un règlement d'arbitrage applicable, le tribunal arbitral dispose de « toute liberté pour organiser son délibéré ». Il faut simplement qu'une véritable discussion s'instaure entre les arbitres. Le délibéré peut donc prendre la forme d'un débat oral, ce qui constitue sans doute la meilleure façon pour les membres du tribunal arbitral de confronter leurs opinons. Mais pour des raisons pratiques, liées à l'éloignement des membres du tribunal arbitral, ceux-ci peuvent très bien se concerter par correspondance. Toutes les formules sont donc envisageables. Les arbitres peuvent ainsi s'échanger des projets de sentences, et ce par courrier, courriel ou télécopie. Ils peuvent même délibérer par vidéoconférence. En pratique, il a pu être observé que la méthode du délibéré variait selon la personnalité du président du tribunal, qui, le plus souvent, l'organise matériellement. La seule exigence véritable, quant au déroulement du délibéré, tient à ce que les arbitres expriment leurs opinions puisque la sentence doit-être rendue à la majorité des voix.

[80] Comp. Paris, 16 janv. 2003, D. 2003, somm. P. 2479, obs. Th. Clay

Paragraphe 4. Majorité requise

152. L'article 1480, alinéa 1, du Code de procédure civile dispose que « la sentence arbitrale est rendue à la majorité des voix ». Cette règle est la conséquence de la collégialité du tribunal arbitral : c'est parce que les décisions sont prises collégialement que la sentence doit refléter l'opinion majoritaire. En pratique, la majorité devrait se dégager relativement aisément dès lors que le droit de l'arbitrage interne consacre par ailleurs la règle de l'imparité des membres du tribunal arbitral. Chacun des arbitres peut cependant avoir une opinion qu'il ne partage pas avec les autres sur un point litigieux précis. Dans cette situation, à défaut de convention des parties réglant la question, et puisque le droit OHADA de l'arbitrage interne ne donne pas voix prépondérante au président du tribunal arbitral, la sentence peut alors s'avérer impossible à rendre si les arbitres n'arrivent pas à concilier leurs positions. Il faut également noter que si la sentence doit-être rendue à la majorité, le Code de procédure civile ne prévoit pas qu'elle doit le mentionner. Cela dit, la règle de la majorité est aujourd'hui prévue à peine de nullité de la sentence. L'article 1492.6° du Code de procédure civile précise d'ailleurs que le recours en annulation est ouvert si la sentence « n'a pas été rendue à la majorité des voix ». Aux Comores et au Congo, pour éviter toute contestation, même si la régularité de la sentence peut-être établie par d'autres pièces de la procédure, il est exigé que la sentence mentionne qu'elle a bien été rendue à la majorité des voix.

Section 5. Le secret du délibéré

Paragraphe 1. Principe

153. Les délibérations du tribunal « sont secrètes », comme le prévoit l'article 1479 du Code de procédure civile. Il s'agit de l'une des facettes de la confidentialité de la procédure arbitrale. Le secret du délibéré emporte l'interdiction pour tout tiers d'y assister, et *a fortiori,* d'y participer. Il oblige aussi les arbitres à ne pas révéler le contenu de leurs délibérations. Plusieurs raisons justifient que le délibéré demeure secret. D'abord, cela préserve l'indépendance d'esprit et la liberté de décision des arbitres en les mettant à l'abri d'éventuels reproches des parties qui les ont désignés : en cachant le sens de l'opinion de chacun, on protège les arbitres d'éventuelles pressions ou mesures de rétorsion. Ensuite, le secret du délibéré renforce l'égalité des parties en évitant que l'une d'elles accède à des informations privilégiées lui permettant de se préparer au résultat, au détriment de l'autre. Enfin, l'autorité morale de la sentence est affaiblie lorsque l'on sait qu'elle n'a pas été rendue à l'unanimité des arbitres. La violation du secret du délibéré ne constitue, cependant, pas une cause de nullité de la sentence, ce qui permet d'éviter les indiscrétions dont le seul objet serait précisément de provoquer cette nullité. Ce principe est applicable dans la plupart des pays membres de l'OHADA.

Paragraphe 2. Exceptions

154. Le secret du délibéré connaît des exceptions dans l'arbitrage. La plus importante est liée à la structure du tribunal arbitral. En effet, s'il n'y a pas de décision collégiale, il ne peut y avoir de délibéré qui soit secret. L'opinion de l'arbitre unique est nécessairement connue de tous. Mais le droit de l'arbitrage de l'OHADA consacre une autre atteinte au secret du délibéré, lorsqu'il admet qu'un arbitre peut refuser de signer la sentence. Dans cette situation en effet, « l'arbitre minoritaire viole, avec le consentement de la loi, le secret du délibéré, puisqu'il « exprime son opinion, qu'il en donne ou non les motifs ». En revanche, la précision que la sentence a été rendue à l'unanimité ne méconnaît pas les dispositions de l'article 1479 précité, puisque ni l'opinion individuelle de chacun des arbitres, ni la façon dont s'est déroulé le délibéré ne sont révélés par cette mention. De la même façon, l'indication que la sentence a été rendue à la majorité des voix, puisqu'elle ne constitue qu'un rappel de la règle énoncée par l'article 1480, alinéa 1, du Code de procédure civile, n'est pas non plus attentatoire du secret du délibéré.

155. Opinion minoritaire. La question de savoir si, à ces deux entorses au secret du délibéré, peut s'en ajouter une autre, liée à la publication de l'opinion dissidente de l'un des arbitres, est largement débattue. Pratiquement, il apparaît en effet délicat de soutenir que le secret des délibérations n'est pas violé dans une telle hypothèse, au motif que l'arbitre minoritaire ne relève pas l'opinion des autres arbitres en communiquant les raisons de son désaccord. De quelque manière qu'elle soit rédigée, l'opinion dissidente permet en effet toujours d'éclairer l'avis des autres arbitres. En cela, tout comme le refus de signer la sentence, la révélation de l'opinion divergente de l'un des arbitres porte nécessairement atteinte au secret du délibéré. Une telle entorse au secret du délibéré paraît, pour deux raisons essentielles au moins, inopportune. D'une part, parce qu'elle offre l'occasion à l'arbitre partisan de montrer qu'il a « fait le travail » pour lequel il pense avoir été choisi, ce qui porte atteinte à la crédibilité de l'arbitrage. D'autre part, parce qu'elle affaiblit l'autorité de la décision du tribunal arbitral en révélant l'existence d'une fracture entre ses membres.

Section 6. La rédaction de la sentence

Paragraphe 1. Ecrit

156. La sentence arbitrale est nécessairement écrite. Si aucun texte ne l'exige directement, la nécessité de rendre la sentence par écrit se déduit des articles 1480, 1481 et 1472 du Code de procédure civile, qui prévoient qu'elle doit-être motivée, signée par tous les arbitres et que doivent y figurer certaines mentions à peine de nullité. La règle s'infère également de l'article 1487 du même code, qui précise que pour obtenir l'exequatur, « l'original » de la sentence doit-être déposé au greffe de la juridiction compétente. Faute d'écrit, la sentence ne pourra donc recevoir l'exequatur et faire l'objet de mesures d'exécution forcée. Bien plus, le non-respect de certaines des règles de forme énoncées aux textes précités étant sanctionné par la nullité de la sentence, la nécessité d'un écrit constitue une condition de validité, et non une simple règle de preuve de la sentence. La sentence, comme le jugement, étant un acte juridictionnel, le décret du 14 mai 1980, dont les règles ont été reprises par le décret du 13 janvier 2011, a soumis sa rédaction à des règles pour partie calquées sur celles applicables au jugement. Elle doit en effet comporter certaines des mentions exigées pour les jugements, et être motivée.

Paragraphe 2. Les mentions obligatoires

157. Afin de contrôler le respect par l'arbitre d'une partie de ses obligations fondamentales, certaines mentions de la sentence sont exigées à peine de nullité par les articles 1483 et 1492.6° du Code de procédure civile. D'autres, moins importantes, ne sont pas assorties d'une telle sanction.

Les mentions prévues à peine de nullité de la sentence. Nom des arbitres. L'article 1481.3° du Code de procédure civile dispose que la sentence contient l'indication « du nom des arbitres qui l'ont rendue ». Cette règle est prescrite à peine de nullité de la sentence, selon l'article 1483 du même code. Elle permet de s'assurer que la sentence a été rendue par les arbitres nommés par les parties et par des personnes qui présentaient toutes les qualités requises pour être arbitre.

Date de la sentence. Pour contrôler qu'elle n'a pas été rendue hors délai, et parce que c'est à ce moment qu'elle acquiert l'autorité de la chose jugée, il résulte de la combinaison des articles 1481.4° et 1483 du Code de procédure civile que la sentence doit, à peine de nullité, comporter l'indication de sa date. Elle peut figurer à quelque endroit que ce soit dans la sentence et y être apposée concomitamment ou immédiatement après son dépôt au greffe du tribunal de grande instance. Si l'absence de date est sanctionnée par la nullité de la sentence, en revanche, la simple erreur quant à cette date ne l'est pas et peut faire l'objet d'une rectification d'erreur matérielle. En outre, il a été jugé que l'observation de la prescription légale « devant résulter de la sentence elle-même, l'omission de l'indication de sa date ne peut-être réparée ou suppléée par des documents extrinsèques ».[81]

158. Signature de la sentence. Les articles 1480, alinéa 1, et 1483 du Code de procédure civile exigent aussi la signature de tous les arbitres à peine de nullité de la sentence. Cette exigence permet de s'assurer que la sentence est le fruit de la collégialité. Le texte impose uniquement que la sentence comporte au moins la signature de chacun des arbitres. Il n'exige pas que ceux-ci en paraphent toutes les pages. Matériellement, il n'est pas non plus exigé que la sentence soit signée par les arbitres au siège de l'arbitrage. Elle peut-être signée par un échange de correspondance entre les arbitres. Un arbitre peut, par exemple, signer à distance la dernière page de la sentence et l'adresser ensuite par télécopie. De plus, afin d'éviter que la nullité de la sentence ne soit laissée à la volonté de l'un des arbitres, l'alinéa 3 de l'article 1480 prévoit que cette sanction n'est pas encourue en cas de refus par les autres arbitres. La sentence qui n'est pas signée par une minorité des arbitres est donc valable lorsqu'elle précise qu'ils ont refusé de la signer. Inversement, elle doit-être annulée si elle n'est signée que par deux des trois arbitres, sans que ne soit mentionné le refus de signer du troisième. L'indication du refus d'un arbitre de signer ne requiert aucune formule sacramentelle. Elle peut résulter, par exemple, de la mention de ce que la sentence est signée « conformément à l'article 1480 » précité. De plus, le motif du refus de signer de l'arbitre minoritaire n'a pas à figurer dans la sentence.[82]

Paragraphe 3. Régime de la nullité

159. Le régime de la nullité de la sentence ne comportant pas l'une des mentions des articles 1480 et 1481 du Code de procédure civile n'est pas celui traditionnellement prévu pour les vices de forme. Pour la Cour de cassation, « la sentence arbitrale ayant le caractère d'une décision juridictionnelle, la nullité résultant du défaut d'indication de sa date n'est pas soumise aux dispositions applicables à la nullité des actes de procédure ». L'annulation est donc encourue même si l'irrégularité ne cause aucun grief à celui qui l'invoque. L'article 1492.6° du Code de procédure civile ne subordonne d'ailleurs pas le bien-fondé du grief d'annulation de la sentence, tiré de ce qu'elle est affectée d'une cause de nullité prévue par les articles 1480 et 1481, à la preuve d'un préjudice. En revanche, la nullité ne peut-être

[81] Civ. 2e 9 nov. 2000, n°9. 21476
[82] Paris, 15 oct. 1991 Rev. arb. 1991, P. 643, note Ch. Jarrosson

prononcée si la preuve du respect des prescriptions légales peut-être rapportée indépendamment des mentions de la sentence. En effet, calquant la solution sur celle consacrée par l'article 459 du Code de procédure civile pour les jugements, le décret du 13 janvier 2011 a innové sur ce point et le nouvel article 1483, alinéa 2, du même code dispose : « Toutefois, l'omission ou l'inexactitude d'une mention destinée à établir la régularité de la sentence ne peut entraîner la nullité de celle-ci s'il est établi, par les pièces de la procédure ou par tout autre moyen, que les prescriptions légales ont été, en fait, observées ». Ainsi, comme deux auteurs avertis l'ont justement observé, lorsque la date de la sentence a été oubliée, celle de son envoi aux parties ou à leurs représentants peut suppléer cet oubli, et si la sentence ne mentionne pas le nom des arbitres, cette omission peut-être corrigée en rapprochant leurs signatures, telles qu'elles figurant sur la sentence, avec celles résultant d'autres documents portant leurs noms, notamment un acte de mission.[83]

Section 2. Les autres mentions

Paragraphe 1. Prétentions et moyens des parties

160. L'article 1482, alinéa 1, du Code de procédure civile, qui reprend la règle posée pour les jugements par l'article 455, alinéa 1, du même Code prévoit que la sentence arbitrale expose successivement les prétentions respectives des parties et leurs moyens ». Puisque l'exposé peut-être succinct, l'arbitre n'est pas tenu de rappeler tous les échanges de mémoires et de pièces. Il suffit d'un bref rappel des demandes et des moyens de fait et de droit qui les justifient. De plus, à l'inverse de la solution consacrée pour les jugements, la règle n'est pas prévue à peine de nullité de la sentence. Pour autant, ce rappel, parfois fastidieux, ne doit pas être négligé par le tribunal arbitral : il l'oblige, en toute fin d'instance, à revoir à nouveau les prétentions et moyens des parties et à les synthétiser, ce qui réduit le risque de statuer *infra* ou *ultra petita.*

Paragraphe 2. Lieu où la sentence est rendue

161. Aucune disposition légale ne détermine ou ne limite la compétence territoriale du tribunal arbitral. Aucun texte ne l'oblige à effectuer au même lieu tous les actes nécessaires à l'exécution de sa mission, dont les débats et le prononcé de la sentence. L'article 1481.5° du Code de procédure civile prévoit seulement que la sentence doit indiquer le lieu où elle « a été rendue ». Cette précision est importante, puisque c'est auprès du tribunal de grande instance dans le ressort duquel la sentence a été rendue que

[83] Ch. Jarrosson et J. Pellerin, Le droit français de l'arbitrage après le décret du 13 janvier 2012 Rev. arb. 2011. P. 5, spéc. n°53. P.38

l'exequatur peut-être sollicité. De même, les recours ouverts contre la sentence sont portés devant la cour d'appel située dans ce ressort. En pratique, le lieu où la sentence a été rendue ne coïncide pas nécessairement avec le siège matériel de l'arbitrage. Il ne correspond pas forcément non plus au lieu où la sentence a été effectivement signée par les arbitres. Pratiquement, ceux-ci ne se sont d'ailleurs peut-être pas réunis au même endroit pour remplir cette formalité. Puisqu'il n'existe pas de disposition obligeant le tribunal arbitral à prononcer la sentence lors d'une audience et que le délibéré n'est soumis à aucun formalisme, le lieu où la sentence a été rendue devrait, en principe, être celui où, matériellement au moins, elle a été élaborée. Il ressort toutefois d'un arrêt rendu par la deuxième Chambre civile de la Cour de cassation le 9 février 1994 que lorsque la convention d'arbitrage fixe le siège de l'arbitrage, cela « ne signifie pas que toute la procédure arbitrale » doit s'y dérouler obligatoirement, mais seulement que la sentence doit y être prononcée.[84] Et, selon la Cour régulatrice, ceci « a des conséquences quant à l'exercice des voies de recours ». Autrement dit, en présence d'une clause qui fixe le siège de l'arbitrage, la sentence est réputée rendue en ce lieu, qui constitue le siège légal plus que matériel de l'arbitrage ; elle y est juridiquement localisée. Sauf à risquer son annulation pour méconnaissance de la mission confiée à l'arbitre, elle ne pourra donc pas préciser qu'elle a été rendue en un autre endroit.

Paragraphe 3. Identification des parties

162. L'article 1481.2° du Code de procédure civile exige que la sentence contienne l'indication « des noms, prénoms ou dénomination des parties ainsi que de leur domicile ou siège social ». Une erreur ou omission s'agissant de l'une ou l'autre de ces mentions, qui peut-être source de difficultés d'exécution de la sentence, n'entraîne pas la nullité de celle-ci.

Paragraphe 4. Identification des représentants et conseils des parties

163. L'article 1481.2° prévoit aussi, reproduisant à l'identique la formule de l'article 454 du Code de procédure civile, applicable aux jugements, que la sentence mentionne, le cas échéant, le « nom des avocats ou de toute personne ayant représenté ou assisté les parties ». Les parties peuvent en effet se faire représenter ou assister devant l'arbitre, par toute personne de leur choix.

Paragraphe 5. Dispositif

164. Le tribunal arbitral n'est pas obligé d'énoncer sa décision sous forme de dispositif. Cette exigence, posée par l'article 455, alinéa 2, du Code de

[84] Civ. 2e 9 fév. 1994, préc.

procédure civile pour les jugements, n'a pas été transposée dans l'arbitrage. D'ailleurs, contrairement à l'article 480 du même code qui limite la chose jugée au dispositif du jugement, l'article 1484 prévoit que c'est « la sentence » qui a l'autorité de la chose jugée, et non pas l'une ou l'autre de ses énonciations. La formalité du dispositif est cependant très utile et, en pratique, souvent adoptée. Elle permet en effet d'énoncer sous une forme ramassée la décision retenue par le tribunal arbitral pour chacun des chefs de demandes des parties. Ce procédé rédactionnel facilite la lecture de la sentence et permet aux parties d'en saisir très rapidement le sens, puisque celles-ci n'ont pas à rechercher, au détour de chacun des motifs, les décisions du tribunal arbitral. Le contrôle du juge étatique sur la recevabilité du recours est également simplifié en présence d'un dispositif : le juge peut immédiatement s'apercevoir si la sentence tranche ou non une partie du principal.

Section 8. La motivation

1. Principe. Exigence d'ordre public

165. L'article 20 de l'Acte uniforme prévoit que la sentence arbitrale doit-être motivée. La règle, prévue à peine de nullité de la sentence, relève de l'ordre public interne. C'est sans doute l'ordre public de direction qui est en cause, la motivation de la sentence constituant une garantie essentielle de bonne justice. Elle assure la transparence de l'arbitrage, renforce sa qualité et, surtout, permet de vérifier que les droits de la défense ont été respectés. La motivation de la sentence permet en effet d'abord aux parties de vérifier qu'il ne s'agit pas d'une décision purement arbitraire ou inspirée par la partialité. Ses motifs révèlent qu'elle est le fruit d'un raisonnement fondé sur des considérations juridiques, ou équitables lorsque le tribunal arbitral statue en qualité d'amiable compositeur. Dans le même ordre d'idée, la motivation permet aussi aux parties de se rendre compte de la manière dont leur litige a été tranché par la juridiction dans laquelle elles ont placé leur confiance. Cet aspect pédagogique de la sentence n'est pas négligeable. Certes, énoncer les motifs d'une décision, c'est inévitablement prendre le risque de l'exposer à la critique, à l'esprit de chicane. Mais globalement, la partie qui a succombé est plus naturellement portée à exécuter spontanément la sentence, ou en tout cas à s'abstenir d'exercer des recours inutiles, si elle connaît les raisons de sa défaite.

L'exigence de motivation a sans doute aussi pour conséquence d'améliorer la qualité de la sentence. Les parties sont mieux jugées quand le tribunal arbitral est tenu de motiver sa sentence que lorsqu'il peut taire les raisons qui le conduisent à se déterminer dans un sens plutôt que dans un autre. Surtout, et c'est là l'intérêt essentiel de l'obligation posée par l'article 20 de l'Acte uniforme, si le défaut de motif ne peut-être considéré, en lui-même, comme portant atteinte aux droits de la défense, la motivation aide à s'assurer que ces droits n'ont pas été méconnus. L'expression des motifs de sa décision, par le tribunal arbitral, permet ainsi de vérifier, en premier lieu, qu'il a été « fait écho à chaque charnière de l'argumentation » des parties. En d'autres termes, même si aujourd'hui, la sentence ne peut-être annulée pour défaut de réponse à conclusions, la motivation révèle aux parties qu'il a bien été répondu à leurs moyens, ce qui, par voie de conséquences, facilite aussi la réception par elles de la décision. Toujours dans un même souci de s'assurer du respect des droits de la défense, la motivation permet de contrôler que le principe de la contradiction a été respecté et, notamment, que le tribunal arbitral n'a pas statué sur un moyen qu'il a soulevé d'office sans inviter préalablement les parties à s'en expliquer. D'ailleurs, sans motif, il est également difficile de vérifier que le tribunal arbitral a respecté les termes de sa mission et, notamment, qu'il a répondu à toutes les questions qui lui ont été posées par les parties. Enfin, la motivation facilite le contrôle de la conformité de la sentence à l'ordre public. Cette disposition est constante dans la plupart des règlements d'arbitrage (GICAM, CAC, CACI, CCJA, CEMACO).

Section 9. Etendue de l'obligation

Paragraphe 1. Amiable composition et arbitrage « de qualité »

166. Que le tribunal arbitral statue en droit ou en équité, il reste soumis à l'obligation de motiver sa sentence. Selon l'article 1478 du Code de procédure civile, « l'arbitre tranche le litige conformément aux règles de droit, à moins que, dans la convention d'arbitrage, les parties ne lui aient conféré mission de statuer comme amiable compositeur ». Dès lors, s'il est de principe que l'arbitre tranche le litige en application de règles de droit, comme le ferait un juge, il peut également, si les parties en conviennent, le trancher en équité, en tant qu'amiable compositeur, sous peine d'exposer sa sentence à la censure pour non-respect de sa mission. Au Sénégal et au Burkina Faso, l'arbitrage « en équité » suppose que les parties l'aient spécialement prévu. Elles peuvent cependant le faire de façon indirecte, en plaçant leur arbitrage sous l'égide d'une institution dont le règlement d'arbitrage prévoit que le tribunal arbitral statuera en qualité d'amiable compositeur. Par ailleurs, la Cour de cassation a déjà admis que les arbitres « en droit » qui ont évalué une indemnité ex *aequo et bono* sont néanmoins restés dans le cadre de leur mission, dès lors qu'il pouvait être déduit du raisonnement qu'ils avaient suivi que, « malgré les termes qu'ils ont employés, les arbitres n'avaient pas entendu s'affranchir des règles de

droit ».[85] Aussi, la sentence ne sera annulée que « s'il est établi que les arbitres ont à l'évidence usé de pouvoirs qui ne leur étaient pas conférés ».[86]
En droit congolais et d'ailleurs même au Bénin, l'arbitrage « en équité » met au premier plan le souci de rendre une décision juste, ne résultant pas forcément d'une stricte application de la loi. La cour d'appel de Paris a ainsi résumé les conséquences d'une clause d'amiable composition : « La clause d'amiable composition est une renonciation conventionnelle aux effets et au bénéfice de la règle de droit, les parties perdant la prérogative d'en exiger la stricte application et les arbitres recevant corrélativement le pouvoir de modifier ou de modérer les conséquences des stipulations contractuelles dès lors que l'équité ou l'intérêt commun bien compris des parties l'exige ».[87]
L'arbitre amiable compositeur peut ainsi écarter les conséquences que commanderait l'application rigoureuse des règles de droit si elles lui apparaissent inéquitables en l'espèce. Il peut également exercer son pouvoir modérateur à l'égard des dispositions contractuelles et en modifier les conséquences en fonction des circonstances. Selon la jurisprudence, ce pouvoir modérateur ne peut toutefois aller jusqu'à modifier l'économie du contrat en substituant aux obligations contractuelles des obligations nouvelles ne répondant pas à l'intention commune des parties.[88]
Lorsqu'il dispose effectivement des pouvoirs d'amiable compositeur, l'arbitre doit rendre une décision motivée. L'étendue de cette obligation a d'ailleurs été renforcée par la Cour de cassation. Partant de l'idée que l'équité doit toujours gouverner l'amiable compositeur, même s'il estime préférable d'appliquer une règle de droit et qu'ainsi, l'amiable compositeur qui se limite à l'application stricte du droit viole ou trahit sa mission, la Cour régulatrice était un temps revenue sur la règle selon laquelle « le défaut de référence à l'équité ne peut à lui seul ouvrir le droit à l'annulation de la sentence, dès qu'il ressort des motifs retenus par l'arbitre que la sentence est également fondée sur l'équité ». Accentuant ainsi la distinction entre l'arbitrage en droit strict et l'arbitrage en amiable composition, il a été exigé de l'arbitre amiable compositeur, qui choisit d'appliquer la règle de droit, qu'ils s'explique expressément sur la conformité de cette règle à l'équité et, plus largement même, sur les considérations d'équité l'ayant conduit à se prononcer. Ainsi, l'application du droit devait être conforme à l'équité et l'arbitre devait s'en expliquer. La solution, très rigoureuse et très formaliste, a par la suite semblé être assouplie par la Cour de cassation qui est toutefois ultérieurement revenue à une exigence de référence à l'équité par le tribunal arbitral qui a reçu les pouvoirs d'amiable compositeur.

---

[85] Civ. 2e 30 sept 1981. Rev. arb. 1982. P. 431 note E. Loquin
[86] Paris, 28 févr. 1980, Rev.arb. P. 538. note E. Loquin
[87] Paris, 28 nov. 1996, Rev. arb. 1977, P. 381, note E. Loquin
[88] Paris, 4 nov. précité

Dans le système juridique camerounais, cette solution dispensait certes le juge d'un contrôle du bien jugé de la décision. Toutefois, l'obligation ainsi imposée à l'arbitre amiable compositeur pouvait sembler quelque peu formelle, puisque, compte tenu de l'interdiction faite au juge de l'annulation de réviser au fond la sentence arbitrale, il ne s'agissait pas pour ce dernier d'apprécier le bien-fondé des motifs et appréciations de l'arbitre dans la résolution du litige. Le juge devait seulement vérifier que l'arbitre avait fait usage de son pouvoir d'amiable compositeur, et non l'équité de la solution adoptée par lui, l'existence de motifs d'équité et non leur pertinence. Autrement dit, si le juge devait s'en tenir aux apparences, cela risquait, d'une part, de faire de la référence à l'équité une clause de style aux vertus salvatrices rendant l'obligation imposée à l'arbitre bien artificielle et, d'autre part, de conduire à l'inverse le juge à sanctionner le simple oubli par l'amiable compositeur de la mention « équitable » dans sa sentence. Cette dernière solution apparaîtrait alors excessivement rigoureuse : ne rien dire sur l'équité n'exclut pas de rendre une décision équitable ; à l'inverse, une référence expresse à l'équité ne garantit pas qu'elle a été effectivement prise en compte par l'arbitre. Au surplus, l'arbitre « en droit » qui prendrait en compte l'équité sans le dire, aurait, quant à lui, de fortes chances de ne pas être sanctionné, à tout le moins lorsque les parties n'auront pas expressément prévu la possibilité d'un appel de la sentence compte tenu de l'interdiction faite au juge de l'annulation de contrôler le bien-fondé de la motivation retenue par l'arbitre, alors que l'arbitre amiable compositeur, et afin d'éviter les simples clauses de style dans les sentences se référant de façon générale à l'équité, de s'expliquer sur la conformité à l'équité et chacune des règles de droit qu'il applique, serait une obligation bien lourde, pouvant ouvrir la voie à une multiplication des recours en annulation.

On pouvait donc souhaiter que la Cour de cassation revienne à une solution plus mesurée. Une telle solution pourrait être d'exiger de l'arbitre amiable compositeur d'user de ses pouvoirs d'équité, de confronter à l'équité les solutions du litige qui se déduisent de la seule application de la loi ou du contrat, tout en admettant que la simple absence de référence expresse à l'équité dans sa sentence n'établit pas qu'il ne s'est pas conformé à cette mission. Au Congo et au Bénin, le juge devrait pouvoir rechercher des motifs implicites de référence à l'équité et estimer, dans ce cadre, qu'un arbitre qui a retenu une décision qui ne s'imposait pas juridiquement, a ainsi tranché en amiable compositeur. Ceci étant, pour reprendre les termes d'un arrêt de la cour d'appel de Paris, « si la prise en considération de l'équité peut ne pas être explicite, elle devrait cependant résulter d'une façon certaine de la motivation de la sentence ».[89] Aussi, on espère que la motivation d'un arrêt plus récent de la Cour de cassation, selon lequel « le tribunal arbitral, auquel les parties ont conféré mission de statuer comme amiable

[89] Paris, 6 oct. 2011, Rev. arb. 2011, P. 1094

compositeur, doit faire ressortir dans sa sentence qu'il a pris en compte l'équité », traduit cette idée et marque un assouplissement de la Haute juridiction sur ce point. Deux arrêts postérieurs de la Cour de cassation semblent bien confirmer cet assouplissement.[90]

En Côte d'Ivoire, l'obligation de motiver la sentence s'impose aussi lorsque l'arbitrage est dit « de qualité ». Le tribunal arbitral qui apprécie la qualité d'une denrée, au regard des stipulations contractuelles et des normes en vigueur dans la profession considérée, doit énoncer les motifs de sa décision. Mais l'exigence est ici réduite à sa plus simple expression : il suffit que le tribunal arbitral constate la conformité ou la non-conformité du produit aux conditions contractuelles pour que sa décision respecte l'article 1482, alinéa 2, du Code de procédure civile.[91]

Paragraphe 2. Motifs implicites

167. Au Congo, au Cameroun, et au Bénin si la sentence doit-être motivée, cette motivation peut demeurer implicite. En principe, motiver la sentence c'est, pour le tribunal arbitral, expliquer dans le corps de sa décision les raisons de son choix entre les thèses opposées des parties. Mais il est admis que la justification de ce choix peut résulter implicitement de l'ensemble de la sentence. Le tribunal arbitral n'est en effet pas tenu de suivre les parties dans le détail de leurs argumentations respectives, ni de consacrer un motif particulier à chacun des points litigieux ou ayant pu l'être ou à chaque chef de demande. Au demeurant, le « grief tiré du défaut de réponse à des chefs de conclusions n'entre dans aucun des cas d'ouverture du recours en annulation » de la sentence. La motivation sur tel ou tel point litigieux peut donc se déduire du raisonnement logique de l'arbitre sur d'autres points litigieux.

Paragraphe 3. Motivation adéquate et exempte de contradiction

168. Dans l'espace OHADA, le tribunal arbitral doit motiver la sentence « au regard des points litigieux soulevés par les parties ». Pour ne pas apparaître comme un acte arbitraire, il ne suffit pas, en effet, que la sentence comporte un motif. Sans doute, le bien-fondé de la décision du tribunal arbitral échappant au contrôle du juge étatique, celui-ci n'exige pas que la motivation de la sentence soit pertinente ou convaincante, c'est-à-dire qu'elle révèle qu'il a été correctement statué sur les prétentions respectives des parties en application de la règle de droit appropriée. Mais, indépendamment même de l'étendue du contrôle exercé, l'obligation de motiver ne pouvant se réduire à ce qui permet d'éviter la censure du juge une

---

[90] Civ. 1ère, 21 nov. 2012, n°11-12145 et 11-12197

[91] Paris, 30 janv. 1992, Rev. arb. 1993, P. 111 obs. Ch. Jarrosson

fois la sentence rendue, le motif formulé doit-être adéquat, en rapport avec l'objet du litige. Le tribunal arbitral ne peut pas dire n'import quoi pour justifier formellement sa décision. Autrement, on peut douter que celle-ci mérite la qualification de sentence arbitrale tant la motivation est consubstantielle à l'acte de juger. La motivation doit aussi être intelligible. Techniquement en effet, un motif inintelligible ne permet pas de saisir le raisonnement du tribunal arbitral. Il ne s'agit donc pas d'un motif adéquat puisque si la motivation existe, elle est incompréhensible. Elle n'est pas, matériellement au moins, en rapport avec les termes du débat fixés par les prétentions respectives des parties. La motivation doit encore être exempte de contradiction. Là encore, peu importe la nature du contrôle exercé par le juge étatique. Même si celui-ci ne censure plus la contradiction de motifs, le tribunal arbitral ne doit pas entacher sa sentence d'un tel vice. Le motif contradictoire est en effet un motif inintelligible. La sentence est hermétique parce que les raisons exprimées sont contradictoires. Et, en définitive, elle n'est pas véritablement motivée puisqu'il est impossible de saisir ce qui a conduit le tribunal arbitral à statuer dans un sens ou dans un autre.

Paragraphe 4. Motivation et pouvoir discrétionnaire du tribunal arbitral

169. Il a été jugé que le tribunal arbitral n'avait pas à motiver sa sentence lorsqu'il fait usage d'un pouvoir discrétionnaire que lui confère une règle du droit interne. Un tel pouvoir discrétionnaire existe au Congo et en Côte d'Ivoire lorsque la loi, au sens large, confie un pouvoir de juger sans donner aucune directive sur la manière dont il convient d'en faire usage. Ainsi, le tribunal arbitral n'a pas à « spécialement motiver » sa décision de fixer à une date autre que la sentence le point de départ des intérêts moratoires de l'article 1153-1 du Code civil, qui prévoit qu'en « toute matière, la condamnation à une indemnité emporte intérêts au taux légal même en l'absence de demande ou de disposition spéciale du jugement » et que, « sauf disposition contraire de la loi, ces intérêts courent à compter du prononcé du jugement à moins que le juge n'en décide autrement ». Cette solution est critiquable. D'abord, il n'existe aucune raison valable de décharger le tribunal arbitral de son obligation de motiver la sentence sur le *dies a quo* des intérêts à une date différente de celle du prononcé du jugement. Mais cette solution, contestée en droit judiciaire privé, n'est pas transposable dans l'arbitrage. Elle y est dénuée de fondement puisqu'à l'inverse de la Cour de cassation, le juge de l'annulation ne contrôle pas l'application correcte, au fond, de la règle de droit. Quels que soient le point de départ des intérêts retenu par le tribunal arbitral et le motif justifiant son choix, la sentence ne peut-être annulée pour violation de l'article 1153-1 du Code civil. En droit OHADA, le juge de l'annulation ne risque donc pas de « se perdre dans l'exégèse artificielle de l'œuvre de ceux qui ont charge de statuer au quotidien ». Or, c'est très précisément ce risque qui explique que la Cour de cassation dispense le juge de motiver la sentence relevant de l'ordre public interne, celle-ci doit toujours être respectée par le tribunal arbitral. Il n'existe aucune raison valable justifiant qu'il en soit dispensé sur une question aussi lourde d'incidence sur les droits et obligations des parties que celle du point de départ des intérêts moratoires. Plus largement, quelle que soit la liberté du tribunal arbitral dans la mise en œuvre d'une règle de droit, il doit motiver sa sentence. Il serait en effet incompréhensible d'exiger de l'amiable compositeur, qui statue en équité, qu'il justifie sa décision et, dans le même temps, de libérer l'arbitre en droit de cette obligation simplement parce que la loi lui laisse toute liberté pour fixer le point de départ des intérêts moratoires.

Section 10. Les attributs de la sentence

170. On distingue traditionnellement les effets des attributs d'un jugement. Les premiers résultent de la volonté du juge qui, lorsqu'il dit le droit, modifie l'ordonnancement juridique. Les seconds présentent un caractère extrinsèque par rapport à la décision du juge et y sont automatiquement attachés. Si l'on discute encore le point de savoir si la sentence ou la règle qu'elle consacre qui, en définitive, influe sur la situation des parties, il est en revanche bien établi, parce que le droit OHADA de l'arbitrage le prévoit, que comme le jugement, la sentence est dotée de plusieurs attributs. Dès qu'elle est rendue, la sentence arbitrale emporte en effet certaines conséquences, indépendamment de ce qu'a jugé le tribunal arbitral. D'abord, même si elle ne comporte aucune précision sur ce point, la condamnation prononcée emporte intérêts aux taux légal à compter de sa date, lorsque le tribunal arbitral est dessaisi une fois la sentence rendue (§1), celle-ci est assortie de l'autorité de la chose jugée (§2), et certaines de ses mentions ont force probante jusqu'à inscription de faux (§3).

Paragraphe 1. Le dessaisissement du tribunal arbitral

171. Présentation. Le tribunal arbitral se trouve dans la même position que le juge étatique une fois la contestation tranchée : il est dessaisi du litige. La sentence finale rendue, il ne peut plus se prononcer sur une question qu'il a déjà tranchée ou qui ne lui a pas été soumise en temps utile. L'article 22 de l'Acte uniforme dispose en ce sens que « la sentence dessaisit le tribunal arbitral de la contestation qu'elle tranche ». L'alinéa second de ce texte prévoit cependant des aménagements à ce principe, puisqu'il énonce que « toutefois, à la demande d'une partie, le tribunal arbitral peut interpréter la sentence, réparer les erreurs et omissions matérielles qui l'affectent ou la compléter lorsqu'il a omis de statuer sur un chef de demande. Il statue après avoir entendu les parties ou celles-ci appelées ».

Paragraphe 2. Le principe

172. Fondement. En droit OHADA, le fondement du principe du dessaisissement du tribunal arbitral est double : contractuel et juridictionnel. D'un point de vue contractuel, le tribunal a épuisé ses pouvoirs au regard du contrat qui l'a institué une fois qu'il a rendu sa sentence ; il a « exécuté la part d'obligations qui avait été mise » à sa charge par la convention d'arbitrage et, pour cette raison, sa seconde sentence pourrait alors être annulée par le juge du contrôle. De plus, lorsqu'il rend sa sentence, le contrat d'arbitre prend fin si le tribunal a chevé la mission qui lui avait été confiée. Lorsque l'on envisage, ensuite, l'aspect juridictionnel de sa fonction, le dessaisissement apparaît comme le corollaire indispensable de l'autorité de la chose jugée attachée à la sentence : pour préserver l'immutabilité de ce qui a été jugé, le tribunal arbitral ne doit pas disposer du pouvoir de modifier sa sentence.

173. Etendue. Une fois la sentence rendue, pour le législateur de l'OHADA, le tribunal arbitral n'est dessaisi que de la seule contestation tranchée. Son dessaisissement ne coïncide donc pas nécessairement avec la fin de l'instance arbitrale. Ainsi lorsqu'il rend une sentence partielle, qui ne statue que sur une partie seulement du litige, le tribunal arbitral n'est dessaisi que de cet aspect du litige et doit encore se prononcer sur les autres points litigieux. De même, la sentence avant-dire droit, qui ne tranche pas le fond du litige, ne dessaisit le tribunal arbitral que relativement à la contestation qu'elle tranche. Dans cette hypothèse, il s'est déjà prononcé. Au Sénégal et au Burkina Faso, il ne lui est cependant pas interdit, si les circonstances ont changé, d'ordonner une mesure conservatoire ou provisoire qui serait directement contraire à la précédente. Pour certains, il serait fait exception au principe du dessaisissement du tribunal arbitral lorsqu'il décide d'assortir sa sentence de l'exécution provisoire de la sentence à la constitution d'une garantie, et si la valeur de celle-ci ne peut-être immédiatement appréciée, il est alors autorisé à inviter les parties à se présenter devant lui à la date qu'il fixe, avec leurs justifications, pour statuer « sans recours », la décision devant ensuite être mentionnée sur la sentence. Et, sur le fondement de l'article 522 du même code, sous réserve que la sentence ne fasse pas l'objet d'un recours devant la cour d'appel, le tribunal arbitral peut « à tout moment autoriser la substitution à la garantie primaire d'une garantie équivalente ». Mais, si dans ces deux hypothèses, le tribunal arbitral peut certes trancher une contestation alors que la sentence définitive a déjà été rendue, il n'est pas véritablement porté atteinte à la règle énoncée par l'article 1485, alinéa 1, du Code de procédure civile. En effet, lorsque les parties reviennent vers lui, il ne s'est encore jamais prononcé sur la question alors soumise à son examen : dans le premier cas, le tribunal arbitral n'a pas apprécié la valeur de la garantie ; dans le second, il n'a pas déjà tranché la question de la substitution d'une garantie à une autre. Cette solution est applicable au Tchad, au Cameroun et au Congo.

Paragraphe 3. Les aménagements

174. Réforme du 13 janvier 2011. Le décret n°2011-48 du 13 janvier 2011 a confirmé le pouvoir du tribunal arbitral, qui lui était déjà reconnu par l'article 1475, alinéa 2, ancien du Code de procédure civile, pour interpréter sa sentence, réparer les erreurs et omissions matérielles qui l'affectent ou la compléter lorsqu'il a omis de statuer sur un chef de demande. Il a cependant modifié le régime de ces demandes en les enfermant, notamment, dans un délai relativement bref.

Section 11. L'interprétation, la rectification et la complétion de la sentence par le tribunal arbitral

Paragraphe 1. Interprétation de la sentence

175. L'article 1485, alinéa 2, du Code de procédure civile autorise le tribunal arbitral à interpréter sa sentence à la demande d'une partie. Il peut donc être saisi d'un recours en interprétation, par l'une des parties à l'arbitrage, même après l'expiration du délai d'arbitrage. Les nouveaux textes, issus de la réforme du 13 janvier 2011, ne renvoyant plus à l'article 461 du Code de procédure civile, le tribunal arbitral peut interpréter sa sentence même si elle a été frappée d'appel ou fait l'objet d'un recours en annulation. Auparavant, le renvoi au texte précité emportait compétence de la cour d'appel saisie de l'appel ou du recours en annulation pour interpréter la sentence. Pour le tribunal arbitral, comme le cas échéant pour le juge qui le supplée lorsqu'il ne peut à nouveau être réuni, « la faculté d'interprétation est limitée par l'interdiction absolue de restreindre, d'étendre ou de modifier les droits résultant pour les parties, de cette décision ». Autrement dit, ni le tribunal arbitral, qui exerce à nouveau un pouvoir juridictionnel lorsqu'il statue sur un recours en interprétation, ni la juridiction éventuellement compétente, ne peuvent modifier les droits et obligations des parties nés de la sentence sous couvert de l'interpréter. De même, la « demande en interprétation ne peut porter sur une partie du litige qui n'a pas été soumise au débat antérieur ». Au Sénégal et au Burkina Faso, l'interprétation permet seulement de remédier à l'obscurité ou l'ambiguïté de la sentence.
Au Congo et au Bénin, le tribunal arbitral saisi d'une demande d'interprétation de sa demande, ou le juge étatique, lorsque le tribunal ne peut être réuni, est tenu de respecter la convention d'arbitrage dans laquelle il puise ses pouvoirs. Ainsi, s'il y est prévu qu'il doit statuer comme amiable compositeur, c'est en cette qualité qu'il doit interpréter la sentence. Par ailleurs, la sentence interprétative s'incorporant à la sentence interprétée,

lorsqu'un appel ou un recours en annulation est exercé contre la seconde, il porte sur la sentence telle qu'elle a été interprétée. La sentence interprétative peut cependant faire l'objet d'un recours propre. Il s'agit alors de celui normalement ouvert à l'encontre de la sentence interprétée : soit l'appel, soit le recours en annulation. Ce recours contre la sentence interprétative peut-être exercé même après l'expiration du délai de recours contre la sentence interprétée. Lorsque la sentence interprétative est annulée, « sauf volonté contraire des parties », le juge va ensuite se prononcer sur la demande d'interprétation soumise à l'arbitre.

Paragraphe 2. Omission de statuer

176. L'omission de statuer ne constitue pas un cas d'ouverture à annulation de la sentence. Au-delà de son pouvoir d'interprétation et de rectification des erreurs matérielles, sous réserve qu'il puisse encore être réuni, le tribunal arbitral est en effet autorisé à compléter sa décision « lorsqu'il a omis de statuer sur un chef de demande ». Il s'agit là d'une véritable exception à la règle de son dessaisissement, puisqu'il va se prononcer sur une demande qu'il n'a pas examinée auparavant. Afin de déterminer si la sentence est susceptible d'être complétée, il convient de bien distinguer l'omission de statuer du défaut de motif, qui constitue un cas d'ouverture du recours en annulation. Le plus souvent, il suffit de rapprocher la sentence des demandes formées par les litigants, qui doivent au demeurant être exposées sommairement par la sentence. Mais celle-ci contient aussi parfois une formule par laquelle le tribunal arbitral rejette « toutes les autres demandes » ou « déboute » les parties de leurs demandes « plus amples ou contraires ». Dans ce cas, il est possible de raisonner comme en matière de jugement : s'il ne résulte pas d'autres motifs de la sentence que le tribunal arbitral rejette « toutes les autres demandes » ou « déboute » les parties de leurs demandes « plus amples ou contraires ». Dans ce cas, il est possible de raisonner comme en matière de jugement : s'il ne résulte pas d'autres motifs de la sentence que le tribunal arbitral a effectivement examiné la demande, c'est qu'il a omis de statuer sur celle-ci ; il peut à nouveau être saisi et le recours en annulation est alors irrecevable. Au Sénégal et au Burkina Faso, la sentence réparant une omission de statuer ne doit pas porter atteinte à l'autorité de la chose jugée des autres chefs de la précédente sentence, même si, pour apprécier l'existence d'une omission de statuer, le tribunal arbitral examine à nouveau les demandes des litigants qui lui avaient été précédemment soumises. En droit OHADA, le régime des recours ouverts contre une sentence réparant une omission de statuer ne s'intègre pas à la précédente décision du tribunal arbitral, puisqu'il se prononce sur une demande sur laquelle il n'avait pas encore statué, le recours formé contre la sentence initiale n'emporte pas recours contre la sentence qui la complète.

Section 12. La procédure d'interprétation, de réparation et de complétion de la sentence

Paragraphe 1. Procédure

177. Tout d'abord, l'article 1485, alinéa 3, du Code de procédure civile prévoit, comme l'article 1475, alinéa 2 ancien, que lorsque le tribunal arbitral « ne peut-être à nouveau réuni et si les parties ne peuvent s'accorder pour le reconstituer », le pouvoir d'interpréter la sentence « appartient à la juridiction qui eût été compétente à défaut d'arbitrage ». Ainsi, c'est le juge qui, sans convention d'arbitrage, eût été territorialement et matériellement compétent pour connaître du litige qui dispose du pouvoir d'interpréter la sentence si, par exemple, l'arbitre est décédé ou a été récusé après son prononcé, faute pour les litigants de trouver un accord pour reconstituer le tribunal amputé. L'intervention du juge d'appui n'a pas été prévue pour compléter le tribunal arbitral dans cette hypothèse. Ensuite, la procédure, commune aux trois types de demandes dont le tribunal arbitral est susceptible d'être saisi, n'est plus réglée par renvoi aux textes applicables aux jugements. Le nouvel article 1486 du Code de procédure civile, applicable lorsque le tribunal arbitral a été constitué après le 1er mai 2011, organise une procédure qui est spécifique aux sentences arbitrales. Il précise ainsi, que les demandes « sont présentées dans un délai de trois mois à compter de la notification de la sentence » et que « sauf convention contraire, la sentence rectificative ou complétée est rendue dans un délai de trois mois à compter de la saisine du tribunal arbitral », qui peut « être prorogé conformément au second alinéa de l'article 1463 ». La demande des parties et la réponse du tribunal arbitral, lorsqu'il a été constitué après le 1er mai 2011, sont donc dorénavant enfermées dans un délai relativement court, même si le second peut-être prorogé par les parties ou par le juge d'appui, cela en vue de renforcer la sécurité juridique et l'autorité reconnue à la sentence arbitrale. A défaut de précision contraire, le juge étatique éventuellement saisi semble d'ailleurs également tenu de respecter le délai de trois mois pour statuer. Il faut toutefois relever que le texte précité n'exige pas expressément que le tribunal, ou le juge (ce qui serait au demeurant très difficile, sinon pratiquement impossible, puisqu'il n'intervient qu'en deuxième ligne, si les parties n'ont pu s'accorder pour reconstituer le tribunal arbitral), soit « saisi » ou que la demande lui soit « soumise » dans le délai de trois mois après la notification de la sentence.

Dans la plupart des règlements d'arbitrage (Congo, Cameroun, Côte d'Ivoire, Tchad et Comores), il est uniquement exigé que cette demande soit « présentée » dans ce délai, ce qui peut laisser la place à une interprétation consistant à juger recevable celle « présentée » dans les trois mois de la notification de la sentence par une partie à une autre, sans que le tribunal n'en soit lui-même encore formellement saisi. En tout cas, les parties ne disposent plus, comme avant la réforme du 13 janvier 2011, d'un délai d'un an et un mois après la signification de la sentence revêtue de l'exéquatur pour former une demande en réparation d'une omission de statuer. L'article 1486, alinéa 3 du Code de procédure civile dispose encore que la sentence rectificative ou complétée est notifiée dans les mêmes formes par acte d'huissier si les parties sont convenues d'un mode de notification différent pour la sentence initiale. Toutefois, on l'a vu, l'article 1486 n'est applicable que si le tribunal arbitral a été constitué le 2 mai 2011 ou postérieurement à cette date. Lorsque la sentence est rendue par un tribunal arbitral constitué auparavant, il faut certainement suivre la procédure prévue aux articles 461 à 463 du Code de procédure civile, en raison du renvoi opéré par l'ancien article 1475, alinéa 3.

Paragraphe 2. L'autorité de la chose jugée

178. Présentation. L'autorité de la chose jugée est une notion encore controversée et dont la définition présente l'inconvénient de s'attacher à l'un de ses effets, l'autorité de la chose jugée se présente, *a minima,* comme l'immutabilité « que le législateur confère à ce que le juge a tranché dans son jugement ». L'existence de voies de recours permettant de corriger les éventuelles erreurs du juge, et la sécurité juridique imposant de ne pouvoir contester à l'infini ce qui a été jugé, l'objet de l'autorité de la chose juge est donc, principalement, de concourir à la stabilité des situations juridiques. Cette définition peut sans doute être transposée à l'arbitrage. Si l'article 23 de l'Acte uniforme énonce que « la sentence arbitrale a, dès qu'elle est rendue, l'autorité de la chose jugée relativement à la contestation qu'elle tranche », c'est bien par souci d'assurer l'immutabilité de la chose jugée par le tribunal arbitral. Des voies de recours sont certes ouvertes aux parties contre la sentence, afin d'assurer la meilleure justice possible. Mais, en dehors de celles-ci, pour éviter que les litigants ne contestent indéfiniment ce qui a été décidé par le tribunal arbitral, il leur est interdit de faire trancher une nouvelle fois le litige par ce dernier ou par une autre juridiction. On peut ajouter que l'autorité de la chose jugée tenant « à la fonction de jugement », la sentence arbitrale, qui doit dire le droit, au sens où elle doit donner une solution au litige, doit alors nécessairement être pourvue de cette autorité. Aussi, indépendamment des dispositions précitées, l'autorité de la chose jugée apparaît comme étant attachée à la sentence arbitrale parce qu'elle constitue un acte juridictionnel.

Section 13. L'étendue de l'autorité de la chose jugée

Paragraphe 1. Sentence arbitrale

179. L'autorité de la chose jugée n'est pas attachée à toutes les décisions que le tribunal arbitral est susceptible de rendre au cours de la procédure arbitrale. L'article 23 de l'Acte uniforme, précité en limite en effet le domaine à la « sentence arbitrale ». Les décisions arbitrales qui ne peuvent être qualifiées de sentence ne sont en revanche pas assorties de cette autorité. Il en est notamment ainsi de l'acte par lequel le tribunal arbitral soumet l'exécution de sa décision au bon vouloir des parties. De même, le simple projet de sentence signé par un seul arbitre n'a pas l'autorité de la chose jugée.

Paragraphe 2. Sentence définitive, mixte ou avant-dire droit

180. L'étendue de la chose jugée ne peut-être appréciée de la même façon pour le jugement et la sentence. Pour le premier, les articles 480 et 482 du Code de procédure civile distinguent le jugement tranchant dans son dispositif tout ou partie du principal, statuant sur une exception de procédure, une fin de non-recevoir ou tout autre incident, du jugement avant-dire droit. Seul le premier est assorti de l'autorité de la chose jugée. Ces textes ne sont pas applicables à l'arbitrage et l'article 23 de l'Acte uniforme précise simplement que la sentence a l'autorité de la chose jugée relativement à la contestation qu'elle tranche. Le critère posé est donc celui, particulièrement large, de la « contestation ». Toute sentence que tranche une contestation est donc, sur ce point, assortie de l'autorité de la chose jugée. Mais doit-il s'agir uniquement d'une contestation sur le fond, ou l'autorité de la chose jugée peut-elle être attachée à une sentence qui tranche toute sorte de contestation soumise au tribunal arbitral, quelle que soit sa nature ? Puisque le texte ne le dit pas, il n'existe pas de raison de limiter l'autorité de la chose jugée à la première catégorie de sentence. Ainsi, la sentence avant-dire droit, qui ordonne par exemple des mesures provisoires ou conservatoires, même si elle ne tranche pas un point du litige principal soumis au tribunal arbitral, est assortie de l'autorité de la chose jugée relativement à la contestation tranchée. Simplement, puisque par nature, la mesure ordonnée a un caractère provisoire, limité à la durée de l'instance, l'autorité de la chose jugée assortissant la sentence est également provisoire : le tribunal arbitral n'est pas lié par cette sentence au moment de trancher le fond du litige. Ce sont donc toutes les sentences, qu'elles soient définitives, mixtes ou avant-dire droit, qui ont l'autorité de la chose jugée s'agissant de la contestation tranchée.

Paragraphe 3. Motifs de la sentence

181. Parce que ni l'article 455 du Code de procédure civile, ni l'article 480 de ce code n'ont vocation à être appliqués à la sentence arbitrale, l'autorité de la chose jugée de celle-ci est, d'un point de vue formel, plus étendue que celle du jugement. En droit OHADA, on l'a vu, il n'est pas exigé que la sentence contienne un dispositif. Pour apprécier l'étendue de la chose jugée, il faut donc appréhender la sentence en son entier. Autrement dit, certains de ses motifs, mais pas tous, ont l'autorité de la chose jugée : il s'agit de ceux qui se rapportent à la contestation tranchée, c'est-à-dire les motifs décisoires, desquels, en pratique, les parties tirent des droits et obligations. Cependant, cela ne veut pas dire que tous les éléments du raisonnement suivi par le tribunal arbitral sont assortis de l'autorité de la chose jugée. Ainsi, par exemple, lorsque celui-ci est dépourvue d'autorité de la chose jugée sur la qualification qui, le cas échéant, a pu être donnée par le tribunal arbitral à un engagement des parties. En outre, même si la chose jugée est liée à la mission juridictionnelle du tribunal arbitral, elle trouve d'abord sa source dans la convention d'arbitrage, c'est-à-dire dans la volonté des parties. Partant, on peut se demander si la sentence est assortie de l'autorité de la chose jugée en ce qu'elle se prononce, sans l'accord des parties, sur un point qui n'entre pas dans le périmètre de la convention d'arbitrage et sur lequel celles-ci n'ont pas débattu. Dans une telle hypothèse d'ailleurs, le tribunal arbitral ne tranche à proprement parler aucune « contestation » au sens de l'article 23 de l'Acte uniforme. C'est pour cette raison, aussi, que la sentence n'a pas l'autorité de la chose jugée relativement au montant des honoraires des arbitres.

Paragraphe 4. Frais de l'arbitrage et honoraires de l'arbitre

182. Cette question est abordée par la plupart des règlements d'arbitrage (CAC, CACI, CCJA, CAMeC, CEMACO). L'autorité de la chose jugée n'est en effet attachée qu'à la contestation tranchée. Ainsi, l'objet du litige pouvant notamment porter sur le partage des frais de l'arbitrage, leur répartition peut-être déterminée dans la sentence. Elle aura, sur ce point, l'autorité de la chose jugée. En revanche, la fixation du montant des honoraires relevant du contrat d'arbitre, la sentence sera dépourvue de l'autorité de la chose jugée en ce qu'elle précise ce montant. L'arbitre ne pourra donc tenter d'obtenir l'exequatur de sa sentence en ce qu'elle a fixé le montant de ses honoraires, pour ensuite entreprendre des mesures d'exécution forcée.

Section 14. Les conséquences de l'autorité de la chose jugée

Paragraphe 1. Autorité négative et autorité positive de la chose jugée

183. Dans l'espace OHADA, l'autorité de la chose jugée attachée à la sentence arbitrale interdit en principe à un tribunal arbitral, ou à une juridiction, en dehors d'une voie de recours, de statuer à nouveau sur la contestation tranchée. C'est l'effet négatif de l'autorité de la chose jugée, qui doit-être distingué de son effet positif. Celui-ci, encore très discuté, fait obstacle à ce que la juridiction saisie en second d'une demande différente puisse même remettre en question la vérification juridictionnelle opérée par une autre juridiction, entre les mêmes parties. Dans cette vue, la force probante d'un fait et d'une qualification retenus dans une première instance s'impose au cours des instances suivantes. Compte tenu de la généralité de la règle posée par l'article 23 de l'Acte uniforme, il est permis de penser que la sentence est non seulement pourvue de l'autorité négative de la chose jugée, mais également de l'autorité positive. Théoriquement d'ailleurs, rien ne s'y oppose. Partant, les faits et qualifications retenus par une sentence devraient être considérés comme étant assortis de l'autorité de la chose jugée, pour autant, toutefois, qu'ils soient indissociables de la contestation tranchée.

Paragraphe 2. Concentration des demandes et moyens

184. Par un arrêt du 28 mai 2008, la première Chambre civile de la Cour de cassation a voulu étendre à l'arbitrage la règle dite de « concentration des moyens » ou de « concentration des fondements », préalablement posée en droit judiciaire par un arrêt d'Assemblée plénière du 7 juillet 2006.[92] Dans cette décision, la première Chambre civile a posé en principe qu'il incombe au demandeur de présenter dans la même instance toutes les demandes fondées sur la même cause et qu'il ne peut invoquer dans une instance postérieure un fondement juridique qu'il s'était abstenu de soulever en temps utile. Autrement dit, une partie ne peut pas, ce qui est discutable, au cours d'une instance arbitrale, présenter une demande qu'elle n'a pas formée au cours d'une précédente instance arbitrale, fût-ce en invoquant un fondement juridique différent de celui débattu ou cours de la première procédure. Bien plus, parce qu'il incombe au demandeur de présenter dès l'instance relative à la première demande l'ensemble des moyens qu'il estime de nature à fonder celle-ci, il ne peut pas saisir le juge étatique d'une demande ayant un objet identique à celle rejetée par le tribunal arbitral, en agissant sur un fondement juridique distinct.[93]

---

[92] Ass.plén. 7 juill. 2006, Bull. Civ. n° 6, D. 2006, p. 2135, note L. Weiller
[93] Civ. 12 avr. 2012, n°11. 14123

Paragraphe 3. Règle de la triple identité

185. La règle de la triple identité, posée par l'article 1351 du Code civil, est appliquée à la sentence arbitrale. Ce texte dispose que « l'autorité de la chose jugée n'a lieu qu'à l'égard de ce qui a fait l'objet du jugement. Il faut que la chose demandée soit la même que la demande, soit fondée sur la même cause ; que la demande soit entre les mêmes parties, et formée par elles et contre elles en la même qualité ». L'autorité négative de la chose jugée de la sentence est donc triplement limitée : elle ne joue que si les parties sont les mêmes, si la demande a le même objet et si la cause est identique. Sous réserve du respect de ces conditions, dont l'étude peut, pour l'essentiel, être renvoyée à un ouvrage de procédure civile, ni le juge, ni un autre tribunal. La condition d'identité des parties appelle cependant quelques observations puisqu'elle invite à s'interroger sur la notion de partie et sur la situation des tiers.

Paragraphe 4. Notion de partie

186. L'autorité de la chose jugée attachée à la sentence s'impose d'abord aux parties à l'instance arbitrale. Il s'agit, en principe, des personnes liées par la convention d'arbitrage. Elle s'impose ensuite aux parties à cette convention qui ont été représentée à l'instance par un mandataire ou qui y ont été régulièrement appelées. Et, au-delà même de l'existence d'un mandat, l'autorité de la chose jugée doit également être étendue à d'autres personnes qui ne sont pourtant parties ni à la convention d'arbitrage, ni à l'instance et qui n'y ont pas été appelées : il s'agit de toutes celles qui sont considérées comme étant représentées à cette instance. Il en est notamment ainsi des cautions solidaires, ce qui constitue une application de l'idée de représentation mutuelle des coobligés solidaires.[94]

Paragraphe 5. Situation des tiers

187. L'autorité de la chose jugée attachée à la sentence est relative ; elle ne joue pas à l'égard des véritables tiers à l'instance arbitrale, c'est-à-dire de toutes les personnes qui n'y sont pas représentée. En revanche, la sentence leur est opposable en ce qu'elle a bouleversé l'ordonnancement juridique. Ce qui est opposable aux tiers, et ce dont ils peuvent se prévaloir, c'est la situation juridique nouvelle qui a été créée ou simplement celle qui a été constatée par la sentence. Il a ainsi déjà été jugé que l'actionnaire d'une société ne peut invoquer devant le juge l'existence d'un préjudice par ricochet que lui aurait causé l'abus de dépendance économique dans laquelle se serait trouvée cette société vis-à-vis de l'un de ses fournisseurs lorsqu'une

---

[94] Ph. Simler, Cautionnement et garanties autonomes, Litec, 3 éd. 2000, spéc. n°541. P. 496

sentence arbitrale a déjà écarté cet abus dans une procédure opposant ce dernier à la société.[95] De même, la sentence rendue dans le litige opposant le débiteur principal au créancier, notamment sur ce qui a été décidé quant à l'existence ou l'étendue de la créance, puisqu'il s'agit d'une conséquence du caractère accessoire du cautionnement « qui ne peut excéder ce qui est dû par le débiteur principal ». Mais la caution simple peut aussi se voir opposer ce qui a été décidé par cette sentence.[96]

Paragraphe 6. Fin de non-recevoir

188. L'autorité de la chose jugée de la sentence constitue une fin de non-recevoir devant le juge étatique. Elle peut donc être invoquée en tout état de cause, sans avoir à justifier d'un grief. Si elle est accueillie, le juge doit déclarer la demande irrecevable. En revanche, lorsqu'elle est invoquée devant le tribunal arbitral, l'autorité de la chose jugée d'une procédure civile, ces textes n'étant pas applicables à l'instance arbitrale. Comme devant le juge, elle constitue toutefois une fin de non-recevoir et non une défense au fond qui affecte la recevabilité de la demande. En droit Ivoirien et en droit congolais, en effet, lorsqu'elle est invoquée et accueillie, le tribunal arbitral n'examine pas le fond du litige : il constate que la partie qui le saisit est privée du droit d'agir parce qu'elle a déjà fait trancher la contestation par un autre tribunal arbitral. Et, même si implicitement, la question de l'autorité de la chose jugée par une première sentence affecte sa compétence, la convention d'arbitrage ayant épuisé ses effets, le tribunal arbitral saisi en second doit alors apprécier si les conditions de l'autorité de la chose jugée sont réunies. La convention d'arbitrage ayant épuisé ses effets, la demande n'est pas d'ordre public international, elle relève au moins de l'ordre public interne lorsque la sentence dont l'autorité est invoquée a été rendue dans la même instance arbitrale. Plus largement d'ailleurs, après la modification de l'article 125, alinéa 2, du Code de procédure civile intervenue par décret n°2004-836 du 20 août 2004, qui autorise le juge à relever d'office la fin de non-recevoir tirée de la chose jugée, on peut se demander si la chose jugée demeure d'intérêt privé en droit OHADA.[97]

Paragraphe 7. Mesures conservatoires sans autorisation judiciaire préalable

189. Depuis la réforme des procédures civiles d'exécution intervenue en 1991, le créancier muni de l'un des titres énoncés à l'article 68 de la loi du 9

[95] Com. 7 janv. 2004, Bull. civ. IV, n°4

[96] Paris, 4 janv. 1960, Rev. arb. 1960, P. 122

[97] R. Perrot et H. Croze, « Commentaire du décret n°2004-836 du 20 août 2004 portant modification de la procédure civile ». Procédures 2004, P. 6

juillet 1991 peut, sans l'autorisation préalable du juge, faire procéder à une saisie conservatoire si les conditions posées par l'article 67 de cette loi sont réunies. Il faut que la créance apparaisse fondée en son principe et qu'il existe des circonstances susceptibles de menacer son recouvrement. L'article 68 précité énonce, parmi les titres qui dispensent d'une autorisation préalable du juge, la décision de justice au sens du texte précité, ce qui autorise une mesure conservatoire sans autorisation préalable du juge.

Section 15. La force probante des mentions de la sentence

190. Principe. Il est depuis longtemps admis que certaines énonciations de la sentence ont la force probante d'un acte authentique. Textuellement, la solution s'appuyait avant la réforme du 13 janvier 2011 sur l'article 1477, à une condition particulière : l'exequatur. L'article 1487 du Code de procédure civile dispose en ce sens que « la sentence arbitrale n'est susceptible d'exécution forcée qu'en vertu d'une décision d'exequatur émanant du tribunal de grande instance dans le ressort duquel la sentence a été rendue ». Il s'agit alors, pour le juge, de vérifier en apparence la conformité de la sentence à certaines conditions avant d'en autoriser l'exécution forcée. L'absence de force exécutoire de la sentence ne prive cependant pas l'arbitre d'un certain pouvoir en matière d'exécution. Comme le juge, il peut assortir sa décision de l'exécution provisoire, pour faire échec au caractère suspensif des voies de recours. Il faut noter, à cet égard, que si sur ces deux aspects, la réforme intervenue le 13 janvier 2011 n'a pas bouleversé les règles antérieures, elle a tout de même simplifié les démarches postérieures à la sentence visant à assurer son exécution.

Paragraphe 1. L'exequatur de la sentence

191. Après la réforme du droit de l'arbitrage intervenue en mai 1999 dans l'espace OHADA, les règles posées par le législateur pour la procédure d'exequatur de la sentence arbitrale restaient encore imprécises. Cela provoquait parfois des difficultés pratiques pour déterminer la procédure applicable devant le juge OHADA, celle-ci étant essentiellement d'origine jurisprudentielle. Avec le décret n°2011-48 du 13 janvier 2011, la procédure d'exequatur fait désormais l'objet de dispositions spécifiques et claires. Les articles 30 à 34 de l'Acte uniforme qui constituent le chapitre 6 relatif à la reconnaissance et à l'exécution des sentences arbitrales, en précisent le régime. Pour l'essentiel, ces dispositions consacrent les principales règles qu'avait dégagées la jurisprudence dans le silence des textes antérieurs, tant s'agissant du juge compétent pour accorder l'exequatur, des règles de procédures applicables, de l'étendue du contrôle exercé par le juge, que des voies de recours ouvertes contre sa décision.

Paragraphe 2. Le juge compétent

192. Principe. Il est fixé par l'article 1487 du Code de procédure civile. Il s'agit du tribunal de grande instance dans le ressort duquel la sentence a été rendue. Dans sa rédaction issue du décret du 14 mai 1980, l'article 1477 ancien prévoyait que la demande d'exequatur devait être portée devant « le juge de l'exécution du tribunal » de grande instance. Toutefois, en l'absence de texte réglementaire définissant précisément les cas et conditions dans lesquels ce juge spécialisé devait intervenir, la règle de compétence prévue par le texte précité ne pouvait être effectivement appliquée. La loi du 9 juillet 1991 a mis fin à cette difficulté en modifiant l'article L. 311-11 du Code de l'organisation judiciaire, la règle se trouvant aujourd'hui codifiée à l'article R 212-8° du même code. Dorénavant, ce texte prévoit que le tribunal de grande instance connaît, à juge unique, « des demandes en reconnaissance et en exequatur des sentences arbitrales locales ou étrangères ». Puisque l'exequatur est refusé ou accordé par voie d'ordonnance et que le juge unique statuant par ordonnance est traditionnellement le président du tribunal de grande instance ou son délégué, c'est effectivement le magistrat auquel doit-être soumise la demande d'exequatur au sein de cette juridiction. Au Sénégal et au Burkina Faso, le président territorialement compétent étant celui du tribunal de grande instance situé dans le ressort duquel la sentence a été rendue, cela peut faire difficulté lorsque celle-ci ne précise pas le lieu où elle a été rendue, cette mention n'étant pas prescrite à peine de nullité. Dans cette hypothèse, si la convention d'arbitrage fixe le siège de l'arbitrage, c'est le juge de l'exequatur situé dans le ressort considéré qui devrait être saisi. On peut en effet présumer que la sentence y a été rendue. En cas de silence de la convention, il pourrait ensuite être tenu compte du lieu où l'essentiel des actes de la procédure arbitrale ont été effectués. Là encore, à défaut d'un meilleur critère, on peut penser que c'est en cet endroit que la sentence a été rendue.[98]

Paragraphe 3. Exception : le rejet du recours en annulation confère l'exequatur à la sentence

193. L'exequatur de la sentence ne relève pas toujours de la compétence du tribunal de grande instance. L'appel ou le recours en annulation formé contre la sentence emporte, « de plein droit », selon l'article 1499, alinéa 2, du Code de procédure civile, « recours contre l'ordonnance du juge ayant statué sur l'exequatur ou dessaisissement de ce juge ». Le juge de l'exequatur étant alors automatiquement dessaisi, s'il rend une ordonnance, elle doit-être

[98] M. De Boisséon, Le droit Français de l'arbitrage interne et international, GLN Joly, 1990, spéc n° 403

annulée par la cour d'appel saisie du recours contre la sentence. Dans cette situation également, « le rejet de l'appel ou du recours en annulation confère l'exequatur à la sentence arbitrale ou à celles de ses dispositions qui ne sont pas atteintes par la censure de la cour ». L'arrêt de rejet de la cour d'appel territorialement compétente pour statuer sur le recours se voit ainsi pourvu d'un attribut particulier : il confère l'exequatur à la sentence. La cour d'appel n'a pas à se prononcer sur cette question particulière, l'exequatur étant automatiquement attaché à sa décision de rejet.

Paragraphe 4. Exception : l'exequatur conférée par le premier président de la cour d'appel ou le conseiller de la mise en état

194. L'appel ou le recours en annulation emportant dessaisissement du juge normalement compétent pour accorder l'exequatur, si la sentence est assortie de l'exécution provisoire, ce qui permet de faire échec au caractère suspensif du recours en droit de l'arbitrage interne, c'est alors « le premier président ou, dès qu'il est saisi, le conseiller de la mise » qui « peut conférer l'exequatur à la sentence arbitrale ». Le premier président peut conférer l'exequatur à la sentence jusqu'à la saisine du conseiller de la mise en état. L'exequatur accordé, des mesures d'exécution forcée de la sentence pourront être entreprises avant la décision de la cour d'appel. De même, lorsque la sentence n'est pas assortie de l'exécution provisoire et fait l'objet d'un appel ou d'un recours en annulation, l'exécution provisoire peut-être ordonnée par le premier président ou le conseiller de la mise en état, selon que ce dernier a ou non été saisi. Et dans ce cas aussi, il peut conférer l'exequatur à la sentence arbitrale, ce qui permet également d'entreprendre des mesures d'exécution forcée avant l'issue du recours formé contre la sentence. C'est une pratique bien connue au Cameroun, au Congo et aux Comores.

Section 16. La procédure

Paragraphe 1. Saisine du juge

195. La réforme du 13 janvier 2011 a clarifié les règles de procédure applicables devant le juge de l'exequatur. Auparavant, faute de texte suffisamment précis, elles étaient en effet assez floues. Certes, il résultait déjà des articles 1478, 1488 et 1489 ancien du Code de procédure civile que l'exequatur était accordé ou refusé par voie d'ordonnance par le président du tribunal de grande instance. Sur ce point, les articles 1487, 1499 et 1500 du Code de procédure civile, issus de la réforme, ont confirmé la solution. De même, il s'inférait de l'article 1479, alinéa 2, ancien que le premier président de la cour d'appel, ou le conseiller de la mise en état, se prononçait aussi par voie d'ordonnances. Cette règle se déduit maintenant de l'article 1498, alinéa 1. Mais les textes antérieurs à la réforme de 2011 étaient silencieux sur les modalités de saisine de ces magistrats. Avant la réforme intervenue en 1980 et 1981, la pratique était bien fixée et conforme aux dispositions de l'article 1020 de l'ancien Code de procédure civile : le juge de l'exequatur du tribunal de grande instance était saisi par requête. Après 1981, la question a été débattue, les textes n'ayant pas précisé la procédure applicable. Certaines juridictions du fond ont estimé que le juge de l'exequatur-devait être saisi par assignation, alors que d'autres, épousant la thèse défendue par la majorité de la doctrine, ont retenu que c'est la procédure sur requête qui devait être suivie. La question n'a été tranchée que tardivement par la Cour de cassation. Ce n'est que dans un arrêt rendu le 9 décembre 2003 qu'elle a en effet précisé, la solution valant aussi bien pour l'arbitrage interne que pour l'arbitrage international, qu'en application notamment des dispositions des articles 1477 et 1478 (ancien) du Code de procédure civile, le président du tribunal de grande instance statue « à juge unique, par ordonnance sur requête non contradictoire ».[99] Cette solution était en effet conforme à l'intention du législateur qui, au moment de la réforme, avait cherché à éviter une discussion contradictoire devant le juge de l'exequatur, celui-ci ne procédant qu'à un examen *prima facie* de la sentence. Le contrôle plus approfondi de la décision de l'arbitre est réservé à la cour d'appel, devant laquelle sont ainsi concentrés les recours ouverts contre la sentence. Le nouvel article 1487 du Code de procédure civile a clarifié ce point en précisant, en son alinéa 2, que « la procédure relative à la demande d'exequatur n'est pas contradictoire » et, en son alinéa 3, que « la requête est déposée par la partie la plus diligente au greffe de la juridiction ». Le juge est donc en principe saisi par la partie à l'instance arbitrale qui a intérêt à obtenir l'exécution de la sentence. Il a cependant été admis que la demande d'exequatur pouvait être faite par une partie à l'instance ayant ensuite cédé la créance née de la sentence, parce que le cessionnaire avait accepté qu'elle poursuive en son nom, tant pour elle que pour leur compte respectif, toute démarche en vue d'obtenir le paiement de la sentence ; en qualité de bénéficiaire de la sentence, celle-ci justifiait encore d'un intérêt à agir en exécution forcée.[100]

Le formalisme a par ailleurs été allégé en la matière, puisque le demandeur n'est plus contraint de présenter à l'exequatur la minute de la sentence accompagnée d'un exemplaire de la convention d'arbitrage. Conformément à l'article 1487, alinéa 3, du Code de procédure civile, la requête doit en effet être accompagnée de l'original de la sentence et d'un exemplaire de la convention d'arbitrage ou « de leurs copies réunissant les conditions requises pour leur authenticité ». Ce texte s'inspire ainsi de la solution qui prévalait déjà depuis le décret du 12 mai 1981 pour l'arbitrage international et le juge, qu'il soit en présence de l'original ou de la copie, devra toujours s'assurer

[99] Civ. 9 déc. 2003, J.C.P. G. 2004, 1, 119, n°8, obs. J. Beguin

[100] Civ. 14 nov. 2007, J.C.P. G. 2008, I, 164, n°9 obs. J. Ortscheidt

que le document présente l'apparence d'une sentence arbitrale rendue par un tribunal arbitral.

196. Comme le décret du 14 mai 1980, celui du 13 janvier 2011 est resté muet sur la procédure suivie devant le premier président de la cour d'appel, ou le conseiller de la mise en état, lorsque l'exequatur est sollicité au cours d'une instance en appel de la sentence, ou au moment d'un recours en annulation. En droit OHADA, à défaut d'autre précision, en principe, ce sont les règles propres à chacune de ces juridictions qui devraient prévaloir. Partant, le conseiller de la mise en état ne pouvant rendre une ordonnance sur requête, la procédure contradictoire, traditionnellement suivie devant ce magistrat et peu contraignante, devrait donc être respectée. Il ne pourrait en être autrement que si la jurisprudence décidait de faire application de l'article 1487, alinéa 2, du Code de procédure civile, motif pris que « la procédure relative à la demande d'exequatur », visée par ce texte, est celle suivie devant tous les juges susceptibles d'accorder l'exequatur à la sentence, donc aussi devant le conseiller de la mise en état. Le premier président de la cour d'appel peut, lui, statuer par voie d'ordonnance sur requête, selon l'article 958 du Code de procédure civile, pour arrêter « des mesures urgentes relatives à la sauvegarde des droits d'une partie ou d'un tiers » lorsque les « circonstances exigent » que la mesure ne soit pas prise contradictoirement. Sauf à interpréter l'article 1487, alinéa 2, précité en ce sens qu'il a aussi vocation à s'appliquer devant ce juge, le premier président peut donc accorder l'exequatur à la sentence déjà assortie de l'exécution provisoire par ordonnance sur requête s'il est démontré l'urgence, la nécessité de sauvegarder des droits de la partie qui le sollicite et d'éviter un débat contradictoire. A défaut, l'exequatur devra être conféré par ordonnance, donc selon une procédure contradictoire, faute de texte faisant exception à ce principe directeur du procès lorsqu'il est fait application de l'article 148-98, alinéa 1 du Code de procédure civile.

Paragraphe 2. Ordonnance

197. L'ordonnance sur requête rendue par le juge de l'exequatur n'obéit pas au régime de droit commun des articles 493 et suivants du Code de procédure civile. D'une part, il n'est pas renvoyé à ces textes par les dispositions propres à l'arbitrage. D'autre part, la nature spécifique de l'ordonnance d'exequatur justifie l'inapplicabilité de certains textes relatifs aux ordonnances sur requête. En effet, il ne s'agit pas d'une décision provisoire du juge comme l'ordonnance sur requête envisagée par les textes précités. Il s'agit d'une décision qui, comme d'autres ordonnances rendues sur requête d'ailleurs, présente un caractère définitif. On comprend alors que, contrairement à ce que prévoit l'article 495 du Code de procédure civile pour les ordonnances sur requête de droit commun, l'ordonnance d'exequatur du juge n'a pas à être motivée. L'exequatur est en effet directement apposé sur l'original ou la copie de la sentence arbitrale. La motivation de l'ordonnance n'est exigée que si l'exéquatur est refusé. Sous réserve que la sentence soit exécutoire par provision, ou qu'elle ne soit plus susceptible de recours, il semble admis, la solution demeurant cependant discutée, que des mesures d'exécution peuvent être immédiatement engagées si l'ordonnance est également assortie de l'exécution provisoire.[101]

Section 17. L'étendue du contrôle exercé par le juge

Paragraphe 3. Contrôle prima facie

198. Les textes issus du décret du 12 mai 1980 ne précisaient pas la naturc et l'étendue du contrôle exercé par le juge de l'exequatur. Il n'y était notamment pas indiqué ce qui pouvait faire obstacle à l'exequatur. En raison toutefois du caractère non contradictoire de la procédure, de ce que l'exequatur était apposé sur la sentence arbitrale et n'était pas motivé, il a rapidement été admis que le juge, ne statuant qu'au vu de la sentence et de la convention d'arbitrage, ne pouvait de toute façon qu'exercer un contrôle sommaire. La réforme du 13 janvier 2011 a confirmé cette analyse, l'article 1488 du Code de procédure civile précisant que « l'exequatur ne peut-être accordé si la sentence est manifestement contraire à l'ordre public ». Le juge ne procède donc qu'à un contrôle *prima facie* de la sentence. Il se contente de vérifier sa « conformité apparente » à l'ordre public et c'est la cour d'appel, éventuellement saisie d'un recours contre la sentence, qui procédera à un contrôle plus approfondi. En principe, le juge de l'exequatur, comme le juge de la régularité de la sentence d'ailleurs ne contrôle pas le bien-fondé de la décision rendue par l'arbitre ni sa régularité. *A fortiori,* il ne peut pas la modifier en y ajoutant, par exemple, une condamnation au paiement de dommages et intérêts.[102]
Mais parce que l'exequatur n'est pas anodin, puisqu'il permet ensuite de recourir à des mesures d'exécution forcée pour exécuter la sentence, il est tout de même exigé un contrôle du juge, dont les grandes lignes ont été dégagées par la jurisprudence et qui a été consacré par le texte précité. Ainsi, avant d'apposer l'exequatur, le juge doit vérifier que la décision qui lui a été soumise est une sentence arbitrale et que la solution qui s'en dégage n'est pas manifestement contraire à l'ordre public. En ce sens, dans un arrêt rendu avant la réforme de 1981, dont la solution n'a pas été démentie depuis, la Cour de cassation a retenu que le « rôle du juge investi du pouvoir de rendre exécutoire une sentence arbitrale est strictement limité, qu'il n'a pas à vérifier si la sentence a ou non été exécutée, et qu'il ne peut refuser l'exequatur que si l'acte qui lui est soumis n'a pas un caractère contentieux

[101] Paris, 22 sept. 2005 et 25 juin 2006 (ord. CME) Rev. arb. 2007, P. 523, note J. Pellerin
[102] Civ. 14 déc. 1983, Rev. arb. 1984, P. 483, note M.C. Roudeau-River

et ne constitue pas une sentence arbitrale, ou si son inexistence est flagrante, ou enfin si ses dispositions sont contraires à l'ordre public ».[103] L'exequatur devant être apposé sur l'original ou la copie de la sentence arbitrale, selon l'article 1487, alinéa 4, du Code de procédure civile, le juge doit en effet toujours vérifier que la décision qui lui est soumise présente, en apparence au moins, les caractéristiques d'une sentence. Ce contrôle ne pouvant s'exercer que *prima facie,* il n'a pas à rechercher si la sentence n'est pas privée d'existence en raison de vices affectant la convention d'arbitrage ou la composition du tribunal arbitral. Même dans ces hypothèses, d'une part, la sentence n'est pas inexistante, mais simplement affectée de nullité et le vice n'est pas flagrant et, d'autre part, c'est à la cour d'appel éventuellement saisie de trancher ces questions. Au demeurant, l'objet du contrôle exercé par le juge de l'exequatur, fixé par l'article 1488 précité, n'est pas de s'assurer que la sentence ne risque pas d'être annulée.[104]
C'est ce qui explique aussi que, comme le précise ce texte, le juge de l'exequatur ne contrôle que la conformité apparente à l'ordre public de la solution consacrée par la sentence. Pour autant qu'il serait autorisé (ce qui est actuellement loin d'être le cas), l'examen plus approfondi de la solution au regard des exigences de l'ordre public est réservé à la cour d'appel. Le juge étatique ne peut donc refuser d'accorder l'exequatur que si la décision rendue par le tribunal arbitral heurte manifestement l'ordre public interne. Le contrôle n'a pas à porter sur la régularité de la sentence au regard des cas d'ouverture du recours en annulation prévus par l'article 1492 du Code de procédure civile. Il faut aussi noter que la nature et l'étendue du contrôle devraient être identiques quel que soit le juge de l'exequatur, qu'il s'agisse du président du tribunal de grande instance, ou du premier président ou du conseiller de la mise en état, lorsqu'ils se voient exceptionnellement conférer le pouvoir d'accorder l'exequatur à la sentence.

Paragraphe 4. Exequatur partiel

199. Il est admis que le juge peut limiter l'exequatur à une partie de la sentence seulement, ce que confirment d'ailleurs les dispositions de l'article 1498, alinéa 2, du Code de procédure civile, en précisant que le rejet de l'appel ou du recours confère l'exequatur à la sentence « ou à celles de ses dispositions qui ne sont pas atteintes par la censure de la cour ». L'exequatur peut donc être conféré aux seules dispositions de la sentence qui ne heurtent pas manifestement l'ordre public à la condition qu'elles ne soient pas indivisiblement liées ou dépendantes de celles qui ne peuvent recevoir l'exequatur.[105]

---

[103] Civ. 2e , 17 juin 1971, Bull. civ. II, n° 222
[104] Ph. Bertin, Le rôle du juge dans l'exécution de la sentence arbitrale, spéc. n°5 P. 2845
[105] Civ. 28 avr. 1987, Rev. arb. 1991 P. 345, obs. J.H. Moity et C. Vergne

Section 18. Les voies de recours

200. Ce sont les articles 25 à 29 de l'Acte uniforme qui traitent des voies de recours. Les textes distinguent toujours, après la réforme du 13 janvier 2011, selon le sens de la décision rendue par le juge de l'exequatur. L'ordonnance refusant l'exequatur est en effet susceptible de recours alors qu'en principe, celle qui l'accorde ne l'est pas. Il faut également réserver l'hypothèse de l'exequatur donné par le premier président ou le conseiller de la mise en état.

Paragraphe 1. L'ordonnance qui refuse l'exequatur

201. L'article 32 de l'Acte uniforme dispose que la décision qui refuse l'exequatur n'est susceptible que de pouvoir en cassation devant la Cour Commune de Justice et d'Arbitrage. Mais en principe, l'ordonnance qui refuse l'exequatur peut-être frappée d'appel dans le délai d'un mois à compter de sa signification ». Ce texte ajoute, répondant au souci déjà exprimé en 1980 de concentrer les recours devant cette juridiction et d'assurer l'homogénéité de son contrôle, que dans ce cas, « la cour d'appel connaît, à la demande d'une partie, de l'appel ou du recours en annulation formé à l'encontre de la sentence arbitrale, si le délai pour l'exercer n'est pas expiré ». Le nouveau texte n'a donc pas exactement repris la formule de l'ancien article 1489, qui prévoyait que « la cour d'appel connaît, à la demande des parties, des moyens que celles-ci auraient pu faire valoir contre la sentence arbitrale, par la voie de l'appel ou du recours en annulation selon le cas ». Il a en effet pris acte de ce que la sentence pouvant maintenant être notifiée avant l'exequatur, cette notification faisant courir le délai pour interjeter appel ou former le recours contre l'ordonnance refusant l'exequatur. De plus, il est maintenant des moyens qui peuvent être articulés contre la sentence au soutien de ces deux recours. Si les mots ont un sens, deux hypothèses doivent alors être distinguées.
Si le délai d'appel ou du recours en annulation n'est pas expiré au moment de « la demande » de la partie qui souhaite que l'exequatur ne soit pas accordé, alors, la cour saisie initialement de l'appel formé contre l'ordonnance de refus d'exequatur pourra *in fine* infirmer la sentence si elle était susceptible d'appel. Elle ne se bornera donc pas à refuser l'exequatur et la sentence disparaîtra de l'ordre juridique. La cour d'appel pourra le faire pour quelque cause que ce soit, y compris les cas d'annulation de l'article 1492 du Code de procédure civile. En revanche, si la voie de recours ouverte contre la sentence était le recours en annulation, la cour d'appel, qui connaîtra donc de ce recours à la demande d'une partie, pourra annuler la sentence pour l'un des cas prévus à l'article 1492. Là encore, ce n'est pas uniquement l'ordonnance de refus d'exequatur, mais la sentence elle-même qui est alors directement affectée par la décision de la cour d'appel. Les conséquences du contrôle de la cour d'appel sont différentes si le délai pour

recourir contre la sentence est expiré. Dans cette hypothèse, elle ne pourra refuser l'exequatur que pour l'un des cas qui autorisaient déjà le président du tribunal de grande instance à statuer en ce sens. A ce stade toutefois, un débat contradictoire s'instaurant plus uniquement au vu de la sentence et de la convention d'arbitrage, la cour d'appel devrait pouvoir procéder à un contrôle plus approfondi de la solution rendue au regard de l'ordre public interne. Il faut néanmoins souligner qu'en tout état de cause, ni l'appelant, ni l'intimé, ne peuvent invoquer, dans l'instance engagée sur le recours contre la décision refusant l'exequatur, qu'il soit ou non accompagné d'un appel ou d'un recours en annulation formé à titre incident, de moyens qui seraient incompatibles avec ceux qu'ils ont présentés devant le tribunal arbitral. En application de la règle de l'estoppel, de tels moyens sont irrecevables. Les parties ne peuvent pas non plus se prévaloir de moyens qu'en connaissance de cause, elles se sont abstenues de soulever en temps utile devant le tribunal arbitral, selon ce que prévoit l'article 1466 du Code de procédure civile.
Au Congo et en Côte d'Ivoire, le délai pour former l'appel contre l'ordonnance d'exequatur, d'un mois, court à compter de la signification de cette ordonnance. Cette signification doit, bien évidemment, respecter les dispositions relatives aux significations des jugements pour faire courir le délai d'appel. Faute de précision, l'appel est formé, instruit et jugé selon les règles relatives à la procédure ordinaire devant la cour d'appel. Les voies de recours ouvertes contre l'arrêt de la cour d'appel seront celles du droit commun. Il a un temps été proposé d'autoriser le juge qui l'a rendue à modifier ou rétracter son ordonnance de refus d'exequatur, sur le fondement de l'article 497 du Code de procédure civile. Cette ordonnance n'obéit cependant pas au régime de l'article 495 du Code de procédure civile. En outre, la nature du contrôle et qui s'en tient à l'apparence de conformité à l'ordre public, exclut, *a priori,* qu'il puisse revoir son jugement initial. Enfin, la solution serait contraire à l'objectif de toutes les reformes récentes de l'arbitrage, qui ont concernés les recours devant la cour d'appel.

Paragraphe 2. L'ordonnance qui accorde l'exequatur

202. Cette ordonnance « n'est susceptible d'aucun recours », énonce l'article 32 alinéa 2 de l'Acte uniforme. Le même texte précise, en son alinéa 2, toutefois l'appel ou le recours en annulation de la sentence emporte de plein droit, dans les limites de la saisine de la cour, recours contre l'ordonnance du juge ayant statué sur l'exequatur ou dessaisissement de ce juge. Ainsi, la partie qui souhaite contester l'ordonnance accordant l'exequatur à une sentence ne peut le faire directement. Elle doit, selon les cas, interjeter appel de la sentence ou former un recours en annulation à son encontre. La décision accordant l'exequatur ne peut pas non plus être rétractée par le juge qui l'a rendue. Elle ne peut pas plus faire l'objet d'un recours en annulation. En revanche, par exception, au texte précité et parce que ce recours existe toujours, elle peut faire l'objet d'un recours pour excès de pouvoir devant la cour d'appel. Il a ainsi été jugé, avant le décret de 2011, qu'excède ses pouvoirs le juge qui accorde l'exequatur à une sentence alors qu'elle fait l'objet d'un recours en annulation devant la cour d'appel ; il est en effet dessaisi par l'appel ou le recours en annulation et c'est alors au premier président de la cour d'appel, ou au conseiller de la mise en état, qu'est confié le soin de statuer sur la demande d'exequatur à une sentence en lieu et place du président du tribunal de grande instance.[106] La solution est la même si c'est le tribunal de grande instance et non son président qui se prononce. En revanche, la méconnaissance de sa compétence territoriale par le juge de l'exequatur ne caractérise par un excès de pouvoir.[107]

Paragraphe 3. L'ordonnance du premier président ou du conseiller de la mise en état

203. Il paraît acquis que l'ordonnance du premier président de la cour d'appel ne peut-être rétractée. Mais aucun texte spécifique à l'arbitrage ne traite précisément des recours contre l'ordonnance du premier président de la cour d'appel ou du conseiller de la mise en état qui refuse ou accorde l'exequatur à une sentence revêtue de l'exécution provisoire. Deux solutions sont envisageables : soit ces ordonnances sont soumises au régime du droit commun, et ce sont alors les recours traditionnellement ouverts contre les ordonnances du premier président et du conseiller de la mise en état qui doivent être exercés ; soit elles sont régies par les textes appliqués pour les ordonnances du juge de l'exequatur, et ce sont les règles précédemment exposées qui doivent être respectées. Lorsqu'elles mettent fin à l'instance introduite devant lui, les ordonnances du premier président peuvent faire l'objet d'un pourvoi en cassation indépendamment de la décision sur le fond. Au Congo, et au Cameroun, l'ordonnance d'exequatur, qui met fin à l'instance autonome engagée devant le premier président, pourrait donc sans doute être frappée de pourvoi. En revanche, les ordonnances du conseiller de la mise en état ne sont pas susceptibles de recours indépendamment de l'arrêt sur le fond. Elles peuvent toutefois être déférées à la cour d'appel, dans les quinze jours de leur date, dans certains cas limitativement énumérés par l'article 916, alinéa 2, du Code de procédure civile et l'arrêt rendu par la cour sur déféré est ensuite susceptible de pourvoi, selon les règles du droit commun. L'application des règles de droit commun relatives aux recours contre les ordonnances d'exequatur du premier président et du conseiller de la mise en état est donc relativement complexe et les recours ne sont pas les mêmes selon que la décision a été rendue par l'un ou l'autre de ces magistrats. A l'inverse, les règles spéciales posées par les articles 1499 et

[106] Civ. 1ère, 29 juin 1994 Rev. arb. 1996, P. 400, note A. Hory
[107] Paris, 22 sept. 1995, Rev. arb. 1996, P. 109 note E. Gaillard

1500 du Code de procédure civile sont beaucoup plus aisées à mettre en œuvre, puisqu'elles distinguent les recours selon le sens de la décision. En outre, elles ont été élaborées en considération de l'objet de la décision du juge et paraissent ainsi adaptées, quel que soit l'auteur de l'ordonnance d'exequatur.[108]

Section 19. L'exécution provisoire de la sentence

204. La préoccupation première des parties est d'obtenir une sentence qui puisse être rapidement exécutée. Or, contrairement à la règle qui prévaut aujourd'hui dans l'arbitrage international, les délais de recours et les recours ont un effet suspensif sur l'exécution de la sentence dans l'arbitrage interne. L'exécution provisoire permet précisément d'y faire échec : si la sentence est exécutoire par provision, toutefois, que la sentence soit également revêtue de l'exequatur. Avant la réforme du 13 janvier 2011, l'article 1479, alinéa 1, du Code de procédure civile renvoyait aux « règles sur l'exécution provisoire des jugements » pour l'exécution provisoire des sentences arbitrales. Les articles 514 à 526 de ce code, dont il avait été jugé que les dispositions étaient supplétives de la volonté des parties, constituaient donc le siège de la matière. Mais le procédé du renvoi affectait la lisibilité des textes et avait pu susciter diverses interrogations quant au régime exact de l'exécution provisoire des sentences arbitrales. Or, une bonne lisibilité des solutions applicables favorise l'exécution rapide des sentences arbitrales, puisque le créancier pourra d'autant mieux utiliser les moyens susceptibles d'assurer une satisfaction rapide que ceux-ci sont facilement identifiables. Le décret s'est donc employé à clarifier le régime de l'exécution provisoire des sentences arbitrales en matière interne en y consacrant des dispositions particulières. Cela a d'ailleurs rendu sans objet tout débat relatif à l'applicabilité éventuelle de la mesure de radiation du rôle, prévue par l'article 526 du Code de procédure civile, dont il avait d'ailleurs été jugé qu'elle ne pouvait être ordonnée en cas d'inexécution d'une sentence arbitrale exécutoire par provision faisant l'objet d'un recours en annulation. Ces précisions faites, il faut envisager les principales règles gouvernant l'octroi et l'arrêt de l'exécution provisoire des sentences arbitrales.

[108] D. Foussard, Le recours pour excès de pouvoir dans le domaine de l'arbitrage, spéc. n°31, P. 631

Section 20. L'octroi de l'exécution provisoire

Paragraphe 1. L'exécution provisoire conférée par le tribunal arbitral

205. L'octroi de l'exécution de la sentence arbitrale est défini aux articles 27 du règlement du CAC en République démocratique du Congo, les articles 25 et 26 du règlement du CAMeC au Bénin, l'article 31 de la CACI de la Côte d'Ivoire et l'article 27 du règlement de la Cour commune de justice et d'arbitrage de l'OHADA. L'exécution provisoire peut d'abord être accordée par le tribunal arbitral, ce qu'énoncent aujourd'hui très clairement l'article 1484 du Code de procédure civile, qui précise que la sentence « peut-être assortie de l'exécution provisoire », et l'article 1496 du même code, qui après avoir posé l'effet suspensif des recours sur la sentence, ajoute « à moins qu'elle ne soit assortie de l'exécution provisoire ». Certes, la solution s'imposait déjà auparavant, par renvoi de l'article 1479 ancien du Code de procédure civile aux articles 515 à 512. Néanmoins, ces ajouts sont les bienvenus dans la mesure où ils rendent plus lisibles la faculté de solliciter du tribunal arbitral l'exécution provisoire et ses conséquences. Il faut également observer que même s'il n'est plus renvoyé à l'article 515 précité, qui prévoyait que l'exécution provisoire pouvait être ordonnée d'office, ce dont il avait été déduit que le tribunal pouvait le faire sans statuer *ultra petita,* la formule de l'article 1484 nouveau laisse penser que cette faculté demeure après la réforme du 13 janvier 2011. Dans cette hypothèse, le tribunal arbitral devrait veiller à respecter le principe de la contradiction en invitant préalablement les parties à présenter leurs observations de la sentence, y compris les frais de l'instance. La prohibition de l'exécution provisoire des jugements concernant les dépens, qui résultait de l'article 515, alinéa 2, du Code de procédure civile, a été abrogée par le décret n°2005-1678 du 28 décembre 2005. De plus, il a depuis longtemps déjà été admis que la condamnation au paiement des frais irrépétibles pouvait être assortie de l'exécution provisoire.

Pas plus qu'auparavant, le nouveau texte ne précise les motifs justifiant que le tribunal arbitral confère l'exécution provisoire à sa sentence. Tout est en effet question de circonstances. Il a par exemple été jugé que « l'urgence » et le « péril en la demeure » pouvaient la rendre nécessaire. En tout cas, pour éviter que le juge de l'exécution, éventuellement saisi des difficultés touchant aux mesures engagées, ou que le juge étatique compétent en matière d'octroi et d'arrêt de l'exécution provisoire, ne considère que la sentence n'est pas assortie de l'exécution provisoire, le tribunal arbitral devrait toujours s'attacher à clairement le préciser.

Paragraphe 2. L'exécution provisoire convenue par les parties

206. Ce sont les articles 24 et 28 de l'Acte uniforme qui traitent de l'exécution provisoire de la sentence. Les règles relatives à l'exécution provisoire étant supplétives de la volonté dans l'instance arbitrale, les parties peuvent encadrer les pouvoirs du tribunal arbitral, et notamment le priver de tout pouvoir d'appréciation sur ce point. Ainsi, elles peuvent, directement dans la convention d'arbitrage ou indirectement, par renvoi à un règlement d'arbitrage qui le prévoit, convenir que la sentence sera toujours exécutoire par provision. Dans cette hypothèse, il ne devrait pas être indispensable que la sentence précise qu'elle est effectivement exécutoire par provision ; elle l'est par la volonté des parties.[109]

Paragraphe 3. L'exécution provisoire ordonnée par le juge

207. Le juge étatique peut aussi, à certaines conditions, accorder l'exécution provisoire à une sentence qui n'en est pas assortie. Mais ce n'est pas au juge d'appui qu'a été dévolue cette faculté. L'article 1497.2° du Code de procédure civile précise en effet que « le premier président statuant en référé ou, dès qu'il est saisi, le conseiller de la mise en état peut », « lorsque la sentence n'est pas assortie de l'exécution provisoire, ordonner l'exécution provisoire de tout ou partie de cette sentence ».

Paragraphe 4. La décision du juge est subordonnée à plusieurs conditions

208. La première tient à l'existence d'un recours préalable : le premier président, ou le conseiller de la mise en état, n'est compétent pour ordonner l'exécution provisoire que si la sentence fait l'objet d'un recours. La solution se comprend assez aisément : à l'expiration du délai de recours, la sentence revêtue de l'exequatur peut de toute façon faire l'objet de mesures d'exécution forcée, même si elle n'est pas assortie de l'exécution provisoire. La deuxième a trait à la nature des recours autorisant à saisir le juge. Il s'agit de l'appel et du recours en annulation, l'article 1497 figurant parmi des dispositions de la section 3 du chapitre consacré aux voies de recours, intitulée « dispositions communes à l'appel et au recours en annulation ». La troisième condition d'octroi de l'exécution provisoire par le juge est commandée par le bon sens. Elle est liée à la nature de la mesure sollicitée. En effet, pour que le juge exerce les pouvoirs qui lui sont dévolus, encore faut-il que le recours formé contre la sentence arbitrale suspende véritablement son exécution. Le recours en annulation et l'appel n'étant pas suspensifs de l'instance arbitrale, celle-ci se poursuit lorsque l'arbitre a

[109] J. Ortscheidt, L'exécution provisoire des sentences arbitrales ; Rev. arb. 2004, P. 5, spéc, n°10 et s. P 20 et s.

rendu une sentence mixte, c'est-à-dire une sentence qui a tranché une partie du principal et ordonné une mesure provisoire ou d'instruction. Partant, la saisine du juge pour solliciter l'octroi de l'exécution provisoire de la sentence, en ce qu'elle a organisé une telle mesure, est dépourvue d'objet. Le Bénin, le Congo et le Cameroun ont opté pour cette solution.
Les nouveaux textes sur l'exécution provisoire des sentences ne renvoyant plus à ceux relatifs aux jugements, la condition d'urgence, posée par l'article 525 du Code de procédure civile, à laquelle était auparavant subordonné l'octroi de l'exécution provisoire par le juge lorsque le tribunal arbitral avait refusé d'assortir sa sentence de cette modalité, n'est plus exigée. En revanche, la solution dégagée avant la réforme du 13 janvier 2011, dans l'hypothèse particulière d'une exécution provisoire qui n'avait pas été sollicitée devant le tribunal arbitral, ou sur laquelle celui-ci avait omis de se prononcer, devrait être reconduite. Les dispositions de l'article 525-1 du Code de procédure civile, alors applicables, ne posaient aucune condition particulière et il avait alors été opportunément jugé que l'exécution provisoire pouvait « être accordée par le magistrat de la mise en état si elle est nécessaire et si elle est compatible avec la nature de l'affaire ». Ces critères de nécessité et de compatibilité avec la nature de l'affaire, très souples, sont en effet adaptés à la situation du juge qui doit apprécier la nécessité d'assortir la sentence de l'exécution provisoire alors qu'elle fait l'objet d'un recours suspensif d'exécution. En toute hypothèse, puisque l'objet de la saisine du juge est strictement limité à la question de l'opportunité d'assortir la sentence de l'exécution provisoire, il ne devrait tenir compte, pour se prononcer, ni de l'éventuelle irrecevabilité du recours exercé sur le fond contre la sentence, ni du vice affectant le cas échéant la sentence, ni même, plus largement, des chances de succès du recours principal. En droit OHADA, le magistrat statuant seul et dans des conditions de relative urgence, ne peut pas préjuger du recours exercé sur le fond contre la sentence. C'est uniquement la situation des parties, à la date à laquelle il se prononce, qui doit-être envisagée par le premier président de la cour d'appel ou par le conseiller de la mise en état.[110]
Pour les voies de recours ouvertes contre la décision du juge, les dispositions propres à l'arbitrage ne prévoient rien et, à suivre le droit commun, il existe une regrettable disparité. En effet, lorsque c'est le premier président de la cour d'appel qui a exercé, en référé, les pouvoirs qui lui sont dévolus par l'article 1497 du Code de procédure civile, un pourvoi peut en principe être formé contre son ordonnance, parce qu'elle met fin à l'instance autonome introduite devant lui. En revanche, si c'est le conseiller de la mise en état qui s'est prononcé, il a déjà été jugé que le pourvoi n'est pas recevable. Les ordonnances du conseiller de la mise en état ne sont pas susceptibles de recours indépendamment de l'arrêt sur le fond. Certaines peuvent être

[110] Paris (ord. CME), 4 juillet 1997, préc.

déférées à la cour d'appel, dans les quinze jours de leur date, dans certains cas limitativement énumérés par l'article 916, alinéa 2, du Code de procédure civile et l'arrêt rendu par la cour sur déféré est ensuite susceptible de pourvoi, selon les règles du droit commun. Et, en matière judiciaire, il a déjà été jugé que l'ordonnance du conseiller de la mise en état ne peut « être qu'éventuellement déférée à la cour d'appel » dans les conditions qui étaient alors prévues par l'article 914, alinéa 2, du Code de procédure civile.[111]

Section 21. L'arrêt de l'exécution provisoire

Paragraphe 1. Faculté offerte au juge

209. Le principe en est posé par l'article 28 de l'Acte uniforme. La sentence dessaisit le tribunal arbitral de la contestation qu'il a tranchée. Aussi, une fois qu'il s'est prononcé sur la question de l'exécution provisoire de la sentence, il ne peut pas revenir sur sa décision pour statuer à nouveau et décider d'arrêter cette mesure. Ce pouvoir doit donc être confié à un autre juge. En ce sens, l'article 1497.1° du Code de procédure civile dispose que « le premier président statuant en référé ou, dès qu'il est saisi, le conseiller de la mise en état peut », « lorsque la sentence est assortie de l'exécution provisoire, arrêter ou aménager son exécution lorsqu'elle risque d'entraîner des conséquences manifestement excessives ». Avant la réforme du 13 janvier 2011, en raison du renvoi opéré à l'article 524 du Code de procédure civile, le conseiller de la mise en état ne pouvait pas intervenir. Le décret a donc instauré un partage de compétence qui n'existe pas en droit judicaire. De plus, le nouveau texte a clarifié la situation s'agissant du recours en annulation, qui est clairement visé, la disposition étant insérée dans une section qui est commune à ce recours et à l'appel. Il consacre sur ce point la jurisprudence antérieure, qui avait interprété l'article 524 du Code de procédure civile, qui n'évoque pourtant que l'appel, comme autorisant également l'arrêt de l'exécution provisoire en cas de recours en annulation contre la sentence arbitrale.

Au Sénégal et au Burkina Faso, comme pour l'octroi de l'exécution provisoire, la compétence du juge pour arrêter l'exécution provisoire de la sentence est subordonnée à l'introduction préalable d'un recours suspensif. Pratiquement, il suffit, pour que la saisine du premier président ou du conseiller de la mise en état soit recevable, qu'un appel ou un recours en annulation ait été matériellement formé contre une sentence arbitrale. Le juge, uniquement chargé d'arrêter l'exécution provisoire, ne peut en effet vérifier la recevabilité du recours dont la cour est par ailleurs saisie. Il doit en revanche tout de même s'assurer que la décision arbitrale est véritablement une sentence. A défaut, il pourrait déclarer la demande

---

[111] Civ. 2e 9 oct. 1991, Bull. civ. IIe n°247

irrecevable, non pas au motif que le recours principal est également irrecevable, mais parce que l'article 28 de l'Acte uniforme ne parle que de la « sentence ». Ainsi, le juge ne peut arrêter l'exécution d'une ordonnance de procédure du tribunal arbitral.

Paragraphe 2. Conditions

210. L'arrêt de l'exécution provisoire par le juge est soumis à plusieurs conditions. La première est d'évidence, bien qu'elle ne soit pas expressément énoncée par l'article 28 de l'Acte uniforme : la sentence ne doit pas avoir été exécutée. Le premier président de la cour d'appel ne peut en effet remettre en cause les effets des actes d'exécution accomplis, ou les paiements effectués, antérieurement à sa décision. Accueillir une demande relative à des mesures d'exécution déjà consommées reviendrait à se prononcer sur des restitutions, et non sur l'arrêt de l'exécution provisoire. Aussi, pratiquement, si une partie veut éviter que des mesures d'exécution forcée soient engagées sur ses biens après le prononcé d'une sentence arbitrale assortie de l'exécution provisoire la condamnant, elle doit très rapidement former le recours qui lui est ouvert contre la sentence pour immédiatement saisir le premier président de la cour d'appel, en référé, d'une demande tendant au prononcé des mesures prévues par le texte précité. La seconde condition pour l'arrêt ou l'aménagement de l'exécution provisoire assortissant la sentence est posée par l'article 1497.2° du Code de procédure civile, applicable avant la réforme du 13 janvier 2011 par renvoi de l'article 1479 ancien. Les solutions rendues sous l'empire des anciens textes peuvent donc être reconduites. Ainsi, le juge ne devrait pas pouvoir arrêter l'exécution provisoire parce que la sentence arbitrale est affectée d'une irrégularité. En effet, même si cela conduit à refuser d'empêcher l'exécution par provision d'une sentence manifestement vouée à l'infirmation ou à l'annulation, le magistrat, qui statue seul et dans l'urgence, ne dispose pas du pouvoir d'apprécier au fond la décision du tribunal arbitral. Il ne lui appartient pas de préjuger du fond de l'affaire pour vérifier, par exemple, « si la sentence a été ou non rendue sur un compromis nul ». Le caractère manifestement excessif des conséquences de l'exécution provisoire ordonnée ne doit-être apprécié, comme pour l'article 524.2°, « qu'au regard de la situation du débiteur, compte tenu de ses facultés et des facultés de remboursement de la partie adverse, et non au regard de la régularité ou du bien-fondé du jugement frappé d'appel ». Le premier président ou le conseiller de la mise en état ne doit donc tenir compte que de la situation économique des parties. Et, en cas de doute sur cette situation réelle, plutôt que d'arrêter l'exécution provisoire, c'est son aménagement qui devrait être favorisé. A cet égard, à défaut de précision par l'article 28 de l'Acte uniforme, il peut subordonner l'exécution provisoire à la constitution d'une garantie réelle ou personnelle, obliger le débiteur à consigner la somme qu'il a été condamné à payer…Il peut aussi autoriser un paiement échelonné de la condamnation prononcée.

CHAPITRE 2. LES VOIES DE RECOURS

Section 1. Intérêts des voies de recours

211. Ce sont les articles 25 à 29 de l'Acte uniforme qui traitent du recours contre la sentence arbitrale. L'existence d'un recours ouvert contre la sentence ne va pas nécessairement de soi. L'arbitrage est un mode de règlement des différends autonome par rapport à la justice étatique ; il ne s'agit pas d'un premier degré de juridiction. On aurait donc pu concevoir qu'une fois la sentence rendue, elle ne puisse pas être remise en cause devant une juridiction étatique. Le droit au recours contre un jugement n'est d'ailleurs lui-même pas absolu. En matière civile, l'équité de la procédure, au sens de la Convention européenne de sauvegarde des droits de l'homme et des libertés fondamentales, n'exige pas un double degré de juridiction. Tant par souci d'efficacité et de célérité, que pour éviter les contentieux dilatoires, la sentence pourrait donc être définie dès sont prononcées, ou à tout le moins une fois l'exéquatur accordé, sans possibilité d'aucun recours. Mais la solution serait sans doute trop radicale. Parce que l'arbitre est un juge, les considérations d'autonomie et de célérité de l'arbitrage doivent être conciliées avec l'impératif plus général de bonne justice, qui postule l'existence affectée de vice particulièrement grave. Ce n'est, bien entendu, ni une plus grande expérience du juge étatique, ni une quelconque hiérarchie entre lui et l'arbitre, qui expliquent l'existence d'une recours contre la sentence arbitrale, sauf à totalement priver d'autonomie ce mode de règlement des litiges. C'est la garantie d'une bonne justice qui le justifie. La vérité arbitrale est toujours contingente, le tribunal arbitral est faillible et les erreurs et injustices, en tout cas les plus grossières, doivent pouvoir être redressées. Plus précisément, il convient au moins de s'assurer du respect par le tribunal arbitral des deux composantes fondamentaux de procédure ; sa composante contractuelle, qui fait reposer l'arbitrage sur la volonté réelle et valable des parties. A cette exigence d'un contrôle minimum, afin de garantir une bonne justice, s'ajoute aussi un élément psychologique : la conscience d'un contrôle *a posteriori* de sa sentence constitue, *a priori,* une donnée de nature à accroître la vigilance du tribunal arbitral s'agissant du respect des principes essentiels attachés à la fonction de juger et de ceux découlant directement de l'origine conventionnelle de son investiture.

Section 2. Voies de recours et réexamen de l'affaire par un second tribunal arbitral

212. L'article 1455 ancien du Code de procédure civile, qui envisageait l'hypothèse dans laquelle les parties ont chargé un tiers d'organiser l'arbitrage, énonçait, en son alinéa 4, que celui-ci « peut prévoir que le tribunal ne rende qu'un projet de sentence et que si ce projet est contesté par l'une des parties, l'affaire sera soumise à un deuxième tribunal arbitral ». Ce texte autorisait donc un règlement d'arbitrage à prévoir le réexamen du litige par un second tribunal arbitral. Si, à l'occasion de la réforme du 13 janvier 2011, cette disposition n'a pas été reprise, c'est simplement parce qu'elle ne posait aucune difficulté et qu'il n'est pas apparu nécessaire d'encadrer sur ce point la liberté des parties. Elles peuvent donc toujours, par référence à un règlement d'arbitrage ou en instituant des règles *ad hoc,* choisir de faire trancher le litige par deux tribunaux arbitraux successifs. Dans ce cas, la décision du premier tribunal arbitral n'est véritablement une sentence qu'à partir du moment où elle n'a pas été soumise, dans les conditions prévues par le règlement ou la convention des parties, à l'examen d'un second tribunal arbitral. Auparavant, il ne s'agit que d'un « projet de sentence » qui se rapproche, en droit, du mécanisme de la conciliation. Le réexamen du litige par un second tribunal arbitral ne constitue donc pas une voie de recours. La décision de celui-ci se substitue à celle du premier qui, compte tenu de ce qu'elle a été contestée, n'a ailleurs pu modifier l'ordonnancement juridique. En théorie, le second tribunal arbitral qui réexamine l'affaire n'a pas à tenir compte de la décision déjà rendue. Et, techniquement, la demande tendant à soumettre l'affaire à un seconde tribunal arbitral n'est pas une action intentée contre le projet de sentence ; elle tend uniquement à remettre en cause la solution rendue par le tribunal arbitral saisi en second qui peut-être frappé d'appel ou de recours en annulation dès qu'une demande d'examen de l'affaire par un second tribunal arbitral a été formée. Il a cependant été jugé que les dispositions du projet de sentence qui n'ont pas été déférées à l'examen du deuxième tribunal arbitral peuvent faire l'objet d'un recours.[112]

Section 3. Réformes successives

213. Sous l'empire des dispositions de l'ancien Code de procédure civile, le régime des voies de recours était particulièrement complexe. Même si des aménagements étaient encore souhaitables, la réforme du droit de l'arbitrage, par le décret du 14 mai 1980, avait très largement clarifié ce régime en le simplifiant. Celle résultant du décret n°2011-48 du 13 janvier 2011 a été l'occasion d'innovations qui ont accru l'efficacité de l'arbitrage en encourageant une exécution rapide des sentences arbitrales. Certaines modifications ont en effet été apportées aux textes antérieurs, qui contribuent à limiter les possibilités de contestation de la sentence arbitrale. Certes, dans ses grands traits, le régime des recours n'est pas modifié. Comme auparavant, la sentence arbitrale ne peut faire l'objet que d'une seule voie de recours en fonction de la volonté des parties : l'appel ou le recours en annulation. L'article 1491 du Code de procédure civile dispose en ce sens

[112] Rouen, 16 avr. 1986, Rev. arb. 1988, P. 327, obs. Th. Bernard

que « la sentence peut toujours faire l'objet d'un recours en annulation à moins que la voie de l'appel soit ouverte conformément à l'accord des parties ». Le système institué est donc toujours de type « alternatif », si l'appel est ouvert, le recours en annulation est irrecevable. La réforme de 2011 a toutefois apporté un changement notable, qui traduit bien la philosophie du décret de renforcement de l'autorité de la sentence, sauf renonciation par les parties dans la convention d'arbitrage ; l'appel n'était toutefois pas ouvert pour l'arbitrage en amiable composition, à moins que les parties n'aient expressément réservé cette faculté dans la convention d'arbitrage. Cette solution avait été critiquée dès l'adoption du décret du 14 mai 1980 comme largement contraire à l'esprit de l'arbitrage, puisque l'appel instituait un double degré de juridiction devant le juge étatique, alors que les parties avaient précisément souhaité soustraire l'examen de leur litige à la justice étatique. Le nouvel article 1489 du Code de procédure civile, applicable lorsque la convention d'arbitrage a été conclue après le 1er mai 2011, prévoit aujourd'hui que « la sentence n'est pas susceptible d'appel sauf volonté contraire des parties », faisant dorénavant du recours en annulation le principe.
Comme auparavant l'appel permet, *in fine* et sauf exception tirée de la nature du vice affectant la sentence, d'obtenir le remplacement de la décision des arbitres par celle du juge. Le recours en annulation lorsqu'il est accueilli, produit également ce résultat, à moins que les parties ne s'y opposent. Mais ce n'est pas son objet essentiel. Enfermé dans des cas d'ouverture strictement énumérés par l'article 1492 du Code de procédure civile, qui ont été légèrement reformulés par le décret du 13 janvier 2011, il permet principalement de s'assurer du respect par le tribunal arbitral de certaines règles fondamentales, liées pour les unes à la nature contractuelle de l'arbitrage et, pour les autres, à la fonction juridictionnelle du tribunal arbitral. De plus, sans apporter de réels bouleversements à cet égard, le décret de 2011 a aussi clarifié les règles selon lesquelles l'appel et le recours en annulation sont formés, instruits et jugés, en renvoyant aux « règles relatives à la procédure en matière contentieuse prévues aux articles 900 à930-1 ». Pour le reste, la précédente réforme avait déjà unifié leurs procédures et l'appel et le recours en annulation demeurent aujourd'hui toujours formés devant la même juridiction, restent recevables dès le prononcé de la sentence et ont tous deux un effet suspensif ; ils emportent toujours recours contre l'ordonnance du juge l'exequatur ou son dessaisissement et le rejet de l'appel et du recours confèrent l'exequatur à la sentence. En revanche, pour limiter davantage les possibilités de contestation d'une sentence arbitrale, le délai des recours a été réduit par la réforme du 13 janvier 2011. S'il est toujours d'un mois pour les deux types de recours, il n'expire plus dans le mois suivant la notification de la sentence revêtue de l'exéquatur mais dans le mois suivant la notification de la sentence. A cela s'ajoute que la sentence arbitrale peut désormais être notifiée autrement que

par voie de signification, ce qui peut aussi avoir un impact indirect sur le délai de recours.

Section 4. Voies de recours extraordinaires

214. Enfin, il faut encore brièvement noter qu'à côté des voies de recours ordinaire, le décret du 14 mai 1980 avait prévu la possibilité d'une tierce opposition et d'un recours en révision contre la sentence arbitrale. Le décret du 13 janvier 2011 a maintenu ces voies de recours extraordinaires. Mais le recours en révision est aujourd'hui porté, non plus devant la cour d'appel qui eût été compétente pour connaître des autres recours contre la sentence, mais devant le tribunal arbitral lui-même ; Comme auparavant, l'opposition et le pourvoi en cassation ne sont pas ouverts contre la sentence, ce qui constituait déjà la règle sous l'empire de l'ancien Code de procédure civile. Il est vrai que reposant sur la volonté des parties, la sentence arbitrale est toujours réputée contradictoire et ne peut dès lors être rendue par défaut. L'opposition n'est donc pas possible. En outre, la rétractation de la sentence se heurte à un autre obstacle : les arbitres sont des juges éphémères, dont les pouvoirs disparaissent avec le prononcé de la sentence. Quant au pourvoi en cassation, il est logiquement exclu contre la sentence susceptible d'appel et il ne peut-être formé contre celle qui peut-être frappée d'un recours en annulation puisque, dans cette hypothèse, les parties ont renoncé à l'appel. Le Cameroun, le Congo et la Côte d'Ivoire ont opté pour cette solution.

Section 5. Amenuisement du contrôle

215. Même si en droit, un recours existe contre la sentence arbitrale, en fait, l'amenuisement progressif du contrôle opéré par le juge étatique en affecte sérieusement l'effectivité. Certes, lorsque l'appel est prévu, l'effet dévolutif autorise le juge à revoir entièrement la solution donnée au litige par le tribunal arbitral. Mais en pratique, ce recours est de plus en plus rarement exercé, et il le sera encore davantage avec la réforme de 2011. Reste alors, principalement, le recours en annulation. Or, ces dernières années, le contrôle opéré par le juge étatique s'est considérablement amenuisé, sous l'effet de plusieurs facteurs. Le premier tient à l'abandon par la jurisprudence du contrôle de l'intelligibilité de la motivation de la sentence puisque la contradiction de motifs ne constitue plus un cas d'ouverture au recours en annulation. Le deuxième est lié à l'appréciation par le juge de l'intensité du contrôle qu'il estime pouvoir opérer sur une sentence arbitrale, au motif que ce mode de règlement des différends est véritablement autonome de la justice étatique. L'impression dominante est en effet celle d'un contrôle minimum, réduit au plus strict nécessaire. Il en est notamment ainsi de l'examen de la conformité de la sentence à l'ordre public. Dans un arrêt rendu en matière d'arbitrage international, mais dont la solution de principe a vocation à s'appliquer à l'arbitrage interne, la Cour de cassation a en effet jugé que « s'agissant de la violation de l'ordre public international, seule la reconnaissance ou l'exécution de la sentence est examinée par le juge de l'annulation au regard de la compatibilité de la solution avec cet ordre public, dont le contrôle se limite au caractère flagrant, effectif et concret de la violation alléguée ».[113] Le troisième facteur d'amenuisement du contrôle résulte de ce que les parties ne peuvent plus invoquer, devant le juge, des irrégularités dont elles avaient connaissance et dont elles ne sont pas prévalues devant le tribunal arbitral. C'est sous le bénéfice de ces observations qu'il faut envisager successivement les voies de recours ordinaires et les voies de recours extraordinaires ouvertes contre les sentences arbitrales.

Section 6. Les voies de recours ordinaires

216. La réforme de 1980, puis celle de 2011, ont ouvert un choix aux parties à l'arbitrage en matière de recours : soit elles optent pour l'appel et c'est ce recours qui doit nécessairement être formé contre la sentence ; soit elles ne disent rien et c'est uniquement un recours en annulation qui peut-être exercé. L'article 1491 du Code de procédure civile prévoit en ce sens que « la sentence peut toujours faire l'objet d'un recours en annulation à moins que la voie de l'appel soit ouverte conformément à l'accord des parties ». Cela précisé, les règles procédurales applicables devant le juge étatique sont très largement unifiées, quel que soit le recours ouvert contre la sentence. Ce sont ces règles communes qu'il faut d'abord étudier avant d'examiner celles propres à chacun des recours.

Paragraphe 1. Les règles communes à l'appel et au recours en annulation

Pour l'essentiel, les règles de procédure applicables à l'appel et au recours en annulation contre la sentence arbitrale sont empruntées au droit judiciaire privé et seules certaines sont spécifiques à l'arbitrage.

Section 7. Les règles empruntées au droit judiciaire privé

Paragraphe 1. Renvoi aux dispositions de la procédure d'appel avec représentation obligatoire

217. L'article 1487 ancien du Code de procédure civile énonçait, de manière insuffisamment précise, que « l'appel et le recours en annulation sont formés, instruits et jugés selon les règles relatives à la procédure en matière contentieuse devant la cour d'appel », ce qui a provoqué un débat sur les

---

[113] Civ. 1ère. 4 juin 2008, JCPG 2008, 1, 164 n°8, obs. Ch. Seraglini

règles applicables. Trois analyses ont été proposées. Selon la première, l'article 1487, alinéa 1 l'ancien ne se référerait qu'aux dispositions du chapitre 1 du sous-titre premier du titre VI du Livre deuxième du Code de procédure civile, relatives à « la procédure en matière contentieuse » devant la formation collégiale de la cour d'appel. Plus précisément, le renvoi était limité aux articles 901 à 925, qui traitent des procédures ordinaires et à jour fixe dans les matières avec représentation obligatoire. Ainsi, en cas d'urgence, le juge de l'annulation demeurant quant à lui soumis à des conditions d'exercice spécifiques. Enfin, selon une troisième analyse, sous la double réserve d'une disposition expresse contraire ou d'une exigence ponctuelle tenant à la spécificité de l'arbitrage, l'appel et le recours en annulation contre la sentence devaient être soumis à toutes les règles relatives à l'appel des jugements. Le premier de ces trois courants doctrinaux pouvait se prévaloir de la position adoptée par la cour d'appel de Paris, dont on connaît le rôle prépondérant en matière d'arbitrage. Celle-ci a en effet décidé, interprétant ainsi restrictivement l'article 1487, alinéa 1, que « les règles de procédures mentionnées visent uniquement celles relatives à la procédure d'appel ordinaire[114] et à jour fixe,[115] à l'exclusion des règles concernant les conditions de fond du droit d'appel relatives aux jugements susceptibles d'appel[116] et aux parties, article 546 à 558… ».[117] Un arrêt plus récent avait cependant estimé qu'il convenait d'appliquer aussi l'article 545 du Code procédure civile pour apprécier la recevabilité de l'appel d'une sentence. La Cour de cassation, sous réserve de textes spéciaux et d'exigences tenant à la nature particulière de l'arbitrage, notamment en matière de délais de recours semblait, quant à elle, plutôt avoir tranché en faveur de la dernière thèse. Ce renvoie aux règles applicables à l'appel des jugements était général, les arguments en faveur de cette interprétation extensive de l'article 1487 étant nombreux. Le décret du 3 janvier 2011 a, au moins en partie, clos ce débat. Le nouvel article 1495 du Code de procédure civile dispose en effet, très clairement, que « l'appel et le recours en annulation sont formés, instruits et jugés selon les règles relatives à la procédure avec représentation obligatoire, réformée par le décret n°2009-1524 du 9 décembre 2009, à laquelle il convient de renvoyer.[118]

Paragraphe 2. Précisions sur la portée du renvoi

218. Les articles 900 à 930-1 du Code de procédure civile n'envisagent toutefois pas précisément la manière dont les recours sont « jugés » et les

[114] Articles 901 à 915 CPC
[115] Articles 917 à 925
[116] Articles 543 à 545
[117] Paris, 23 mars 1993, Rev. arb. 1998, P. 541 note Ph. Fouchard
[118] J. Héron et Th. Le Bars, Droit judicaire privé ; Montchrestien, 4e éd. P. 621 et s

rédacteurs du décret n'ayant assurément pas entendu déroger aux exigences fondamentales posées, notamment, par les articles 430 à 460, pour les recours formés contre les sentences arbitrales, une interprétation littérale de l'article 1495 paraît exclue. Autrement dit, le renvoi aux articles 900 à 930-1 n'est pas exhaustif et d'autres dispositions gouvernant la procédure devant la cour d'appel doivent nécessairement être mises en œuvre en cas d'appel ou de recours en annulation contre une sentence arbitrale. Mais, parmi toutes celles du Code de procédure civile, il faut déterminer lesquelles. A cet égard, la méthode consistant à soumettre *a priori* l'appel et le recours en annulation de la sentence à tous les textes applicables à l'appel des jugements, pour n'écarter ensuite que ceux qui se heurtent à des dispositions contraires propres à l'arbitrage ou qui sont inconciliables avec les spécificités de ce mode de règlement des différends, présente l'attrait de la facilité et de la souplesse. Facilité d'abord, puisque les règles applicables devant la cour d'appel sont aisément accessibles : elles figurent dans le Code de procédure civile et forment un ensemble cohérent, qui offre aujourd'hui, et chaque jour davantage sous les coups de boutoir, les garanties d'une procédure équitable. Souplesse ensuite, dès lors qu'à côté des règles spécifiques à l'arbitrage, l'exclusion au cas par cas de certaines dispositions applicables aux jugements, mais incompatibles avec les besoins de la justice arbitrale, permet de s'adapter aux grandes évolutions de la matière et, en même temps, de corriger les éventuels excès constatés dans la mise en œuvre d'un texte en particulier. Au reste, la spécificité de l'arbitrage ne justifie pas une éviction en bloc de l'ensemble des règles régissant les voies de recours devant la cour d'appel. A ce stade, en effet, ce n'est pas tant la procédure arbitrale en elle-même qui est en cause, mais la façon dont sont instruits et jugés les recours formés contre les sentences, ce qui relève directement des modalités du contrôle de l'Etat sur ces décisions. Au demeurant, certaines règles particulières de procédure applicables en matière contentieuse devant la cour d'appel, qui ne sont pas visées par les articles à 930-1 du Code de procédure civile, sont aujourd'hui couramment mises en œuvre lorsque celle-ci est saisie d'un recours contre une sentence arbitrale.

Section 8. Les autres règles contentieuses couramment appliquées

Paragraphe 1. La recevabilité des recours

219. Acquiescement à la sentence. Même si elles ne sont pas visées par l'article 16 alinéa 2 de l'Acte uniforme, les dispositions relatives à l'acquiescement, prévues par ce code, sont applicables aux recours formés contre les sentences. Les articles 409 et 410 du Code de procédure civile sont en effet mis en œuvre pour apprécier la recevabilité de l'appel et du recours en annulation contre la sentence. Ils ne sont pas recevables si l'appelant ou le requérant a acquiescé à la sentence arbitrale. Selon les distinctions du second des textes précités l'acquiescement peut d'abord être exprès, lorsqu'une partie exprime clairement la volonté d'accepter et d'exécuter la sentence. Il peut aussi être implicite. Dans cette hypothèse, l'acquiescement doit-être certain, c'est-à-dire résulter d'actes ou de faits incompatibles avec la volonté d'exercer un recours contre la sentence et démontrant, à l'évidence, l'intention de la partie à laquelle on l'oppose d'accepter la décision du tribunal arbitral. Pour caractériser l'acquiescement, le juge du contrôle ne peut donc se fonder, ni sur des déclarations relatives au calendrier de la procédure antérieures à la sentence objet du recours, ni sur des documents ne comportant aucune information incompatible avec l'exercice d'une voie de recours. Il ne peut pas non plus s'appuyer sur un courrier adressé à son conseil par la partie à laquelle on oppose l'acquiescement. L'acquiescement à la sentence ne résulte pas plus de la consignation des frais de la mesure d'instruction qu'elle ordonne, ou de l'exécution de cette mesure. Et, de manière générale, le doute sur la portée de l'acte ou du fait invoqué doit conduire à exclure l'acquiescement. En revanche, l'exécution sans réserve d'une sentence qui n'est pas exécutoire par provision vaut acquiescement, en application de l'article 410. Dans cette hypothèse, il n'est pas nécessaire d'établir la volonté de la partie auquel on l'oppose : l'exécution de la sentence, alors qu'elle n'était pas exécutoire par provision, fait présumer la volonté de l'accepter. Bien entendu, pour produire cet effet, l'exécution ne doit pas avoir été faite sous la contrainte, notamment pour obtenir la mainlevée d'une saisie.[119]

Paragraphe 2. Recours immédiat ou différé contre la sentence ?

220. La question de l'application des articles 25 à 29 de l'Acte uniforme pour apprécier la recevabilité des recours ouverts contre la sentence arbitrale demeure discutée. Elle dépend principalement de la portée que l'on attribue au renvoi opéré par l'article 1495 du Code de procédure civile. De manière synthétique, si l'on suit le régime instauré par ces dispositions, qui déterminent le moment auquel l'appel contre un jugement peut-être formé, tant les sentences mixtes, celles qui tranchent une partie du principal et ordonnent une mesure provisoire ou une mesure d'instruction, que celles qui mettent fin à l'instance en accueillant une exception de procédure, une fin de non-recevoir ou tout autre incident, doivent faire l'objet d'un recours immédiat. Celui formé à l'issue de l'instance arbitrale, en même temps que la première sentence est expirée. En revanche, les sentences strictement avant-dire droit, ou qui se prononcent sur une exception de procédure, une fin de non-recevoir ou tout autre incident mais sans mettre fin à l'instance, ne peuvent faire l'objet d'un recours qu'avec les sentences sur le fond, sauf disposition contraire. La cour d'appel de Paris a déjà eu l'occasion de faire

[119] Paris, 4 avr. 1996, Rev. arb. 1997, P. 437 (3e esp) obs. Th. Bernard

application de ces règles, puisqu'elle a par exemple jugé que la sentence rendue à titre provisionnel, qui ne tranche aucune contestation au principal, ne peut faire l'objet d'un appel immédiat.[120] De la même façon, la Cour de cassation a admis qu'une sentence qui ne tranche pas tout ou partie du principal, mais se borne à ordonner une expertise ou des mesures urgentes et provisoires participant à l'instruction du litige et ne préjugeant pas de son règlement, ne peut faire l'objet d'un recours indépendamment de la sentence sur le fond.

Il est vrai que l'application des articles 25 à 29 de l'Acte uniforme aux recours ouverts contre les sentences arbitrales apparaît souhaitable, dès lorsqu'elle renforce l'efficacité de l'arbitrage, pour plusieurs raisons : retarder l'appel ou le recours en annulation contre la sentence purement avant-dire droit ou qui statue sur une exception de procédure, une fin de non-recevoir ou tout autre incident sans mettre fin à l'instance, accélère la procédure et donc le dénouement de l'instance arbitrale ; le regroupement des recours réduit le risque de les voir intentés dans un esprit purement dilatoire, pour retarder l'issue du procès arbitral ; l'efficacité économique commande une solution rapide du litige ; la concentration des recours sert le développement d'une justice arbitrale véritablement autonome, en détachant un peu plus ce mode de règlement des litiges de l'Etat. La mise en œuvre des articles 544 du Code de procédure civile a certes, en principe, pour conséquence d'interdire le recours immédiat contre la sentence qui se borne à déclarer l'arbitre compétent. Or, il peut paraître économiquement irrationnel de laisser la procédure se poursuivre avec ce risque qu'elle soit ensuite réduite à néant parce que l'arbitre n'était pas compétent *ratione materiae* ou *ratione personae.* Cet écueil n'est pas insurmontable. D'abord, la recevabilité du recours peut-être admise contre une telle sentence, les nécessités de l'arbitrage le justifiant. C'est la position déjà adoptée par la cour d'appel de Paris, au moins en matière d'arbitrage international. Ensuite, le recours demeure de toute façon toujours ouvert en cas d'excès de pouvoir de l'arbitre et, malgré les critiques doctrinales formulées à l'encontre de cette solution, la Cour de cassation considère que la méconnaissance d'une compétence exclusive peut-être le siège d'un excès de pouvoir. La sentence par laquelle l'arbitre se prononce sur sa compétence peut donc ainsi faire l'objet d'un recours immédiat, au moins en cas d'excès de pouvoir du tribunal arbitral. Il faut encore noter que s'il est fait application du régime du recours différé contre certaines sentences arbitrales, par transposition des règles applicables aux jugements, le recours différé et celui contre la sentence sur le fond doivent en principe être formés dans le « même acte ou dans deux actes du même jour ».[121]

[120] Paris, 11 janvier 2005, Cah. arb. Vol. 3 Gaz. Pall. éd. 2006 P. 388
[121] Civ. 2e , 5 avr. 2001, RTD civ. 2001, P. 665, obs. Perrot

Section 9. Les incidents affectant la poursuite de l'instance

Paragraphe 1. La règle « le criminel tient le civil en l'état »

221. La position du juge du contrôle de la sentence est, sur ce point, différente de celle du tribunal arbitral. Avant la réforme de l'article 4 du Code de procédure pénale par la loi n°2007-291 du 5 mars 2007, le juge qui statuait sur un appel ou un recours en annulation devait surseoir à statuer quand les conditions d'application du texte étaient réunies. Le sursis était prononcé si l'action publique avait été engagée avant la saisine du juge ou au cours de l'instance, si elle n'avait pas été définitivement tranchée et si elle était susceptible d'influencer la décision judiciaire. Pour le juge de l'annulation, la circonstance qu'il n'était pas saisi du fond de l'affaire avait des conséquences quant à l'application du dernier de ces critères. Celui qui sollicitait le sursis devait en effet démontrer que les faits constitutifs de l'infraction pénale avaient une « incidence directe sur l'un des quelconques griefs d'annulation des sentences énumérés à l'article 1484 du Code de procédure civile ». Depuis la modification de l'article 4 du Code de procédure pénale, le sursis à statuer n'est plus obligatoire pour le juge qui n'est pas saisi de l'action civile au sens de l'article 2 du même code. L'article 4, alinéa 3, nouveau dispose en effet que « la mise en mouvement de l'action publique n'impose pas la suspension des autres actions exercées devant la juridiction civile, de quelque nature qu'elles soient, même si la décision à intervenir au pénal est susceptible d'exercer, directement ou indirectement, une influence sur la solution du procès civil ». En droit OHADA, pour le juge du contrôle de la sentence rendue en matière d'arbitrage interne, le sursis est donc aujourd'hui facultatif, ce qui uniformise la solution avec celle depuis longtemps consacrée dans l'arbitrage international.

Paragraphe 2. L'ouverture d'une procédure collective

222. Les règles de la loi du 25 janvier 1985, aujourd'hui codifiées, et du décret du 27 décembre 1985 relatives à l'interruption de l'instance engagée devant le juge, à la mise en cause des organes de la procédure et à l'objet alors limité de cette instance, sont applicables devant la cour d'appel saisie d'un recours contre une sentence arbitrale. L'ouverture d'une procédure de sauvegarde, de redressement ou de liquidation judiciaire à l'encontre d'une partie, alors que le juge est déjà saisi d'un recours en annulation ou d'un appel, entraîne une interruption de l'instance en application des articles L. 622-21, L. 631-14 et L. 641-3 du Code de commerce. Il s'agit d'un principe d'ordre public interne et international. Avant la réforme du 26 juillet 2005, la loi précisait simplement que l'instance était suspendue. Mais il avait été jugé que cette suspension devait être regardée comme une interruption.

L'instance est interrompue jusqu'à ce que les créances soient déclarées, en application de l'article 48 de la loi précitée, devenu l'article L. 622-22 du Code de commerce. Il n'est en effet pas nécessaire que la cour d'appel sursoit à statuer jusqu'à la décision du juge-commissaire, puisque lorsqu'une instance est en cours au moment de l'ouverture de la procédure collective, ce dernier doit se borner à le constater. Il perd le pouvoir de se prononcer sur l'admission ou le rejet de la créance. L'instance est reprise de plein droit, sur justification de la déclaration, le mandataire judiciaire et, le cas échéant, l'administrateur s'il a pour mission d'assister le débiteur ou le commissaire à l'exécution du plan dûment appelés. En pratique, le juge fixe un délai au créancier pour justifier de la déclaration et, s'il n'est pas respecté, prononce la radiation en application de l'article 376 du Code de procédure civile. Une fois l'instance reprise, si la cour d'appel peut certes annuler une sentence ou l'infirmer en cas d'appel, elle ne peut en revanche prononcer aucune condamnation au paiement d'une somme d'argent à l'encontre du débiteur. Conformément à l'article L. 622-22 précité, elle peut simplement fixer le montant de la créance au passif.

Section 10. Les voies de recours contre les arrêts et la sanction de l'abus

Paragraphe 1. Les voies de recours ouvertes contre la décision du juge : pourvoi, révision, opposition et tierce opposition

223. Ce sont également les règles du droit commun qui sont applicables aux recours ouverts contre l'arrêt de la cour d'appel statuant sur un appel ou un recours en annulation. Cet arrêt peut en effet être frappé d'un pourvoi en cassation si les conditions de recevabilité de ce recours sont réunies. Le pourvoi est immédiatement recevable contre l'arrêt qui, statuant sur un recours en annulation, annule la sentence et renvoie les parties à conclure sur le fond, sans que l'on doive distinguer selon que l'annulation de la sentence est totale ou partielle. En revanche, lorsque le pourvoi est dirigé contre l'arrêt statuant sur l'appel d'une sentence arbitrale, si la cour d'appel a renvoyé les parties à conclure sur le fond, parce qu'elles n'ont conclu que sur la nullité de la sentence, il doit être différé ; il doit-être formé en même temps que le pourvoi contre l'arrêt statuant sur le fond du litige. Au soutien du pourvoi dirigé contre un arrêt statuant sur un recours en annulation, il faut préciser le cas d'ouverture de ce recours, prévu par l'article 1492 du Code de procédure civile, que la cour d'appel n'a pas correctement apprécié. En effet, s'il est seulement fait grief au juge d'avoir privé sa décision de base ou violé « l'article 1492 du Code de procédure civile », la critique ne permettant pas de déterminer exactement le cas d'ouverture du recours en annulation injustement écarté par la cour d'appel, celle-ci est irrecevable, faute de précision. L'arrêt rendu par la cour d'appel peut également faire l'objet d'un recours en révision, notamment s'il se révèle, après son prononcé, qu'il a été obtenu par fraude. Il peut aussi, selon les conditions du droit commun, être frappé d'opposition ou de tierce opposition contre l'arrêt annulant la sentence ; ils ne peuvent pas non plus demander que la décision dont l'objet était de censurer la sentence à laquelle ils avaient participé leur soit déclarée inopposable, nul ne pouvant à la fois être juge et partie.[122]

Paragraphe 2. Recours abusif contre la sentence

224. Les dispositions du Code de procédure civile prévoyant la condamnation au paiement d'une amende civile en cas de recours dilatoire ou abusif son également applicables devant la cour d'appel qui contrôle la sentence. Celle-ci peut donc s'appuyer sur l'article 559 du Code de procédure civile pour condamner l'auteur d'un recours en annulation abusif au paiement d'une amende. L'abus est notamment caractérisé lorsque les moyens invoqués ne se rattachent à aucun des cas d'ouverture de ce recours, limitativement énumérés par ce code, ou parce qu'il est dépourvu de sérieux. L'amende peut aussi être prononcée par le juge sur le fondement de l'article 32-1 du Code de procédure civile, lorsque l'appel ou le recours en annulation est irrecevable et, plus largement, si l'attitude de l'une des parties est dilatoire ou abusive devant la cour d'appel. Cette amande est prononcée sans préjudice des dommages et intérêts que peut réclamer une partie lorsque l'abus lui a causé un dommage. En revanche, on peut questionner la pratique consistant, pour le juge de l'annulation, à prendre en considération la déloyauté de l'une des parties pendant l'instance arbitrale pour la condamner à payer des dommages et intérêts. En effet, lorsqu'il n'accueille pas le recours, le juge ne peut en principe ajouter à la sentence une condamnation qu'elle ne contient pas. C'est au tribunal arbitral, non au juge, de sanctionner l'attitude dilatoire des litigants au cours de l'instance arbitrale.

Section 11. Les règles spécifiques à l'arbitrage

Paragraphe 1. L'introduction des recours

225. Choix de la voie de recours. Impossibilité de requalifier le recours improprement formé. En droit OHADA, le système des voies de recours étant alternatif dans l'arbitrage interne, il est tout d'abord important de bien choisir entre l'appel et le recours en annulation avant de saisir la cour d'appel. Ce d'autant qu'il n'appartient pas à cette juridiction de substituer d'office à la voie de recours dont elle est saisie une autre voie de recours. Auparavant, les parties bénéficiaient d'une faculté de repentir leur permettant de modifier la qualification du recours improprement formé. L'article 1487, alinéa 2, ancien du Code de procédure civile prévoyait en

---

[122] Civ. 1ère, 16 déc. 1997, n°95-15921

effet que « la qualification donnée par les parties à la voie de recours au moment où la déclaration est faite peut-être modifiée ou précisée jusqu'à ce que la cour d'appel soit saisie ». La cour d'appel étant alors saisie par la demande d'inscription au rôle, la requérante pouvait modifier ou préciser le recours formé jusqu'à cette formalité, qui devait en principe intervenir dans un délai de deux mois de la déclaration de recours. Après la saisine de la cour, toute requalification du recours était impossible. Mais les articles 905 et 906 du Code de procédure civile, qui fixaient la saisine de la cour à la date de la demande d'inscription au rôle, ont été abrogés par décret n°2004-836 du 20 août 2004, et l'article 901 du même code a alors été modifié en ce sens qu'à compter du 1er janvier 2005, c'est la déclaration d'appel remise au greffe de la Cour, avec une copie de la décision entreprise, qui vaut « demande d'inscription au rôle ». Cette modification intervenue, les dispositions précitées de l'article 1487, alinéa 2, étaient devenues inapplicables puisque la cour d'appel était saisie dès la remise au greffe de la déclaration de recours. Ce texte a ensuite été abrogé par un décret n°2004-1420 du 23 décembre 2004. Aujourd'hui, la requalification du recours improprement formé s'avère donc impossible. En cas d'erreur si ses conditions de recevabilité sont encore réunies, notamment celle tenant au délai.[123]

Paragraphe 2. Cour d'appel compétente

226. L'article 1494, alinéa 1, du Code de procédure civile dispose que « l'appel et le recours en annulation sont portés devant la cour d'appel dans le ressort de laquelle la sentence arbitrale a été rendue ». La mise en œuvre de ce texte ne pose donc aucune difficulté lorsque la sentence précise ce lieu, conformément aux dispositions de l'article 1481.5° du Code de procédure civile, et que la convention d'arbitrage n'a pas prévu, soit que la sentence serait rendue en un lieu précis, soit que l'arbitrage devrait s'y dérouler, ce qui signifie que la sentence doit y être prononcée, mais que celle-ci mentionne avoir été rendue en un autre endroit. En effet, la cour d'appel devant laquelle le recours doit-être porté n'est pas nécessairement la même selon que c'est la volonté des parties ou le lieu où la sentence a été matériellement rendue qui est privilégié. La jurisprudence, approuvée par la doctrine, paraît favoriser l'aspect contractuel de l'arbitrage et retenir la compétence territoriale de la juridiction dans le ressort de laquelle la sentence devait être rendue. Cette solution est justifiée dès lors que de toute façon, puisque les recours sont portés devant la cour d'appel dans le ressort de laquelle la sentence arbitrale a été rendue et que les parties sont maître du choix de ce lieu, qu'elles peuvent imposer aux arbitres, elles sont par là même autorisées à choisir la juridiction qui pourra connaître des recours

[123] Paris 21 fév. 2002, préc ; Paris, 7 oct. 1997, Préc

ouverts contre la sentence. Partant, par souci de cohérence, c'est bien la volonté des parties qui doit-être respectée lorsque le tribunal arbitral a rendu la sentence en un lieu différent de celui prévu.

Paragraphe 3. Délai des recours

227. Le délai pour saisir la cour d'appel est le même pour l'appel et le recours en annulation et il n'a pas été modifié par la réforme du 13 janvier 2011 : les recours sont recevables dès le prononcé de la sentence et le délai de l'appel ou du recours en annulation est toujours d'un mois, comme le prévoit l'article 27 de l'Acte uniforme. Mais le décret n°2011-48 a apporté une innovation importante : le délai pour exercer ces recours n'expire plus dans le mois qui suit la signification de la sentence revêtue de l'exequatur, mais dans le mois qui suit la notification de la sentence. L'article 1494, alinéa 2, nouveau du Code de procédure civile prévoit en effet : « Ces recours sont recevables dès le prononcé de la sentence. Ils cessent de l'être s'ils n'ont pas été exercés dans le mois de la notification de la sentence ». Le nouveau texte ne déroge donc plus, comme celui antérieur à la réforme de 2011, aux dispositions de l'article 528 de ce code, selon lesquelles le délai à l'expiration duquel un recours ne peut plus être exercé court à compter de sa date. Auparavant, la notification de la sentence non revêtue de l'exequatur ne faisait courir ni le délai d'appel, ni celui du recours en annulation. Il n'est plus nécessaire d'attendre l'éventuel exequatur de la sentence – et sa signification – pour faire courir ni le délai d'un mois, la seule notification de la sentence suffisant à cet égard. Assurément cela permettra d'obtenir plus rapidement une sentence définitive. Au surplus, la sentence arbitrale peut désormais être notifiée autrement que par voie de signification, ce qui a un impact indirect sur le délai de recours, puisqu'il court dorénavant à compter de la notification de la sentence. Le nouvel article 1484, alinéa 3, du Code de procédure civile prévoit en effet que la sentence « est notifiée par voie de signification à moins que les parties en conviennent autrement ». Le point de départ du délai d'un mois pour former le recours ne correspond donc pas plus nécessairement à la date de la signification, c'est-à-dire de la notification par acte d'huissier de justice, de la sentence. Cette liberté offerte aux parties pose diverses questions, notamment quant à la forme de la notification, qu'il appartiendra à la jurisprudence de trancher rapidement.
S'agissant des modalités selon lesquelles les parties pourront convenir de déroger à l'exigence de signification de la sentence par acte d'huissier de justice, quelques pistes de réflexion peuvent être dégagées. Il semble tout d'abord que l'accord des parties puisse intervenir à tout moment : dans la convention d'arbitrage, au cours de la procédure arbitrale, par exemple dans l'acte de mission, ou même après reddition de la sentence. Il semble également que cet accord pourra figurer dans un document auquel la convention d'arbitrage renvoie, notamment dans un règlement d'arbitrage. *A*

priori, rien n'interdit non plus aux parties de prévoir que la notification de la sentence est faite par un centre d'arbitrage. Et celle-ci devrait pouvoir être réalisée non seulement par lettre recommandée avec demande d'avis de réception ou par télécopie, afin de se constituer la preuve de son envoi et de sa réception, mais aussi par lettre simple ou par courriel. Cela dit, cette notification devra sans doute respecter certaines formalités pour que le juge consente à y voir le point de départ des délais de recours. En effet, les parties ne devraient sans doute pas pouvoir déroger à la nécessité d'indiquer les modalités et voies de recours dans l'acte de notification. Il s'agit là d'une garantie fondamentale, intrinsèquement liée au recours lui-même, et l'on sait que les dispositions de l'article 680 du Code de procédure civile, qui prévoient que « l'acte de notification » - et non pas seulement de signification – d'un jugement doit préciser les modalités et délais de recours, sont jugées applicables à la notification d'une sentence arbitrale. L'acte de notification devrait donc toujours faire mention, de manière « très apparente », du délai d'appel ou de recours en annulation et des modalités selon lesquelles ce recours doit-être formé. Il devrait aussi préciser que l'auteur d'un recours abusif ou dilatoire peut-être condamné au paiement, d'une amande et à des dommages et intérêts à l'autre partie. Et, comme auparavant, si l'acte de signification comporte une mention erronée, notamment quant à la voie de recours ouverte, il ne fait pas courir le délai d'un mois prévu à l'article 1494, alinéa 2, du Code de procédure civile.
Les dispositions de l'article 528-1 du Code de procédure civile ne s'appliquent pas aux sentences arbitrales, compte tenu de la nature hybride de la sentence, qui présente les principaux attributs du jugement mais qui a une origine conventionnelle. La sentence non notifiée peut donc être frappée d'appel ou de recours en annulation au-delà du délai de deux années de son prononcé. Les dispositions du Code de procédure civile relatives à la computation des délais devraient par ailleurs être respectées. Le délai d'un mois de l'article 1494, alinéa 2, expire donc le dernier jour, à vingt-quatre heures, et est prorogé jusqu'au premier jour ouvrable suivant s'il expire un samedi, un dimanche ou un jour férié ou chômé. La partie domiciliée à l'étranger, doit pouvoir bénéficier du délai de distance prévu par l'article 643 pour interjeter appel de la sentence ou former un recours en annulation à son encontre. De même, si la cour d'appel territorialement compétente se trouve dans un autre Etat, le délai de recours est augmenté d'un ou deux mois, selon les distinctions prévues par l'article 644 du Code de procédure civile.

Paragraphe 4. Effet suspensif des recours

228. Il n'est pas renvoyé aux dispositions applicables aux jugements pour déterminer si l'appel et le recours en annulation ont un effet suspensif. Le Code de procédure civile contient en effet une disposition spécifique à l'arbitrage, l'article 1496, alinéa 1, qui précise que « le délai pour exercer l'appel et le recours en annulation ainsi que l'appel ou le recours en annulation exercé dans ce délai suspendent l'exécution de la sentence arbitrale à moins qu'elle soit assortie de l'exécution provisoire ». A moins que la sentence ne soit aussi assortie de l'exécution provisoire et revêtue de l'exequatur, elle ne peut donc faire l'objet d'aucune mesure d'exécution forcée pendant le délai d'un mois suivant sa notification. Sous les mêmes réserves, si un appel ou un recours en annulation est formé à son encontre, son exécution est également suspendue pendant le cours de cette instance. L'effet suspensif attaché au délai ouvert pour exercer les recours et par les recours eux-mêmes affecte donc uniquement l'exécution des sentences arbitrales par les parties. En revanche, l'appel ou le recours en annulation contre la sentence n'a pas pour effet de suspendre l'instance arbitrale. La procédure arbitrale se poursuit donc devant le tribunal arbitral lorsqu'un recours en annulation, ou un appel, est formé contre une sentence qui ne met pas définitivement fin à l'instance. L'absence d'effet suspensif du recours sur l'instance arbitrale, qui réduit le risque de recours dilatoires, formés uniquement pour affecter le bon déroulement de l'arbitrage, présente un inconvénient : celui de laisser la procédure se poursuivre avec le risque qu'elle soit ensuite réduite à néant en raison de l'annulation d'une première sentence à laquelle les suivantes étaient indivisiblement liées. Cela dit, dans cette hypothèse particulière, informé d'un recours contre sa sentence partielle, le tribunal arbitral pourra toujours songer à faire usage des pouvoirs qu'il tire de l'article 1472 du Code de procédure civile pour surseoir à statuer, ce qui suspendra le cours de l'instance arbitrale.

Paragraphe 5. Incidences des recours sur l'exequatur

229. L'appel et le recours en annulation ont un effet commun sur l'exequatur : d'une part, ils emportent, de plein droit, recours contre l'ordonnance d'exequatur ou dessaisissement du juge de l'exequatur ; d'autre part, le rejet de l'un ou l'autre de ces recours par le juge confère automatiquement l'exequatur à la sentence arbitrale, ou à celles de ses dispositions qui ne sont pas atteintes par la censure partielle de la cour d'appel.

Section 12. L'instruction des recours

Paragraphe 1. La recevabilité des moyens

230. Tous les moyens d'annulation de la sentence arbitrale ne sont pas recevables devant le juge du contrôle. Si l'amenuisement du contrôle étatique et la restriction des voies de recours contribuent sans doute à l'assainissement de la pratique arbitrale, dont la dérive procédurière est couramment dénoncée, pour lutter encore plus efficacement contre les manœuvres dilatoires des parties, la jurisprudence a institué deux fins de non-recevoir, applicables aussi bien aux recours ouverts dans l'arbitrage interne que dans l'arbitrage international, et qui sont fondées sur le principe de bonne foi ou de loyauté procédurale et celui de l'estoppel. En effet, même si, comme l'a jugé la Cour de cassation, le domaine d'application respectif de deux fins de non-recevoir peut, *dans certains cas, être identique »,* elles ne sont pas exactement fondées sur les mêmes principes et la première est aujourd'hui consacrée par le Code de procédure civile.[124]

Paragraphe 2. Loyauté procédurale

231. L'article 1466 nouveau du Code de procédure civile dispose que « la partie qui, en connaissance de cause et sans motif légitime, s'abstient d'invoquer en temps utile une irrégularité devant le tribunal arbitral est réputée avoir renoncé à s'en prévaloir ». Cette fin de non-recevoir est donc déduite du comportement de la partie lors de l'instance arbitrale. Comme la jurisprudence l'a depuis longtemps admis, lorsqu'elle y participe activement, une partie est en effet réputée avoir renoncé à se prévaloir ultérieurement des irrégularités qu'elle s'est, en connaissance de cause, abstenue d'invoquer devant le tribunal arbitral, sous réserve des dispositions d'ordre public auxquelles les parties ne peuvent pas renoncer. Ainsi, à moins que le vice ne lui soit caché ou révélé trop tardivement pour qu'elle puisse le dénoncer pendant l'instance arbitrale, une partie ayant activement participé à la procédure ne peut, par exemple, invoquer devant le juge chargé du contrôle de la sentence : la nullité de la convention d'arbitrage ou à son absence, le défaut d'indépendance ou d'impartialité du tribunal arbitral, une méconnaissance du principe de la contradiction. Faute de l'avoir soulevé en temps utile devant le tribunal arbitral, un litigant ne peut pas non plus conclure à l'annulation ou à l'infirmation d'une sentence arbitrale en reprochant aux arbitres de ne pas s'être conformé à la mission qui leur avait été confiée ou d'avoir statué en qualité d'amiable compositeur alors qu'ils ne disposaient pas de ce pouvoir. Il n'est pas non plus recevable à se prévaloir d'une interruption de l'instance qu'il s'est, en connaissance de cause, abstenu d'invoquer devant le tribunal arbitral. En droit OHADA, la preuve qu'une partie avait connaissance de l'irrégularité qu'elle invoque pèse sur celui qui se prévaut de la fin de non-recevoir. L'irrecevabilité du moyen qui n'a pas été soulevé en temps utile devant le tribunal arbitral est aussi retenue au stade du pourvoi en cassation formé contre l'arrêt de la cour d'appel. En effet, alors même qu'il a été présenté devant les juges du fond et qu'il n'est donc pas nouveau au sens de l'article 619 du Code de procédure civile, la

[124] Civ. 1er 6 mai 2009, pan-P. 3060, obs.Th. Clay, JCP G 2005, 1.179, L. 462. n°7. Obs.Beguin; JCPG 2009, II, 534, G.Bolard

Cour de cassation n'écarte pas ce moyen au motif qu'il est dépourvu de fondement. Elle le déclare irrecevable.[125]

Paragraphe 3. Estoppel

232. La seconde fin de non-recevoir, directement liée à la règle de l'*estoppel* et qui est là encore indifféremment appliquée dans l'arbitrage interne et dans l'arbitrage international, tient à ce qu'une partie ne peut se contredire au détriment d'une autre en invoquant, devant le juge, un moyen inconciliable avec sa position antérieure. Ainsi, celui qui a saisi le tribunal arbitral n'est pas recevable à soutenir qu'il a été statué sans convention d'arbitrage ou sur une convention nulle. Il ne peut pas non plus se prévaloir de l'absence ou de la nullité de la convention d'arbitrage lorsqu'il s'est préalablement fondé sur celle-ci pour conclure à l'incompétence du juge saisi par l'autre partie si, une fois informée par le président du tribunal arbitral de la nécessité de différer d'un mois le délai pour prononcer la sentence, comme prévu à l'acte de mission, elle n'a formulé aucune critique.[126] Une société est également irrecevable à se plaindre de la violation de l'ordre public international par une sentence, pour défaut en l'occurrence le président de cette société, signataire à titre personnel dudit contrat, jugé utile d'intervenir à la procédure à titre personnel.[127] En droit comparé, l'*estoppel* est toujours une notion délicate à cerner, puisqu'il n'y a pas un seul mais plusieurs *estoppels.* La règle mise en œuvre dans l'arbitrage, consacrée en droit judiciaire privé, postule un devoir de cohérence des parties à l'arbitrage : tous les moyens ne sont pas bons pour faire annuler ou obtenir l'infirmation d'une sentence arbitrale, et ne sont dès lors pas recevables ceux qui procèdent d'un comportement procédural contradictoire. Plus précisément, dans un arrêt du 3 février 2010, la Cour de cassation a défini l'*estoppel* comme le comportement procédural constitutif « d'un changement de position, en droit, de nature à induire la (partie adverse) en erreur sur ses intentions ». Il est vrai que l'exercice du recours ne doit pas uniquement être le moyen de retarder l'issue du litige. Or, quel peut-être, sinon celui-ci, l'objet d'un tel recours lorsqu'il est formé par une partie qui, devant les arbitres, est à l'origine de l'irrégularité dont elle se prévaut ou qui a laissé croire à l'autre partie qu'elle ne s'en prévaudrait pas ?

---

[125] Civ. 2e 21 nov. 2002, Préc

[126] Paris, 25 oct. 2008 Rev. arb. 2008 P. 681

[127] Civ. 1ère 8 juill. 2010, Bull. civ.1.n°157, Rev. arb. 2010, P. 681

Section 13. L'intervention des tiers

Paragraphe 1. Principe

233. A près avoir d'abord estimé qu'était recevable l'intervention volontaire d'un tiers à l'arbitrage au cours de l'instance en annulation de la sentence, à partir du moment où il justifiait d'un intérêt propre à agir, se fondant ainsi au moins implicitement sur les dispositions de l'article 554 du Code de procédure civile, la juridiction d'appel parisienne a revu sa position. Elle juge aujourd'hui qu'à moins d'un accord de toutes les parties à l'arbitrage, cette intervention volontaire, par exemple de la caution, est irrecevable, motif pris, d'une part, que les articles 328 et 554 du Code de procédure civile seraient inapplicables à ce recours et, d'autre part, que l'intervention est incompatible avec la nature contractuelle de l'arbitrage.

Paragraphe 2. Analyse critique de la jurisprudence

234. Cette jurisprudence paraît trop rigoureuse. D'une part, les dispositions du Code de procédure civile relatives à l'intervention peuvent être déclarées applicables devant le juge du contrôle de la sentence, malgré l'absence de renvoi formel opéré par l'article 1495 de ce code. D'autre part, la composante contractuelle de l'arbitrage n'a de véritable incidence sur l'office du juge qu'au moment où il statue sur le fond : il est alors tenu par les limites de la convention d'arbitrage et ne peut connaître de demandes qui n'auraient pas été formées devant le tribunal arbitral. Il ne pourra donc se prononcer sur des demandes qui n'entrent pas dans le champ d'application matériel de cette convention, notamment parce qu'elles sont formées par un tiers. Mais le juge ne puisant pas directement son pouvoir juridictionnel de la convention des parties, l'intervention volontaire d'un tiers à l'instance ne paraît pas incompatible avec la nature contractuelle de l'arbitrage au stade du contrôle de la validité de la sentence proprement dit par le juge de l'annulation. Il pourrait donc être distingué, s'agissant de la recevabilité de l'intervention, entre d'un côté l'instance en appel de la sentence, où elle n'est jamais recevable dès lors que la cour d'appel se trouve directement saisie de la connaissance du fond du litige en raison de l'effet dévolutif de ce recours et, de l'autre, le recours en annulation, où elle demeure possible mais seulement pour demander l'annulation de la sentence ou le rejet du recours. Toute autre demande de l'intervenant serait irrecevable et, une fois la sentence annulée par le juge, l'intervention serait à nouveau proscrite. C'est une pratique courante au Cameroun, au Congo et au Tchad.

Paragraphe 3. Les règles particulières à chacun des recours

235. L'appel et le recours en annulation n'ont, en première analyse, pas le même effet. Au second n'est pas attaché un effet dévolutif. En se réservant la faculté de faire appel, les parties optent pour un double degré de juridiction, alors que dans l'hypothèse inverse, elles consentent uniquement à un contrôle restreint de légalité de la sentence. Ceci explique que même si le régime de l'appel et du recours en annulation ont été très largement unifiés, ils demeurent chacun soumis à des règles particulières.

Section 14. L'appel

Paragraphe 1. Conventions d'arbitrage antérieures au 2 mai 2011 : distinction entre l'arbitrage en droit et en équité

236. Le maintien de l'appel par le décret du 14 mai 1980 a reçu un accueil défavorable de la doctrine, puisque l'appel autorise le juge à réexaminer entièrement le travail du tribunal arbitral. Jusqu'à l'entrée en vigueur du décret du 13 janvier 2011 sur ce point précis, soit pour les conventions d'arbitrage conclues jusqu'au 1er mai 2011, il constitue pourtant la voie de recours de droit commun ouverte contre la sentence lorsque le tribunal arbitral statue en droit. L'article 1482 ancien du Code de procédure civile – qui continue donc à régir les clauses compromissoires et les compromis signés jusqu'au 1er mai 2011 – disposait en effet que « la sentence arbitrale est susceptible d'appel à moins que les parties n'aient renoncé à l'appel dans la convention d'arbitrage ». Et l'article 1483 ancien du même code ajoutait que « lorsque, suivant les distinctions faites à l'article 1482, les parties n'ont pas renoncé à l'appel ou qu'elles se sont réservées expressément cette faculté dans la convention d'arbitrage, la voie de l'appel est seule ouverte, qu'elle tende à la réformation de la sentence arbitrale ou à son annulation ». Pour les conventions d'arbitrage antérieures au 2 mai 2011, si les parties n'ont pas renoncé à l'appel ou se sont réservées cette faculté, le recours en annulation est donc irrecevable. En revanche, quand le tribunal arbitral doit se prononcer en qualité d'amiable compositeur, l'appel ne constitue pas la voie de recours de droit commun. L'article 1482 ancien prévoyait en ce sens que la sentence « n'est pas susceptible d'appel lorsque l'arbitre a reçu mission de statuer comme amiable compositeur, à moins que les parties n'aient expressément réservé cette faculté dans la convention d'arbitrage ». Plus qu'une présomption de renonciation à l'appel, en présence d'une clause d'amiable composition, l'appel n'est pas la voie de recours de droit commun sauf s'il a été expressément réservé par les parties, pour les conventions d'arbitrage qui ont été conclues jusqu'au 1er mai 2011. Ainsi, lorsque le tribunal arbitral a véritablement été dispensé d'appliquer les règles de droit, à défaut pour les parties de prouver qu'elles ont réservé cette faculté, l'appel

est irrecevable. En droit OHADA, la volonté des parties de se réserver la faculté d'un appel peut notamment résulter de ce que la clause compromissoire prévoit que la sentence est rendue en « premier ressort » et que cette précision a été reprise par les arbitres et les parties dans le procès-verbal d'une réunion d'arbitrage. En revanche, elle ne résulte pas du renvoi, par le règlement d'arbitrage, aux voies de recours des articles 1481 ancien et suivants du Code de procédure civile et de ce qu'il précise que les sentences sont exécutoires, sauf appel devant les juridictions compétentes. Il a aussi été jugé que puisque le régime des voies de recours contre les sentences est d'ordre public, une institution d'arbitrage ne peut ouvrir la voie de l'appel lorsqu'elle notifie la sentence rendue par des arbitres ayant reçu le pouvoir de statuer en qualité d'amiables compositeurs.[128]
L'appel étant ouvert quand le tribunal arbitral statue en droit, à moins que les parties n'y aient renoncé dans la convention d'arbitrage conclue jusqu'au 1er mai 2011, c'est en principe le compromis ou la clause compromissoire qui stipule que les parties renoncent à l'appel. L'article 1482 ancien du Code de procédure civile n'exigeant pas que la renonciation à l'appel soit expresse, pour apprécier la recevabilité d'un tel recours, lorsqu'elle est contestée, le juge est parfois conduit à rechercher la volonté des parties afin de déterminer si elles y ont ou non renoncé. Il est ainsi admis que la clause qui prévoit que la sentence est rendue « en dernier ressort » exprime une telle intention *A fortiori*, la clause du règlement d'arbitrage auquel ont adhéré les parties qui énonce que la sentence est rendue « sans autre recours que celui en annulation » vaut aussi renonciation à l'appel. En revanche, la précision dans la convention d'arbitrage, ou dans un règlement auquel elle se réfère, de ce que la sentence est obligatoire pour les parties ou qu'elle s'imposera à elles, ou encore, qu'elle est définitive, n'éclaire pas la volonté non équivoque des litigants de renoncer à l'appel. Quant au moment auquel la renonciation doit intervenir, même si l'article 1482 ancien ne fait état que de « la convention d'arbitrage », un accord postérieur des parties devrait cependant être respecté, soit qu'elles décident de revenir sur leur engagement de renoncer à l'appel, soit, au contraire, qu'elles conviennent, après le début de l'instance ou une fois la sentence rendue, de renoncer à cette voie de recours.[129]

Paragraphe 2. Conventions d'arbitrage postérieures au 1er mai 2011 : l'appel, voie de recours exceptionnelle

237. L'une des innovations majeure résultant de la réforme opérée par le décret n°2011-48 du 13 janvier 2011, qui traduit bien la philosophie du décret de renforcement de l'autorité de la sentence arbitrale, est le renversement opéré dans la hiérarchie des recours. La renonciation à l'appel

128 Paris, 20 oct. 2008 préc, Paris 11 sept. 2003, préc
129 E. Loquin, note sous Versailles, 16 oct ; 1997, Rev. arb. 1998, P. 572, spéc. P. 576

était devenue une clause de style dans la plupart des conventions d'arbitrage. Tirant les enseignements de cette pratique et afin d'épargner de mauvaises surprises aux parties peu aguerries à l'arbitrage, le nouvel article 1489 du Code de procédure civile dispose que « la sentence n'est pas susceptible d'appel sauf volonté contraire des parties ». En droit OHADA, le recours en annulation est désormais le principe et l'appel constitue l'exception. Le texte ne distingue plus entre l'arbitrage en droit et en équité, unifiant ainsi le régime de l'appel dans l'arbitrage interne.

Paragraphe 3. Effet dévolutif

238. En principe, comme pour le jugement, l'appel de la sentence remet la chose jugée en question pour qu'il soit à nouveau statué en fait comme en droit. L'article 561 du Code de procédure civile, qui formule cette règle pour les jugements, a d'ailleurs été jugé applicable à l'arbitrage. De même, selon ce que prévoit l'article 562 du Code de procédure civile, qui peut également être transposé à l'arbitrage, la dévolution s'opère pour le tout, même lorsque l'appel ne tend qu'à l'annulation de la sentence et malgré les termes de l'article 1490, alinéa 1, du Code de procédure civile qui précise que « l'appel tend à la réformation ou à l'annulation de la sentence, quelle que soit la décision de la cour d'appel sur ce moyen d'annulation, elle doit de toute façon statuer sur le fond du litige. C'est ce qui explique qu'elle ne soit même pas obligée de se prononcer sur les moyens d'annulation de la sentence si les parties ont conclu sur le fond. Il n'y a en effet pas d'intérêt à les examiner puisque, de toute façon, la cour d'appel devra réexaminer le litige en fait et en droit. Simplement, celle-ci doit prendre garde, lorsqu'elle n'examine pas un moyen d'annulation, qu'elle ne commet pas, ensuite, la même erreur que le tribunal arbitral, en statuant par exemple sans se conformer à la mission confiée, parce que le litige n'entrait pas dans le champ de la convention d'arbitrage.

Paragraphe 4. Portée de l'effet dévolutif

239. En Côte d'Ivoire, au Cameroun et au Congo, l'effet dévolutif de l'appel de la sentence arbitrale demeure toujours dans la dépendance de la convention d'arbitrage. Ainsi, lorsque la cour d'appel se prononce sur le fond du litige, elle ne peut statuer que dans les limites du compromis, qui fixe l'objet du litige. La solution est différente lorsque les litigants sont liés par une clause compromissoire puisque celle-ci ne détermine pas des questions litigieuses. Comme le tribunal arbitral, la cour d'appel peut alors connaître de toutes les demandes des parties, pour autant toutefois qu'elles entrent dans le périmètre de la clause compromissoire et, s'agissant de demandes incidentes, qu'elles se rattachent à la demande initiale par un lien suffisant de dépendance. Mais, comme l'a jugé la cour d'appel de Paris, le juge d'appel de la sentence ne peut pas connaître de demandes qui n'ont pas été préalablement formées devant le tribunal arbitral. L'article 1490, alinéa 2, du Code de procédure civile confirme cette analyse lorsqu'il prévoit que la cour statue « dans les limites de la mission du tribunal arbitral ».[130]

Paragraphe 5. Exception à l'effet dévolutif

240. Par exception, conformément au droit commun, l'appel de la sentence est en principe dépourvu d'effet dévolutif quand la nullité de celle-ci résulte de l'irrégularité de la saisine du tribunal arbitral, même si l'appelant a comparu ou conclu au fond devant les arbitres. Pour que l'appel-annulation de la sentence ne produise pas d'effet dévolutif, ce qui sera très rare puisque l'appel n'est plus la voie de recours de droit commun, il faut que deux conditions soient réunies : d'une part, l'appelant ne doit pas avoir conclu au fond, à titre principal, devant la cour d'appel ; d'autre part, la nullité de la sentence doit être prononcée. Si les juges d'appel n'annulent pas la sentence, la dévolution s'opère en effet pour le tout. Partant, comme l'a jugé la cour d'appel de Paris, il n'est pas dérogé à l'effet, dévolutif de l'appel, en matière d'arbitrage, lorsque les parties ont conclu au fond, à titre principal, devant la cour d'appel, qui est alors « saisie de l'entier litige par l'effet dévolutif de l'appel formé contre la sentence arbitrale » et doit statuer sur le fond même si elle l'annule « en conséquence de l'irrégularité de la saisine » du tribunal arbitral. Il est vrai que si les parties se sont réservées la faculté de faire appel de la sentence, c'est qu'elles désiraient bénéficier d'un véritable double degré de juridiction. Dès lors, il n'existe pas de raison valable de les en priver simplement parce que les moyens d'annulation dirigés contre la sentence sont dépourvus de fondement. La principale conséquence de l'effet dévolutif de l'appel est la soumission du litige à l'examen d'une autre juridiction. Peu importe, dans ces conditions, que la sentence soit entachée de nullité. Dans tous les cas, la cour d'appel doit statuer sur le fond, sans même être tenue de se prononcer sur les moyens d'annulation de la sentence avant de trancher éventuellement le litige initialement soumis au tribunal arbitral. Ce n'est que lorsque la nullité de la sentence est la conséquence de l'irrégularité de la saisine du tribunal arbitral que, pour respecter le souhait des parties de conserver un double degré de juridiction en concluant au fond, à titre principal, devant la cour d'appel. Sur ces points précis, les spécialistes de l'arbitrage, ne paraissent pas commander de modifier le droit commun de l'appel-annulation.[131]

---

[130] Ch. Jarrosson et J. Pellerin, Le droit français de l'arbitrage après le décret du 13 janvier 2011, Rev. arb. 2001 P. 5

[131] Ph. Gerbay, Nouvelles réflexions sur les effets de l'appel voie d'annulation, Gaz. Pal.

Paragraphe 6. Appel et amiable composition

241. Lorsque le tribunal arbitral devait statuer en qualité d'amiable compositeur, la cour d'appel doit-elle aussi confronter la solution qu'elle retient à l'équité. L'article 1490, alinéa 2, ancien du Code de procédure civile énonce en ce sens que « la cour statue en droit ou en amiable composition dans les limites de la mission du tribunal arbitral ».

Section 15. Le recours en annulation

Paragraphe 1. Voie de recours de droit commun et d'ordre public

242. Au Congo, le recours en annulation a été institué par le décret du 14 mai 1980 pour remplacer l'appel-nullité, création prétorienne qui permettait aux parties d'exercer un recours contre la sentence lorsqu'elles avaient renoncé à l'appel, mais dont le champ d'application était parfois délicat à déterminer. Au fil du temps, le recours en annulation est devenu le recours de droit commun dans l'arbitrage interne, les parties renonçant très souvent à l'appel. La réforme du 13 janvier 2011 a pris acte de cette mutation et le nouvel article 1491, alinéa 1, du Code de procédure prévoit que « la sentence peut toujours faire l'objet d'un recours en annulation à moins que la voie de l'appel soit ouverte conformément à l'accord des parties ». Et ce recours présente un caractère d'ordre public, le texte précité ajoutant, en son alinéa 2, que « toute stipulation contraire est réputée non écrite ». Contrairement à la solution aujourd'hui consacrée dans l'arbitrage international, les parties ne peuvent donc renoncer par avance à exercer un recours en annulation contre une sentence. Serait dépourvue d'effet la convention des parties ou la clause d'un règlement arbitral en ce sens. Cela ne veut pas dire que toute renonciation à exercer ce recours est prohibée. Elle est autorisée, mais uniquement après la sentence. De même, il est loisible aux parties à l'arbitrage de renoncer à invoquer un vice constitutif d'un cas d'ouverture du recours en annulation. Ces précisions faites, le recours en annulation se distingue de l'appel parce qu'il est enfermé dans des cas d'ouverture limitativement énumérés et que les pouvoirs de la cour d'appel ne sont pas identiques dans le cadre de ces deux recours.

Paragraphe 2. Les cas d'ouverture du recours

243. Caractère limitatif des cas d'ouverture énumérés. Comme le prévoit l'article 1492 du Code de procédure civile, le recours en annulation contre la sentence « n'est ouvert que » dans le cas énumérés par ce texte. Ils sont au nombre de six et l'office du juge du contrôle de la sentence est limité à l'examen de ces griefs. Le recours formé par une partie qui n'invoque aucun moyen d'annulation prévu par le texte précité a même été jugé irrecevable.

D'après les juridictions camerounaises, congolaises, béninoises et ivoiriennes, en tout cas, une partie ne peut par exemple utilement invoquer au soutien de son recours en annulation : la dénomination inexacte ou incomplète de l'un des litigants dans la sentence, la violation de la règle « nul ne plaide par procureur » ou de l'autorité de la chose jugée, l'omission de la date à laquelle l'affaire sera mise en délibéré, une omission de statuer ou le fait que l'administrateur *ad hoc* d'une société n'a pas été appelé à l'arbitrage. De même, ne constitue pas un cas d'annulation de la sentence, la dénaturation ou l'erreur de qualification d'une convention. Surtout, plus largement, la cour d'appel ne peut pas contrôler au fond la solution rendue par le tribunal arbitral. L'erreur de droit n'est pas un cas d'ouverture du recours en annulation de la sentence arbitrale. Le juge du contrôle n'est dès lors même pas tenu de répondre à un moyen, inopérant, relatif au fond du litige. Il est même arrivé qu'il condamne le requérant à payer des dommages et intérêts pour procédure abusive au motif qu'il poursuivait la révision au fond d'une sentence arbitrale. N'entrent pas non plus dans un des cas d'ouverture du recours en annulation, le défaut de réponse à des chefs de conclusions et, ce qui est plus discutable, la contradiction entre des motifs de la sentence.

Paragraphe 3. Annulation par voie de conséquence

244. La règle selon laquelle le recours en annulation n'est ouvert que dans les cas énoncés par l'article 1492 semble cependant connaître une exception notable. Il a en effet été admis que l'annulation définitive d'une sentence partielle qui déclare l'arbitre compétent, au motif qu'il a statué sans convention d'arbitrage, « prive nécessairement celui-ci de tout pouvoir pour statuer sur le fond ». De même, si une sentence partielle est annulée parce que le tribunal arbitral était irrégulièrement composé, alors, la sentence finale mérite l'annulation. Au-delà des griefs énumérés par le Code de procédure civile, l'annulation d'une sentence est donc admise lorsqu'elle est privée de fondement juridique en raison de l'annulation définitive d'une précédente sentence dont elle est la conséquence, l'application ou s'y rattache par un lien de dépendance nécessaire. Mais encore faut-il que la nullité de la sentence rendue en second soit demandée.

Paragraphe 4. Nécessité de préciser le cas d'ouverture

245. Le recours doit présenter un caractère exceptionnel et est enfermé dans des cas limitativement énumérés. Il peut donc être exigé de celui qui l'exerce qu'il précise le ou les cas d'annulation qu'il invoque ou, à tout le moins, les éléments de nature à caractériser l'un d'eux. A défaut, le recours peut-être écarté, le juge n'étant pas tenu de rechercher d'office le cas d'ouverture applicable. Sous la réserve d'éventuelles évolutions futures compte tenu de la solution rendue par la Cour de justice dans l'affaire *Claro,* il n'est par exemple pas obligé de rechercher si la solution heurte l'ordre public ou si le tribunal arbitral était irrégulièrement composé. Il peut le faire, mais ne supporte aucune obligation à cet égard, ce qui correspond d'ailleurs à l'office du juge au regard des dispositions de l'article 12 du Code de procédure civile. De plus, il appartient à celui qui soulève un moyen d'annulation d'en démontrer la pertinence.[132]

Paragraphe 5. Requalification du cas d'ouverture invoqué

246. L'erreur concernant le grief invoqué contre la sentence ne rend pas le recours irrecevable. En Côte d'Ivoire, aux Comores et au Tchad, le juge dispose du pouvoir de requalifier le cas d'ouverture. Ainsi, lorsque sous couvert de la violation de règles d'ordre public, le demandeur reproche au tribunal arbitral d'avoir méconnu le principe de la contradiction et privé sa sentence de motif, la cour d'appel requalifie les moyens soulevés. Elle n'est pas liée par les qualifications données par le requérant au grief articulé au soutien du recours en annulation et peut substituer sa propre qualification à celle du demandeur, comme le prévoit d'ailleurs l'article 12 précité.

Section 16. Déclaration erronée du tribunal arbitral sur sa compétence

Paragraphe 1. Griefs visés par l'article 1492.1° du Code de procédure civile

247. Le décret du 13 janvier 2011 a retouché le cas d'ouverture anciennement prévu par l'article 1484.1° du Code de procédure civile, qui autorisait l'annulation de la sentence « si l'arbitre a statué sans convention d'arbitrage ou sur une convention nulle ou expirée ». Le premier cas d'ouverture vise aujourd'hui, de manière plus claire, toutes les hypothèses dans lesquelles « le tribunal arbitral s'est déclaré à tort compétent ou incompétent ». Le texte présente le mérite de préciser que le juge de l'annulation contrôle aussi bien la déclaration de compétence que l'incompétence du tribunal arbitral, ce qui consacre la jurisprudence sur ce point. En droit congolais, ce cas d'ouverture recouvre donc, comme auparavant, toutes les causes d'absence et de nullité de la convention d'arbitrage, qui ont, pour l'essentiel, déjà été envisagées lors de l'étude de la convention d'arbitrage et de l'instance arbitrale. Ne seront dès lors examinées ici que les principales hypothèses d'annulation de la sentence arbitrale en application du texte précité. En revanche, il apparaît aujourd'hui plus logique de fonder l'annulation de la sentence pour dépassement du délai conventionnel d'arbitrage sur l'article 1492.3°, qui vise le non-respect de sa

---

[132] Paris, 30 mars 2006, Rev. arb. 2006, P. 484

mission par le tribunal arbitral, alors qu'avant la réforme de 2011, ce cas d'annulation était rattaché à l'article 1484.1°, qui, on l'a vu visait l'absence de convention d'arbitrage, la convention nulle ou expirée. En effet, l'expiration de la convention d'arbitrage correspond précisément à l'hypothèse d'une sentence rendue après expiration du délai dans lequel les arbitres devaient exercer leur mission. En revanche, le tribunal arbitral qui statue hors délai ne se déclare pas à tort incompétent, puisqu'il y a bien une convention d'arbitrage.

Paragraphe 2. Absence de convention d'arbitrage

248. Ce cas est envisagé par la plupart des règlements d'arbitrage (GICAM, CAC, CACI, CEMACO). La nullité de la sentence peut d'abord être sollicitée pour absence de toute convention d'arbitrage. C'est le cas lorsqu'une partie n'a pas consenti à cette convention, qu'elle ne lui est pas opposable ou lorsque son consentement a été vicié. Le grief est cependant difficile à établir dès lors que la volonté des parties de recourir à l'arbitrage est interprétée en faveur de ce mode de règlement des différends. La nullité de la sentence pour absence de convention d'arbitrage vise ensuite l'hypothèse dans laquelle la convention existe mais ne couvre pas le litige tranché par la sentence. La nullité de la convention d'arbitrage peut aussi être la conséquence de l'inarbitrabilité du litige. Ainsi, la nullité de la sentence peut-être sollicitée sur le fondement de l'article 1492.1° du Code de procédure civile lorsque le tribunal arbitral s'est prononcé sur l'une des matières sur lesquelles « on ne peut compromettre » en application de l'article 2060 du Code civil (divorces, séparation de corps, contestations intéressant les collectivités publiques, certaines matières qui intéressent au plus près l'ordre public). La sentence peut aussi être annulée parce que le litige relève de la compétence exclusive d'une juridiction étatique. Par exemple, le tribunal arbitral ne peut statuer sur les contestations nées d'une procédure collective ou sur lesquelles cette procédure exerce une influence, qui relève de la compétence exclusive du tribunal de cette procédure.

N'est ainsi pas arbitrable un litige qui serait relatif à l'ouverture de la procédure collective, à l'une ou l'autre des nullités de la période suspecte ou encore aux sanctions légales encourues par les dirigeants sociaux. Dans ces hypothèses, la convention d'arbitrage est d'ailleurs manifestement inapplicable, au sens de l'article 1448 du Code de procédure civile. En droit congolais, sous peine d'exposer sa sentence à l'annulation, le tribunal arbitral ne peut pas non plus connaître des litiges qui relèvent de la compétence exclusive du tribunal du travail. Ainsi, la clause compromissoire conclue avant la rupture du contrat de travail a été jugée nulle, les parties au contrat conservant tout de même la possibilité de compromettre après cette rupture. Plus récemment, il a été décidé par la Cour de cassation que lorsqu'elle est insérée dans un contrat de travail

international, la clause compromissoire est inopposable au salarié. En matière interne, la sentence rendue sur le fondement d'une telle clause, si le salarié n'a pas accepté de participer à l'arbitrage, peut donc être déclarée nulle en application de l'article 1492.1° du Code de procédure civile.
La convention d'arbitrage n'est pas valable lorsqu'elle ne respecte pas les conditions de forme posées par les articles 1443 du Code de procédure civile, s'agissant de la clause compromissoire, et 1445 du même code pour le compromis. La sentence peut donc être annulée quand la clause compromissoire n'a pas de support écrit au sens de l'article 1443 précité, étant observé qu'il avait déjà été jugé, avant la réforme du 13 janvier 2011, que ce texte « ne régit ni la forme ni l'existence des stipulations qui, se référant à ce « document écrit » font la convention des parties ». Elle peut aussi être annulée lorsque le compromis ne précise pas suffisamment l'objet du litige et que la sentence n'expose pas les prétentions respectives des parties.[133]

Section 17. Appréciation de la compétence ou de l'incompétence du tribunal arbitral par le juge

249. La cour d'appel saisie d'un recours en annulation dispose d'un très large pouvoir pour contrôler, en fait comme en droit, si le tribunal arbitral a commis une erreur d'appréciation relativement à sa compétence. Comme l'a jugé la Cour de cassation, « le juge de l'annulation contrôle la décision du tribunal arbitral sur sa compétence, qu'il se soit déclaré compétent ou incompétent, en recherchant tous les éléments de droit ou de fait permettant d'apprécier la portée de la convention d'arbitrage et d'en déduire les conséquences sur le respect de la mission confiée aux arbitres ». Cette solution doit-être approuvée parce qu'elle est la contrepartie de la politique de faveur faite à l'arbitrage par l'application du principe de Compétence-Compétence : sauf nullité ou inapplicabilité manifeste de la convention d'arbitrage, le tribunal arbitral statue en priorité sur sa compétence ; il est normal qu'ensuite, le juge contrôle sa décision de manière approfondie. Le juge de l'annulation doit donc vérifier concrètement l'existence et la validité de la convention d'arbitrage, et ce même lorsqu'une précédente décision judiciaire a jugé qu'elle n'était pas manifestement nulle ou manifestement inapplicable. Là encore, c'est simplement la logique du contrôle résultant de l'effet négatif du principe « Compétence-Compétence », qui postule que c'est au tribunal arbitral de statuer en priorité sur sa compétence, le juge ne pouvant se substituer à lui. On sait que par exception, la juridiction étatique saisie peut trancher le litige lorsque la convention d'arbitrage est manifestement nulle ou manifestement inapplicable. Mais si elle se déclare incompétente au motif que la convention n'est pas manifestement nulle ou

[133] Paris, 6 nov. 1997, Rev. arb. 1998, P. 706, obs. Y. Derain

manifestement inapplicable, l'autorité de la chose jugée attachée à cette décision n'interdit pas, ensuite, au juge chargé du contrôle *a posteriori* de la sentence, de l'annuler parce que la convention d'arbitrage est effectivement nulle ou que le litige tranché par le tribunal arbitral n'entre pas dans son périmètre. Les deux instances n'ont de toute façon pas le même objet, ce qui interdit d'invoquer l'autorité de la chose jugée de la première décision : celle engagée initialement devant le juge du contrôle tend à obtenir l'annulation de la sentence. De plus, l'absence de nullité ou d'inapplicabilité « manifeste » de la convention d'arbitrage, compte tenu de la façon dont celle-ci est appréciée par le juge, n'implique pas sa validité. Cette position est défendue par les juridictions congolaises, camerounaises, ivoiriennes et béninoises.

Section 18. Irrégularité de constitution du tribunal arbitral

Paragraphe 1. Griefs visés par l'article 1490.2° du Code de procédure civile

250. L'article 1484.2° ancien du Code de procédure civile précisait que le recours en annulation était ouvert « si le tribunal arbitral a été irrégulièrement composé ou l'arbitre unique irrégulièrement désigné », ce qui recouvrait les cas d'irrégularité de constitution du tribunal arbitral. Le nouvel article 1492.2° du Code de procédure civile est plus précis, puisqu'il prévoit que le recours est ouvert si « le tribunal arbitral a été irrégulièrement constitué ». Ce cas d'annulation permet de sanctionner toutes les irrégularités survenues dans la constitution du tribunal arbitral, qui peuvent être divisées en deux catégories principales : les irrégularités affectant la personne de l'arbitre et celles relatives aux modalités de sa désignation.

Paragraphe 2. Irrégularités affectant la personne de l'arbitre

251. En droit OHADA, à côté de l'hypothèse marginale, dans laquelle la sentence pourrait être annulée parce que l'arbitre finalement désigné par un tiers n'est pas celui nommément choisi par les parties, elle encourt principalement l'annulation si ne sont pas respectées les règles prescrites par le Code de procédure civile pour la constitution du tribunal arbitral. Ainsi, la sentence ne doit pas être rendue par un tribunal composé d'arbitres en nombre pair. A défaut, puisque l'article 1451, alinéa 1, du Code de procédure civile prévoit que le tribunal arbitral « est constitué d'un ou plusieurs arbitres en nombre impair », elle peut-être annulée. La sentence encourt aussi l'annulation si elle a été rendue par un tribunal arbitral composé d'une personne morale, puisque l'article 1450, alinéa 1, du Code de procédure civile dispose que « la mission d'arbitre ne peut-être exercée que par une personne physique ». Elle peut également être annulée lorsque l'un des arbitres n'avait pas le plein exercice de ses droits ou lorsqu'il ne pouvait exercer la fonction d'arbitre en raison d'une incompatibilité professionnelle. De même encore, sous réserve que soient respectées certaines conditions déjà étudiées, une partie à l'arbitrage peut obtenir l'annulation de la sentence lorsqu'elle prouve l'absence d'indépendance ou d'impartialité de l'un des arbitres. Et pour établir la dépendance dans laquelle se trouve un arbitre par rapport à l'une des parties au litige, une mesure d'expertise peut-être sollicitée du juge de l'annulation. Celui-ci peut notamment désigner un expert avec pour mission de se faire communiquer le nombre de procédures arbitrales dans lesquelles une partie a désigné la personne en cause en qualité d'arbitre ou le nombre de contrats signés par elle dans lesquels elle a proposé cette personne en qualité d'arbitre.[134]

Paragraphe 3. Irrégularités relatives aux modalités de désignation du tribunal arbitral

252. Au Congo, aux Comores et au Cameroun, la sentence encourt aussi l'annulation si la volonté des parties n'a pas été respectée dans les modalités de désignation du tribunal arbitral. Elle peut notamment être annulée lorsque la convention d'arbitrage prévoit que le dépassement du délai fixé pour la désignation des arbitres entraîne, soit la caducité de la convention, soit la forclusion. Elle est également susceptible d'être annulée si l'institution chargée d'organiser l'arbitrage n'a pas respecté son propre règlement au moment de la constitution du tribunal arbitral. De même encore, la sentence peut-être mise à néant par la cour d'appel si le juge d'appui qui a désigné l'un des arbitres n'a pas été régulièrement saisi en la forme des référés, mais par voie de requête, ou si l'arbitre a été désigné par lettre simple alors que la convention d'arbitrage prévoyait une désignation par voie de lettre recommandée. La sentence est également annulée si l'ordonnance du juge d'appui ayant désigné l'arbitre, qui a statué, a été ensuite annulée par une cour d'appel. Au Sénégal et au Burkina Faso, la méconnaissance du principe d'égalité des parties dans la désignation des arbitres expose aussi la sentence à l'annulation.

Section 19. Non-respect par le tribunal arbitral de la mission qui lui avait été confiée

Paragraphe 1. Griefs visés par l'article 1492.3° du Code de procédure civile

253. Selon ce texte, le recours en annulation est ouvert « si le tribunal arbitral a statué sans se conformer à la mission qui lui avait été confiée ». La sanction est d'évidence : puisque le pouvoir juridictionnel du tribunal arbitral résulte, en partie au moins, de la volonté des parties, il est tenu de

[134] Paris, 16 mai 2002 et 2 avr. 2003, Rev. arb. 2003 P. 126 note. E. Gaillard

respecter la mission qu'elles lui ont confiée, dans son étendue comme dans ses modalités. Cette exigence s'impose d'autant plus que l'arbitrage est soumis aux principes directeurs des articles 4 et 5 du Code de procédure civile. En application de ces textes, ce sont les litigants qui déterminent l'objet de la décision du tribunal arbitral, celui-ci ne pouvant sortir du cadre ainsi tracé. Compte tenu de la formulation très large on a pu craindre que son utilisation conduise parfois à une révision au fond de la sentence. Il a cependant été constaté que le juge n'avait pas succombé à cette tentation et que le recours en annulation était souvent écarté au motif que sous couvert d'une méconnaissance de sa mission par l'arbitre, il était en réalité reproché à celui-ci d'avoir commis une erreur de droit ou dénaturé les faits. En définitive, correctement appréhendé, le non-respect par le tribunal arbitral de la mission qui lui avait été confiée recouvre principalement trois situations : lorsqu'il a excédé les pouvoirs qui lui ont été confiés par les parties, quand il a méconnu l'étendue des demandes qui lui ont été soumises et quand il a statué après l'expiration du délai d'arbitrage.

Paragraphe 2. La méconnaissance des pouvoirs conférés au tribunal arbitral par les parties

254. En droit OHADA, une telle méconnaissance peut se traduire au regard du fond du litige et de la procédure arbitrale. Ainsi, pour autant que le grief ait été soulevé en temps utile, le tribunal arbitral peut notamment se voir reprocher de n'avoir pas respecté la mission qui lui avait été confiée lorsqu'il a rendu sa sentence en équité, alors qu'il ne s'était pas vu conférer le pouvoir de statuer comme amiable compositeur. Le juge peut en effet contrôler, au titre de la mission du tribunal arbitral, l'étendue de ses pouvoirs de statuer en droit ou comme amiable compositeur. Pour que la sentence soit annulée, le requérant doit cependant prouver que le tribunal arbitral s'est effectivement prononcé en fonction des considérations d'équité. Il n'en est pas ainsi lorsque la référence à l'équité conforte simplement la solution résultant de l'application de la règle de droit. L'annulation n'est donc encourue que si la solution retenue par la sentence n'est « pas équivalente à celle qui résulterait d'une application de la loi ». Les expressions employées par l'arbitre, telles que « équité », « équitable » ou « juste », ne constituent alors que des indices de ce qu'il a statué en équité. Au Congo et au Cameroun, le seul fait, par exemple, que le tribunal arbitral considère comme « judicieux et équitable » d'accueillir une demande de condamnation n'établit pas que les arbitres se sont comportés comme des amiables compositeurs. A l'inverse, la sentence peut aussi être annulée si le tribunal arbitral qui a reçu la mission de statuer en qualité d'amiable compositeur ne recherche pas une solution conforme à l'équité.
Le grief visé par l'article 1492.3° du Code de procédure civile peut également être accueilli lorsque le tribunal refuse ouvertement d'appliquer

les règles de procédure arrêtées par les parties. Sous réserve du respect des principes directeurs du procès visés par l'article 1464, alinéa 2, du Code de procédure civile, et de quelques règles éparses figurant également parmi les dispositions de ce mode qui sont propres à l'arbitrage, celles-ci sont en effet libres de fixer les règles de la procédure arbitrale. Le tribunal arbitral doit alors les respecter, au moins lorsqu'elles ont été déterminées dans la convention d'arbitrage, celui-ci conservant éventuellement le pouvoir de s'en écarter quand elles ont été définies par lui avec les parties une fois l'instance engagée. De toute façon, quelle que soit la conception que l'on se fait du rôle du tribunal arbitral et des parties dans la conduite de l'instance, la sentence qui traduit un refus d'appliquer une règle de procédure ne peut-être annulée qu'à charge pour la partie qui sollicite cette annulation de prouver le grief que lui a causé l'irrégularité ou, plus précisément, que celle-ci a eu une incidence sur l'issue du litige.

Paragraphe 3. La méconnaissance de l'étendue des demandes des parties

255. En droit OHADA, l'*infra petita,* qu'il convient de bien distinguer du défaut de motif, ne constitue pas un cas d'ouverture du recours en annulation d'une sentence arbitrale interne. Le tribunal arbitral, sous réserve de pouvoir encore être réuni, dispose en effet du pouvoir de réparer son omission de statuer sur un chef de demande. En revanche, la sentence peut-être annulée si le tribunal arbitral a statué *ultra petita,* c'est-à-dire sur une chose non demandée. Il ne peut en effet accorder plus que ce qui a été demandé, même lorsqu'il se prononce en qualité d'amiable compositeur. Au Cameroun, au Congo et en Côte d'Ivoire, pour apprécier l'existence de ce vice, le juge doit donc se pencher sur les demandes des parties et non sur les pièces de la procédure, qui ne fixent pas l'étendue du litige. La sentence pourra par exemple être annulée lorsque le tribunal arbitral a indemnisé un dommage dont aucune des parties n'avait sollicité la réparation, lorsqu'il a prononcé, sans en être requis, une condamnation au profit d'une partie étrangère à l'arbitrage ou lorsqu'il a assorti une condamnation à une obligation de faire d'une astreinte, sans demande en ce sens. Il méconnaît également l'étendue des demandes des parties s'il sanctionne l'attitude dilatoire de l'une d'elles alors que le compromis d'arbitrage limitait sa mission au règlement de sommes dues entre les litigants au vu de comptes de liquidation.
En revanche, puisque la fixation du montant des honoraires ne fait pas partie de l'objet du litige mais relève du contrat d'arbitre, la sentence n'encourt pas l'annulation pour violation de l'article 1492.3° du Code de procédure civile simplement parce que le tribunal arbitral a fixé les honoraires en méconnaissance d'un barème prévu par le règlement d'arbitrage applicable. Il a aussi, un temps, été jugé que, sur le fondement de l'article 1153-1 du Code civil, le tribunal arbitral peut accorder des intérêts légaux sur les créances qu'il liquide même lorsqu'il n'a été saisi d'aucune demande en ce

sens, et que, ce faisant, il ne statuait pas *ultra petita.* Mais plus récemment, la cour d'appel de Paris paraît être revenue sur cette solution, au motif qu'en raison de l'origine conventionnelle de la mission du tribunal arbitral, celui-ci « doit s'efforcer de conserver à la procédure son caractère consensuel en s'informant auprès des parties sur les contours de sa mission qui résultent de leur volonté ».[135]

Paragraphe 4. Expiration du délai d'arbitrage

256. Le cas envisagé est celui dans lequel le tribunal arbitral était dépourvu de trancher le litige au moment où il a rendu la sentence, parce que le délai d'arbitrage était expiré. Auparavant, dans une telle hypothèse, la sentence était annulée sur le fondement de l'article 1484.1° du Code de procédure civile, qui envisageait précisément l'hypothèse d'une convention « expirée ». Depuis la réforme du 13 janvier 2011, pour autant que les parties n'aient pas renoncé à invoquer ce moyen ou consenti, ne serait-ce que tacitement, à une prorogation du délai d'arbitrage, la sentence rendue après l'expiration du délai légal ou conventionnel peut-être annulée sur le fondement de l'article 1492.3° du même code, pour non-respect de sa mission par le tribunal arbitral. Et pour déterminer si la sentence a été rendue sur une convention expirée, le juge devra prendre en considération les éventuelles causes de suspension et d'interruption de l'instance arbitrale.

Section 20. Non-respect du principe de la contradiction

Paragraphe 1. Griefs visés par l'article 1492.4° du Code de procédure civile

257. Le non-respect du principe de la contradiction par le tribunal arbitral constitue un cas d'ouverture du recours en annulation. Il est directement lié à l'aspect juridictionnel de la mission confiée à ce dernier par les parties parce qu'il est inhérent à la fonction de juger. Ceci explique d'ailleurs qu'il figure au rang des principes directeurs du procès que le tribunal arbitral doit toujours respecter en application de l'article 1464, alinéa 2, du Code de procédure civile, même lorsqu'il statue en qualité d'amiable compositeur. Il a toutefois été admis que les parties puissent renoncer à se prévaloir de ce vice. L'étude des différentes incidences de ce principe sur l'arbitrage ayant déjà été conduite au moment de celle des principes directeurs du procès applicables à l'instance arbitrale, il convient, pour l'essentiel, d'y renvoyer. La méconnaissance du principe justifie l'annulation de la sentence sur le fondement de l'article 1492.4° du Code de procédure civile, qui prévoit en ce sens que le recours en annulation est ouvert si « le principe de la

[135] Paris, 30 juin 2005, Rev. arb. 2006, P. 687, note R. Libchaber. P. Raoul-Duval, Intérêts moratoires : vers une remise en cause du pouvoir des arbitres ? Gaz.Pal, 15 déc. 2005, P. 11

contradiction n'a pas été respecté ». En droit congolais, il faut simplement rappeler, à ce stade, qu'en substance, le principe de la contradiction oblige le tribunal arbitral à : informer le défendeur des demandes formées à son encontre pour qu'il puisse participer aux débats, présenter ses moyens de défense et, le cas échéant, ses demandes reconventionnelles ; veiller à ce que toutes les parties puissent utilement faire valoir leurs prétentions et moyens et puissent soumettre leurs éléments de preuve, celles-ci devant notamment pouvoir bénéficier de suffisamment de temps pour préparer leur défense avant que le tribunal arbitral ne statue ; veiller à ce que les parties se communiquent mutuellement, à un moment leur permettant encore d'organiser leur défense, leurs demandes, les moyens qui les fondent et les pièces sur lesquelles elles s'appuient ; ne retenir , dans la sentence, que les moyens, explications et les documents invoqués ou produits par les parties que si celles-ci ont été à même d'en débattre contradictoirement ; ne pas poursuivre des investigations à l'insu des parties ; ne pas se fonder sur un moyen soulevé d'office sans avoir au préalable recueilli les observations des parties. C'est la solution qui ont adopté la plupart des législations des pays membres de l'OHADA ;

Section 21. Sentence contraire à l'ordre public

Paragraphe 1. Contenu de l'ordre public visé à l'article 1492.5° CPC

258. L'article 1492.5° du Code de procédure civile prévoit l'annulation de la sentence arbitrale lorsqu'elle « est contraire à l'ordre public ». Une sentence arbitrale doit donc être conforme à l'ordre public. La jurisprudence semble opérer, en matière interne, un contrôle de cette conformité très similaire à celui qu'elle exerce en matière d'arbitrage international, malgré la formulation différente des articles 14592.5° du Code de procédure civile. Bien entendu, le contenu de l'ordre public interne ne correspond pas à celui de l'ordre public international. De nombreuses règles qui relèvent de l'ordre public interne, ne sont, en revanche, pas d'ordre public international. Cependant, s'agissant de l'étendue du contrôle opéré par le juge à cet égard, les solutions semblent relativement identiques. Les décisions relatives au contrôle du respect par la sentence de l'ordre public étant principalement rendues en matière internationale, la question sera essentiellement étudiée dans ce cadre. On se bornera ici à évoquer quelques points.
L'ordre public visé par l'article 1492.5° du Code de procédure civile a, d'une part, une dimension procédurale et, d'autre part, une dimension substantielle. Aussi, la contrariété d'une sentence à l'ordre public pourra tenir aux conditions dans lesquelles elle a été élaborée, par exemple en cas de méconnaissance du principe d'égalité des parties ou du principe de la contradiction, ou de sentence obtenue par fraude. A cet égard, le grief visé à l'article 1492.5° se confond parfois avec celui visé par d'autres dispositions,

et notamment l'article 1492.4°. La contrariété à l'ordre public pourra également relever du fond du litige et être constituée par la violation d'une règle d'ordre public, comme celles régissant les recours en matière de procédures collectives. Ceci étant, pour que le respect de l'ordre public par la sentence soit garanti, encore faut-il que le juge se donne les moyens d'opérer un contrôle réel en la matière. Or, sur ce point, l'ordre public procédural semble faire l'objet de plus d'attention que l'ordre public de fond de la part de la jurisprudence.

Paragraphe 2. Portée du contrôle du respect de l'ordre public

259. En droit congolais, s'agissant de l'ordre public de fond, la jurisprudence a décidé, en matière internationale, que « s'agissant de la violation de l'ordre public international, seule la reconnaissance ou l'exécution de la sentence est examinée par le juge de l'annulation au regard de la compatibilité de sa solution avec cet ordre public, dont le contrôle se limite au caractère flagrant, effectif et concret de la violation alléguée ». Ce faisant, la jurisprudence, au nom de l'interdiction de révision au fond de la sentence par le juge de l'annulation, est conduite à n'opérer qu'un contrôle illusoire, limité aux seules apparences de conformité, ou aux seules évidences de contrariété, de la sentence arbitrale à l'ordre public international. Cette solution est très certainement également valable en matière interne. Certes, il existe une différence de vocabulaire entre l'article 1492.5. du Code de procédure civile, applicable au contrôle des sentences en matière d'arbitrage interne, et l'article 1520.5° du même code, applicable aux sentences étrangères et à celles rendues en matière internationale, comme déjà auparavant entre les articles 1484.6° et 1502.5°, qui pourrait justifier une différence de traitement. En effet, l'article 1492.5° prévoit l'annulation de la sentence lorsque « la sentence est contraire à l'ordre public », alors que l'article 1520.5° n'envisage l'annulation ou le refus de reconnaissance de la sentence que si « la reconnaissance ou l'exécution de la sentence est contraire à l'ordre public international ». Le premier texte pourrait ainsi inviter à un contrôle différent de celui envisagé par le second. Il pourrait sembler impliquer un contrôle de la sentence elle-même, et donc de la bonne application par l'arbitre de la règle d'ordre public, là où le second ne paraît s'attacher qu'à la situation résultant de la reconnaissance ou de l'exécution de la sentence.

Aussi, un argument textuel pourrait militer pour le maintien d'un contrôle plus approfondi en matière d'arbitrage interne. Toutefois, comme certains auteurs l'ont parfaitement démontré, la jurisprudence avait, déjà sous l'empire des textes antérieurs, fondu les deux textes pour n'en retenir qu'une seule et même interprétation. Par ailleurs, l'orientation jurisprudentielle vers un contrôle restreint semble tellement influencée par une certaine philosophie de l'arbitrage et, plus généralement, par des raisons qui valent tant pour l'arbitrage international que pour l'arbitrage interne, qu'il y avait fort à parier que la Cour de cassation applique sa solution libérale à ce dernier. De fait, comme en matière internationale, la jurisprudentielle décide que le contrôle opéré sur le fondement de l'article 1492.5° du Code de procédure civile est « exclusif de tout pouvoir de révision au fond » et n'est pas destiné à réparer un « mal-jugé de l'arbitre, dont les parties ont pris le risque ». De même, la Cour de cassation a précisé que « le contrôle de la cour d'appel doit porter non sur la qualification que les arbitres ont donnée de la convention liant les parties, même s'il est prétendu que celle-ci est régie par des dispositions d'ordre public, mais sur la solution donnée au litige, l'annulation n'étant encourue que dans la mesure où cette solution heurte l'ordre public ». En droit OHADA, comme en matière internationale, c'est donc l'interdiction de la révision au fond des sentences arbitrales qui devrait justifier, aux yeux de la jurisprudence, un contrôle extrêmement allégé de la conformité de la sentence à l'ordre public. Aussi, les critiques qui peuvent être adressées à cette justification seront exposées dans le cadre de l'étude de l'arbitrage international.

S'agissant de l'absence de contrariété à l'ordre public procédural, la jurisprudence récente semble au contraire de plus en plus exigeante, ce qui marque un contraste certain avec son attitude quant au contrôle de la conformité de la sentence à l'ordre public de fond. Ainsi, elle a annulé, pour violation du principe du contradictoire et de l'ordre public procédural, la sentence par laquelle le tribunal arbitral avait fondé l'indemnisation d'un préjudice sur la perte de chance, et non sur le gain manqué invoqué par les parties, sans interroger au préalable celles-ci sur ce changement de fondement juridique conduisant à une modification de l'indemnisation réclamée. De manière plus frappante encore, la jurisprudence se montre stricte quant à la sanction de la fraude procédurale. Elle considère que lorsqu'est alléguée une fraude procédurale, constituée notamment de manœuvres de l'une des parties ayant surpris la religion du tribunal arbitral, le contrôle du juge sur la sentence ne se limite pas au caractère flagrant, effectif et concret de la violation de l'ordre public, mais doit porter sur « l'ensemble des circonstances susceptibles de caractériser la fraude alléguée, sans que puisse être utilement opposé le moyen tiré de la prohibition de la révision au fond des sentences, dès lors que la contestation porte précisément sur l'altération, par les manœuvres d'une partie, de l'appréciation des faits à laquelle se sont livrés les arbitres »[136].

De même, la jurisprudence n'hésite pas, au nom de l'ordre public procédural, à remettre en cause les dispositions d'un règlement d'arbitrage accepté par les parties. Dans un arrêt du 17 novembre 2011, la cour d'appel de Paris a en effet sanctionné une règle qui se trouve dans de nombreux règlements d'arbitrage et qui permet au centre d'arbitrage d'écarter l'examen

---

136 Paris, 1er juill. 2010, JCPG 2010, 1286, n°5, obs. J. Ortscheidt

des demandes principales ou reconventionnelles si celles-ci ne sont pas accompagnées du versement des provisions d'arbitrage correspondantes.[137] La cour a annulé la sentence arbitrale rendue après application de cette règle ayant conduit le tribunal arbitral à ne pas examiner les demandes reconventionnelles non provisionnées formulées par une partie tombée en redressement puis en liquidation judiciaire. Pour la cour, en faisant application de cette règle, le tribunal arbitral a violé le principe du droit d'accès à la justice, qui « implique qu'une personne ne puisse être privée de la faculté concrète de faire trancher ses prétentions par un juge » sauf restrictions proportionnées aux nécessités d'une bonne administration de la justice, et celui d'égalité entre les parties, qui serait rompu « si le défendeur, autorisé seulement à répliquer aux prétentions adverses, se trouvait privé de la faculté de soumettre au tribunal des demandes reconventionnelles liées par un lien suffisant de connexité aux demandes principales et de nature à lui permettre, le cas échéant, sa libération par la compensation entre créances réciproques ».

Section 22. Défaut de motif, de date, du nom des arbitres et de signature de la sentence et sentence non rendue à la majorité

Paragraphe 1. Griefs visés par l'article 1492.6° du Code de procédure civile

260. Avant la réforme du 13 janvier 2011, l'article 1484.5° du Code de procédure civile ouvrait le recours en annulation « dans tous les cas de nullité prévus à l'article 1480 ». Il était donc procédé par renvoi à l'article 1480, qui renvoyait lui-même à plusieurs textes, puisqu'il précisait que « les dispositions des articles 1471 (alinéa 2), 1472, en ce qui concerne le nom des arbitres et la date de la sentence, et 1473 sont prescrites à peine de nullité ». La sentence pouvait donc être annulée quand elle n'était pas motivée, lorsqu'elle ne mentionnait pas le nom des arbitres et sa date et quand elle n'était pas signée par tous les arbitres. Si le décret n°2011-48 du 13 janvier 2011 n'a pas modifié ces cas de nullité de la sentence arbitrale, il a très largement amélioré la lisibilité du texte, puisqu'il n'est plus procédé par renvois successifs à des textes pour déterminer quelles sont les causes d'annulation de la sentence. Le nouvel article 1492.5° du Code de procédure civile précise en effet que le recours en annulation est ouvert si « la sentence n'est pas motivée ou n'indique pas la date à laquelle elle a été rendue ou le nom du ou des arbitres qui l'ont rendue ou ne comporte pas la ou les signatures requises ou n'a pas été rendue à la majorité des voix ». Il faut aussi rappeler qu'il est aujourd'hui possible de sauver une sentence affectée de ces irrégularités formelles, puisque le nouvel article 1483 du Code de

[137] Paris, 17 nov. 2011. Sté Licensing Pojets, D. 2011, 2.3023, obs. Th. Clay

procédure civile précise que « l'omission ou l'inexactitude d'une mention destinée à établir la régularité de la sentence ne peut entraîner la nullité de celle-ci s'il est établi, par les pièces de la procédure ou par tout autre moyen, que les prescriptions légales ont été, en fait observées ».

Paragraphe 2. Le défaut de motif

261. Sauf le cas, au demeurant discutable, où il dispose d'un pouvoir discrétionnaire, le tribunal arbitral doit motiver sa sentence, qu'il statue en droit ou en équité, même si la motivation est parfois réduite à sa plus simple expression dans l'arbitrage de qualité. A moins de totalement vider cette obligation de son contenu, si elle peut-être implicite, la motivation de sa décision par le tribunal arbitral devrait toujours être adéquate, intelligible et exempte de contradiction. Au Congo, l'étendue du contrôle exercé par le juge, dans son acception actuelle, ne permet cependant pas de s'assurer que le tribunal arbitral a correctement rempli son office à cet égard. Certes, la cour d'appel saisie s'assure parfois que la motivation de la sentence est adéquate, c'est-à-dire en rapport avec l'objet du litige tel qu'il résulte des demandes respectives des parties. Mais ce contrôle n'est pas systématique et le plus souvent, la cour refuse de vérifier la cohérence du raisonnement suivi par le tribunal arbitral, sa pertinence ou son caractère convaincant, au motif que le contenu de la sentence échappe à son contrôle. Au Sénégal et au Burkina Faso, c'est cette raison également qui est aujourd'hui invoquée pour refuser de sanctionner une sentence affectée d'une contradiction des motifs qui affecte une sentence arbitrale, dont le principal est tiré de ce qu'elle ne constitue pas un défaut de motifs mais caractérise une erreur de droit du tribunal arbitral. Il n'en demeure pas moins qu'une telle contradiction, si elle traduit peut-être une erreur de raisonnement sous-jacente, révèle au premier chef un vice de motivation tenant à l'inintelligibilité de la sentence. La sentence est hermétique, incompréhensible, parce que les raisons exprimées sont contradictoires. Elle devrait donc pouvoir être annulée. Il faut encore ajouter qu'en l'état de la jurisprudence, le juge prétextant de ce que le contenu de la sentence échappe à son contrôle, repousse souvent le grief tiré d'un défaut de motif dès lors qu'il existe matériellement une motivation.[138]

Paragraphe 3. Le défaut de mention du nom des arbitres, de leur signature ou de la date de la sentence

262. Ces mentions sont imposées par les articles 1480 et 1481 du Code de procédure civile. La sentence peut dès lors être annulée lorsque n'y figurent pas le nom de l'un des arbitres, la signature de l'un d'entre eux alors qu'il n'est pas précisé qu'il a refusé de signer ou la date à laquelle elle a été

[138] Paris 11 mars 2004, Rev. arb. 2004, P. 453

rendue. Et il a été jugé que le requérant n'a pas à démontrer que le vice affectant la sentence lui cause un grief au motif que « la sentence arbitrale ayant le caractère d'une décision juridictionnelle, la nullité résultant du défaut d'indication de sa date n'est pas soumise aux dispositions applicables à la nullité des actes de procédure ».[139]

Section 23. Les pouvoirs de la cour d'appel

Paragraphe 1. Sens de la décision

263. La cour d'appel peut déclarer le recours irrecevable, le rejeter au fond ou annuler la sentence soumise à son examen. Statistiquement, l'annulation est rare puisque contrairement au juge de la régularité ne contrôle pas le bien-fondé de la solution rendue. Cette tendance au rejet s'explique aussi par la réduction progressive du contrôle exercé. Lorsque le recours est rejeté, la sentence se voit conférer l'exequatur et un nouveau recours en annulation ne peut plus être formé à son encontre. Ainsi, lorsque la cour d'appel a rejeté le recours formé contre une sentence partielle, l'auteur de ce recours est irrecevable à remettre en cause cette sentence au moment du recours en annulation dirigé contre la sentence définitive. Quand le juge du contrôle envisage d'accueillir le grief d'annulation qui lui est présenté, trois questions principales peuvent se poser quant à ses pouvoirs. La première tient à l'éventuelle incidence d'une décision définitive du juge d'appui qui a précédemment écarté le grief avancé au soutien du recours en annulation. Les deux autres relatives, respectivement, au pouvoir de la cour de moduler l'étendue de la nullité de la sentence et à celui de statuer sur le fond du litige.

Section 24. L'incidence d'une décision définitive antérieure du juge d'appui

Paragraphe 1. Autorité de la décision définitive du juge d'appui

264. Le juge d'appui peut-être saisi au début de l'instance pour trancher une difficulté de constitution du tribunal arbitral ou, en cours de procédure, pour proroger la durée de la mission de l'arbitre. Il se prononce alors par voie d'ordonnance assortie de l'autorité de la chose jugée. Mais en principe, cette autorité, attachée à la décision du juge d'appui de confirmer la désignation d'un arbitre, de rejeter une demande de récusation, d'annuler par la suite la sentence, motif pris que l'arbitre était partial ou que le délai de l'arbitrage était déjà expiré lorsqu'il a été prorogé. Techniquement en effet, la demande formée devant la cour d'appel n'a pas le même objet que celle dont a été préalablement saisi le juge d'appui : la première tend à l'annulation de la

[139] Civ 2e 9 nov. 2000, n°98- 21399

sentence alors que l'objet de la seconde est la constitution du tribunal arbitral, la récusation d'un arbitre ou la prolongation du délai de l'arbitrage. Or il ne peut y avoir d'autorité de la chose jugée lorsque les demandes ont des objets différents. La cour d'appel de Paris a cependant une analyse différente. Elle considère en effet que la décision du juge d'appui qui a irrévocablement statué sur une demande de récusation, constaté que le délai de l'arbitrage n'est pas expiré et, plus largement, s'est prononcé sur la durée de la mission des arbitres s'impose à la cour d'appel saisie d'un recours en annulation de la sentence. Pour cette juridiction, l'intervention du juge étatique a réglé ces contestations et consacré la régularité du tribunal arbitral. La justification de la solution, délicate au regard des principes gouvernant la chose jugée, peut sans doute être puisée dans l'effet attaché à la décision du juge d'appui. Celle-ci a modifié l'ordonnancement juridique et le juge saisi en second doit tenir compte de cette modification. Il faut aussi noter que la cour d'appel de Paris réserve tout de même l'hypothèse de la révélation d'éléments nouveaux postérieurement à l'ordonnance du juge d'appui, permettant de solliciter l'annulation de la sentence malgré l'ordonnance rendue.[140]

Section 25. L'étendue de la nullité

Paragraphe 1. Nullité totale ou partielle de la sentence

265. Par nature, certaines irrégularités affectent la sentence en son entier. L'annulation prononcée par le juge ne peut alors qu'être totale, ne laissant rien subsister de la décision de l'arbitre. Il en est ainsi quand le tribunal arbitral s'est déclaré à tort compétent ou incompétent, s'il a été irrégulièrement constitué ou lorsque la sentence n'indique pas sa date, le nom des arbitres ou n'est pas signée par eux. Mais hors ces hypothèses, le juge n'est pas toujours contraint d'annuler totalement la sentence entachée de l'un des vices énoncés à l'article 1492 du Code de procédure civile. L'annulation peut-être partielle en cas de défaut de motif, de méconnaissance par l'arbitre de la mission qui lui avait été conférée, de violation du principe de la contradiction ou d'une règle d'ordre public, puisque ces irrégularités peuvent ne concerner que l'un des points litigieux tranchés par l'arbitre. Il est ainsi admis que le juge peut annuler un chef de la sentence lorsqu'il est divisible des autres chefs. Le juge peut, par exemple, annuler la sentence uniquement en ce qu'elle a fixé à une certaine date le point de départ des intérêts, accordé des sommes supérieures à celles réclamées ou prononcé une astreinte.[141]

---

[140] Paris 3 mars 2005, Rev. arb. 2006, P. 446, note P. Calté, Paris, 6 avr. 1990, Rev. arb. 1990, P. 880, note M. de Boisséon

[141] Paris, 15 mai 2008, Rev. arb. 2008, P. 830

Paragraphe 2. Annulation par voie de conséquence

266. Parmi les règles propres à l'arbitrage, ne figure aucune disposition identique à celle de l'article 625, alinéa 2, du Code de procédure civile, qui prévoit que la cassation « entraîne, sans qu'il y ait lieu à une nouvelle décision, l'annulation par voie de conséquence de toute décision qui est la suite, l'application ou l'exécution du jugement cassé ou qui s'y rattache par un lien de dépendance nécessaire ». Le recours en annulation formé contre une première sentence n'emporte donc pas recours en annulation contre une sentence ultérieure. Ainsi, même si une sentence partielle statuant sur la compétence ou sur le principe de la responsabilité a été annulée pour l'un des griefs énoncés à l'article 1492 du Code de procédure civile, l'annulation de la sentence définitive n'en découle pas automatiquement. Il est nécessaire de saisir à nouveau le juge de l'annulation pour qu'il la prononce. En droit OHADA, l'annulation d'une sentence partielle, rendue par exemple sur la compétence du tribunal arbitral, a aussi des effets sur l'arbitrage. Il existe des hypothèses dans lesquelles l'annulation d'une sentence entraîne la nullité d'une autre sentence. D'abord, si le recours contre une sentence rectifiée est accueilli, il prive d'objet la sentence rectificative. Ensuite, de la même manière, puisque la sentence interprétative s'incorpore à la sentence interprétée, l'annulation de la seconde prive la première de son existence.

Section 26. Le fond du litige

Paragraphe 1. Arbitrage judiciaire

267. Avant la réforme intervenue par le décret du 12 mai 1980, lorsque la cour d'appel accueillait un appel-nullité, création prétorienne, elle se bornait à annuler la sentence sans trancher le litige sur le fond. Pour accélérer la procédure, dissuader les éventuels recours dilatoires et afin d'offrir une issue raisonnable en cas d'échec de la procédure arbitrale, au moment de créer le recours en annulation, le décret précité a complété son dispositif par l'article 1485 du Code de procédure civile, qui disposait que « lorsque la juridiction saisie d'un recours en annulation annule la sentence arbitrale, elle statue sur le fond dans les limites de la mission de l'arbitre sauf volonté contraire de toutes les parties ». La règle a été reprise, presque mot pour mot, par le décret n°2011-48 du 13 janvier 2011. Le nouvel article 1493 du Code de procédure civile dispose en effet « lorsque la juridiction annule la sentence arbitrale, elle statue sur le fond dans les limites de la mission de l'arbitre sauf volonté contraire de toutes les parties ». En droit OHADA, sous certaines conditions, tenant au sens de sa décision et à la volonté des parties, le juge de la régularité de la sentence se voit confier le soin de trancher le fond du litige alors même que la voie de l'appel a été préalablement exclue. Il ne s'agit pas d'une évocation du litige par la cour d'appel qui a annulé la sentence puisque, précisément, ce litige a déjà été tranché par un juge. Une fois la sentence annulée, le litige est dévolu à la cour, en droit comme en fait, quelle que soit la convention d'arbitrage, l'article 1493 précité n'opérant aucune distinction entre la clause compromissoire et le compromis. La juridiction étatique se substituant au tribunal arbitral, on peut qualifier la procédure instituée devant elle de véritable « arbitrage judiciaire ».[142]

Paragraphe 2. Dévolution du litige et causes d'annulation de la sentence

268. La connaissance du fond du litige suppose l'annulation préalable de la sentence par la cour d'appel. Logiquement, la dévolution est partielle lorsque la sentence est annulée partiellement. Quand elle n'annule que certains chefs de la sentence, la cour d'appel ne peut donc statuer sur l'ensemble des contestations tranchées par le tribunal arbitral. On s'est aussi interrogé sur la compétence de la cour d'appel, pour statuer sur le fond du litige, lorsque l'annulation de la sentence est la conséquence de l'absence, de la nullité ou de l'expiration de la convention d'arbitrage, soit, sous l'empire des nouveaux textes, lorsque le tribunal arbitral s'est déclaré à tort compétent ou incompétent. Dans cette hypothèse, en effet, il a déjà été jugé que l'annulation de la sentence privait la saisine de la cour de cassation qui, dans un arrêt rendu le 1er décembre 1993, a relevé, sous l'empire de l'ancien article 1485 du Code de procédure civile, « que la cour d'appel qui annule la sentence arbitrale statue sur le fond dans les limites de la mission de l'arbitre, sauf volonté contraire de toutes les parties, en cas d'annulation de la sentence pour absence de convention d'arbitrage, la cour d'appel, lorsqu'elle est saisie de conclusions des parties, statue sur le fond ». Sous réserve que les parties ne s'y opposent pas, la cour d'appel est donc tenue sur le fond dès qu'elle annule la sentence arbitrale, quel que soit le motif de cette annulation.[143]

Paragraphe 3. Volonté contraire des parties

269. Le pouvoir de statuer sur le fond du juge de la régularité reste en effet dans la dépendance de la volonté des parties, qui peuvent préférer recourir à nouveau à l'arbitrage pour résoudre leur litige, ou saisir la juridiction du premier degré qui eût été compétente à défaut de convention d'arbitrage. Ce choix procédural doit cependant être unanime. Selon l'article 1493 du Code de procédure civile, la cour d'appel statue sur le fond si toutes les parties ont exprimé la volonté contraire. Le refus d'une seule d'entre elles est dès lors insuffisant. Cette décision des litigants d'interdire au juge de statuer sur le

---

[142] E. Loquin, note sous Paris 7 juill. 1987, préc. spéc. P. 305

[143] Civ. 2e 8 juill. 2004, Bull. civ. II, n°350, pour l'annulation de la rétractation de l'ordonnance du juge d'appui qui avait désigné un arbitre

fond, en cas d'annulation de la sentence, peut intervenir, indifféremment, au moment de la conclusion de la convention d'arbitrage, pendant l'instance arbitrale, après le prononcé de la sentence ou même au cours de l'instance engagée devant la cour d'appel. Dans le silence des parties, lorsque le requérant n'a pas conclu au fond, le juge invite d'ailleurs parfois les parties à s'exprimer sur cette question.[144]

Paragraphe 4. Procédure

270. Devant la cour d'appel, une fois la sentence annulée et que la cour doit se prononcer sur le fond du litige, ce sont les règles de procédure en matière contentieuse qui sont applicables. L'article 1495 du Code de procédure civile y renvoie d'ailleurs. Aussi, au-delà de la double limite à son office constituée par la convention d'arbitrage et par les demandes portées devant le tribunal arbitral, la cour d'appel ne peut, en plus, que statuer sur celles de ces demandes qui lui sont à nouveau soumises. A défaut, elle exposerait son arrêt à la cassation au visa des articles 4 et 5 du Code de procédure civile. La cour instruit et statue sur le fond du litige en fonction de ses propres règles de procédure, même si des éléments de la procédure arbitrale peuvent être utilement invoqués. En principe en effet, l'annulation est limitée à la sentence. Elle n'affecte pas les actes accomplis antérieurement par le tribunal arbitral, qui subsistent. Ainsi, le rapport d'expertise déposé avant la sentence annulée, en exécution d'une sentence intérimaire définitive, demeure valable. La cour d'appel pourra donc le prendre en considération. En droit OHADA, le juge étant tenu par ses propres règles de procédure, il peut, dans un même arrêt, annuler la sentence et statuer sur le fond. Mais si l'une des parties n'a pas conclu sur le fond, il doit l'inviter à la faire afin que soit respecté le principe de la contradiction. En conséquence, le plus souvent, la cour d'appel annule la sentence et statue sur le fond par deux arrêts distincts, renvoyant l'affaire à la mise en état dans la première de ses décisions pour que les parties concluent sur le fond.

Il faut noter que si, après avoir annulé une sentence, malgré l'absence de volonté commune contraire des parties pour qu'elle statue sur le fond, la cour d'appel ne tranche pas le litige, son arrêt n'est pas nécessairement entaché d'une omission de statuer. Tout dépend des demandes qui lui avaient été soumises par les parties puisque c'est au regard de celles-ci qu'il convient d'apprécier si le juge a statué *infra petita.* Ainsi, lorsqu'après l'annulation de la sentence, les parties n'ont formulé aucune demande sur le fond devant la cour d'appel, la requête en omission de statuer présentée devant elle pour qu'elle se prononce sur le fond ne peut-être accueillie. Dans cette hypothèse, si la dévolution est certes automatique en l'absence de volonté contraire de toutes les parties, en s'abstenant de statuer sur le fond,

---

[144] Paris, 9 sept. 2004, Rev. arb. 2005, P. 215

la cour d'appel a commis une erreur de droit, qui peut le cas échéant être sanctionnée par la Cour de cassation. En revanche, si les parties ont formulé devant elle des demandes sur le fond, la cour d'appel, qui n'a pas statué sur le fond, peut valablement être saisie d'une requête de l'article 463 du Code de procédure civile.

Paragraphe 5. Etendue de la mission de la cour d'appel

271. En droit OHADA, la mission de la cour d'appel, une fois la sentence annulée, est identique à celle confiée par les parties au tribunal arbitral. Le recours en annulation n'est pas, comme pour l'appel de droit commun, une voie d'achèvement. La mission de la cour d'appel est dès lors d'abord délimitée, matériellement, par la convention d'arbitrage. Pour apprécier précisément l'étendue de sa mission, elle doit donc se pencher sur cette convention. Et, quand les parties sont liées par une clause compromissoire, la mission du juge d'annulation, comme avant lui celle du tribunal arbitral, est fixée par les prétentions respectives des parties formulées au cours de l'instance. Les termes du débat ne résultent pas directement de la convention d'arbitrage, même si les demandes formées pendant l'instance doivent, quant à leur objet, demeurer dans les limites de la clause compromissoire. La mission du juge de l'annulation est donc également fonction des demandes incidentes additionnelles ou reconventionnelles des parties. Celle-ci ne peut-être modifiée que par des demandes incidentes qui se rattachent « aux prétentions originaires par un lien suffisant de dépendance ». En revanche, en présence d'un compromis, les demandes incidentes ne sont recevables qu'avec l'accord de toutes les parties. Cela dit, la mission de la cour d'appel est aussi encadrée par les demandes formées devant le tribunal arbitral. Autrement dit, la cour ne peut connaître aucune demande qui n'a pas d'abord été soumise au tribunal arbitral, alors même qu'elle entrerait dans le champ de la convention d'arbitrage. Enfin, la mission de la cour est également fonction de l'objet du recours en annulation. Ainsi, si c'est une sentence interprétative qui a été annulée, sa mission consistera à interpréter la première sentence si celle-ci est ambiguë. De plus, la cour ne peut pas se prononcer sur des demandes ayant fait l'objet d'une sentence arbitrale dont la validité n'était pas soumise à son appréciation. Et si le tribunal arbitral devait statuer en qualité d'amiable compositeur, le juge est également tenu de se prononcer en cette qualité.[145]

[145] Paris, 22 mai 2001, Rev. arb. 2002, p. 614

Section 27. Les voies de recours extraordinaires

272. Deux voies de recours extraordinaires, dépourvues d'effet suspensif sur son exécution, sont ouvertes contre la sentence arbitrale. D'abord, si la sentence n'est pas susceptible de pourvoi en cassation ou d'opposition, selon l'article 15010 du Code de procédure civile, elle peut toujours « être frappée de tierce opposition » (§1). Cette voie de recours est très rarement utilisée puisqu'en raison de l'effet relatif de la chose jugée, la sentence ne préjudicie pas aux tiers. Beaucoup plus nombreux sont les recours en révision exercés contre les sentences arbitrales, ouverts par l'article 1502 du Code de procédure civile (§2).

Paragraphe 1. La tierce opposition contre la sentence

273. Conditions. L'article 1501 du Code de procédure civile ne dit rien des conditions d'ouverture de la tierce opposition contre la sentence. Il énonce seulement que « la sentence arbitrale peut-être frappée de tierce opposition devant la juridiction qui eût été compétente à défaut d'arbitrage, sous réserve des dispositions du premier alinéa de l'article 588 ». Il est cependant admis que ce recours est soumis aux conditions énoncées par l'article 583 de ce code, ce qui peut au demeurant s'induire de la réserve que fait l'article 1501 aux dispositions de l'article 588, alinéa 1er, du même code s'agissant de la compétence du juge. La tierce est donc ouverte à toute personne qui y a un intérêt et qui n'a été ni partie, ni représentée à la sentence. En droit congolais, les créanciers et ayants cause d'une partie peuvent cependant former tierce opposition à la sentence rendue en fraude de leurs droits ou s'ils invoquent des moyens qui leur sont propres. En principe donc, un véritable tiers à l'arbitrage peut exercer une tierce opposition. La partie défaillante, c'est-à-dire celle qui a régulièrement été appelée à l'instance parce qu'elle était liée par la convention d'arbitrage, mais qui a refusé d'y participer, ne doit pas être autorisée à former tierce opposition contre la sentence rendue à son détriment. Seules les voies de recours ordinaires lui sont ouvertes. De même, la tierce opposition n'est pas ouverte à toutes les parties représentées, au sens du droit commun, que la représentation soit d'origine légale ou conventionnelle. Sauf les exceptions tirées de la fraude et du moyen personnel, prévues par l'article 583 précité, ni l'ayant cause à titre universel ou particulier, ni le créancier chirographaire, ni le codébiteur solidaire, ni la caution ne peuvent donc former tierce opposition contre une sentence arbitrale.

274. Procédure. L'article 1501 du Code de procédure civile prévoit que la juridiction compétente pour statuer sur la tierce opposition est celle « qui eût été compétente à défaut d'arbitrage », en réservant les dispositions de l'article 588, alinéa 1, soit le cas de la tierce opposition incidente. Dans cette hypothèse, en application de ce dernier texte, le juge compétent est en effet celui saisi de la contestation principale. La tierce opposition à titre principal peut-être exercée dans le délai de trente ans à compter de la sentence, alors que la tierce opposition incidente peut-être formée sans limitation de temps. Par exception, la tierce opposition n'est recevable que dans un délai de deux mois pour tous ceux qui ont reçu notification de la sentence, sous réserve que celle-ci précise, de manière très apparente ce délai et les modalités de ce recours. Par dérogation aux dispositions relatives à la suspension de l'exécution provisoire de la sentence, le juge saisi de la tierce opposition dispose aussi du pouvoir de suspendre l'exécution de la sentence frappée de tierce opposition. En outre, en cas d'indivisibilité à l'égard de plusieurs parties à la sentence attaquée, il faut qu'elles soient toutes appelées à l'instance. A défaut, la tierce opposition est irrecevable.

275. En effet. La tierce opposition « remet en question relativement à son auteur les points jugés qu'elle critique pour qu'il soit à nouveau statué en fait et en droit ». Mais « la décision qui fait droit à la tierce opposition ne rétracte ou ne réforme » la sentence attaquée « que sur les chefs préjudiciables au tiers opposant ». La dévolution s'opère donc en fait et en droit sur la seule partie du litige intéressant le tiers opposant. C'est pourquoi, en principe, la sentence « conserve ses effets entre les parties, même sur les chefs annulés ». Par exception toutefois, « la chose jugée sur tierce opposition l'est à l'égard de toutes les parties appelées à l'instance en application de l'article 584 ».

QUATRIEME PARTIE. LES INSTITUTIONS DE MEDIATION

CHAPITRE 1. L'ARBITRAGE AU CAC DE LA REPUBLIQUE DEMOCRATIQUE DU CONGO

276. En République démocratique du Congo, l'arbitrage est une technique juridique de règlement pacifique des différends en dehors du circuit judiciaire. Il consiste à soumettre un litige, né ou à naître, entre deux ou plusieurs parties, à la juridiction d'un tiers, l'arbitre, indépendant des parties et impartial, lequel tranche le litige en application des règles de droit et des usages qui lui sont applicables. L'arbitre rend alors une décision, appelée sentence arbitrale, qui à force obligatoire entre les parties, ce qui signifie qu'elle s'impose à elles, et met fin au litige. Organisé en droit congolais par le décret du 7 mars 1960, l'arbitrage n'a pas connu l'essor que le législateur semblait lui prédestiner, notamment en raison du manque de structures organisées pour y accéder. Le CAC (Centre d'Arbitrage du Congo) est venu pallier cette carence, à un moment où l'arbitrage est non seulement en pleine expansion de par le monde, mais aussi prend un essor particulier en Afrique en tant qu'outil de la sécurité juridique, de l'incitation à l'investissement et de développement des affaires notamment sous le couvert de l'OHADA, auquel la RDC vient d'adhérer. L'objectif du CAC est de favoriser le recours à l'arbitrage en mettant à la disposition de toutes les parties intéressées une procédure rapide, souple et efficace. Ainsi, le règlement d'arbitrage proposé par le Centre d'Arbitrage du Congo se caractérise par :

- la souplesse de ses règles de procédure auxquelles les parties sont étroitement associées, qu'il s'agisse de la saisine du Centre, de la désignation des arbitres ou de la rédaction et du prononcé de la sentence dans un esprit total de justice et d'équité ;
- la liste des arbitres indépendants, impartiaux et qualifiés, sélectionnés parmi les praticiens du droit et des opérations commerciales et financières, les anciens magistrats, professeurs d'université, dirigeants d'entreprise, etc, de l'étendue de leur mission qui permet d'appliquer à chaque litige une procédure à sa mesure, en l'adaptant aux questions à traiter et aux difficultés particulières de l'affaire.

Ce règlement est largement inspiré du règlement d'arbitrage de la CCJA (Cour Commune de Justice et d'Arbitrage de l'OHADA).

Clause type d'arbitrage. *Tous différends qui viendraient à se produire à propos de la validité, de l'interprétation, de l'exécution ou de l'inexécution, de l'interruption ou de la résiliation du présent contrat seront soumis à l'arbitrage d'un ou plusieurs arbitres nommés conformément au règlement d'arbitrage du Centre d'arbitrage du Congo auquel les parties déclarent adhérer.*

CHAPITRE 2. ADHÉSION AU RÈGLEMENT

277. Les parties sont tenues à l'application des dispositions du présent règlement, soit par la signature d'une convention d'arbitrage contenant désignation du Centre d'Arbitrage du Congo pour l'organisation de l'arbitrage, soit par adhésion volontaire au présent règlement, soit en cas de désignation du Centre par une juridiction étatique.[146]

Section 1. Dispositions générales

278. Le Centre d'Arbitrage du Congo ne tranche pas lui-même les différends. Son rôle consiste à nommer ou confirmer les arbitres conformément aux dispositions ci-après à moins que les parties n'y aient dérogé en tout ou en partie en tenant compte du caractère spécifique de chaque différend.
Les différends peuvent être tranchés par un arbitre unique ou par trois arbitres. Dans les articles suivants, l'expression « arbitre » ou « tribunal arbitral » vise indifféremment le ou les arbitres.[147]

Section 2. Choix des arbitres

279. Lorsque les parties sont convenues que le différend sera tranché par un arbitre unique, elles peuvent le désigner d'un commun accord pour confirmation par le Centre. Faute d'entente entre les parties dans le délai de trente jours à partir de la notification de la demande d'arbitrage à l'autre partie, l'arbitre sera nommé par le Centre d'Arbitrage du Congo. Lorsque trois arbitres ont été prévus, chacune des parties, dans la demande d'arbitrage et dans la réponse à celle-ci, désigne un arbitre indépendant dont la qualité fera l'objet de confirmation par le Centre d'Arbitrage du Congo. Si l'une des parties s'abstient, la nomination est faite par le Centre d'Arbitrage du Congo. Le troisième arbitre qui assume la présidence du Tribunal arbitral est nommé par le Centre d'Arbitrage du Congo, à moins que les parties aient prévue que les arbitres qu'elles ont désignés devaient faire choix du troisième arbitre dans un délai déterminé. Dans ce dernier cas, il appartient au Centre de confirmer le troisième arbitre. Si à l'expiration du délai fixé par les parties ou imparti par le Centre, les arbitres désignés par les parties n'ont pu se mettre d'accord, le troisième arbitre est nommé par le Centre. Si les parties n'ont pas fixé de commun accord le nombre des arbitres, le Centre d'Arbitrage nomme un arbitre unique, à moins que le différend ne lui paraisse justifier la désignation de trois arbitres. Dans ce dernier cas, les

146 Art. 1er
147 Art. 2

parties disposeront d'un délai de trente jours pour procéder à la désignation des arbitres.[148]

Section 3. Indépendance, récusation et remplacement des arbitres

280. Tout arbitre ou confirmé par le Centre d'Arbitrage du Congo doit être et demeurer indépendant des parties en cause. Avant sa nomination ou sa confirmation par le Centre, l'arbitre pressenti fait connaître par écrit au secrétariat général du Centre les faits ou circonstances qui pourraient être de nature à mettre en cause son indépendance dans l'esprit des parties. Dès réception de cette information, le Centre communique par écrit aux parties et leur fixe un délai pour faire connaître leurs observations éventuelles. L'arbitre fait connaître immédiatement par écrit au Centre et aux parties, les faits et circonstances de même nature qui surviendraient entre sa nomination ou sa confirmation par le Centre, et la notification de la sentence finale. La demande de récusation, fondée sur une allégation de défaut d'indépendance ou sur tout autre motif, est introduite par l'envoi au Centre d'Arbitrage du Congo d'une déclaration écrite précisant les faits et circonstances sur tout autre motif, est introduite par l'envoi au Centre d'Arbitrage du Congo d'une déclaration écrite précisant les faits et circonstances sur lesquels est fondée cette demande. Cette demande doit être reçue au Centre à peine de forclusion, soit dans les trente jours suivant la réception par les parties de la notification de la nomination ou de la confirmation de l'arbitre par le Centre, soit dans les trente jours suivant la date à laquelle la partie introduisant la récusation a été informée des faits et circonstances qu'elle évoque à l'appui de sa demande de récusation, si cette date est postérieure à la notification susvisée.
Le Centre d'Arbitrage se prononce sur la recevabilité, en même temps que, s'il y a lieu, sur le bien-fondé de la demande de récusation, après avoir mis l'arbitre concerné, les parties et les autres membres du tribunal arbitral s'il y en a, en mesure de présenter leurs observations par écrit dans un délai approprié. Il y a lieu à remplacement d'un arbitre lorsque celui-ci est décédé, lorsque le Centre a admis sa récusation, ou lorsque sa démission a été acceptée par le Centre. Il y a également lieu à remplacement d'un arbitre lorsque le Centre d'Arbitrage du Congo constate qu'il est empêché de jure ou facto d'accomplir sa mission, ou qu'il ne remplit pas ses fonctions conformément au Règlement ou dans les délais impartis. Lorsque sur le fondement d'informations portées à sa connaissance le Centre d'Arbitrage du Congo envisage l'application de l'alinéa précédent, il ne se prononce qu'après avoir communiqué par écrit ces informations à l'arbitre concerné, aux parties et aux membres du tribunal arbitral s'il y en a, et après les avoirs mis en mesure de présenter leurs observations par écrit dans un délai

---

[148] Art. 3

approprié. Dans tous les cas de remplacement d'un arbitre, il est procédé conformément aux dispositions de l'article 3 ci-dessus. Sitôt reconstitué, le tribunal arbitral détermine, après avoir invité les parties à faire connaître leurs observations, si et dans quelle mesure la procédure antérieure sera reprise. Le Centre statue sans recours sur la nomination, la confirmation, la récusation ou le remplacement d'un arbitre. Les motifs des décisions concernant la nomination, la confirmation, la récusation, ou le remplacement d'un arbitre au cas où il ne remplit pas ses fonctions conformément au règlement ou dans les délais impartis, ne sont pas susceptibles de communication aux parties.[149]

Section 4. Introduction de la procédure

Paragraphe 1. Demande d'arbitrage

281. Toute partie désirant avoir recours à l'arbitrage du Centre d'Arbitrage du Congo adresse sa demande en double au secrétariat du Centre en même temps qu'une consignation équivalent au montant du droit prévu pour l'introduction des instances dans le barème des frais annexé au présent Règlement.
La date de réception de la demande par le secrétariat du Centre constitue, en toute hypothèse, celle d'introduction de la procédure d'arbitrage.
La demande contient notamment les indications suivantes :
- les noms, prénoms, qualités, raison sociales, adresse de toutes les parties ;
- un exposé sommaire des prétentions du demandeur ;
- les conventions intervenues et notamment la convention d'arbitrage et les documents ou renseignements de nature à établir clairement les circonstances de l'affaire ;
- toutes indications utiles concernant le nombre des arbitres et leur choix.

Le Centre communique une copie de la demande et des pièces y annexées à la partie défenderesse pour réponse.[150]

Paragraphe 2. Réponse à la demande

282. La partie défenderesse doit, dans un délai de trente jours au plus à dater de la réception de cette communication, se prononcer sur les propositions qui auront été formées concernant le nombre des arbitres, de même qu'exposer les moyens de défense et fournir ses pièces. La partie défenderesse pourra exceptionnellement demander une prolongation du délai pour exposer ses moyens de défense et fournir ses pièces. Toutefois, la demande de prolongation de délai devra contenir la réponse de la partie défenderesse aux

---

[149] Art. 4
[150] Art. 5

propositions qui auront été formulées concernant le nombre des arbitres et leur choix, ainsi qu'éventuellement une désignation d'arbitre. A défaut, le Centre d'Arbitrage du Congo procédera à la mise en œuvre de l'arbitrage conformément au Règlement. Copie de la réponse et des pièces annexes, s'il y en a, est communiquée à la partie demanderesse pour information.[151]

Paragraphe 3. Demande reconventionnelle

283. La partie défenderesse qui désire formuler une demande reconventionnelle devra en saisir le Centre d'arbitrage en même temps qu'elle le saisira de ses moyens de défense, ainsi qu'il est prévu à l'article 6. La partie demanderesse peut, dans un délai de trente jours à partir de la communication de cette demande reconventionnelle, présenter une note en réponse.[152]

Paragraphe 4. Absence de convention d'arbitrage

284. Lorsque, *prima facie*, il n'existe entre les parties aucune convention d'arbitrage, ou lorsqu'il existe une convention ne visant pas le Centre d'Arbitrage du Congo, si la partie défenderesse ne répond pas dans le délai de trente jours visé à l'article 6 (1), ou décline l'arbitrage du Centre d'Arbitrage du Congo, la partie demanderesse est informée de la clôture de la procédure.[153]

Section 5. Effet de la convention d'arbitrage

285. Lorsque les parties conviennent d'avoir recours à l'arbitrage du Centre d'Arbitrage du Congo, elles se soumettent par la même au présent Règlement et au barème des frais d'arbitrage, dans leur rédaction en vigueur à la date de l'introduction de la procédure d'arbitrage indiquée à l'article 5 ci-dessus. Si l'une d'entre elles refuse ou s'abstient de participer à l'arbitrage, celui-ci a lieu, nonobstant ce refus ou cette abstention. Si l'une des parties soulève un ou plusieurs mayens relatifs à l'existence ou à la validité de convention d'arbitrage, le Centre d'Arbitrage du Congo, ayant constaté *prima facie* ou du bien-fondé de ces moyens, que l'arbitrage aura lieu. Dans ce cas, il appartiendra à l'arbitre de prendre toutes décisions sur sa propre compétence. Sauf stipulation contraire, la prétendue nullité ou inexistence alléguée du contrat n'entraîne pas l'incompétence de l'arbitre s'il retient la validité de la convention d'arbitrage. Il reste compétent, même en cas d'inexistence ou de nullité du contrat, pour déterminer les droits

---

[151] Art. 6
[152] Art. 7
[153] Art. 8

respectifs des parties et statuer sur leurs demandes et conclusions. Les parties peuvent, avant la remise du dossier à l'arbitre et exceptionnellement après, demander à toute judiciaire des mesures provisoires ou conservatoires, sans pour cela contrevenir à la convention d'arbitrage qui les lie et sans préjudice du pouvoir réservé à l'arbitre quant à ce. Pareille demande, ainsi que les mesure prises par l'autorité judiciaire, devront être portées sans délai à la connaissance du Centre d'Arbitrage du Congo qui en informera l'arbitre.[154]

Section 6. Notifications ou communications écrites et délais

286. Tous mémoires, correspondances et notes écrites présentés par les parties, ainsi que toute pièce annexe, doivent être fournis en autant d'exemplaires qu'il y a d'autres parties, plus un pour chaque arbitre et un autre pour le secrétariat du Centre d'Arbitrage du Congo. Toutes les notifications ou communications émanant du Centre ou de l'arbitre sont valablement faites si elles sont remises contre reçu ou expédiées par lettre recommandée à l'adresse ou à l'adresse ou à la dernière adresse connue de la partie qui en est destinataire, telle que communiqué par celle-ci ou par l'autre partie selon le cas. La notification ou la communication valablement faite est considéré comme acquise quand elle a été reçue par l'intéressé ou aurait dû être reçue par l'intéressé ou par son représentant. Les délais fixés dans le présent Règlement ou dans le règlement intérieur du Centre commencent à courir le jour suivant celui où une notification précédente. Lorsque, au lieu où lieu la notification ou la communication a été considérée comme faite à une certaine date, le jour suivant celle-ci a est un jour férié ou non ouvrable, le délai commence à courir le premier jour ouvrable suivant délais. Si le dernier jour du délai imparti est jour férié ou jour non ouvrable au lieu où la notification ou la communication a été considérée comme faite, le délai expire à la fin du premier jour ouvrable suivant.[155]

Section 7. Frais de l'arbitrage

Paragraphe 1. Nature et montant des frais de l'arbitrage

287. Les frais de l'arbitrage comprennent les honoraires et frais éventuels de l'arbitre ainsi que les frais administratifs fixés par le Centre d'Arbitrage du Congo, conformément au barème annexé au présent règlement. Ceux-ci sont déterminés par le Secrétariat du Centre en fonction du montant total des demandes principales et reconventionnelles, conformément au barème pour frais d'arbitrage en vigueur au moment de la date du début de l'arbitrage.

---

[154] Art. 9
[155] Art. 10

Les autres frais ou dépenses liés à l'arbitrage, tels que les honoraires et frais des experts en cas d'expertise ainsi que les frais normaux exposés par les parties pour leur défense, ne sont pas comprises dans les frais d'arbitrage. Le tribunal arbitral peut prendre des décisions sur ces frais ou dépenses. Si les circonstances de l'espèce le rendent exceptionnellement nécessaire, le Centre peut fixer les honoraires de l'arbitre à un montant supérieur ou inférieur à ce qui résulterait de l'application du barème.[156]

Paragraphe 2. Provision pour frais de l'arbitrage

288. Le Centre d'Arbitrage du Congo fixe le montant de la provision susceptible de couvrir les frais d'arbitrage entraînés par les demandes dont elle est saisie. Au cas où, indépendamment de la demande principale, une ou plusieurs demandes reconventionnelles seraient formées, le Centre peut fixer des provisions distinctes pour la demande principale et pour la ou les demandes reconventionnelles. Les provisions sont dues par parts égales par le ou les demandeurs et le ou les défendeurs. Cependant, ce versement pourra être effectué en totalité par chacune des parties pour la demande principale ou la demande reconventionnelle au cas où l'autre partie s'abstiendrait d'y faire face. Le secrétariat peut subordonner la remise du dossier à l'arbitre au versement au Centre d'Arbitrage du Congo par les parties, ou d'entre elles, de tout ou partie de la provision. Lorsque l'acte de mission est transmis au Centre conformément aux dispositions de l'article 17, il aura à constater s'il a été satisfait aux demandes de provision. L'acte de mission, ne prendra effet et l'arbitre ne sera saisi que des demandes pour lesquelles la provision aura été versée au Centre d'Arbitrage du Congo.[157]

Section 8. Procédure arbitrale

Paragraphe 1. Remise du dossier à l'arbitre

289. Sous réserve des dispositions de l'article 12, le Centre remet à l'arbitre le dossier de l'affaire dès réception de la réponse du défendeur à la demande d'arbitrage, et au plus tard à l'expiration des délais fixés aux articles 6 et 7 ci-dessus pour la présentation de ces documents.[158]

Paragraphe 2. Règles applicables à la procédure

290. Les règles applicables à la procédure devant l'arbitre sont celles qui résultent du présent règlement et, dans le silence de ce dernier, celles que les

[156] Art. 11
[157] Art. 12
[158] Art. 13

parties ou à défaut l'arbitre, déterminent en se référant ou non à une loi interne de procédure applicable à l'arbitrage.[159]

Paragraphe 3. Loi applicable au fond

291. Les parties sont libres de déterminer le droit que l'arbitre devra appliquer au fond du litige. A défaut d'indication par les parties du droit applicable, l'arbitre appliquera la désignée par la règle de conflit qu'il jugera approprié en l'espèce. Dans tous les cas, l'arbitre tiendra compte des stipulations du contrat et des usages. L'arbitre reçoit les pouvoirs d'amiable compositeur si les parties sont d'accord pour les lui reconnaître.[160]

Paragraphe 4. Siège de l'arbitrage

292. A moins que les parties n'en aient convenues autrement, l'arbitrage se tient au siège du Centre d'Arbitrage du Congo.[161]

Section 9. Mission de l'arbitre

293. Après réception du dossier et avant de commencer l'instruction de la cause, l'arbitre établit, sur pièces ou en présence des parties et selon les derniers dires de celles-ci, un acte précisant sa mission. Il contiendra notamment les mentions suivantes :

- noms, prénoms, raison sociale, qualités des parties ;
- adresses des parties où pourront valablement être faites toutes notifications ou communications en cours de l'arbitrage ;
- exposé sommaire des prétentions des parties ;
- détermination des points litigieux à résoudre ;
- noms, prénoms, qualités et adresses de l'arbitre ;
- siège de l'arbitrage ;
- précisions relatives aux règles applicables à la procédure et, le cas échéant, mention des pouvoirs d'amiable compositeur de l'arbitre ;
- toutes autres mentions jugées utiles par le Centre ou par l'arbitre.

L'acte visé au paragraphe 1 ci-dessus doit être signé par les parties et par l'arbitre. Dans les deux mois de la remise qui lui aura été faite du dossier, l'arbitre communique au Centre d'Arbitrage du Congo l'acte signé par les parties et par lui-même. Le Centre peut, sur demande motivée de l'arbitre et au besoin d'office, prolonger ce délai s'il l'estime nécessaire. Si l'une des parties refuse de participer à l'établissement dudit acte ou de le signer, le Centre se prononce sur l'acte de mission en vue de l'approuver

[159] Art. 14
[160] Art. 15
[161] Art. 16

conformément aux paragraphes 1 et 5 du présent article. Le Centre impartit ensuite à la partie défaillante un délai pour signer ledit acte délai, à l'expiration duquel la procédure arbitrale se poursuivra et la sentence sera rendue. Lors de l'établissement de l'acte de mission, ou aussi rapidement qu'il est possible après celui-ci, l'arbitre, après consultation des parties, fixe dans un document séparé le calendrier prévisionnel qu'il entend suivre pour la conduite de la procédure et le communique au Centre et aux parties. Toute modification ultérieure de ce calendrier est communiquée au Centre et aux parties.[162]

Section 10. Instruction de la cause

294. L'arbitre instruit la cause dans les plus brefs délais par tous les moyens appropriés. Après examen des écrits des parties et des pièces versés par elles aux débats, l'arbitre entend contradictoirement les parties si l'une d'elles en fait la demande ; à défaut, il peut décider d'office leur audition. L'arbitre peut en outre décider d'entendre toute autre personne susceptible de l'éclairer sur les faits en litige en présence des parties ou celles-ci dûment appelées. Sur la demande de l'une des parties ou au besoin de son propre chef, l'arbitre en observant un délai convenable, cite les parties à comparaître devant lui au jour et au lieu et au lieu fixés et en informe le Centre d'Arbitrage du Congo. Si l'une des parties quoique régulièrement convoqué, ne se présente pas, l'arbitre, après s'être assuré que la convocation lui est parvenue, a le pouvoir à l'accomplissement de sa mission, les débats étant réputés contradictoires. Les parties comparaissant soit en personne soit par représentants dûment mandatés. Elles peuvent aussi assistées de conseils. L'arbitre peut statuer sur pièces si les parties le demandent ou l'acceptent. L'arbitre fixe la ou les langues de l'arbitrage en tenant compte des circonstances et notamment de la langue du contrat. Il peut, en cas de ouvertes aux personnes étrangères à la procédure.
L'arbitre règle le déroulement des audiences. Celles-ci sont contradictoires. Sauf accord de l'arbitre et des parties, elles ne sont pas ouvertes aux personnes étrangères à la procédure. Il peut nommer un ou plusieurs experts, définir leur mission, recevoir leurs rapports et ou les entendre.[163]

Paragraphe 1. Demandes nouvelles

295. Les parties peuvent formuler devant l'arbitre de nouvelles demandes reconventionnelles ou non, à condition que ces demandes restent dans le limites fixées par l'acte de mission visé à l'article 13 ou qu'elles fassent

[162] Art. 17
[163] Art. 18

l'objet d'un addendum à ce document qui sera signé par les parties et communiqué au Centre d'Arbitrage du Congo.[164]

Section 11. La sentence arbitrale

Paragraphe 1. Sentence d'accord des parties

296. Si les parties se mettent d'accord en cours de l'instruction du dossier devant l'arbitre, le fait est constaté par une sentence arbitrale rendue d'accord parties.[165]

Paragraphe 2. Délais

297. Le délai dans lequel l'arbitre doit rendre sa sentence est fixé à six mois. Une fois les conditions posées à l'article 12 satisfaites, ce délai commence à courir, soit du jour où la dernière signature de l'arbitre ou des parties est apposée sur l'acte visé à l'article 17. Le Centre peut, sur demande motivée de l'arbitre et au besoin d'office, prolonger ce délai s'il estime nécessaire. À défaut de prolongation, le Centre décidera des conditions dans lesquelles le litige recevra sa solution, au besoin après application des dispositions de l'article 4.[166]

Paragraphe 3. Décision par trois arbitres

298. Lorsque trois arbitres ont été désignés pour la composition du tribunal arbitral, la sentence est rendue à la majorité des voix, le président arbitral disposant d'une voix prépondérante.[167]

Paragraphe 4. Décision sur les frais de l'arbitrage

299. Outre la décision sur le fond, la sentence définitive de l'arbitre liquide les frais de l'arbitrage et décide à laquelle des parties le paiement en incombe ou dans quelle proportion ils sont partagés entre elles.[168]

---

[164] Art. 19
[165] Art. 20
[166] Art. 21
[167] Art. 22
[168] Art. 23

Paragraphe 5. Examen préalable de la sentence par le Centre d'Arbitrage du Congo

300. Avant de signer une sentence partielle ou définitive, l'arbitre doit en soumettre le projet au Centre d'Arbitrage du Congo. Celui-ci peut prescrire des modifications de forme. Il peut également, en respectant la liberté de décision de l'arbitre, appeler son attention sue des points intéressants le fond du litige. Aucune sentence ne peut être rendue sans avoir été approuvée en la forme par le Centre.[169]

Paragraphe 6. Prononcé de la sentence

300. La sentence arbitrale est réputée rendue au siège de l'arbitrage et au jour de sa signature par l'arbitre.[170]

Paragraphe 7. Notification de la sentence aux parties

301. La sentence rendue, le Centre en notifie le texte signé de l'arbitre aux parties après toutefois que les frais d'arbitrage auront été intégralement réglés au Centre d'Arbitrage du Congo par les parties ou par l'une d'entre elles. Des copies supplémentaires dûment certifiées conformes par le Secrétaire Permanent du Centre d'Arbitrage du Congo peuvent à tout moment être délivrées exclusivement aux parties qui en font la demande. Par le fait de la notification faite conformément au paragraphe 1, les parties renoncent à toute autre notification ou dépôt à la charge de l'arbitrage.[171]

Paragraphe 8. Caractère définitif et exécutoire de la sentence

302. La sentence rendue conformément aux dispositions du présent règlement a l'autorité définitive de la chose jugée. Les parties s'engagent à l'exécuter sans délai et renoncent à toutes voies de recours auxquelles elles peuvent prétendre. Toute partie qui y a intérêt pourra solliciter à ses frais du Président du tribunal compétent, une ordonnance rendant exécutoire la sentence arbitrale.[172]

Paragraphe 9. Dépôt de la sentence

303. Toute sentence rendue conformément au présent Règlement est déposée en original au secrétariat du Centre d'Arbitrage du Congo. L'arbitre et le

[169] Art. 24
[170] Art. 25
[171] Art. 26
[172] Art. 27

secrétariat du Centre prêtent leur concours aux parties pour l'accomplissement de toutes autres formalités pouvant être nécessaire et notamment du dépôt de la sentence au greffe du tribunal compétent.[173]

[173] Art. 28

CHAPITRE 2. L'ARBITRAGE A LA CHAMBRE DE COMMERCE ET D'INDUSTRIE DU BENIN (CCIB) ET LE CENTRE D'ARBITRAGE, DE MEDIATION ET DE CONCILIATION (CAMeC) DU BENIN

304. Le Centre d'Arbitrage, de Médiation et de Conciliation -CCIB, est un organe de la Chambre de Commerce et d'Industrie du Bénin, créé par le décret N°2003-347 du 1ER septembre 2003 portant approbation des statuts de la CCIB. Le CAMeC-CCIB est un organe mis à la disposition des femmes et hommes d'affaires, tant nationaux qu'étrangers pour le règlement amiable des différends commerciaux qui peuvent les opposer. Le CAMeC-CCIB est mis à la disposition des opérateurs économiques pour garantir au règlement des litiges.

Paragraphe 1. Clauses

305. Modèle de clause compromissoire aux fins de règlement des conflits par voies d'arbitrage tous les litiges auxquels la présente convention pourrait donner lieu seront définitivement réglés par voie d'industrie du Bénin (CAMeC-CCIB) conformément au Règlement d'arbitrage de ce Centre. Modèle de clause type ADR en cas de différend résultant du présent contrat ou s'y rapportant, les parties conviennent de se soumettre au règlement ADR du CAMeC-CCIB. Si le différend n'a pas été réglé dans le cadre dudit règlement dans un délai de 45 jours suivant le dépôt de la demande ADR ou dans tout autre délai dont les parties.

Section 1. Modèles de conventions d'arbitrage

306. Conformément aux dispositions de l'article 2.2 du règlement d'arbitrage du CAMeC, « la convention d'arbitrage désigne l'accord stipulé dans le contrat ou dans un document séparé, par laquelle les parties décident de soumettre à l'arbitrage un différend né ou à naître. Cette convention peut-être, soit une clause compromissoire, soit un compromis d'arbitrage ».

Paragraphe 1. Clause compromissoire

307. La clause compromissoire est une convention d'arbitrage que les parties ont introduite dans leur contrat, et par laquelle elles décident par avance et avant la naissance de tout litige entre elles, qu'en cas de différend, elles s'engagent à le soumettre à un ou à plusieurs arbitres conformément au règlement d'arbitrage du CAMeC-CCIB. On désigne par ''clause compromissoire par référence'', une disposition prévoyant l'organisation d'un arbitrage lorsqu'elle se trouve incluse dans un document extérieur que

le contrat principal désigne comme régissant leurs relations contractuelles. Bien que les parties n'aient pas signé le document de référence sur lequel figure la clause compromissoire, son acceptation se déduit de ce que les parties ont exécuté sans réserve le contrat principal qui y renvoyait.
Les parties contractantes sont invitées, soit à renvoyer l'exécution du contrat principal aux dispositions d'un autre document comportant une clause d'arbitrage, soit à insérer le modèle ci-après de clause compromissoire dans leurs contrats avant la signature : « Tous les litiges auxquels la présente convention pourrait donner lieu seront définitivement réglés par voie d'arbitrage organisé par le Centre d'arbitrage, de médiation et de conciliation de la Chambre de commerce et d'industrie du Bénin (CAMeC-CCIB) conformément au Règlement d'arbitrage de ce Centre ».

Paragraphe 2. Compromis d'arbitrage

308. Le compromis est le terme par lequel on désigne la convention d'arbitrage qui est conclue après la naissance d'un différend. Il peut être élaboré selon le modèle ci-après :
Entre les soussigné(e)s :
(Société/Etablissements X dont le siège est sis ...), représentée par M/Mme ... (sa qualité dans l'entreprise), dûment habilité en vertu de ... ;
Ci-après dénommée, « Demandeur à l'arbitrage », d'une part ;
Et (Société/Etablissements X dont le siège est sis ...), représentée par M/Mme ... (sa qualité dans l'entreprise), dûment habilité en vertu de ... ;
Ci-après dénommée, « Défendeur à l'arbitrage », d'autre part ;
Il a été convenu que le litige dont l'objet est ci-après exposé sera réglé par voie d'arbitrage organisé par le CAMeC-CCIB et conformément au règlement d'arbitrage de ce centre. Objet du litige :
(Exposé sommaire des prétentions des parties. Si les parties ne peuvent convenir d'un exposé conjoint, elles exposeront chacune leur propre version du litige).
La solution de ce litige sera soumise à un tribunal composé de ... (nombre d'arbitres).
En conséquence, les parties désignent de commun accord ... en qualité d'arbitre unique M. :.../Mme. :... Ou si les parties ont convenu d'un tribunal à trois arbitres :
- (Société X, représentée par M.../Mme...), désigne en qualité d'arbitre, M.../Mme..., demeurant à ...
- (Société Y, représentée par M.../Mme...) désigne en qualité d'arbitre, M.../Mme..., demeurant à ...
Le troisième arbitre sera désigné conformément aux dispositions du règlement d'arbitrage du CAMeC.
Mission du tribunal arbitral :

Le tribunal arbitral a pour mission de statuer sur le différend existant entre les parties notamment sur les points en litige suivants :
• sur la demande de M. A. …
• sur la demande de M. B. …
Siège de l'arbitrage :
Loi applicable à la procédure :
Loi applicable au fond du litige :
Au cas où les parties ne s'accorderaient pas sur certains points ci-dessus énumérés, le règlement d'arbitrage du CAMeC prévaudra en ses dispositions.
Fait en trois exemplaires, à ______________, le __________________
(Suivent les noms et signatures des parties)

Section 2. Dispositions générales

Paragraphe 1. Champ d'application du règlement

309. Le présent règlement d'arbitrage est celui du « Centre d'Arbitrage, de Médiation et de Conciliation » de la Chambre de Commerce et d'Industrie du Bénin, en abrégé, « Centre » ou « CAMeC-CCIB » ou « CAMeC » dont le siège et le Secrétariat Permanent sont à : Immeuble KODEIH, 2ème étage, GANHI, 01B.P.
Le présent règlement organise l'arbitrage des litiges soumis au CAMeC-CCIB qui pourraient survenir à l'occasion des contrats conclus dans le cadre des relations d'affaires et de tout ce qui s'y rattache. Les parties peuvent déroger à tout ou partie du présent règlement par convention écrite notifiée au Secrétariat Permanent ou à l'occasion de la réunion d'élaboration du Procès-verbal constatant l'objet de l'arbitrage et fixant le déroulement de la procédure arbitrale.[174]

Paragraphe 2. Définition des termes

310. L'arbitrage désigne la technique visant à faire donner la solution d'une question, intéressant les rapports entre deux ou plusieurs personnes, par une ou plusieurs autres personnes –l'arbitre ou les arbitres- lesquelles tiennent leurs pouvoirs d'une convention privée et statuent sur la base de cette convention, sans être investies de cette mission par l'Etat. La convention d'arbitrage désigne la convention stipulée dans le contrat ou dans un document séparé, par laquelle les parties décident de soumettre à l'arbitrage un différend né ou à naître. Cette convention peut être, soit une clause compromissoire, soit un compromis d'arbitrage. Dans le présent règlement,

[174] Art. 1

le tribunal arbitral est également désigné par l'expression ‘‘l'arbitre ‘‘. Le litige peut être tranché par un arbitre unique ou par trois arbitres.[175]

Paragraphe 3. Notification, communication et délais

311. Les mémoires, correspondances et notes écrites échangées par les parties, ainsi que toutes pièces annexes, doivent être fournis en autant d'exemplaires qu'il y a de parties plus un pour chaque arbitre et un autre pour le Secrétaire Permanent. Les notifications et communications de mémoires, correspondances et autres documents émanant du Secrétaire Permanent, de l'arbitre ou des parties, sont valablement faites :
a. s'ils sont remis contre reçu ;
b. s'ils sont expédiés par lettre recommandée avec avis de réception ;
c. s'ils sont transmis par tous moyens de communication laissant trace écrite.
Les délais fixés par le présent règlement commencent à courir le jour suivant celui où la notification ou la communication est considérée comme faite. Les jours fériés et les jours non ouvrables sont compris dans le calcul des délais et ne rallongent pas ceux-ci. Si le dernier jour du délai imparti est un jour férié ou jour non ouvrable, le délai expire à la fin du 1er jour ouvrable suivant. Aucune notification ni communication ne peut valablement être effectuée un jour férié ou un jour non ouvrable au Bénin. A moins que les parties n'en aient autrement convenu, la durée de la mission de l'arbitre est de six (6) mois. Ce délai court de la date de l'acceptation de sa mission par l'arbitre unique ou par le troisième arbitre, au prononcé de la sentence. Ce délai conventionnel peut être prorogé, soit par accord des parties, soit à la demande de l'une d'elles ou du Tribunal arbitral, par le Comité d'arbitrage.[176]

Paragraphe 4. Siège de l'arbitrage

312. Le siège de l'arbitrage est fixé par la convention d'arbitrage ou par un accord postérieur des parties. A défaut, il est réputé se trouver au siège du CAMeC-CCIB. En cas de nécessité et après consultation des parties, l'arbitre peut décider de tenir des audiences en tous autres lieux. Lorsque les circonstances rendent impossible ou difficile le déroulement de l'arbitrage au lieu qui avait été fixé, l'arbitre peut, après observation des parties ou à la demande de l'une d'entre elle, choisir un autre siège.[177]

---

[175] Art. 2
[176] Art. 3
[177] Art. 4

Paragraphe 5. Confidentialité de la procédure d'arbitrage

313. La procédure arbitrale est confidentielle. Les travaux du Centre ainsi que ses réunions relatifs au déroulement de la procédure arbitrale sont soumis à cette confidentialité. Elle couvre les documents soumis au Centre ou établis par lui à l'occasion des procédures qu'il diligente. Sous réserve de l'accord contraire de toutes les parties, celles-ci et leurs conseils, les arbitres, les experts, et toutes les personnes associées à la procédure d'arbitrage, sont tenus au respect de la confidentialité des informations et documents qui sont produits au cours de cette procédure. La confidentialité s'étend, dans les mêmes conditions, aux sentences arbitrales.[178]

Paragraphe 6. Désignation des arbitres - représentation et assistance

314. Lorsque les parties sont convenues que le différend sera tranché par un arbitre unique, elles peuvent le désigner d'un commun accord sous réserve de confirmation par le Comité. Faute d'entente entre les parties dans un délai de quinze (15) jours à partir de la notification de la demande d'arbitrage à l'autre partie, l'arbitre sera valablement nommé par le Comité. Lorsque trois arbitres ont été prévus, chacune des parties, dans la demande d'arbitrage ou dans la réponse à celle-ci, désigne un arbitre indépendant pour confirmation par le Comité. Si l'une des parties s'abstient, la nomination est valablement faite par le Comité. Le troisième arbitre, lequel assumera la présidence du tribunal arbitral, est nommé par le Comité, à moins que les parties n'aient prévu que les arbitres qu'elles ont désignés devraient faire choix du troisième arbitre dans un délai déterminé. Dans ce dernier cas, il appartient au Comité de confirmer le troisième arbitre. Si à l'expiration du délai fixé par les parties, ou imparti par le Comité, les arbitres désignés par les parties n'ont pu se mettre d'accord, le troisième arbitre est valablement nommé par le Comité. Si les parties n'ont pu fixer de commun accord le nombre des arbitres, le Comité nomme un arbitre unique, à moins que le différend ne lui paraisse justifier la désignation de trois arbitres. Dans ce dernier cas, les parties disposeront d'un délai de quinze (15) jours pour procéder à la désignation, chacune, d'un arbitre ainsi qu'il est prévu à l'article 6.2. ci-dessus. Lorsque plusieurs parties, demanderesses ou défenderesses, doivent présenter au Comité des propositions conjointes pour la nomination d'un arbitre et que celles-ci ne s'accordent pas dans les délais impartis, le Comité peut valablement nommer la totalité des membres du tribunal arbitral. Les arbitres peuvent être choisis sur la liste des arbitres tenue par le Secrétariat Permanent. Pour nommer les arbitres, le Comité tient compte du lieu de résidence des parties et des arbitres, de la langue des parties, de la nature des questions en litige et, éventuellement, des lois choisies par les parties pour

[178] Art. 5

régir leurs relations. En vue de procéder à ces désignations, le Comité, quand il l'estime souhaitable, peut prendre au préalable l'avis des praticiens d'une compétence avérée dans le domaine de l'arbitrage commercial ou des usages commerciaux. Les parties peuvent se faire assister ou représenter par tout conseil de leur choix. Les noms et adresses de ces conseils doivent être communiqués par écrit à l'autre partie.[179]

Paragraphe 7. Indépendance, récusation et remplacement des arbitres

315. Tout arbitre nommé ou confirmé par le Comité doit être et demeurer indépendant des parties en cause. Il doit poursuivre sa mission jusqu'au terme de celle-ci. Avant sa nomination ou sa confirmation par le Comité, l'arbitre pressenti, auquel il a été donné connaissance des informations sur le litige figurant dans la demande d'arbitrage, fait connaître par écrit au Secrétaire Permanent du CAMeC les faits ou circonstances qui pourraient être de nature à mettre en cause son indépendance dans l'esprit des parties. Dès réception de cette information, le Secrétaire Permanent la communique par écrit aux parties et leur fixe un délai pour faire connaître leurs observations éventuelles. L'arbitre fait connaître immédiatement par écrit au Secrétaire Permanent et aux parties, les faits et circonstances de même nature qui surviendraient entre sa nomination ou sa confirmation par le Comité et la notification de la sentence finale. Toute demande de récusation, fondée sur une allégation de défaut d'indépendance ou sur tout autre motif, est introduite par l'envoi au Secrétaire Permanent d'une déclaration précisant les faits et circonstances sur lesquels est fondée cette demande. Cette demande doit être envoyée par la partie, à peine de forclusion, soit dans les dix (10) jours suivant la réception par celle-ci de la notification de la nomination ou de la confirmation de l'arbitre par le Comité, soit dans les dix (10) jours suivant la date à laquelle la partie introduisant la récusation a été informée des faits et circonstances qu'elle évoque à l'appui de sa demande de récusation. Le Comité se prononce sur la recevabilité, en même temps que, s'il y a lieu, sur le bien fondé de la demande de récusation, après que le Secrétaire Permanent a mis l'arbitre concerné, les parties et les autres membres du tribunal arbitral s'il y en a, en mesure de présenter leurs observations par écrit dans un délai de dix (10) jours. Il y a lieu à remplacement d'un arbitre lorsque celui-ci est décédé, lorsque le Comité a admis sa récusation, ou lorsque sa démission a été acceptée par le Comité. Lorsque la démission d'un arbitre n'est pas acceptée par le Comité et que celui-ci refuse cependant de poursuivre sa mission, il y a lieu à remplacement s'il s'agit d'un arbitre unique ou du Président d'un tribunal arbitral. Dans les autres cas, le Comité apprécie s'il y a lieu à remplacement

[179] Art. 6

compte tenu de l'état d'avancement de la procédure et de l'avis des deux arbitres qui n'ont pas démissionné.
Si le Comité estime qu'il n'y a pas lieu à remplacement, la procédure se poursuivra et la sentence sera valablement rendue malgré le refus de concours de l'arbitre dont la démission a été refusée. Il y a lieu également à remplacement d'un arbitre lorsque le Comité constate qu'il est empêché *de jure* ou *de facto* d'accomplir sa mission, ou qu'il ne remplit pas ses fonctions conformément au présent règlement, ou dans les délais impartis. Lorsque, sur le fondement d'informations reçues, le Comité envisage l'application de l'alinéa qui précède, il se prononce sur le remplacement après que le Secrétaire Permanent a communiqué par écrit ces informations à l'arbitre. Concerné, aux parties et aux autres membres du tribunal arbitral s'il y en a, et les a mis en mesure de présenter leurs observations par écrit dans un délai de dix (10) jours. En cas de remplacement d'un arbitre qui ne remplit pas ses fonctions conformément au présent règlement ou dans les délais impartis, la désignation d'un nouvel arbitre est faite par le Comité sur avis de la partie qui avait désigné l'arbitre à remplacer, sans que le Comité soit lié par l'avis ainsi exprimé. Lorsque le Comité est informé que, dans la composition d'un tribunal arbitral comptant trois (3) personnes, l'un des arbitres, autre que le président, ne participe pas à l'arbitrage, sans pour autant avoir présenté sa démission, le Comité, peut ne pas procéder au remplacement dudit arbitre lorsque les deux autres arbitres acceptent de poursuivre l'arbitrage malgré l'absence de participation d'un des arbitres. Sitôt reconstitué, le tribunal fixera, après avoir invité les parties à faire connaître leurs observations, dans quelle mesure la procédure antérieure sera reprise. Le Comité statue sans recours sur la nomination, la confirmation, la récusation ou le remplacement d'un arbitre.[180]

Section 3. Mise en état du dossier

Paragraphe 1. Demande d'arbitrage

316. Toute partie désirant avoir recours à l'arbitrage institué par l'article 1 ci-dessus et dont les modalités sont fixées par le présent règlement, adresse sa demande au Secrétaire Permanent pour l'arbitrage du CAMeC. Cette demande doit contenir :
a. les noms, prénoms, qualités, forme sociale et adresses des parties avec indication d'élection de domicile pour la suite de la procédure, ainsi que l'énoncé du montant de ses demandes ;
b. la convention d'arbitrage intervenue entre les parties ainsi que les documents, contractuels ou non, de nature à établir clairement les circonstances de l'affaire ;

[180] Art. 7

c. un exposé sommaire des prétentions du demandeur et des moyens produits à l'appui ;
d. toutes indications utiles et propositions concernant le nombre et le choix des arbitres, conformément aux stipulations de l'article 6.1. ci-dessus ;
e. s'il en existe, les conventions intervenues entre les parties : sur le siège de l'arbitrage ; sur la langue de l'arbitrage ; sur la loi applicable : la convention d'arbitrage ; la procédure de l'arbitrage et au fond du litige. A défaut de telles conventions, les souhaits du demandeur à l'arbitrage, sur ces différents points sont exprimés ;
f. la demande doit être accompagnée du montant du droit prévu à l'article 8 ci-après pour l'introduction des instances.
Chaque demande d'arbitrage soumise aux termes du présent règlement d'arbitrage du CAMeC-CCIB doit être accompagnée du versement d'une avance sur frais administratifs au taux annuellement fixé par le Comité. Ce versement n'est pas récupérable ; mais il est porté au crédit du demandeur au titre de la part qui lui incombe des frais administratifs d'arbitrage. Le demandeur doit, dans la requête, faire état de l'envoi qu'il a fait d'un exemplaire de celle-ci avec toutes les pièces annexées, aux parties défenderesses à l'arbitrage. Le Secrétaire Permanent notifie à la partie ou aux parties défenderesses, la date de réception de la demande au Secrétariat, joint à cette notification un exemplaire du présent règlement et accuse réception de sa requête au demandeur. La date de réception par le Secrétaire Permanent de la demande d'arbitrage conformément au présent article constitue la date de l'introduction de la procédure d'arbitrage.[181]

Paragraphe 2. Réponse à la demande

317. La ou les parties défenderesses doivent, dans les vingt (20) jours à compter de la date de réception de la notification du Secrétaire Permanent, adresser leurs réponses à celui-ci avec la justification d'un semblable envoi effectué à la partie demanderesse. La réponse doit contenir :
a. Confirmation ou non, de ses noms, prénoms, forme sociale et adresse tels que les a énoncés le demandeur, avec élection de domicile pour la suite de la procédure.
b. Confirmation ou non, de l'existence d'une convention d'arbitrage entre les parties renvoyant à l'arbitrage instituant l'arbitrage du CAMeC-CCIB.
c. Un bref exposé de l'affaire et de la position du défendeur sur les demandes formées contre lui avec indication des moyens et des pièces sur lesquelles il entend fonder sa défense.
d. Les réponses du défendeur sur tous les points traités par la demande d'arbitrage sur les rubriques (d) et (e) de l'article 8.2. ci-dessus.

[181] Art. 8

Si la partie défenderesse a formé dans sa réponse une demande reconventionnelle, la partie demanderesse pourra, dans les vingt (20) jours de la réception de sa réponse, présenter un mémoire complémentaire à ce sujet. Après réception de la demande d'arbitrage, de la réponse et, éventuellement de la note complémentaire telles que visées ci-dessus, ou passé les délais pour les recevoir, le Secrétaire Permanent saisit le Comité pour la fixation de la provision pour les frais de l'arbitrage, pour la mise en œuvre de celui-ci et, s'il y a lieu, la fixation du lieu de l'arbitrage. Le dossier est envoyé à l'arbitre quand le tribunal arbitral est constitué et que les décisions prises en application de l'article 12.4. et suivants pour le paiement de la provision ont été satisfaites.[182]

Paragraphe 3. Absence de convention d'arbitrage

318. Lorsqu'il n'existe pas entre les parties de convention d'arbitrage visant l'application du présent règlement, si la défenderesse décline l'arbitrage du CAMeC, ou ne répond pas dans le délai de vingt (20) jours visé ci-dessus à l'article 9, la partie demanderesse est informée par le Secrétaire Permanent qu'il se propose de saisir le Comité en vue de le voir décider que l'arbitrage ne peut avoir lieu. Le Comité statue, au vu des observations du demandeur produites dans les vingt (20) jours suivants, si celui-ci en fait la demande.[183]

Paragraphe 4. Effets de la convention d'arbitrage

319. Lorsque les parties sont convenues d'avoir recours à l'arbitrage du CAMeC, elles se soumettent par là même aux dispositions du présent règlement, au règlement intérieur du CAMeC, à leurs annexes et au barème des frais d'arbitrage, dans leur rédaction en vigueur à la date de l'introduction de la procédure d'arbitrage indiquée à l'article 8 ci-dessus. Si l'une des parties refuse ou s'abstient de participer à l'arbitrage, celui-ci a lieu nonobstant ce refus ou cette abstention. Lorsqu'une des parties soulève un ou plusieurs moyens relatifs à l'existence, à la validité, ou à la portée de la convention d'arbitrage, le Comité, ayant constaté *prima facie* l'existence de cette convention, peut décider, sans préjuger la recevabilité ou le bien fondé de ces moyens, que l'arbitrage aura lieu. Dans ce cas, il appartiendra à l'arbitre de prendre toutes décisions sur sa propre compétence. Sauf stipulation contraire, si l'arbitre considère que la convention d'arbitrage est valable et que le contrat liant les parties est nul ou inexistant, l'arbitre est compétent pour déterminer les droits respectifs des parties et statuer sur leurs demandes et conclusions. Sauf stipulation contraire, la convention d'arbitrage donne compétence à l'arbitre pour se prononcer sur toute

[182] Art. 9
[183] Art. 10

demande provisoire ou conservatoire pendant le cours de la procédure arbitrale. Les sentences prononcées dans le cadre de l'alinéa qui précède sont susceptibles de demandes d'exequatur, si l'exequatur est nécessaire pour l'exécution de ces sentences provisoires ou conservatoires. Avant la remise du dossier à l'arbitre et exceptionnellement après, au cas où l'urgence des mesures provisoires et conservatoires demandées ne permettrait pas à l'arbitre de se prononcer en temps utile, les parties peuvent s'adresser à l'autorité judiciaire compétente. De pareilles demandes, ainsi que les mesures prises par l'autorité judiciaire, sont portées sans délai à la connaissance du Comité qui en informe l'arbitre.[184]

Paragraphe 5. Provision pour frais d'arbitrage

320. Le Comité fixe le montant de la provision de nature à faire face aux frais d'arbitrage entraînés par les demandes dont elle est saisie, tels que définis par l'article 30 ci-dessous. Cette provision est ensuite ajustée si le montant en litige se trouve modifié à la hausse d'un quart (1/4) au moins ou si des éléments nouveaux rendent nécessaire cet ajustement. Des provisions distinctes pour la demande principale et pour la ou les demandes reconventionnelles peuvent être fixées si une partie en fait la demande. Les provisions sont dues par parts égales par le ou les demandeurs et le ou les défendeurs. Cependant ce versement pourra être effectué en totalité par chacune des parties pour la demande principale et la demande reconventionnelle, au cas où l'autre partic s'abstiendrait d'y faire face. Les provisions ainsi fixées doivent être réglées au Secrétaire Permanent du CAMeC en totalité avant la remise du dossier à l'arbitre. L'arbitre n'est saisi que des demandes pour lesquelles il a été satisfait entièrement au paragraphe 3 et suivants ci-dessus. Lorsqu'un complément de provision a été rendu nécessaire, l'arbitre peut suspendre ses travaux jusqu'à ce que ce complément ait été versé au Secrétaire Permanent.[185]

Section 4. Instance arbitrale

Paragraphe 1. Procès-verbal constatant l'objet de l'arbitrage et fixant le déroulement de la procédure arbitrale

321. Après réception du dossier par l'arbitre, celui-ci convoque les parties ou leurs représentants dûment habilités et leurs conseils, à une réunion qui doit se tenir aussi rapidement qu'il est possible, et au plus tard dans les trente (30) jours de cette réception du dossier. Cette réunion a pour objet :

---

[184] Art. 11

[185] Art. 12

a. de constater la saisine de l'arbitre et les demandes sur lesquelles il doit se prononcer. Il est procédé à une énumération de ces demandes telles qu'elles résultent des mémoires respectivement produits par les parties à cette date, avec une indication sommaire des motifs de ces demandes et des moyens invoqués pour qu'il y soit fait droit ;
b. de constater s'il existe ou non un accord des parties sur les points énumérés aux articles 8.2.e et 9.2.b et d ci-dessus.
En l'absence d'un tel accord, l'arbitre constate que la sentence aura à se prononcer à ce sujet. La langue de l'arbitrage fait, au cours de la réunion, l'objet d'une décision immédiate de l'arbitre au vu des dires des parties sur ce point, en tenant compte des circonstances. En cas de besoin l'arbitre interroge les parties pour savoir si celles-ci entendent lui attribuer les pouvoirs d'amiable compositeur. Il est fait mention de la réponse des parties.
c. de prendre les dispositions qui paraissent appropriées pour la conduite de la procédure arbitrale que l'arbitre entend appliquer, ainsi que les modalités d'application de celles-ci.
d. de fixer un calendrier prévisionnel de la procédure arbitrale, précisant les dates de remise des mémoires respectifs jugés nécessaires, ainsi que la date de l'audience à l'issue de laquelle les débats seront déclarés clos, en tenant compte de la durée de la mission fixée par le Comité laquelle ne saurait excéder six (6) mois.
Il est établi aux soins de l'arbitre ou du tribunal arbitral le cas échéant, un procès-verbal de la réunion prévue à l'article 13.1 et suivants. Ce procès-verbal est signé par l'arbitre et tous les membres du tribunal arbitral le cas échéant. Les parties ou leurs représentants sont invités à signer également le procès-verbal. Si l'une des parties refuse de signer le procès-verbal ou formule des réserves à son encontre, ledit procès-verbal est soumis au Comité pour approbation. Une copie de ce procès-verbal est adressée aux parties et à leurs conseils, ainsi qu'au Secrétaire Permanent. Le calendrier prévisionnel de l'arbitrage figurant dans le procès-verbal prévu à L'article 13.2.d peut, en cas de nécessité, être modifié par l'arbitre, à son initiative après observations des parties, ou à la demande de celles-ci. Ce calendrier modifié est adressé au Secrétaire Permanent pour être communiqué au Comité.
L'arbitre rédige et signe la sentence dans les quarante-cinq (45) jours au plus qui suivent la clôture des débats. Ce délai peut être prorogé par le Comité à la demande de l'arbitre si celui-ci n'est pas en mesure de le respecter. Lorsque la sentence intervenue ne met pas un terme final à la procédure d'arbitrage, une réunion est aussitôt organisée pour fixer, dans les mêmes conditions, un nouveau calendrier pour la sentence qui tranchera complètement le litige.[186]

---

[186] Art. 13

Paragraphe 2. Règles applicables à la procédure

322. Les règles applicables à la procédure devant l'arbitre sont celles qui résultent du présent règlement et, dans le silence de ce dernier, celles déterminées par les parties ou à défaut, par l'arbitre en se référant ou non à une loi interne de procédure.[187]

Paragraphe 3. Loi applicable au fond

323. Les parties sont libres de déterminer le droit que l'arbitre devra appliquer au fond du litige. A défaut d'indication par les parties du droit applicable, l'arbitre appliquera au fond du litige les règles matérielles béninoises. Dans tous les cas, l'arbitre tiendra compte des stipulations du contrat et des usages du commerce. L'arbitre statuera en amiable compositeur si les parties en ont ainsi décidé dans la convention d'arbitrage, ou postérieurement, et dans tous les cas, avant la clôture des débats.[188]

Paragraphe 4. Demandes nouvelles

324. En cours de procédure, les parties peuvent évoquer de nouveaux moyens à L'appui des demandes qu'elles ont formulées. Elles peuvent aussi formuler de nouvelles demandes, reconventionnelles ou non, si ces demandes restent dans le cadre de la convention d'arbitrage, et à moins que l'arbitre considère qu'il ne doit autoriser une telle extension de sa mission, en raison, notamment, du retard avec lequel elle est sollicitée.[189]

Paragraphe 5. Instruction de la cause

325. L'arbitre instruit la cause dans les plus brefs délais par tous moyens appropriés. Après examen des écrits produits par les parties et des pièces versées par elles aux débats, l'arbitre peut contradictoirement entendre les parties, s'il y a lieu. Les parties comparaissent soit en personne, soit par représentants dûment accrédités. Elles peuvent être assistées de leurs conseils. L'arbitre peut décider d'entendre les parties séparément s'il l'estime nécessaire. Dans ce cas, l'audition de chaque partie a lieu en présence des conseils des deux parties. L'audition des parties a lieu au jour et au lieu fixé par l'arbitre. Si l'une des parties, quoique régulièrement convoquée, ne se présente pas, l'arbitre, après s'être assuré que la convocation lui est bien parvenue, a le pouvoir, à défaut d'excuse valable, de procéder néanmoins à l'accomplissement de sa mission, le débat étant réputé

---

[187] Art. 14
[188] Art. 15
[189] Art. 16

contradictoire, la sentence contradictoire. Le procès-verbal d'audition des parties, dûment signé, est adressé en copie au Secrétaire Permanent. L'arbitre peut statuer sur pièces si les parties le demandent ou l'acceptent. L'arbitre peut nommer un ou plusieurs experts, définir leur mission, recevoir leurs rapports et les entendre en présence des parties ou de leurs conseils. L'arbitre règle le déroulement des audiences. Celles-ci sont contradictoires. Sauf accord de l'arbitre et des parties, elles ne sont pas ouvertes aux personnes étrangères à la procédure.[190]

Paragraphe 6. Sentences d'accord parties

326. Si les parties se mettent d'accord au cours de la procédure arbitrale, elles peuvent demander à l'arbitre que cet accord soit constaté en la forme d'une sentence rendue d'accord parties.[191]

Paragraphe 7. Exception d'incompétence

327. Si une des parties entend contester la compétence de l'arbitre pour connaître de tout ou partie du litige, pour quelque motif que ce soit, elle doit soulever l'exception dans les mémoires prévus à l'article 9 ci-dessus, et, au plus tard, au cours de la réunion prescrite à l'article 13.1 ci-dessus. En tout état de cause, l'arbitre peut examiner d'office sa propre compétence pour des motifs d'ordre public ; dans ce cas, les parties sont invitées à présenter leurs observations sur ce point. L'arbitre peut statuer sur l'exception d'incompétence soit par une sentence préalable, soit dans une sentence finale ou partielle après débats au fond. Les sentences rendues sur la compétence ne peuvent être querellées qu'ensemble et à même acte, avec la sentence finale lorsque le tribunal s'est déclaré compétent par sentence préalable. Toute cause de nullité de la sentence doit être soulevée en cours d'instance à peine de forclusion[192]

Paragraphe 8. Sentence arbitrale

328. Sauf accord contraire des parties, et sous réserve qu'un tel accord soit admissible au regard de la loi applicable, toutes sentences doivent être motivées. Elles sont réputées rendues au siège de l'arbitrage et au jour de leur signature après l'examen du Comité. Elles doivent être signées par l'arbitre, en ayant égard, le cas échéant, aux dispositions des articles 7.9 et 7.12 ci-dessus. Si trois arbitres ont siégé, la sentence est rendue à la majorité. A défaut de majorité, le Président du tribunal arbitral statuera seul. La

---

[190] Art. 17
[191] Art. 18
[192] Art. 19

sentence est alors signée, selon le cas, par les trois membres du tribunal arbitral, ou par le Président seul. Au cas où la sentence a été rendue à la majorité, le refus de signature de l'arbitre minoritaire n'affecte pas la validité de la sentence. Tout membre du tribunal arbitral devra remettre au Président de celui-ci son opinion particulière pour être jointe à la sentence.[193]

Paragraphe 9. Examen préalable par le comité

329. Les projets de sentences sont soumis, sans exception, à l'examen préalable du Comité avant signature. Ce dernier statue dans un délai de dix (10) jours. Le Comité ne peut proposer que des modifications de pure forme. Il donne en outre à l'arbitre les indications nécessaires à la liquidation des frais d'arbitrage, notamment fixe le montant des honoraires de l'arbitre et suggère toute mesure de nature à garantir la crédibilité du Centre.[194]

Section 5. Exécution des sentences arbitrales

Paragraphe 1. Notification de la sentence arbitrale

330. Le Secrétaire Permanent notifie dans un délai de dix (10) jours aux parties la sentence rendue, après que les frais d'arbitrage, ont été réglés intégralement. Des copies supplémentaires certifiées conformes sont délivrées par le Secrétaire Permanent aux parties qui en font la demande ; elles ne peuvent être délivrées à des tiers.[195]

Paragraphe 2. Interprétation de la sentence arbitrale

331. La sentence dessaisit le tribunal de la contestation qu'elle tranche. Le tribunal a néanmoins le pouvoir d'interpréter la sentence ou de réparer les erreurs et omissions matérielles qui l'affectent. Lorsqu'il a omis de statuer sur un chef de demande, il peut le faire par une sentence additionnelle. La demande en interprétation est formée, instruite et jugée selon les règles de droit commun.[196]

Paragraphe 3. Rectification des erreurs et omissions matérielles de la sentence arbitrale

332. Toute demande en rectification d'erreurs matérielles d'une sentence, ou en interprétation de celle-ci, ou en complément de la sentence qui aurait

---

[193] Art. 20
[194] Art. 21
[195] Art. 22
[196] Art. 23

omis de statuer sur une demande qui était soumise à l'arbitre, doit être adressée au Secrétariat dans les trente (30) jours de la notification de la sentence. Le Secrétariat communique, dès réception, la requête à l'arbitre et à la partie adverse en accordant à celle-ci un délai de dix (10) jours pour adresser ses observations au demandeur et à l'arbitre. Si le tribunal arbitral ne peut être réuni à nouveau dans sa composition initiale, le Comité désignera d'office une autre composition en procédant aux remplacements nécessaires. Dans tous les cas, la nouvelle sentence doit être rendue dans un délai maximal de trois (3) mois à compter de la saisine du tribunal.[197]

Paragraphe 4. Autorité de chose jugée et exequatur

333. La sentence a, dès qu'elle est rendue, l'autorité de la chose jugée relativement à la contestation qu'elle tranche. La sentence n'est susceptible d'exécution forcée qu'en vertu d'une ordonnance d'exequatur rendue à pied de requête par le Président du tribunal de première instance territorialement compétent ou par l'autorité judiciaire territorialement compétente.[198]

Paragraphe 5. Exécution provisoire

334. Les règles de droit commun en droit processuel béninois sur l'exécution provisoire sont applicables aux sentences arbitrales en toute matière sans possibilité de défense à exécution provisoire.[199]

Section 6. Voies de recours contre les sentences

Paragraphe 1. Recours en annulation

335. La sentence arbitrale n'est susceptible ni d'opposition, ni d'appel, ni de pourvoi en cassation. Elle peut faire l'objet d'un recours en annulation dans les conditions prévues aux articles 25 et suivants de l'Acte uniforme de l'OHADA relatif au droit de l'arbitrage.[200]

Paragraphe 2. Tierce opposition

336. La sentence arbitrale peut faire l'objet d'une tierce opposition devant le tribunal arbitral par toute personne physique ou morale qui n'a pas été appelée à l'instance et lorsque cette sentence porte préjudice à ses droits. Si le tribunal arbitral ne peut être réuni à nouveau dans sa composition initiale,

---

197 Art. 24
198 Art. 25
199 Art. 26
200 Art. 27

le Comité désignera d'office une autre composition en procédant aux remplacements nécessaires. Dans tous les cas, la nouvelle sentence doit être rendue dans un délai maximal de six (6) mois à compter de la saisine du tribunal. La tierce opposition est formée, instruite et jugée selon les règles édictées par le présent règlement.[201]

Paragraphe 3. Révision

337. La sentence arbitrale peut faire l'objet d'un recours en révision devant l'arbitre.

Si le tribunal arbitral ne peut être réuni à nouveau dans sa composition initiale, le comité désignera une autre composition, après observations des parties. Le recours en révision n'est ouvert que pour l'une des causes suivantes :

• s'il se révèle, après la sentence, que la décision a été surprise par la fraude de la partie au profit de laquelle elle a été rendue ;

• si depuis la sentence, il a été retrouvé des pièces décisives qui avaient été retenues par le fait d'une autre partie ;

• s'il a été jugé sur les pièces reconnues ou judiciairement déclarées fausses depuis la sentence ;

• s'il a été jugé sur des attestations, témoignages ou serments judiciairement déclarés faux depuis la sentence.

Dans tous les cas, le recours n'est recevable que si son auteur n'a pu, sans faute de sa part, faire valoir la cause qu'il invoque avant le prononcé de la sentence. Le délai du recours en révision est de deux (2) mois à compter du jour où la partie y ayant intérêt a eu connaissance de la cause de révision qu'elle invoque. Le recours est formé par requête motivée adressée au Secrétariat en autant d'exemplaires qu'il y a d'arbitres et de parties plus un pour le Secrétariat. Dès réception de cette requête, le Secrétariat en adresse un exemplaire à chacune des parties défenderesses et leur impartit un délai de vingt (20) jours pour leurs observations.

L'arbitre statue dans un délai maximal de six (6) mois. Il se prononce par une sentence unique sur la recevabilité et le bien-fondé du recours. Si la révision n'est justifiée que contre un chef de la sentence, ce chef est seul révisé à moins que les autres n'en dépendent.[202]

---

[201] Art. 28
[202] Art. 29

Section 7. Dispositions diverses

Paragraphe 1. Décision sur les frais d'arbitrage

338. La sentence finale de l'arbitre, outre la décision sur le fond, liquide les frais de l'arbitrage et décide à laquelle des parties le paiement en incombe, ou dans quelle proportion ils sont partagés entre elles. Les frais de l'arbitrage comprennent :
a. les honoraires de l'arbitre et les frais administratifs fixés par le Comité, les frais éventuels de l'arbitre, les frais de fonctionnement du tribunal arbitral, les honoraires et frais des experts en cas d'expertise. Les honoraires des arbitres et les frais administratifs du CAMeC sont fixés conformément à un barème établi par le Conseil d'Administration du CAMeC-CCIB.
b. les frais jugés utiles exposés par les parties pour leur défense, selon l'appréciation qui est faite par l'arbitre des demandes formulées sur ce point par les parties.[203]

Paragraphe 2. Conservation des minutes et interprétation du règlement

339. Toute sentence rendue conformément au présent règlement est déposée en original au Secrétariat Permanent. Toute interprétation du présent règlement est du ressort du Comité d'arbitrage.[204]

---

[203] Art. 30
[204] Art. 31

CHAPITRE 4. L'ARBITRAGE AU CENTRE D'ARBITRAGE DU SENEGAL

340. Entre les nombreuses péripéties inhérentes aux juridictions étatiques, mieux vaut souvent pour les investisseurs et autres hommes d'affaires, opter pour la justice arbitrale dont l'efficacité se mesure à la rapidité des procédures mais surtout la confidentialité, entre autres atouts. Matérialisée au Sénégal par l'existence, depuis 1998, du Centre d'arbitrage, de médiation et de conciliation(Camc) de la Chambre de commerce, d'industrie et d'agriculture de Dakar(Cciad) « Défendez votre cause, insérez la clause ». C'est le slogan du Centre d'arbitrage, de médiation et de conciliation(Camc) de la Chambre de commerce, d'industrie et d'agriculture de Dakar(Cciad). La clause en question est dite « compromissoire » et par laquelle les parties à un contrat donnent, dès sa signature et avant tout litige, leur accord pour que les différends qui naîtront éventuellement du contrat, ou certains d'entre eux, fassent l'objet d'une procédure d'arbitrage, qui est ainsi un mode de résolution de conflits contractuels. Moyen efficace de désengorgement des tribunaux, l'arbitrage est « un système autonome détaché très largement du système judiciaire qui fait qu'il y a un consensus international au terme duquel on reconnait cette autonomie. » Le caractère souple que cette autonomie confère aux procédures fait que l'arbitrage est devenu le mode usuel de règlement des litiges commerciaux internationaux, d'autant plus que ce sont les parties qui en choisissent la procédure. On le voit bien, il s'agit d'une justice privée qui représente une alternative aux juridictions étatiques. Deux modes qui, « par des voies distinctes mais complémentaires, poursuivent cependant le même idéal de justice ». Cette implication par le Camc des pouvoirs publics, loin de toute innocence, vise à faire de ces derniers un de ses partenaires « privilégiés » pour la généralisation de l'utilisation des clauses compromissoires « étant donné le nombre important de contrats passés par l'Etat ». Instrument de sécurisation des investissements, le Camc est doté de plus de 120 Arbitres et Médiateurs agréés choisis pour leur expertise et reconnus par leurs pairs dans leur domaine respectif de spécialité. Pour avoir démarré ses activités qu'en 1998, le Camc en est aujourd'hui à plus de 20 sentences rendues dont une seule aurait fait l'objet d'un recours en annulation, même si, le rôle du Centre n'est pas de dire le droit mais bien d'organiser les procédures en vertu de son règlement. C'est donc aux Arbitres en question de dire le droit au travers des sentences qu'ils rendent et qui ont une valeur juridictionnelle « et demeurent sous le prisme du juge de l'exéquatur ou du recours en annulation ».
Rappelons que la sentence est la décision par laquelle les arbitres, conformément aux pouvoirs que leur confère la convention arbitrale, tranchent les questions litigieuses qui leur ont été soumises par les parties. Aussi, parmi les sentences, on distingue les sentences définitives des sentences avant-dire-droit qui se divisent elles-mêmes en sentences

préparatoires, qui sont destinées à ordonner une mesure d'instruction, et en sentences provisoires, par lesquelles sont ordonnées des mesures provisoires ou qui tranchent un point préliminaire. Mais quel que soit le type de sentences arbitrales, elles sont susceptibles de faire l'objet de voies de recours. Quant à l'« exéquatur », c'est la décision par laquelle l'autorité judiciaire compétente donne force exécutoire à une sentence arbitrale. Précisons que si le terme « exéquatur » s'applique à la décision même, il désigne également l'ordre d'exécution donné par l'autorité compétente. Sous ces rapports et sans remettre en cause l'expertise des Arbitres, apparaît l'impérieuse nécessité de les doter des capacités techniques propres à leur permettre de rédiger des sentences de bonne qualité, une sentence mal rédigée étant source de difficultés. La rédaction des sentences est d'autant plus délicate qu'il existe, au sens de l'article 36 du règlement, plusieurs types de sentences comme évoquées plus haut, et toutes doivent répondre à des conditions de forme et de fond édictées à peine de nullité de la sentence. Par ailleurs, les voies de recours peuvent être ordinaires comme extraordinaires et dans ce contexte, la Cour commune de justice et d'arbitrage(CCJA) se positionne comme une juridiction de cassation.

Par ailleurs, la naissance de plus en plus de centres d'arbitrage au niveau de la sous-région fait craindre chez certains une « prolifération » de centres d'arbitrage qui, selon eux, nuirait à la qualité de l'arbitrage-même. Il faut dire que l'avènement du droit de l'arbitrage OHADA a entraîné la création de plusieurs centres d'arbitrage en Afrique occidentale dont le Bénin qui en compte aujourd'hui deux. L'idée était au départ, entre autres raisons, de combattre le monopole géographique existant en la matière et qui voyait la plupart des procédures d'arbitrage se dérouler en Europe même lorsqu'elles opposent un Etat africain à une entreprise européenne et qu'elles sont relatives à l'inexécution d'un contrat soumis au droit dudit Etat. Une somme de préoccupations qui a laissé ouvert le débat pour une amélioration des procédures arbitrales, entre autres. Pour constituer un centre d'arbitrage, il faut élaborer différents actes. Le plus important est incontestablement le Règlement d'arbitrage du centre. Il faut aussi créer des statuts du centre. Outre ces actes normatifs, il faut, aussi et surtout, disposer d'arbitres compétents et reconnus. La qualité d'un centre d'arbitrage se mesure principalement par la qualité de ses arbitres et des sentences rendues. Cependant, on ne s'explique pas vraiment pourquoi l'arbitre bénéficie de privilèges et immunités diplomatiques. Cette immunité est conférée aux arbitres par l'article 49 du Traité OHADA. Il ne s'agit pas de tous les arbitres mais uniquement des arbitres nommés par la CCJA (Cour commune de justice et d'arbitrage) et donc, a contrario, pas des arbitres choisis par les parties.

CHAPITRE 5. L'ARBITRAGE AU CENTRE DE MEDIATION ET D'ARBITRAGE DU CONGO BRAZZAVILE

341. La création de ce centre, rattaché aux Chambres de commerce, permet au Congo de bénéficier d'un outil d'accompagnement des entreprises. Il répond à l'exigence d'une justice rapide et qualitative, une attente forte des investisseurs et de tous ceux qui œuvrent à l'assainissement de l'environnement des affaires. Ce centre traduit l'intérêt que les pouvoirs publics accordent au développement harmonieux du secteur privé pour l'attractivité de son environnement économique. ''La sécurisation des investisseurs constitue une des attentes fortes des investisseurs et une requête constante du secteur privé congolais, tout comme les partenaires au développement qui font du respect des normes juridiques et du niveau de sécurité juridique et judiciaire des critères-clé d'appréciation de la qualité des affaires dans un pays ou une sous-région'' Pour l'Etat, la création d'une institution nationale de règlement des litiges commerciaux participe aux réformes institutionnelles dans le cadre de l'amélioration du climat des affaires, en référence au Doing Business. La mise en place du Cemaco offre une voie complémentaire de règlement des litiges des affaires. Cela permet aux entreprises d'avoir une stratégie plus adaptée à la gestion du risque d'affaires. Elles ont le choix entre la justice étatique et ''privée'', celle qui répondra le mieux à leur requête légitime de sécurité juridique.
Le droit congolais connaissait déjà, depuis fort longtemps, la procédure d'arbitrage sans pour autant la réglementer. En effet, l'article 310 du Code de procédure civile et administrative congolais disposait : « La sentence n'a autorité de la chose jugée que si elle a été déclarée exécutoire par ordonnance du Président du tribunal populaire du district ou de l'arrondissement dans le ressort duquel il a été prononcée. Lorsqu'il s'agit d'une sentence arbitrale rendue à l'étranger, elle ne devient exécutoire que si elle est revêtue de l'exequatur donnée par le Président du tribunal populaire du District ou de l'arrondissement du lieu où doit être poursuivie son exécution ». Cette disposition était favorable aux investisseurs qui pouvaient obtenir l'exequatur d'une sentence arbitrale même rendue à l'étranger. Les règles d'arbitrage ont été remises en cause par l'entrée en vigueur de l'OHADA qui prévoit deux formes d'arbitrage : celui issu de l'Acte Uniforme d'Arbitrage qui est de nature législative et le règlement d'arbitrage qui instaure la Cour Commune de Justice et d'Arbitrage. Ces textes ne distinguent pas l'arbitrage interne et international mais ne distinguent pas aussi l'arbitrage commercial à l'arbitrage relatif aux investissements comme le CIRDI. Pour moderniser sa législation, le Congo comme d'autres pays membres de l'OHADA (Sénégal, Cameroun), a créé un centre d'arbitrage privé appelé CEMACO (Centre de Médiation et d'Arbitrage du Congo) pris en application de l'Acte Uniforme d'Arbitrage. Mais ce centre peut être en conflit avec l'Acte Uniforme car il limite la volonté des parties, en les

obligeant, en cas de litige, de choisir un arbitre dans une liste préétablie et ces arbitres doivent être de nationalité congolaise uniquement. Cette obligation de choisir un arbitre parmi une liste préétablie limite le choix des investisseurs étrangers dans la désignation d'un arbitre pour le règlement de son différend. Ce qui n'est pas très favorable aux investisseurs. Les mécanismes d'arbitrage appliqués en droit interne sont aussi appliqués par les juges de l'OHADA.

CHAPITRE 6. L'ARBITRAGE AU CENTRE D'ARBITRAGE DU MALI

342. Depuis un moment, un des axes prioritaires de la stratégie de promotion du gouvernement malien est l'amélioration de son environnement à souscrire au traité qui consacre la création de l'Ohada (Organisation pour l'Harmonisation en Afrique du Droit des Affaires), conformément à l'article 1 dudit traité. Malgré les avancées significatives, le Mali, à l'instar des autres pays de l'espace Uemoa, se doit d'améliorer constamment son attractivité, notamment dans le domaine de la sécurité judiciaire et juridique des investissements. Il faut rappeler que c'est la Chambre de Commerce et d'Industrie du Mali, avec l'appui technique du Ministère de la Justice, qui a mis en place le Centre de Conciliation et d'Arbitrage du Mali (Cecam). Il a pour mission d'organiser la résolution par voie de conciliation ou d'arbitrage les différends qui peuvent naitre de l'exécution d'un contrat national ou international. Cependant le Cecam ne tranche pas lui-même les différends, il organise plutôt les procédures d'arbitrage et de conciliation et veille à leur bon déroulement.

CHAPITRE 7. L'ARBITRAGE A LA COUR D'ARBITRAGE DE LA COTE D'IVOIRE

343. Présentation. La Cour d'Arbitrage de Côte d'Ivoire est un centre de règlement des litiges à caractère national et international à but non lucratif crée au sein de la Chambre de Commerce et d'Industrie de Côte d'Ivoire. C'est un organisme autonome qui exerce sa mission dans une totale indépendance vis-à-vis de la Chambre de Commerce et d'Industrie et de ses organes. La Cour d'arbitrage de Côte d'Ivoire a pour mission de mettre à la disposition des opérateurs économiques des modes alternatifs pour le règlement de leurs différends notamment l'arbitrage, le référé arbitral, le recouvrement accéléré de créance, la médiation, « le mini-trial » et l'expertise.
La CACI ne tranche pas elle-même les litiges. Elle organise et propose aux opérateurs économiques et à toute personne qui le voudrait, différentes procédures qui leur permettent de trouver une solution à leurs différends en dehors des institutions judiciaires. La CACI exerce donc, comme les tribunaux étatiques, l'œuvre de justice. Les décisions qui sont rendues sous son égide ont la même valeur juridique que celles de tribunaux étatiques. L'œuvre de justice accomplie par la CACI est toutefois une justice particulière ainsi que cela ressort des missions qui lui sont assignées.

Section 1. Dispositions générales

Paragraphe 1. Siège

344. Sauf convention contraire des parties, le siège du tribunal arbitral est à Abidjan ou dans un lieu où la CACI a une délégation. Le tribunal peut tenir des audiences ou des réunions à tout endroit pourvu que la sentence soit rendue à son siège.[205]

Paragraphe 2. La confidentialité

345. La procédure d'arbitrage est confidentielle. Cette confidentialité s'applique à la sentence arbitrale. Les parties, les arbitres et la CACI s'abstiennent de rendre publique une sentence sans l'accord des parties, sauf si la décision fait l'objet d'un recours devant les juridictions étatiques.[206]

[205] Art. 2
[206] Art. 3

Section 2. Introduction de la demande

Paragraphe 1. Demande d'arbitrage

346. La partie qui entend recourir à l'arbitrage selon le présent règlement adresse sa demande au Secrétariat Général de la CACI. La demande contient notamment les indications ci-après :
a) les noms, prénoms, qualités et adresses des parties, y compris leurs numéros et références de téléphone, télécopieur, courrier électronique et télex ;
b) la copie des dispositions contractuelles sur lesquelles se fonde l'action engagée et, si la convention d'arbitrage n'y figure pas, la copie de tout document de nature à établir que le litige est soumis au présent règlement ;
c) l'exposé des faits et moyens de droit fondant les prétentions du demandeur, avec pièces à l'appui ;
d) l'estimation du montant du litige si la demande ne conclut pas au paiement d'une somme déterminée ;
e) les indications de nature à fixer le nombre des arbitres et à permettre leur choix, le siège de l'arbitrage, les règles de droit applicables à la convention d'arbitrage, à la procédure et au fond ainsi que la langue qui sera utilisée dans la procédure ;
f) l'indication des procédures particulières éventuelles souhaitées par le demandeur
La date de réception de la demande conforme à ce qui précède, constitue la date d'introduction de la procédure arbitrale. Celle-ci est aussitôt notifiée au défendeur par le secrétariat et le demandeur en est avisé.
La requête n'est enregistrée que si elle est accompagnée du paiement du droit d'ouverture de dossier, tel que fixé par le barème en vigueur au jour de la demande.

Paragraphe 2. Réponse à la demande, demande reconventionnelle

347. Dans les 10 (dix) jours suivant la réception de la requête du demandeur, le défendeur adresse sa réponse au Secrétariat Général.
La réponse doit contenir :
a) les noms, prénoms, qualités et adresse du défendeur ;
b) l'exposé des moyens de défense, y compris le cas échéant toute contestation relative à la convention d'arbitrage et toute exception d'incompétence, avec pièces à l'appui ;
c) les indications utiles concernant le nombre et le choix des arbitres au sens des articles 9 et 10 ci-après, le lieu de l'arbitrage, les règles de droit applicables à la convention d'arbitrage, à la procédure et au fond, ainsi que la langue de procédure ;

d) l'indication des procédures particulières éventuelles souhaitées par le défendeur ;
e) Le cas échéant, les demandes reconventionnelles pour lesquelles le défendeur doit indiquer les faits et moyens de droit fondant ses prétentions avec pièces à l'appui, ainsi que l'évaluation du montant de sa demande.

En cas de formulation de demande reconventionnelle, le demandeur originaire dispose d'un délai de 10 (dix) jours à compter de la réception de celle-ci pour y répondre en autant d'exemplaires qu'aura été remise sa demande principale. Le Secrétariat Général communique cette réponse au défendeur originaire, demandeur reconventionnel. Le Secrétariat Général pourra, si la demande lui paraît justifiée proroger les délais prévus au présent article. Il en informe le Comité Technique. Si le défendeur ne fournit pas les indications requises dans le délai ainsi prolongé, le Secrétariat Général met en œuvre l'arbitrage conformément au présent règlement.[207]

Paragraphe 3. Défaut de réponse

348. A l'expiration du délai prévu aux articles 5.1, 5.2, ainsi que du délai prorogé, le Secrétariat Général de la CACI met en œuvre la procédure d'arbitrage conformément au présent règlement, chaque acte devant être notifié à la partie défaillante.[208]

Paragraphe 4. Effets de la convention d'arbitrage

349. Lorsqu'une clause compromissoire ou un compromis d'arbitrage se réfère au présent règlement, l'arbitrage a lieu, et les parties se soumettent par là même au présent règlement. Si nonobstant cet accord, l'une d'elle refuse ou s'abstient de se soumettre à l'arbitrage, celui-ci a néanmoins lieu et la sentence s'impose à elle. Lorsque les parties, en se référant au présent règlement, ont cependant dérogé à celui-ci sur des points affectant de manière substantielle les garanties offertes par la CACI, le Comité Technique peut refuser qu'une suite soit donnée à la demande d'arbitrage dont la CACI est saisie. Dans ce cas, le Secrétariat Général en informe les parties et procède au classement du dossier. Dans le cadre d'un arbitrage ad hoc, les parties peuvent solliciter la CACI en qualité d'autorité de nomination. Le Secrétariat Général procède dans ce cas aux désignations souhaitées.

---

[207] Art. 5
[208] Art. 6

Paragraphe 5. Communications et notifications

350. La requête, les mémoires ainsi que les pièces justificatives doivent être fournis par les parties en autant d'exemplaires qu'il y a d'arbitres, de parties adverses, de membres du comité technique, plus un pour le Secrétariat Général de la CACI. Le Tribunal arbitral adresse au Secrétariat Général copie de tous ses actes et correspondances relatifs à la procédure. La demande d'arbitrage, la réponse ainsi que la demande reconventionnelle visée aux articles 4 et 5, de même que les sentences sont communiquées ou notifiées par lettre recommandée avec accusé de réception ou par cahier de transmission dûment visé.

Toutes autres communications peuvent être effectuées par cahier de transmission, télécopie, courrier électronique, télex, lettre recommandée ou lettre ordinaire à la condition dans ce dernier cas que l'expéditeur soit en mesure de prouver la réception de la lettre. La communication ou la notification est considérée comme faite quand elle est reçue ou aurait dû être reçue (si elle a été valablement effectuée) soit par la partie elle-même, soit par son représentant. Aux fins de toutes communications durant la procédure, l'adresse de chaque partie est celle qui figure dans la demande d'arbitrage ou dans la réponse à celle-ci ou à celle que toute partie pourra à tout moment de la procédure notifier au Secrétariat et à la partie adverse.

Les délais fixés dans le présent Règlement commencent à courir le jour suivant celui où une notification ou une communication a été faite selon le paragraphe précédent. Si dans le pays où la notification ou la communication a été considérée comme faite à une certaine date, le jour suivant celle-ci est un jour férié ou non ouvrable, le délai commence à courir le premier jour ouvrable suivant. Les jours fériés et les jours non ouvrables sont compris dans le calcul des délais. Si le dernier jour imparti est un jour férié ou non ouvrable dans le pays où la notification ou la communication a été considérée comme faite, le délai expire à la fin du premier jour ouvrable suivant.[209]

Paragraphe 6. La validité de la convention d'arbitrage

351. Lorsqu'une des parties soulève un ou plusieurs moyens relatifs à l'existence, à la validité ou à la portée de la convention d'arbitrage, il appartient au tribunal arbitral de se prononcer sur sa propre compétence. Sauf stipulation contraire, la nullité ou l'inexistence du contrat n'entraîne pas l'incompétence de l'arbitre s'il retient la validité de la convention d'arbitrage. Il reste compétent pour déterminer les droits respectifs des

---

[209] Art. 8

parties et statuer sur leurs demandes et conclusions même en cas d'inexistence ou de nullité du contrat.[210]

Section 3. Tribunal arbitral

Paragraphe 1. Nombre des arbitres

352. Les parties sont libres de convenir que le tribunal arbitral sera composé d'un ou de trois arbitres. A défaut d'une telle convention, le tribunal est composé d'un arbitre, sauf si le Comité Technique estime que le litige rend préférable la désignation de trois arbitres.[211]

Paragraphe 2. Nomination des arbitres

353. Arbitre unique. Lorsque le litige est soumis à un arbitre unique, les parties le désignent d'un commun accord. A défaut d'accord entre elles dans un délai de 10 (dix) jours à compter de la notification de la demande d'arbitrage à la partie adverse, le Comité Technique nomme l'arbitre unique.[212]

354. Tribunal de trois arbitres. Lorsque trois arbitres ont été prévus, chaque partie désigne un arbitre respectivement dans la demande d'arbitrage et la réponse. A défaut de désignation par une partie, le Comité Technique nomme le Co-arbitre. Le président du Tribunal arbitral est nommé par les deux arbitres ainsi désignés dans les 10 (dix) jours suivant l'acceptation de leur mission. A défaut, le Comité Technique nomme le président.

Paragraphe 3. Pluralité de demandeurs ou défendeurs

355. En cas de pluralité de demandeurs ou de défendeurs, tous les demandeurs conjointement et tous les défendeurs conjointement désignent un arbitre. A défaut d'une désignation conjointe et de tout autre accord entre les parties sur les modalités de constitution du tribunal arbitral, le Comité Technique nomme chacun des trois membres du Tribunal arbitral et désigne l'un d'entre eux en qualité de Président.

---

[210] Art. 9
[211] Art. 10
[212] Art. 11

Choix des arbitres. Les arbitres sont choisis sur la liste des arbitres de la CACI. Si les circonstances l'exigent, ils peuvent être choisis en dehors de cette liste.[213]

356. Indépendance et qualification des arbitres. L'arbitre doit être impartial et indépendant des parties. Avant son entrée en fonction, il signe une déclaration d'indépendance aux termes de laquelle il n'existe pas, selon lui, de circonstances de nature à affecter cette indépendance. Tout arbitre doit posséder le plein exercice de ses droits civils et les qualifications convenues par les parties ou jugées nécessaires à la résolution du litige compte tenu de l'objet de ce dernier. En outre, tout arbitre doit avoir la disponibilité lui permettant de mener l'arbitrage à son terme dans les meilleurs délais.
Il est donné connaissance aux parties des déclarations d'indépendance qui ont été signées par les arbitres. Chaque partie dispose d'un délai de 10 (dix) jours pour formuler ses objections éventuelles à l'encontre des arbitres désignés. Passé ce délai, le Comité Technique confirme les nominations effectuées. Si un arbitre n'est pas confirmé par le Comité Technique, cette décision est communiquée aux parties et la désignation d'un autre arbitre s'effectue selon la même procédure que ci-dessus.[214]

Paragraphe 4. Récusation, révocation, démission, responsabilité

357. La procédure de récusation d'un arbitre ne peut être mise en œuvre qu'après que celui-ci aura été confirmé par le Comité Technique. Tout arbitre peut être récusé s'il existe des circonstances de nature à soulever des doutes sur son impartialité ou son indépendance. La requête aux fins de récusation doit être formée dans les 10 (dix) jours de la date à laquelle le requérant a eu connaissance des circonstances de nature selon lui à justifier sa requête. Aucune demande de récusation n'est recevable pour des motifs connus des parties avant la confirmation des arbitres par le Comité Technique. Dès qu'il est saisi de la requête, le Secrétariat Général invite l'autre partie, l'arbitre concerné et les autres arbitres s'il y en a, à présenter leurs observations écrites dans un délai de 10 (dix) jours à compter de la réception de la requête. Le Comité Technique se prononce sur la recevabilité et sur le bien-fondé de la demande de récusation dans un délai d'un mois au plus à compter de sa saisine. Un arbitre peut être révoqué par les parties d'un commun accord. Elles en informent alors immédiatement par écrit le Secrétariat Général. En cas de démission d'un arbitre, il est pourvu à son remplacement conformément au présent règlement. L'arbitre, sauf en cas de

[213] Art. 12
[214] Art. 12

démission ou de récusation est tenu de mener sa mission à son terme, faute de quoi sa responsabilité peut être recherchée.[215]

Paragraphe 5. Remplacement de l'arbitre

358. A tout moment, avant que le tribunal arbitral ait été constitué, chaque partie peut remplacer un arbitre nommé par elle, et les parties peuvent d'un commun accord remplacer tout arbitre. Le remplacement se fait dans les mêmes conditions que celles prévues par le présent règlement pour la désignation de l'arbitre. Il y a lieu à remplacement d'un arbitre lorsque celui-ci est décédé, a été récusé ou révoqué, ou est dans un cas d'empêchement absolu pour maladie grave, disparition ou toute autre cause, ou en cas de démission.

359. Le Comité Technique peut également, d'office, procéder au remplacement d'un arbitre, après consultation écrite des parties et des autres arbitres, si celui-ci se refuse à exercer ses fonctions, en est manifestement incapable ou ne participe plus normalement aux travaux du Tribunal arbitral ou ne respecte pas le présent règlement ou le code de conduite des arbitres. Les arbitres sont remplacés par application des mêmes dispositions que celles prévues pour leur désignation. Cependant, en cas de remplacement d'office, la désignation du remplaçant a lieu, s'il s'agit d'un arbitre qui avait été désigné par une partie, sur avis de celle-ci. Lorsqu'il s'agit d'un cas de remplacement d'office pour un des motifs énoncés ci-dessus, le Comité Technique peut estimer, s'il ne s'agit pas d'un arbitre unique ou du président du Tribunal arbitral, qu'il n'y a pas lieu à remplacement en raison de l'état d'avancement de la procédure et de l'avis recueilli des deux autres arbitres. Si le Comité Technique estime, en pareil cas, qu'il n'y a pas lieu à remplacement, la procédure se poursuit avec les trois arbitres désignés initialement. Il revient au président du Comité Technique ou au président du tribunal arbitral de mettre l'arbitre en demeure d'exercer ses fonctions. Sauf décision contraire du Tribunal arbitral reconstitué ou des parties, après un remplacement, la procédure se poursuit avec le nouvel arbitre, là où le précédent arbitre a cessé d'exercer ses fonctions.[216]

---

[215] Art. 13
[216] Art. 14

Section 4. Procédure arbitrale

360. Remise du dossier. Le secrétaire général transmet le dossier au tribunal arbitral lorsqu'il a été constitué et que les provisions prescrites ont été payées.[217]

Paragraphe 1. Réunion préliminaire

361. Dès réception du dossier, le Tribunal arbitral convoque les parties et leurs conseils à une réunion qui doit être tenue dans les plus brefs délais. Au cours de cette réunion, la saisine du Tribunal arbitral est constatée et les demandes sur lesquelles il doit se prononcer, énumérées. Le procès-verbal constate les points énumérés aux articles 4.1 et 5.1 sur lesquels les parties ont marqué leur accord. Il constate que sur ces points la procédure arbitrale y sera conforme. Sur les autres points, où un accord n'a pu se former, il est indiqué que le tribunal se prononcera dans la sentence à intervenir. Une décision immédiate figure dans le procès-verbal sur la langue qui sera celle de l'arbitrage ainsi qu'éventuellement les dispositions qui seront prises pour les traductions nécessaires. Dans le procès-verbal il est constaté que les parties souhaitent - ou non - voir le Tribunal arbitral doté des pouvoirs d'amiable compositeur.
Le Tribunal arbitral, après audition des parties, fixe les dispositions qui lui paraissent appropriées pour la conduite de la procédure arbitrale et fixe un calendrier prévisionnel des échéances de celle-ci, c'est-à-dire les mesures d'instruction éventuelles, les dates de remise des mémoires respectifs, ainsi que la date de l'audience à l'issue de laquelle les débats seront déclarés clos. Cette date d'audience, sauf demande des parties, ne doit pas être fixée au-delà de cinq mois après la remise du dossier au Tribunal arbitral. Le procès-verbal ainsi établi est signé par les membres du Tribunal arbitral. Les parties sont également invitées à le signer. En cas de refus ou de réserves à ce sujet, ledit procès-verbal en fait état et il est soumis au Comité Technique pour approbation. Une copie du procès-verbal est adressée aux parties, à leurs conseils et au Secrétariat Général de la CACI. Le calendrier prévisionnel, en cas de nécessité, peut être modifié, à l'initiative du Tribunal arbitral, en accord avec les parties. Le projet de modification est adressé au Secrétariat Général pour approbation.[218]

---

[217] Art. 15
[218] Art. 16

Paragraphe 2. Demandes nouvelles

362. Les parties peuvent formuler devant le Tribunal arbitral de nouvelles demandes principales ou reconventionnelles, à condition que ces demandes restent dans les limites fixées par la convention d'arbitrage ce dont le Tribunal arbitral est seul juge. Au vu du procès-verbal prévu à l'article 15, comme au vu des demandes nouvelles formulées en cours de procédure, le Secrétariat Général peut réclamer le versement de compléments de provision. La procédure est suspendue si ces compléments de provision ne sont pas versés dans les délais fixés par le Secrétariat Général. Le Comité Technique en est informé.[219]

Règles applicables. La procédure applicable à l'instance arbitrale est déterminée par le présent règlement et, dans le silence de celui-ci, par la loi de procédure désignée par les parties ou, à défaut de celle-ci, par le Tribunal arbitral.[220]

363. Mesures provisoires ou conservatoires. Chaque partie peut, avant la constitution du Tribunal arbitral, demander selon le règlement de référé arbitral la nomination d'un arbitre en vue d'ordonner des mesures provisoires ou conservatoires. Ces mesures sont à la compétence du tribunal arbitral une fois que celui-ci est constitué. Elles sont prises sous forme de sentence.[221]

Paragraphe 3. Instruction de la cause

364. Le Tribunal arbitral instruit la cause aussi rapidement que possible par tous moyens appropriés. Les parties sont traitées sur un pied d'égalité dans le strict respect du principe du contradictoire, et peuvent, à chaque stade de la procédure, faire valoir leurs droits et présenter leurs moyens. Après examen des écrits des parties et des pièces versées aux débats, les parties sont entendues contradictoirement par le Tribunal arbitral si l'une des parties en fait la demande. A défaut, il peut décider d'office de procéder à leur audition. Toutefois, le tribunal arbitral peut statuer sur pièces en fonction de la nature et de l'importance du litige. Toutes les pièces et informations fournies par les parties doivent être communiquées par le biais du secrétariat général et conformément à l'article 8 du présent règlement. A tout moment de la procédure, le Tribunal arbitral peut demander aux parties de produire

---

[219] Art. 17
[220] Art. 18
[221] Art. 19

des documents, pièces justificatives ou autres preuves dans le délai qu'il fixe.[222]

Paragraphe 4. Expertise

365. Chaque partie à la faculté de produire la consultation de tout expert de son choix ou de proposer son audition par le Tribunal arbitral. Le Tribunal arbitral peut d'office, ou sur requête d'une partie, nommer un ou plusieurs experts indépendants chargés de lui faire un rapport écrit sur des points précis qu'il déterminera. Dans ce cas, les frais d'expertise sont à la charge des parties.[223]

Paragraphe 5. Comparution des parties

366. A la demande de l'une des parties ou de son propre chef, le Tribunal arbitral cite dans un délai raisonnable les parties à comparaître devant lui aux jours et lieus fixés puis en informe le Secrétariat Général. Si, bien qu'ayant été régulièrement convoquée, l'une des parties ne se présente pas, le Tribunal arbitral, après s'être assuré que la convocation lui est bien parvenue et à défaut d'excuse valable, procède à l'instruction de l'affaire, le débat et la sentence étant réputé contradictoires. Les audiences sont contradictoires. Elles se déroulent à huis clos, sauf convention contraire des parties. Les parties comparaissent soit en personne, soit par représentants dûment accrédités. Elles peuvent aussi être assistées de conseils. L'identité et l'adresse des représentants et conseils doivent être communiqués au secrétariat général de la CACI et à la partie adverse.[224]

Paragraphe 6. Droit applicable au fond

367. L'arbitre tranche le litige, conformément aux règles de droit que les parties ont choisies et à défaut d'un tel choix, conformément à celles qu'il estime appropriées. Il tient compte le cas échéant, des usages de la vie économique. L'arbitre ne peut trancher le litige en amiable composition que si les parties lui en ont donné le pouvoir.[225]

---

[222] Art. 20
[223] Art. 21
[224] Art. 22
[225] Art. 23

Section 5. Sentence arbitrale

368. Sentence d'accord parties. Si les parties se mettent d'accord en cours de procédure, le Tribunal arbitral rend une sentence d'accord parties.[226]

369. Délai. Le Tribunal arbitral doit rendre sa sentence dans le délai fixé dans le procès-verbal établi en application de l'article 15 ci-dessus. Dans tous les cas, ce délai ne peut excéder six (06) mois à compter de la remise du dossier au tribunal arbitral. Dans tous les cas, ce délai ne doit pas excéder six (06) mois.[227]

370. Décisions en cas de pluralité d'arbitres. En cas de pluralité d'arbitres, la sentence est rendue à la majorité. A défaut de majorité, le Président du Tribunal arbitral statue seul. Les arbitres minoritaires ont la faculté d'exprimer une opinion dissidente. Celle-ci est alors jointe au projet de sentence avant son envoi au Comité Technique.[228]

371. Décisions au fond. Toute décision portant sur le fond du litige fait l'objet d'une sentence motivée. Il en est de même lorsque les arbitres ont reçu les pouvoirs d'amiable compositeur.[229]

Paragraphe 1. Examen préalable de la sentence

372. Tout projet de sentence, avant sa signature, est transmis au Comité Technique par l'intermédiaire du Secrétariat Général de la CACI. Le Comité Technique peut, en respectant la liberté de décision du Tribunal arbitral, appeler son attention sur les questions de forme ou de fond qui lui paraissent se poser. Les observations du Comité Technique ne lient pas le Tribunal arbitral. Le Secrétariat Général, en transmettant les observations du Comité Technique fournit au Tribunal arbitral les indications nécessaires pour la liquidation des frais de l'arbitrage, compte tenu des dépenses exposées jusque-là, des frais administratifs et des honoraires fixés par le Comité Technique. Cette liquidation des frais figure dans la sentence ainsi que la répartition de la charge de ces frais entre les parties, décidée par le Tribunal arbitral.[230]

---

[226] Art. 24
[227] Art. 25
[228] Art. 26
[229] Art. 27
[230] Art. 28

Paragraphe 2. Prononcé de la sentence

373. La sentence est réputée rendue au siège de l'arbitrage et au jour de sa signature par le Tribunal arbitral. Toute sentence est signée en autant d'exemplaires qu'il y a de parties plus un pour la CACI qui le conserve pendant 10 ans. En cas de pluralité d'arbitres, le défaut de signature d'un arbitre minoritaire n'entache pas la validité de la sentence. Si en application de l'article 25, le président statue seul, sa signature suffit.[231]

Paragraphe 3. Notification de la sentence aux parties

374. Le Secrétariat Général est seul habilité à notifier la sentence aux parties. Il s'assure au préalable que toutes les provisions demandées à celles-ci pour les frais d'arbitrage ont été entièrement réglées. Le Secrétariat Général délivre des copies certifiées conformes de la sentence par ses soins, lorsqu'une partie ou ses ayants-droit lui en fait la demande. La demande contient notamment :

a) Une copie de la sentence à certifier

b) Les pièces justificatives de la qualité d'ayants-droit.[232]

Paragraphe 4. Caractère définitif et exécutoire de la sentence

375. La sentence arbitrale est définitive et revêt un caractère obligatoire pour les parties. Celles-ci s'engagent, par leur adhésion au présent règlement, à l'exécuter sans délai, et de bonne foi. La responsabilité de toute partie qui userait de manœuvres dilatoires susceptibles de retarder ou de bloquer l'exécution d'une sentence arbitrale, peut être recherchée.[233]

Paragraphe 5. Les frais de l'arbitrage

376. Les frais de l'arbitrage comprennent :

a) Les frais administratifs de la CACI ;

b) Les honoraires des arbitres ;

c) Les frais de fonctionnement du Tribunal arbitral concernent l'audition des témoins, les tenues d'audience, le secrétariat des audiences, les transports sur les lieux et éventuellement les honoraires d'expert désigné par le Tribunal arbitral, ainsi que les frais de séjour des arbitres, le cas échéant. Les frais administratifs de la CACI et les honoraires des arbitres sont fixés conformément au barème en vigueur. Toutefois, si, dans des cas

---

[231] Art. 29

[232] Art. 30

[233] Art. 31

exceptionnels, les circonstances le rendaient approprié, le Comité Technique, saisi à cet effet par le secrétariat général peut, après consultation des parties, fixer les honoraires des arbitres à un montant supérieur ou inférieur à ce qui résulterait de l'application du barème. Les provisions doivent être réglées par les parties dans les délais prescrits par le secrétariat général. Les demandes formulées par les parties pour le remboursement des frais qu'elles ont exposés pour la défense de leurs intérêts pendant la procédure, ne figurent pas dans les frais de l'arbitrage qui doivent être couverts par les provisions demandées par le Secrétariat Général de la CACI. Le Tribunal arbitral statue sur ces demandes, l'appréciation du montant des frais normaux relevant de son estimation.
Toutes les provisions réclamées par le Secrétariat Général doivent être payées par les parties en présence par parts égales. Si une partie n'a pas versé dans le délai prescrit la part qui lui incombe, l'autre partie peut verser à sa place cette seconde moitié de provision. A défaut d'un tel versement, la procédure est suspendue et après 3 mois radiée du rôle de la CACI. La suspension ou la radiation suspendent les délais de procédures. Les sommes déjà versées ne peuvent donner lieu à remboursement, sauf lorsqu'il s'agit du refus de versement de la provision initiale.
Toutefois, le versement ultérieur de la provision par la partie défaillante ou l'autre partie, entraine la remise de l'affaire au rôle. Il appartient aux parties en accord avec le Secrétariat Général de la CACI de déterminer les conditions de cette remise au rôle. Les frais d'arbitrage énumérés ci-dessus sont réglés par la CACI à l'aide des fonds préalablement déposés, sans préjudice des éventuels recours entre les parties au vu de la sentence finale répartissant la charge de ces frais. Lorsque la procédure d'arbitrage a été précédée d'une tentative de médiation ou de conciliation soumise à la CACI, les frais administratifs dus au titre de l'arbitrage sont réduits de moitié. Les frais de fonctionnement du Tribunal arbitral et les frais de déplacement ou de séjour des arbitres sont réglés sur les justificatifs adressés par le Tribunal arbitral. Ils sont conformes aux indications données dans le cadre d'une note de service établie par le Secrétariat Général de la CACI, mis à la disposition des intéressés.[234]

Paragraphe 6. Pluralité de demandes, causes connexes

377. Lorsqu'une procédure arbitrale est introduite par une partie et qu'il existe un lien de connexité entre cette demande et une demande antérieure soumise à un Tribunal arbitral déjà constitué sous l'égide de la CACI, le Comité technique, au vu des observations des parties sur ce point, peut désigner les mêmes arbitres pour se prononcer sur l'affaire nouvelle. Il appartient dans ce cas au Tribunal arbitral ainsi constitué de prononcer la

[234] Art. 32

jonction des procédures, s'il l'estime approprié, au vu des observations des parties.[235]

Paragraphe 7. Rectification, omission de statuer et interprétation

378. A la requête d'une partie, le tribunal arbitral peut interpréter la sentence ou la compléter s'il a omis de statuer sur un chef de demande dont il était saisi. Les demandes de rectification d'erreur matérielle et d'omission de statuer ou d'interprétation sont adressés au secrétariat général de la CACI par les parties dans un délai d'un (01) mois à compter de la notification de la sentence. Le Secrétariat Général en saisit le tribunal arbitral dans un délai de quinze (15) jours à compter de la réception de la demande. Si le tribunal arbitral ne peut être réuni ou l'arbitre unique saisi, le comité technique désigne, selon le cas, un nouveau tribunal ou un nouvel arbitre. Le Tribunal arbitral statue contradictoirement dans un délai maximum d'un (01) mois. Sa décision est rendue sous la forme d'un addendum qui fera partie intégrante de la sentence.[236]

Section 6. Les procédures particulières

Paragraphe 1. Procédure spécifique

379. Les parties à un arbitrage peuvent, compte tenu dc circonstances particulières, organiser la procédure d'arbitrage soumise à la CACI de manière spécifique et avec des délais particuliers. Elles en font, pour ce faire, la demande au Secrétariat Général et établissent avec lui toutes les dispositions particulières qui leur paraissent appropriées. Le secrétariat général en informe le Comité Technique.[237]

Paragraphe 2. Procédure accélérée

380. Lorsque la demande et la réponse visées aux articles 4 et 5 font apparaître que l'intérêt du litige est inférieur à 10 000 000 (dix millions) de francs CFA, l'arbitrage est conduit selon la procédure accélérée ci- après décrite, sauf volonté contraire des parties. Il en va de même pour un litige dont le montant est supérieur à la somme sus-indiquée si les parties conviennent que celui-ci exige une sentence dans un délai plus court ou qu'il ne présente pas de difficulté particulière. La procédure accélérée se déroule conformément au présent règlement, sous les réserves suivantes :

---

[235] Art. 33
[236] Art. 34
[237] Art. 35

a- lorsque la convention d'arbitrage prévoit que le tribunal arbitral sera constitué de trois (3) arbitres, le secrétariat général de la CACI invite les parties à renoncer à cette disposition et à accepter la désignation d'un arbitre unique.

b- l'arbitre unique est nommé d'accord partie et à défaut par le Comité Technique ;

c- le tribunal statue sur pièces sauf si l'une ou l'autre parties s'y oppose. Il peut néanmoins à tout moment décider d'entendre les parties ou tout témoin ou désigner tout expert de son choix, les frais d'expertise sont à la charge des parties ;

d- après la constitution du tribunal arbitral et sauf autorisation de ce dernier, chaque partie n'a le droit de s'exprimer qu'une fois par écrit sur les demandes dirigées contre elle ;

e- à moins qu'il ne statue sur pièce ou que les circonstances ne le conduisent à en disposer autrement, le tribunal arbitral ne tient que deux audiences l'une pour l'audition des parties, témoins et experts et, l'autre pour les plaidoiries ;

f- la sentence est rendue dans un délai maximum de trois mois à compter de la remise du dossier à l'arbitre, sauf prorogation par le secrétariat de la CACI sur demande motivée du tribunal arbitral sans que le délai total n'excède quatre (4) mois.

Paragraphe 3. Procédure de compensation interentreprises

381. La procédure de Compensation Interentreprises permet à deux ou plusieurs entreprises titulaires les unes contre les autres de créances certaines, liquides et exigibles de faire procéder à la compensation de leurs créances réciproques. La procédure est conduite par un arbitre unique et peut donner lieu, le cas échéant, à une sentence concernant le solde dégagé après compensation. La sentence est rendue dans un délai maximum de quinze (15) jours sauf prorogation par le secrétariat général de la CACI sur demande motivée de l'arbitre sans que le délai total n'excède un (1) mois.

CHAPITRE 6. L'ARBITRAGE A LA COUR COMMUNE DE JUSTICE ET D'ARBITRAGE DE L'OHADA

Section 1. La procédure suivie devant la cour commune de justice et d'arbitrage

Paragraphe 1. Mission de la Cour

382. La mission de la Cour est de procurer, conformément au présent règlement, une solution arbitrale lorsqu'un différend d'ordre contractuel, en application d'une clause compromissoire ou d'un compromis d'arbitrage, lui est soumis par toute partie à un contrat, soit que l'une des parties ait son domicile ou sa résidence habituelle dans un des Etats-parties, soit que le contrat soit exécuté ou à exécuter, en tout ou partie sur le territoire d'un ou de plusieurs Etats-parties. La Cour ne tranche pas elle-même les différends. Elle nomme ou confirme les arbitres, est informée du déroulement de l'instance et examine les projets de sentence. Elle se prononce sur l'exequatur de ces sentences si celui-ci est demandé et, si elle en est saisie, sur les contestations qui peuvent survenir quant à l'autorité de chose jugée de ces sentences. La Cour traite les questions liées aux procédures arbitrales suivies par elle dans le cadre du titre IV du Traité et de l'article 1er du présent règlement. La Cour établit un règlement intérieur si elle l'estime souhaitable. La Cour peut, selon les modalités prévues à ce règlement intérieur, déléguer à une formation restreinte de ses membres, un pouvoir de décision sous réserve que la Cour soit informée des décisions prises à l'audience suivante. Ce règlement est délibéré et adopté en assemblée générale. Il devient exécutoire après son approbation par le Conseil des ministres statuant dans les conditions prévues à l'article 4 du Traité. Le Président de la Cour peut prendre, en cas d'urgence, les décisions nécessaires à la mise en place et au bon déroulement de la procédure arbitrale, sous réserve d'en informer la Cour à sa prochaine réunion, à l'exclusion des décisions qui requièrent un arrêt de la Cour. Il peut déléguer ce pouvoir à un membre de la Cour sous la même condition.[238]

Paragraphe 2. La désignation des arbitres

383. Le différend peut être tranché par un arbitre unique ou par trois arbitres. Dans le présent règlement, le tribunal arbitral peut être également désigné par l'expression « l'arbitre ». Lorsque les parties sont convenues que le différend sera tranché par un arbitre unique, elles peuvent le désigner d'un commun accord pour confirmation par la Cour. Faute d'entente entre les parties dans un délai de trente (30) jours à partir de la notification de la

---

[238] Art. 2

demande d'arbitrage à l'autre partie, l'arbitre sera nommé par la Cour. Lorsque trois arbitres ont été prévus, chacune des parties - dans la demande d'arbitrage ou dans la réponse à celle-ci - désigne un arbitre indépendant pour confirmation par la Cour. Si l'une des parties s'abstient, la nomination est faite par la Cour. Le troisième arbitre, qui assume la présidence du tribunal arbitral, est nommé par la Cour, à moins que les parties n'aient prévu que les arbitres qu'elles ont désignés devraient faire choix du troisième arbitre dans un délai déterminé. Dans ce dernier cas, il appartient à la Cour de confirmer le troisième arbitre. Si à l'expiration du délai fixé par les parties, ou imparti par la Cour, les arbitres désignés par les parties n'ont pu se mettre d'accord, le troisième arbitre est nommé par la Cour.

Si les parties n'ont pas fixé d'un commun accord le nombre des arbitres, la Cour nomme un arbitre unique, à moins que le différend ne lui paraisse justifier la désignation de trois arbitres. Dans ce dernier cas, les parties disposeront d'un délai de quinze (15) jours pour procéder à la désignation des arbitres. Lorsque plusieurs parties, demanderesse ou défenderesses, doivent présenter à la Cour des propositions conjointes pour la nomination d'un arbitre et que celles-ci ne s'accordent pas dans les délais impartis, la Cour peut nommer la totalité du tribunal arbitral. Les arbitres peuvent être choisis sur la liste des arbitres établie par la Cour et mise à jour annuellement. Les membres de la Cour ne peuvent pas être inscrits sur cette liste. Pour nommer les arbitres, la Cour tient compte de la nationalité des parties, du lieu de résidence de celles-ci et du lieu de résidence de leur conseil et des arbitres, de la langue des parties, de la nature des questions en litige et, éventuellement, des lois choisies par les parties pour régir leurs relations. En vue de procéder à ces désignations, et pour établir la liste des arbitres prévue à l'article 3.2., la Cour, quand elle l'estime souhaitable, peut prendre au préalable l'avis des praticiens d'une compétence reconnue dans le domaine de l'arbitrage commercial international.[239]

Paragraphe 3. Indépendance, récusation et remplacement des arbitres

384. Tout arbitre nommé ou confirmé par la Cour doit être et demeurer indépendant des parties en cause. Il doit poursuivre sa mission jusqu'au terme de celle-ci. Avant sa nomination ou sa confirmation par la Cour, l'arbitre pressenti, auquel il a été donné connaissance des informations sur le litige figurant dans la demande d'arbitrage et, si elle est parvenue, dans la réponse à celle-ci, fait connaître par écrit au Secrétaire général de la Cour les faits ou circonstances qui pourraient être de nature à mettre en cause son indépendance dans l'esprit des parties. Dès réception de cette information, le Secrétaire Général de la Cour la communique par écrit aux parties et leur

[239] Art. 3

fixe un délai pour faire connaître leurs observations éventuelles. L'arbitre fait connaître immédiatement par écrit au Secrétaire général de la Cour et aux parties, les faits et circonstances de même nature qui surviendraient entre sa nomination ou sa confirmation par la Cour et la notification de la sentence finale. La demande de récusation, fondée sur une allégation de défaut d'indépendance ou sur tout autre motif, est introduite par l'envoi au Secrétaire général de la Cour d'une déclaration précisant les faits et circonstances sur lesquels est fondée cette demande.
Cette demande doit être envoyée par la partie, à peine de forclusion, soit dans les trente (30) jours suivant la réception par celle-ci de la notification de la nomination ou de la confirmation de l'arbitre par la Cour, soit dans les trente (30) jours suivant la date à laquelle la partie introduisant la récusation a été informée des faits et circonstances qu'elle évoque à l'appui de sa demande de récusation, si cette date est postérieure à la réception de la notification susvisée. La Cour se prononce sur la recevabilité, en même temps que, s'il y a lieu, sur le bien fondé de la demande de récusation, après que le Secrétaire Général de la Cour a mis l'arbitre concerné, les parties et les autres membres du tribunal arbitral s'il y en a, en mesure de présenter leurs observations par écrit dans un délai approprié. Il y a lieu à remplacement d'un arbitre lorsque celui-ci est décédé, lorsque la Cour a admis sa récusation, ou lorsque sa démission a été acceptée par la Cour. Lorsque la démission d'un arbitre n'est pas acceptée par la Cour et que celui-ci refuse cependant de poursuivre sa mission, il y a lieu à remplacement s'il s'agit d'un arbitre unique ou du Président d'un tribunal arbitral. Dans les autres cas, la Cour apprécie s'il y a lieu au remplacement compte tenu de l'état d'avancement de la procédure et de l'avis des deux arbitres qui n'ont pas démissionné. Si la Cour estime qu'il n'y a pas lieu à remplacement, la procédure se poursuivra et la sentence pourrait être rendue malgré le refus de concours de l'arbitre dont la démission a été refusée. La Cour prend sa décision en ayant égard, notamment, aux dispositions de l'article 28, alinéa 2 ci-après.
Il y a lieu également à remplacement d'un arbitre lorsque la Cour constate qu'il est empêché de jure ou de facto d'accomplir sa mission, ou qu'il ne remplit pas ses fonctions conformément au titre IV du Traité ou au règlement, ou dans les délais impartis. Lorsque, sur le fondement d'informations venues à sa connaissance, la Cour envisage l'application de l'alinéa qui précède, elle se prononce sur le remplacement après que le Secrétaire général de la Cour a communiqué par écrit ces informations à l'arbitre concerné, aux parties et aux autres membres du tribunal arbitral s'il y en a, et les a mis en mesure de présenter leurs observations par écrit dans un délai approprié. En cas de remplacement d'un arbitre qui ne remplit pas ses fonctions conformément au titre IV du Traité, au présent règlement ou dans les délais impartis, la désignation d'un nouvel arbitre est faite par la Cour sur avis de la partie qui avait désigné l'arbitre à remplacer, sans que la

Cour soit liée par l'avis ainsi exprimé. Lorsque la Cour est informée que, dans un tribunal arbitral comptant trois personnes, l'un des arbitres, autre que le président, ne participe pas à l'arbitrage, sans pour autant avoir présenté sa démission, la cour, peut, comme indiqué en 4.3, alinéas 3 et 4 ci-dessus, ne pas procéder au remplacement dudit arbitre lorsque les deux autres arbitres acceptent de poursuivre l'arbitrage malgré l'absence de participation d'un des arbitres. Sitôt reconstitué, le tribunal fixera, après avoir invité les parties à faire connaître leurs observations, dans quelle mesure la procédure antérieure sera reprise. Comme indiqué à l'article 1.1°) ci-dessus, la Cour statue sans recours sur la nomination, la confirmation, la récusation ou le remplacement d'un arbitre.[240]

Paragraphe 4. Demande d'arbitrage

385. Toute partie désirant avoir recours à l'arbitrage institué par l'article 2.1 ci-dessus (article 21 du Traité) et dont les modalités sont fixées par le présent règlement, adresse sa demande au Secrétaire général pour l'arbitrage de la Cour. Cette demande doit contenir :

a) les noms, prénoms, qualités, raison sociale et adresses des parties avec indication d'élection de domicile pour la suite de la procédure, ainsi que l'énoncé du montant de ses demandes ;

b) la convention d'arbitrage intervenue entre les parties ainsi que les documents, contractuels ou non, de nature à établir clairement les circonstances de l'affaire ;

c) un exposé sommaire des prétentions du demandeur et des moyens produits à l'appui ;

d) toutes indications utiles et propositions concernant le nombre et le choix des arbitres, conformément aux stipulations de l'article 2.3 ci-dessus ;

e) s'il en existe, les conventions intervenues entre les parties :

- sur le siège de l'arbitrage ;
- sur la langue de l'arbitrage ;
- sur la loi applicable ;
- à la convention d'arbitrage ;
- à la procédure de l'arbitrage et au fond du litige, à défaut de telles conventions, les souhaits du demandeur à l'arbitrage, sur ces différents points sont exprimés ;

f) la demande doit être accompagnée du montant du droit prévu pour l'introduction des instances dans le barème des frais de la Cour.

Le demandeur doit, dans la requête, faire état de l'envoi qu'il a fait d'un exemplaire de celle-ci avec toutes les pièces annexées, aux parties défenderesses à l'arbitrage. Le Secrétaire Général notifie à la partie ou aux parties défenderesses, la date de réception de la demande au secrétariat, joint

[240] Art. 4

à cette notification un exemplaire du présent règlement et accuse réception de sa requête au demandeur. La date de réception par le Secrétaire général de la demande d'arbitrage conforme au présent article constitue la date de l'introduction de la procédure d'arbitrage.[241]

Paragraphe 5. Réponse à la demande

386. La ou les parties défenderesses doivent, dans les quarante cinq (45) jours à dater du reçu de la notification du Secrétaire Général, adresser leurs réponses à celui-ci avec la justification d'un semblable envoi effectué à la partie demanderesse. Dans le cas visé à l'article 3.1 alinéa 2 ci-dessus, l'accord des parties doit être réalisé dans le délai de trente (30) jours prévu audit article. La réponse doit contenir :
a) Confirmation, ou non, de ses nom, prénoms, raison sociale et adresse tels que les a énoncés le demandeur, avec élection de domicile pour la suite de la procédure.

b) Confirmation, ou non, de l'existence d'une convention d'arbitrage entre les parties renvoyant à l'arbitrage institué au titre IV du traité relatif à l'harmonisation du droit des affaires en Afrique.

c) Un bref exposé de l'affaire et de la position du défendeur sur les demandes formées contre lui avec indication des moyens et des pièces sur lesquelles il entend fonder sa défense.

d) Les réponses du défendeur sur tous les points traités par la demande d'arbitrage sur les rubriques (d) et (e) de l'article 5 ci-dessus.[242]

Si la partie défenderesse a formé dans sa réponse une demande reconventionnelle, la partie demanderesse peut, dans les trente (30) jours de la réception de sa réponse, présenter une note complémentaire à ce sujet.[243]
Après réception de la demande d'arbitrage, de la réponse et, éventuellement de la note complémentaire telles que visées aux articles 5, 6 et 7 ci-dessus, ou passé les délais pour les recevoir, le Secrétaire Général saisit la Cour pour la fixation de la provision pour les frais de l'arbitrage, pour la mise en œuvre de celui-ci et, s'il y a lieu, la fixation du lieu de l'arbitrage. Le dossier est envoyé à l'arbitre quand le tribunal arbitral est constitué et que les décisions prises en application de l'article 11.2 pour le paiement de la provision ont été satisfaites.[244]

[241] Art. 5
[242] Art. 6
[243] Art. 7
[244] Art. 8

Paragraphe 6. Absence de convention d'arbitrage

387. Lorsque, *prima facie*, il n'existe pas entre les parties de convention d'arbitrage visant l'application du présent règlement, si la défenderesse décline l'arbitrage de la Cour, ou ne répond pas dans le délai de quarante cinq (45) jours visé ci-dessus à l'article 6, la partie demanderesse est informée par le Secrétaire Général qu'il se propose de saisir la Cour en vue de la voir décider que l'arbitrage ne peut avoir lieu. La Cour statue, au vu des observations du demandeur produites dans les trente (30) jours suivants, si celui-ci estime devoir en présenter.[245]

Paragraphe 7. Effets de la convention d'arbitrage

388. Lorsque les parties sont convenues d'avoir recours à l'arbitrage de la Cour, elles se soumettent par là même aux dispositions du titre IV du Traité de l'OHADA, au présent règlement, au règlement intérieur de la Cour, à leurs annexes et au barème des frais d'arbitrage, dans leur rédaction en vigueur à la date de l'introduction de la procédure d'arbitrage indiquée à l'article 5 ci-dessus. Si l'une des parties refuse ou s'abstient de participer à l'arbitrage, celui-ci a lieu nonobstant ce refus ou cette abstention. Lorsqu'une des parties soulève un ou plusieurs moyens relatifs à l'existence, à la validité, ou à la portée de la convention d'arbitrage, la Cour, ayant constaté prima facie l'existence de cette convention, peut décider, sans préjuger la recevabilité ou le bien fondé de ces moyens, que l'arbitrage aura lieu. Dans ce cas, il appartiendra à l'arbitre de prendre toutes décisions sur sa propre compétence.
Sauf stipulation contraire, si l'arbitre considère que la convention d'arbitrage est valable et que le contrat liant les parties est nul ou inexistant, l'arbitre est compétent pour déterminer les droits respectifs des parties et statuer sur leurs demandes et conclusions. Sauf stipulation contraire, la convention d'arbitrage donne compétence à l'arbitre pour se prononcer sur toute demande provisoire ou conservatoire pendant le cours de la procédure arbitrale. Les sentences prononcées dans le cadre de l'alinéa qui précède sont susceptibles de demandes d'exequatur immédiates, si l'exequatur est nécessaire pour l'exécution de ces sentences provisoires ou conservatoires. Avant la remise du dossier à l'arbitre, et exceptionnellement après celle-ci, au cas où l'urgence des mesures provisoires et conservatoires demandées ne permettrait pas à l'arbitre de se prononcer en temps utile, les parties peuvent demander de telles mesures à l'autorité judiciaire compétente. De pareilles demandes, ainsi que les mesures prises par l'autorité judiciaire, sont portées sans délai à la connaissance de la Cour qui en informe l'arbitre.[246]

---

[245] Art. 9
[246] Art. 10

Paragraphe 8. Provision pour frais de l'arbitrage

389. La Cour fixe le montant de la provision de nature à faire face aux frais d'arbitrage entraînés par les demandes dont elle est saisie, tels que définis par l'article 24.2 a) ci-dessous. Cette provision est ensuite ajustée si le montant en litige se trouve modifié d'un quart au moins ou si des éléments nouveaux rendent nécessaire cet ajustement. Des provisions distinctes pour la demande principale et pour la ou les demandes reconventionnelles peuvent être fixées si une partie en fait la demande. Les provisions sont dues par parts égales par le ou les demandeurs et le ou les défendeurs. Cependant ce versement pourra être effectué en totalité par chacune des parties pour la demande principale et la demande reconventionnelle, au cas où l'autre partie s'abstiendrait d'y faire face. Les provisions ainsi fixées doivent être réglées au Secrétaire Général de la Cour en totalité avant la remise du dossier à l'arbitre ; pour les trois quarts au plus, leur paiement peut être garanti par une caution bancaire satisfaisante. L'arbitre n'est saisi que des demandes pour lesquelles il a été satisfait entièrement au paragraphe 11.2 ci-dessus. Lorsqu'un complément de provision a été rendu nécessaire, l'arbitre suspend ses travaux jusqu'à ce que ce complément ait été versé au Secrétaire général.[247]

Paragraphe 9. Notification, communication et délais

390. Les mémoires, correspondances et notes écrites échangées par les parties, ainsi que toutes pièces annexes, doivent être fournis en autant d'exemplaires qu'il y a d'autres parties plus un pour chaque arbitre et un autre pour le Secrétaire Général de la Cour, sauf en ce qui concerne celui-ci pour les pièces annexes qu'il n'est pas nécessaire de lui adresser, à moins d'une demande spécifique de sa part.
Les mémoires, correspondances et communications émanant du Secrétariat, de l'arbitre ou des parties, sont valablement faits :
- s'ils sont remis contre reçu ou ;
- expédiés par lettre recommandée à l'adresse ou à la dernière adresse connue de la partie qui en est destinataire, telle que communiquée par celle-ci ou par l'autre partie, selon le cas, ou ;
- par tous moyens de communication laissant trace écrite, le document original faisant foi en cas de contestation.
La notification ou la communication valablement faite est considérée comme acquise quand elle a été reçue par l'intéressé ou aurait dû être reçue par l'intéressé ou par son représentant. Les délais fixés par le présent règlement ou par la Cour en application du présent règlement ou de son règlement intérieur, commencent à courir le jour suivant celui où la notification ou la

[247] Art. 11

communication est considérée comme faite aux termes du paragraphe précédent. Lorsque, dans le pays où la notification ou la communication a été considérée comme faite à une certaine date, le jour suivant celle-ci est un jour férié ou non ouvrable, le délai commence à courir le 1er jour ouvrable suivant. Les jours fériés et les jours non ouvrables sont compris dans le calcul des délais et ne rallongent pas ceux-ci. Si le dernier jour du délai imparti est un jour férié ou jour non ouvrable dans le pays où la notification ou la communication a été considérée comme faite, le délai expire à la fin du 1er jour ouvrable suivant.[248]

Paragraphe 10. Siège de l'arbitrage

391. Le siège de l'arbitrage est fixé par la convention d'arbitrage ou par un accord postérieur des parties. A défaut, il est fixé par une décision de la Cour prise avant la transmission du dossier à l'arbitre. Après consultation des parties, l'arbitre peut décider de tenir des audiences en tout autres lieu. En cas de désaccord, la Cour statue. Lorsque les circonstances rendent impossible ou difficile le déroulement de l'arbitrage au lieu qui avait été fixé, la Cour peut, à la demande des parties, ou d'une partie, ou de l'arbitre, choisir un autre siège.[249]

Paragraphe 11. Confidentialité de la procédure arbitrale

392. La procédure arbitrale est confidentielle. Les travaux de la Cour relatifs au déroulement de la procédure arbitrale sont soumis à cette confidentialité, ainsi que les réunions de la Cour pour l'administration de l'arbitrage. Elle couvre les documents soumis à la Cour ou établis par elle à l'occasion des procédures qu'elle diligente. Sous réserve d'un accord contraire de toutes les parties, celles-ci et leurs conseils, les arbitres, les experts, et toutes les personnes associées à la procédure d'arbitrage, sont tenus au respect de la confidentialité des informations et documents qui sont produits au cours de cette procédure. La confidentialité s'étend, dans les mêmes conditions, aux sentences arbitrales.[250]

Paragraphe 12. Procès-verbal constatant l'objet de l'arbitrage et fixant le déroulement de la procédure arbitrale

393. Après réception du dossier par l'arbitre, celui-ci convoque les parties ou leurs représentants dûment habilités et leurs conseils, à une réunion qui doit se tenir aussi rapidement qu'il est possible, et au plus tard dans les soixante (60) jours de cette réception du dossier. Cette réunion a pour objet :

---

[248] Art. 12
[249] Art. 13
[250] Art. 14

a) de constater la saisine de l'arbitre et les demandes sur lesquelles il doit se prononcer. Il est procédé à une énumération de ces demandes telles qu'elles résultent des mémoires respectivement produits par les parties à cette date, avec une indication sommaire des motifs de ces demandes et des moyens invoqués pour qu'il y soit fait droit ;
b) de constater s'il existe ou non un accord des parties sur les points énumérés aux articles 5.e) et 6.b) et d) ci-dessus.
En l'absence d'un tel accord, l'arbitre constate que la sentence aura à se prononcer à ce sujet. La langue de l'arbitrage fait, au cours de la réunion, l'objet d'une décision immédiate de l'arbitre au vu des dires des parties sur ce point, en tenant compte des circonstances. En cas de besoin l'arbitre interroge les parties pour savoir si celles-ci entendent lui attribuer les pouvoirs d'amiable compositeur. Il est fait mention de la réponse des parties.
c) de prendre les dispositions qui paraissent appropriées pour la conduite de la procédure arbitrale que l'arbitre entend appliquer, ainsi que les modalités d'application de celles-ci.
d) de fixer un calendrier prévisionnel de la procédure arbitrale, précisant les dates de remise des mémoires respectifs jugés nécessaires, ainsi que la date de l'audience à l'issue de laquelle les débats seront déclarés clos.
Cette date de l'audience ne doit pas être fixée par l'arbitre au-delà de six mois après la réunion, sauf accord des parties. Il est établi par l'arbitre un procès-verbal de la réunion prévue à l'article 15.1 ci-dessus. Ce procès-verbal est signé par l'arbitre. Les parties ou leurs représentants sont invités à signer également le procès-verbal. Si l'une des parties refuse de signer le procès-verbal ou formule des réserves à son encontre, ledit procès-verbal est soumis à la Cour pour approbation. Une copie de ce procès-verbal est adressée aux parties et à leurs conseils, ainsi qu'au Secrétaire Général de la Cour. Le calendrier prévisionnel de l'arbitrage figurant dans le procès verbal prévu à l'article 15.2 peut, en cas de nécessité, être modifié par l'arbitre, à son initiative après observations des parties, ou à la demande de celles-ci. Ce calendrier modifié est adressé au Secrétaire Général de la Cour pour être communiqué à celle-ci. L'arbitre rédige et signe la sentence dans les 90 jours au plus qui suivent la clôture des débats. Ce délai peut être prorogé par la Cour à la demande de l'arbitre si celui-ci n'est pas en mesure de le respecter. Lorsque la sentence intervenue ne met pas un terme final à la procédure d'arbitrage, une réunion est aussitôt organisée pour fixer, dans les mêmes conditions, un nouveau calendrier pour la sentence qui tranchera complètement le litige.[251]

[251] Art. 15

Paragraphe 13. Règles applicables à la procédure

394. Les règles applicables à la procédure devant l'arbitre sont celles qui résultent du présent règlement et, dans le silence de ce dernier, celles que les parties ou à défaut l'arbitre, déterminent, en se référant ou non à une loi interne de procédure applicable à l'arbitrage.[252]

Paragraphe 14. Loi applicable au fond

395. Les parties sont libres de déterminer le droit que l'arbitre devra appliquer au fond du litige. A défaut d'indication par les parties du droit applicable, l'arbitre appliquera la loi désignée par la règle de conflit qu'il jugera appropriée en l'espèce. Dans tous les cas, l'arbitre tiendra compte des stipulations du contrat et des usages du commerce. L'arbitre reçoit les pouvoirs d'amiable compositeur si les parties ont donné leur accord sur ce point dans la convention d'arbitrage, ou postérieurement.[253]

Paragraphe 15. Demandes nouvelles

396. En cours de procédure les parties ont toute liberté pour évoquer de nouveaux moyens à l'appui des demandes qu'elles ont formulées. Elles peuvent aussi formuler de nouvelles demandes, reconventionnelles ou non, si ces demandes restent dans le cadre de la convention d'arbitrage, et à moins que l'arbitre considère qu'il ne doit pas autoriser une telle extension de sa mission, en raison, notamment, du retard avec lequel elle est sollicitée.[254]

Paragraphe 16. L'instruction de la cause

397. L'arbitre instruit la cause dans les plus brefs délais par tous les moyens appropriés. Après examen des écrits des parties et des pièces versées par elles aux débats, l'arbitre entend contradictoirement les parties si l'une d'elles en fait la demande ; à défaut, il peut décider d'office leur audition. Les parties comparaissent soit en personne, soit par représentants dûment accrédités. Elles peuvent être assistées de leurs conseils. L'arbitre peut décider d'entendre les parties séparément s'il l'estime nécessaire. Dans ce cas, l'audition de chaque partie a lieu en présence des conseils des deux parties. L'audition des parties a lieu au jour et au lieu fixés par l'arbitre. Si l'une des parties, quoique régulièrement convoquée, ne se présente pas, l'arbitre, après s'être assuré que la convocation lui est bien parvenue, a le pouvoir, à défaut d'excuse valable, de procéder néanmoins à l'accomplissement de sa mission, le débat étant réputé contradictoire. Le

---

[252] Art. 16
[253] Art. 17
[254] Art. 18

procès-verbal d'audition des parties, dûment signé, est adressé en copie au Secrétaire Général de la Cour. L'arbitre peut statuer sur pièces si les parties le demandent ou l'acceptent. L'arbitre peut nommer un ou plusieurs experts, définir leur mission, recevoir leurs rapports et les entendre en présence des parties ou de leurs conseils. L'arbitre règle le déroulement des audiences. Celles-ci sont contradictoires. Sauf accord de l'arbitre et des parties, elles ne sont pas ouvertes aux personnes étrangères à la procédure.[255]

398. Sentences d'accord parties. Si les parties se mettent d'accord au cours de la procédure arbitrale, elles peuvent demander à l'arbitre que cet accord soit constaté en la forme d'une sentence rendue d'accord parties.[256]

Paragraphe 17. Exception d'incompétence

399. Si une des parties entend contester la compétence de l'arbitre pour connaître de tout ou partie du litige, pour quelque motif que ce soit, elle doit soulever l'exception dans les mémoires prévus aux articles 6 et 7 ci-dessus, et, au plus tard, au cours de la réunion prescrite à l'article 15.1 ci-dessus. A tout moment de l'instance l'arbitre peut examiner d'office sa propre compétence pour des motifs d'ordre public sur lesquels les parties sont alors invitées à présenter leurs observations. L'arbitre peut statuer sur l'exception d'incompétence soit par une sentence préalable, soit dans une sentence finale ou partielle après débats au fond. Quand la Cour est saisie sur le plan juridictionnel, conformément aux dispositions du chapitre III ci-après, de la décision de compétence ou d'incompétence prise par une sentence préalable, l'arbitre peut néanmoins poursuivre la procédure sans attendre que la Cour se soit prononcée.[257]

Paragraphe 18. La sentence arbitrale

400. Sauf accord contraire des parties, et sous réserve qu'un tel accord soit admissible au regard de la loi applicable, toutes les sentences doivent être motivées. Elles sont réputées rendues au siège de l'arbitrage et au jour de leur signature après l'examen de la Cour. Elles doivent être signées par l'arbitre, en ayant égard, le cas échéant, aux dispositions des articles 4.3 et 4.4 ci-dessus. Si trois arbitres ont été désignés, la sentence est rendue à la majorité. A défaut de majorité, le Président du tribunal arbitral statuera seul. La sentence est alors signée, selon le cas, par les trois membres du tribunal arbitral, ou par le Président seul. Au cas où la sentence a été rendue à la majorité, le refus de signature de l'arbitre minoritaire n'affecte pas la validité

---

[255] Art. 19
[256] Art. 20
[257] Art. 21

de la sentence. Tout membre du tribunal arbitral peut remettre au Président de celui-ci son opinion particulière pour être jointe à la sentence.[258]

Paragraphe 19. Examen préalable par la Cour

401. Les projets de sentences sur la compétence, de sentences partielles qui mettent un terme à certaines prétentions des parties, et de sentences définitives sont soumis à l'examen de la Cour avant signature. Les autres sentences ne sont pas soumises à un examen préalable, mais seulement transmises à la Cour pour information. La Cour ne peut proposer que des modifications de pure forme. Elle donne en outre à l'arbitre les indications nécessaires à la liquidation des frais d'arbitrage, et notamment fixe le montant des honoraires de l'arbitre.[259]

Paragraphe 20. Décision sur les frais de l'arbitrage

402. La sentence finale de l'arbitre, outre la décision sur le fond, liquide les frais de l'arbitrage et décide à laquelle des parties le paiement en incombe, ou dans quelle proportion ils sont partagés entre elles. Les frais de l'arbitrage comprennent :
a) les honoraires de l'arbitre et les frais administratifs fixés par la Cour, les frais éventuels de l'arbitre, les frais de fonctionnement du tribunal arbitral, les honoraires et frais des experts en cas d'expertise. Les honoraires des arbitres et les frais administratifs de la Cour sont fixés conformément à un barème établi par l'Assemblée générale de la Cour et approuvé par le Conseil des ministres de l'OHADA statuant dans les conditions prévues à l'article 4 du Traité ;
b) les frais normaux exposés par les parties pour leur défense, selon l'appréciation qui est faite par l'arbitre des demandes formulées sur ce point par les parties. Si les circonstances de l'espèce le rendent exceptionnellement nécessaire, la Cour peut fixer les honoraires de l'arbitre à un montant supérieur ou inférieur à ce qui résulterait de l'application du barème.[260]

Paragraphe 21. Notification de la sentence

403. La sentence rendue, le Secrétaire Général en notifie aux parties le texte signé de l'arbitre, après que les frais d'arbitrage visés à l'article 24.2 a) ci-dessus, ont été réglés intégralement au Secrétaire Général par les parties ou l'une d'entre elles. Des copies supplémentaires certifiées conformes par le Secrétaire Général de la Cour sont à tout moment délivrées aux parties qui en font la demande, et à elles seulement. Par le fait de la notification ainsi

[258] Art. 22
[259] Art. 23
[260] Art. 24

effectuée, les parties renoncent à toute autre notification ou dépôt à la charge de l'arbitre.[261]

Paragraphe 22. Rectification de la sentence

404. Toute demande en rectification d'erreurs matérielles d'une sentence, ou en interprétation de celle-ci, ou en complément de la sentence qui aurait omis de statuer sur une demande qui était soumise à l'arbitre, doit être adressée au Secrétaire Général de la Cour dans les 45 jours de la notification de la sentence. Le Secrétaire Général communique, dès réception, la requête à l'arbitre et à la partie adverse en accordant à celle-ci un délai de 30 jours pour adresser ses observations au demandeur et à l'arbitre. Au cas où le Secrétaire Général pour un motif quelconque, ne pourrait pas transmettre la demande à l'arbitre qui a statué, la Cour désignerait après observations des parties, un nouvel arbitre. Après examen contradictoire du point de vue des parties et des pièces qu'elles ont éventuellement soumises, le projet de sentence doit être adressé pour l'examen préalable prévu à l'article 23 dans les 60 jours de la saisine de l'arbitre. La procédure qui précède ne comporte pas d'honoraires sauf dans le cas prévu au 3ème alinéa. Quant aux frais, s'il en est, ils sont supportés par la partie qui a formé la requête si celle-ci est rejetée entièrement. Dans le cas contraire, ils sont partagés entre les parties dans la proportion fixée pour les frais d'arbitrage dans la sentence, objet de la requête.[262]

Paragraphe 23. Autorité de chose jugée et exequatur

405. Les sentences arbitrales rendues conformément aux dispositions du présent règlement, ont l'autorité définitive de la chose jugée sur le territoire de chaque Etat-partie, au même titre que les décisions rendues par les juridictions de l'Etat. Elles peuvent faire l'objet d'une exécution forcée sur le territoire de l'un quelconque des Etats-Parties.[263]

---

[261] Art. 25
[262] Art. 26
[263] Art. 27

CHAPITRE 8. L'ARBITRAGE AU CENTRE D'ARBITRAGE DU GICAM AU CAMEROUN

Section 1. Organisation du centre d'arbitrage du GICAM

Paragraphe 1. Conseil Supérieur

406. Le Conseil Supérieur est composé des membres du Bureau du GICAM. Le Président du GICAM est de plein droit Président du Conseil Supérieur.
Il a pour mission :
- la définition de la politique générale du Centre ;
- l'adoption du règlement d'arbitrage du Centre ;
- l'adoption du règlement administratif, du règlement financier et du règlement intérieur du Centre ;
- l'adoption du budget annuel des recettes et dépenses du Centre ;
- l'approbation de la liste des arbitres sur proposition du Comité Permanent ;
- l'approbation du règlement d'arbitrage sur proposition du Comité Permanent ;
- l'approbation du rapport annuel sur les activités du Centre dressé par le Comité Permanent et du rapport financier établit par le Secrétariat ;

Il exerce toutes autres attributions qu'il estime nécessaires au développement du Centre.
Il peut constituer toute commission qu'il estime nécessaire.[264]

Paragraphe 2. Comité Permanent

407. Le Comité Permanent a pour mission :
- de participer à la définition de la politique générale du développement et du rayonnement du Centre ;
- de suivre le déroulement de l'instance, notamment en statuant sur les incidents de procédure, en examinant, avant signature, tout projet de sentence partielle ou définitive ;
- de désigner ou confirmer les arbitres lors d'une instance ;
- de fixer, après avis du Secrétariat, les honoraires des arbitres et les frais de procédure ;
- de proposer pour approbation par le Conseil Supérieur, des modifications au Règlement d'arbitrage ;
- de coordonner les activités de recherche, de formation et de vulgarisation du Centre;
- d'établir un rapport annuel sur les activités du Centre.

---

[264] Art. 2

Il est composé de personnalités désignées par le Conseil Supérieur en fonction à la fois de leur autorité scientifique, professionnelle et morale et de leur connaissance des problèmes juridiques, économiques, commerciaux et de l'arbitrage commercial ; de préférence, elles doivent être des professionnels de droit réputés, des consultants chevronnés ou des chefs d'entreprise expérimentés.
2 Les membres du Comité Permanent élisent parmi eux un Président et un Vice-président. Le Président du Comité Permanent est le porte-parole du Centre. Pendant leur mandat, les membres du Comité Permanent ne peuvent être désignés arbitres ni être conseils dans le cadre de l'arbitrage du Centre. Les décisions prises par le Comité Permanent en ce qui concerne la désignation et les honoraires des arbitres, les frais de procédure, n'ont pas à être motivées.[265]

Paragraphe 3. Greffe/Secrétariat général

408. Le Greffe est assuré par les collaborateurs du Secrétariat Exécutif du GICAM. Il est coordonné par un cadre juriste qui fait office de greffier/secrétaire général.
Relativement au déroulement des affaires soumises au Centre, le Greffe :
a) prépare les correspondances de transmission de documents requis, assure l'information et le relais entre les parties, les arbitres, le Comité permanent, les témoins et experts éventuels ;
b) assiste, en tant que de besoin, aux audiences et y apporte tout concours aux arbitres ;
c) donne son avis au Comité Permanent en vue d'arrêter les honoraires des arbitres et les frais administratifs ;
d) procède au recouvrement des honoraires des arbitres, des frais administratifs, des honoraires et frais des experts ;
e) authentifie et notifie les sentences arbitrales et en certifie copies à la demande des parties ;
f) assure la conservation des sentences, des dossiers et actes de procédure ;
Il prépare le budget et le bilan financier du Centre. Il remplit la fonction de secrétaire du Comité Permanent et l'assiste dans ses activités de promotion du Centre. A ce titre, le Greffe peut soumettre au Comité Permanent toute idée d'activité susceptible d'assurer la promotion du Centre et générer des ressources financières.[266]

---

[265] Art. 3
[266] Art. 4

Paragraphe 4. Les arbitres

409. Les arbitres officiant pour le compte du Centre d'Arbitrage du GICAM relèvent d'une liste d'arbitres préalablement arrêtée par le Conseil supérieur sur proposition du Comité Permanent. Pour pouvoir figurer sur la liste d'arbitres CAG, les postulants doivent jouir d'une haute considération morale, être d'une compétence reconnue en matière juridique, manifester un réel intérêt pour l'arbitrage et offrir toute garantie d'indépendance dans l'exercice de leurs fonctions.[267]

Paragraphe 5. Règlement intérieur

410. Le règlement intérieur du Centre fixe les modalités de fonctionnement du Conseil Supérieur, le nombre, le mandat et les conditions de travail des membres ainsi que les modalités de fonctionnement du Comité Permanent, les modalités de désignation et le mandat des arbitres de la liste d'arbitres.[268]

Section 2. Champ d'application, composition du tribunal arbitral

Paragraphe 1. Missions du centre, arbitrabilité, convention d'arbitrage

411. La mission du Centre est de procurer, conformément au présent règlement, une solution arbitrale lorsqu'un différend d'ordre contractuel, de caractère national ou international, en application d'une clause compromissoire ou d'un compromis d'arbitrage, lui est soumis par toute partie à un contrat, soit que l'une des parties ait son domicile ou sa résidence habituelle dans l'Etat du Cameroun, soit que le contrat soit exécuté ou à exécuter en tout ou en partie sur le territoire de l'Etat camerounais. La procédure de l'arbitrage par le Centre d'Arbitrage du GICAM est également déclenchée du seul fait que les protagonistes d'un différend dans leurs relations d'affaires en appellent à l'arbitrage par le Centre d'Arbitrage du GICAM. Cet appel implique l'engagement de l'exécution de la sentence qui sera rendue. Le Centre ne tranche pas lui-même les différends. Il organise les procédures arbitrales et veille à leur bon déroulement. Il nomme ou confirme les arbitres, est informé de l'évolution de l'instance et examine les projets de sentence. Le présent Règlement régit l'arbitrage, sous réserve cependant qu'en cas de conflit entre l'une de ses énonciations et une disposition de la loi applicable à l'arbitrage à laquelle les parties ne peuvent déroger, c'est cette dernière disposition qui prévaut.[269]

---

[267] Art. 5
[268] Art. 6
[269] Art. 7

Paragraphe 2. Tribunal arbitral

412. Le différend est tranché par un tribunal arbitral composé soit d'un arbitre unique soit de trois arbitres.

Formation du tribunal arbitral

413. Les arbitres sont choisis sur la liste des arbitres établie par le Centre et mise à jour périodiquement. Lorsque les parties sont convenues que le différend sera tranché par un arbitre unique, elles peuvent le désigner d'un commun accord pour confirmation par le Centre. Faute d'entente entre les parties dans un délai de quinze (15) jours à partir de la notification de la demande d'arbitrage à l'autre partie, l'arbitre sera nommé par le Centre. Lorsque trois arbitres ont été prévus, chacune des parties, dans la demande d'arbitrage ou dans la réponse à celle-ci, désigne un arbitre pour confirmation par le Centre. Si l'une des parties s'abstient, la nomination est faite par le Centre. Le troisième arbitre, qui assume la présidence du tribunal arbitral, est nommé par le Centre, à moins que les parties n'aient prévu que les arbitres qu'elles ont désignés devraient faire choix du troisième arbitre dans un délai déterminé. Dans ce dernier cas, il appartient au Centre de confirmer le troisième arbitre. Si à l'expiration du délai fixé par les parties ou imparti par le Centre les arbitres désignés par les parties n'ont pu se mettre d'accord, le troisième arbitre est nommé par le Centre.
Si les parties n'ont pas fixé d'un commun accord le nombre des arbitres, le Centre nomme un arbitre unique, à moins que le différend ne lui paraisse justifier la désignation de trois arbitres. Dans ce dernier cas, les parties disposeront d'un délai de quinze (15) jours pour procéder à la désignation des arbitres. Lorsque plusieurs parties, demanderesses ou défenderesses, doivent présenter au Centre des propositions conjointes pour la nomination d'un arbitre et qu'elles ne s'accordent pas dans les délais impartis, le Centre peut nommer la totalité du Tribunal arbitral. Pour nommer les arbitres, le Centre tient compte de la nationalité des parties, du lieu de résidence de celles-ci, de celui de leurs conseils et des arbitres, de la langue des parties, de la nature des questions en litige et, éventuellement, des lois choisies par les parties pour régir leurs relations. Les arbitres ne peuvent être nommés que s'ils disposent du temps nécessaire pour remplir leur mission. [270]

Paragraphe 3. Indépendance, récusation, remplacement des arbitres

414. Tout arbitre nommé ou confirmé par le Centre doit être et demeurer indépendant des parties en cause. Il doit poursuivre sa mission jusqu'à terme. Avant sa nomination ou sa confirmation par le Centre, l'arbitre pressenti

---

[270] Art.9

auquel il a été donné connaissance des informations sur le litige figurant dans la demande d'arbitrage et, si elle est parvenue, dans la réponse à celle-ci, fait connaître par écrit au secrétariat du Centre les faits ou circonstances qui pourraient être de nature à mettre en cause son indépendance dans l'esprit des parties. Dès réception de cette information, le secrétariat du Centre la communique par écrit aux parties et leur fixe un délai pour faire connaître leurs observations éventuelles. L'arbitre fait connaître immédiatement par écrit au Secrétariat du Centre et aux parties, les faits et circonstances de même nature qui surviendraient entre sa nomination ou sa confirmation par le Centre et la notification de la sentence finale. La demande de récusation, fondée sur une allégation de défaut d'indépendance ou sur tout autre motif, est introduite par l'envoi au secrétariat du Centre d'une déclaration précisant les faits et circonstances sur lesquels est fondée cette demande. Cette demande doit être envoyée par la partie, à peine de forclusion, soit dans les quinze jours (15) jours suivant la réception par celle-ci de la notification de la nomination ou de la confirmation de l'arbitre par le Centre, soit dans les quinze (15) jours suivant la date à laquelle la partie introduisant la récusation a été informée des faits et circonstances qu'elle évoque à l'appui de sa demande de récusation, si cette date est postérieure à la réception de la notification susvisée.
Le Centre se prononce sur la recevabilité, en même temps que, s'il y a lieu, sur le bien-fondé de la demande de récusation, après que le secrétariat du Centre a mis l'arbitre concerné, les parties et les autres membres du tribunal arbitral, s'il y en a, en mesure de présenter leurs observations par écrit dans un délai approprié. Il y a lieu à remplacement d'un arbitre lorsque celui-ci est décédé, lorsque le Centre a admis sa récusation ou lorsque sa démission a été acceptée par le Centre. Lorsque la démission d'un arbitre n'est pas acceptée par le Centre et que celui-ci refuse cependant de poursuivre sa mission, il y a lieu à remplacement. Si le refus d'exercer les fonctions malgré le rejet de la demande de démission de l'intéressé émane d'un arbitre faisant partie d'un tribunal arbitral qu'il ne préside pas, le Centre apprécie s'il est nécessaire ou non de le remplacer compte tenu de l'état d'avancement de la procédure et des énonciations de l'article 36 ci-après. S'il n'est pas procédé au remplacement, la procédure se poursuit jusqu'au prononcé de la sentence inclus avec les trois arbitres constituant le tribunal arbitral, l'arbitre souhaitant démissionner étant constamment mis en mesure de participer à toutes les réunions du tribunal arbitral et au délibéré sur le projet de sentence. Il y a lieu également à remplacement d'un arbitre lorsque le Centre constate qu'il est empêché de jure ou de facto d'accomplir sa mission, ou qu'il ne remplit pas ses fonctions conformément au règlement ou dans les délais impartis.
Lorsque, sur le fondement d'informations venues à sa connaissance, le Centre envisage l'application de l'alinéa qui précède, il se prononce sur le remplacement après que le secrétariat du Centre ait communiqué par écrit

ses informations à l'arbitre concerné, aux parties et aux autres membres du tribunal arbitral, s'il y a en a, et les a mis en mesure de présenter leurs observations par écrit dans un délai approprié. En cas de remplacement d'un arbitre qui ne remplit pas ses fonctions conformément au présent règlement ou dans les délais impartis, la désignation d'un nouvel arbitre est faite par le Centre sur avis de la partie qui avait désigné l'arbitre à remplacer. Les alinéas 3 et 4 du 10.3 ci-dessus sont également applicables lorsque le remplacement est envisagé dans le cadre du présent article. Sitôt reconstitué, le tribunal arbitral fixera, après avoir invité les parties à faire connaître leurs observations, si et dans quelle mesure la procédure antérieure sera reprise. Comme indiqué à l'article 3.4 ci-dessus, le Centre statue sans recours sur la nomination, la confirmation, la récusation ou le remplacement d'un arbitre. Les arbitres composant le tribunal doivent être et rester indépendants des parties. Dès réception de la demande d'arbitrage, le Centre en informe les arbitres et leur demande de fournir une attestation d'indépendance et d'impartialité.[271]

Section 3. Déroulement de la procédure

Paragraphe 1. Demande d'arbitrage

415. Toute partie désirant avoir recours à la procédure d'arbitrage du GICAM et dont les modalités sont fixées par le présent règlement, adresse sa demande au secrétariat du Centre par tout procédé laissant trace écrite.
Cette demande doit contenir :

a) Le nom, prénom, qualité, raison sociale et adresse des parties avec indication d'élection de domicile pour la suite de la procédure, ainsi que l'énoncé du montant de ses demandes ;

b) La convention d'arbitrage intervenue entre les parties ainsi que les documents, contractuels ou non de nature à établir clairement les circonstances de l'affaire ;

c) Un exposé sommaire des prétentions du demandeur et des moyens produits à l'appui ;

d) Toutes indications utiles et propositions concernant le nombre et le choix des arbitres, conformément aux stipulations des articles 8 et 9 ci-dessus ;

e) S'il en existe, les conventions intervenues entre les parties :

- sur le siège de l'arbitrage ;
- sur la langue de l'arbitrage ;
- sur la loi applicable :
    - à la convention d'arbitrage ;
    - à la procédure de l'arbitrage et
    - au fond du litige.

---

[271] Art. 10

A défaut de telles conventions, les souhaits du demandeur à l'arbitrage sur ces différents points sont exprimés ;
f) la demande doit être accompagnée du montant du droit prévu pour l'introduction des instances dans le barème des frais du Centre. Le demandeur doit, dans la requête, justifier l'envoi qu'il a fait d'un exemplaire de celle-ci avec toutes les pièces annexées aux parties défenderesses à l'arbitrage. Le secrétariat notifie à la partie ou aux parties défenderesses, la date de réception de la demande au Secrétariat, joint à cette notification un exemplaire du présent règlement et accuse réception de sa requête au demandeur. La date de réception par le secrétariat de la demande d'arbitrage conforme au présent article constitue la date de l'introduction de la procédure d'arbitrage. L'introduction de la procédure d'arbitrage ne saurait être invoquée pour suspendre l'exécution du contrat.[272]

Paragraphe 2. Réponse à la demande

416. La ou les parties défenderesses doivent, dans les trente (30) jours à dater du reçu de la notification du secrétariat, adresser leurs réponses à celui-ci avec la justification d'un semblable envoi effectué à la partie demanderesse.
La réponse doit contenir :
a) confirmation ou non, de son nom, prénom, raison sociale et adresse tels que les a énoncés le demandeur, avec élection de domicile pour la suite de la procédure ;
b) confirmation, ou non de l'existence d'une convention d'arbitrage entre les parties renvoyant à l'arbitrage GICAM ;
c) un bref exposé de l'affaire et de la position du défendeur sur les demandes formées contre lui avec indication des moyens et des pièces sur lesquelles il entend fonder sa défense ;
d) les réponses du défendeur sur tous les points traités par la demande d'arbitrage sur les rubriques (d) et (e) de l'article 11 ci-dessus.[273]

Paragraphe 3. Demande reconventionnelle, note complémentaire

417. Si la partie défenderesse a formé dans sa réponse une demande reconventionnelle, la partie demanderesse peut, dans les quinze (15) jours de la réception, présenter une note complémentaire à ce sujet. Après réception de la demande d'arbitrage, de la réponse et, éventuellement de la note complémentaire telles que visées aux articles 11.1 et 13.1 ci-dessus, ou passé les délais pour les recevoir, le secrétariat saisit le Conseil Permanent pour la fixation de la provision pour les frais de l'arbitrage, pour la mise en œuvre

[272] Art. 11
[273] Art. 12

de celui-ci et, s'il y a lieu, la fixation du lieu de l'arbitrage. Le dossier est transmis à l'arbitre ou aux arbitres quand le tribunal arbitral est constitué et que les décisions prises en application de l'article 16.2 pour le paiement de la provision ont été satisfaites.[274]

Paragraphe 4. Absence de convention d'arbitrage

418. Lorsque, *prima facie*, il n'existe pas entre les parties de convention d'arbitrage visant l'application du présent règlement, et si la défenderesse décline l'arbitrage du Centre, ou ne répond pas dans le délai de trente (30) jours visés à l'article 12, alinéa 1 ci-dessus, la partie demanderesse est informée par le secrétariat qui se propose de saisir le Comité Permanent en vue de le voir décider que l'arbitrage ne peut avoir lieu. Le Comité Permanent statue, au vu des observations du demandeur produites dans les quinze (15) jours suivants, si celui-ci estime devoir en présenter.[275]

Paragraphe 5. Effets de la convention d'arbitrage

419. Lorsque les parties sont convenues d'avoir recours à l'arbitrage du Centre, elles se soumettent par-là même au présent règlement, au règlement intérieur, à leurs annexes et au barème des frais d'arbitrage, dans leur rédaction en vigueur à la date de l'introduction de la procédure d'arbitrage indiquée à l'article 11 ci-dessus. Si l'une des parties refuse ou s'abstient de participer à l'arbitrage, celui-ci a lieu nonobstant ce refus ou cette abstention. Lorsqu'une des parties soulève un ou plusieurs moyens relatifs à l'existence, à la validité, ou à la portée de la convention d'arbitrage, le Centre, ayant constaté prima facie l'existence de cette convention, peut décider, sans préjuger la recevabilité ou le bien-fondé de ces moyens, que l'arbitrage aura lieu. Dans ce cas, il appartiendra au tribunal arbitral de prendre toutes décisions sur sa propre compétence. Sauf stipulation contraire, si le tribunal arbitral considère que la convention d'arbitrage est valable et que le contrat liant les parties est nul ou inexistant, le tribunal arbitral est compétent pour déterminer les droits respectifs des parties et statuer sur leurs demandes et conclusions. Sauf stipulation contraire, la convention d'arbitrage donne compétence au tribunal arbitral pour se prononcer sur toute demande provisoire ou conservatoire pendant le cours de la procédure arbitrale. Les sentences prononcées dans le cadre de l'alinéa qui précède sont susceptibles de demandes d'exequatur immédiates. Si l'exequatur est nécessaire pour l'exécution de ces sentences provisoires ou conservatoires. Avant la remise du dossier au tribunal arbitral, et exceptionnellement après celui-ci, au cas où l'urgence des mesures provisoires et conservatoires demandées ne

---

[274] Art. 13
[275] Art. 14

permettrait pas au tribunal arbitral de se prononcer en temps utile, les parties peuvent demander de telles mesures à l'autorité judiciaire compétente. De pareilles demandes, ainsi que les mesures prises par l'autorité judiciaire devront être portées sans délai à la connaissance du Centre qui en informera le tribunal arbitral. Le tribunal arbitral ne pourra pas être saisi des mêmes demandes de mesures provisoires ou conservatoires, à moins que l'autorité judiciaire devant laquelle elles pendent ne soit dessaisie.[276]

Paragraphe 6. Provision pour frais de l'arbitrage

420. Le Centre fixe le montant de la provision de nature à faire face aux frais d'arbitrage entraînés par les demandes dont il est saisi, tel que définis par l'article 39.2 a.

Cette provision est ensuite ajustée si le montant en litige se trouve modifié d'un quart au moins ou si les éléments nouveaux rendent nécessaire cet ajustement. Des provisions distinctes pour la demande principale et pour la ou les demandes reconventionnelles peuvent être fixées si une partie en fait la demande. Les provisions sont dues par parts égales par le ou les demandeurs et le ou les défendeurs. Cependant, ce versement pourra être effectué en totalité par chacune des parties pour la demande principale et la demande reconventionnelle, au cas où l'autre partie s'abstiendrait d'y faire face. Les provisions ainsi fixées doivent être réglées au Secrétariat du Centre en totalité avant la remise du dossier au tribunal arbitral. Pour les trois quarts au plus, leur paiement peut être garanti par une caution bancaire satisfaisante. Le tribunal arbitral n'est saisi que des demandes pour lesquelles il a été satisfait entièrement au paragraphe 16.2 ci-dessus. Lorsqu'un complément de provision a été rendu nécessaire, le tribunal arbitral suspend ses travaux jusqu'à ce que ce complément ait été versé au Secrétariat.[277]

Paragraphe 7. Notification, communication et délais

421. Les mémoires, correspondances et notes écrites échangées par les parties, ainsi que toutes pièces annexes, doivent être fournis en autant d'exemplaires qu'il y a d'autres parties plus un pour chaque arbitre et un autre pour le secrétariat du Centre, sauf en ce qui concerne celui-ci pour les pièces annexes qu'il n'est pas nécessaire de lui adresser, à moins d'une demande spécifique de sa part.

Les mémoires, correspondances et communications émanant du secrétariat, du tribunal arbitral ou des parties, sont valablement signifiés :

- s'ils sont remis contre reçu ou,

[276] Art. 15
[277] Art. 16

- expédiés par lettre recommandée au domicile élu ou, à défaut, à la dernière adresse connue de la partie qui en est destinataire, tels que communiqués par celle-ci ou par l'autre partie, selon le cas, ou,
- par tous moyens de télécommunication laissant trace écrite, le document original faisant foi en cas de contestation.

La notification ou la communication valablement faite est considérée comme acquise quand elle a été reçue par l'intéressé ou aurait dû être reçue par l'intéressé ou par son représentant. Les délais fixés par le présent règlement ou par le Centre en application du présent règlement ou du règlement intérieur, commencent à courir le jour suivant celui où la notification ou communication est considérée comme faite aux termes du paragraphe précédent. Lorsque, dans le pays où la notification ou la communication a été considérée comme faite à une certaine date, le jour suivant celle-ci est un jour férié ou non ouvrable, le délai commence à courir le 1er jour ouvrable suivant. Les jours fériés et les jours non ouvrables sont compris dans le calcul des délais et ne rallongent pas ceux-ci. Si le dernier jour du délai imparti est un jour férié ou jour non ouvrable où la notification ou la communication a été considérée comme faite, le délai expire à la fin du 1er jour ouvrable suivant.[278]

Paragraphe 8. Siège de l'arbitrage

422. Le siège de l'arbitrage est fixé par la convention d'arbitrage ou par un accord postérieur des parties.

A défaut, il est censé fixé à Douala, dans les locaux de l'Immeuble-siège du GICAM. Lorsque les circonstances rendent impossible ou difficile le déroulement de l'arbitrage au siège du GICAM, le Centre peut proposer aux parties le choix d'un autre lieu.[279]

Confidentialité de la procédure arbitrale

423. La procédure arbitrale devant le CAG est confidentielle. Les travaux du Centre relatifs au déroulement de la procédure arbitrale sont soumis à cette confidentialité, ainsi que les réunions du Centre pour l'administration de l'arbitrage. Cette confidentialité couvre les documents soumis au Centre ou établis par lui à l'occasion des procédures qu'il diligente. Sous réserve d'un accord contraire de toutes les parties, celles-ci et leurs conseils, les arbitres, les experts, et toutes les personnes associées à la procédure d'arbitrage, sont tenus au secret professionnel et au respect de la confidentialité des informations et documents qui sont produits au cours de cette procédure. Le

[278] Art. 17
[279] Art. 18

secret professionnel et la confidentialité s'étendent, dans les mêmes conditions, aux sentences arbitrales.[280]

Paragraphe 9. Procès-verbal constatant l'objet de l'arbitrage et fixant le déroulement de la procédure arbitrale

424. Après réception du dossier par le tribunal arbitral, celui-ci convoque les parties ou leurs représentants dûment habilités et leurs conseils, à une réunion qui doit se tenir aussi rapidement qu'il est possible, et au plus tard dans les quinze (15) jours de cette réception du dossier.
Cette réunion a pour objet :
a) de constater la saisine du tribunal arbitral et les demandes sur lesquelles il doit se prononcer. Il est procédé à une énumération de ces demandes telles qu'elles résultent des mémoires respectivement produits par les parties à cette date, avec une indication sommaire des motifs de ces demandes et des moyens évoqués pour qu'il y soit fait droit ;
b) de constater s'il existe ou non un accord des parties sur les points énumérés aux articles 11 e) et 12 b) ci-dessus.
En l'absence d'un tel accord, le tribunal arbitral constate que la sentence aura à se prononcer à ce sujet.
La langue de l'arbitrage fait, au cours de la réunion, l'objet d'une décision immédiate du tribunal arbitral au vu des dires des parties sur ce point, en tenant compte des circonstances. Le tribunal arbitral interroge les parties pour savoir si celles-ci entendent lui attribuer les pouvoirs d'amiable compositeur (''ex aequo et bono''). Il est fait mention de la réponse des parties.
c) de prendre des dispositions qui paraissent appropriées pour la conduite de la procédure arbitrale que l'arbitre entend appliquer, ainsi que les modalités d'application de celles-ci ;
d) de fixer un calendrier prévisionnel de la procédure arbitrale, précisant les dates de remise des mémoires respectifs jugés nécessaires, ainsi que la date de l'audience à l'issue de laquelle les débats seront déclarés clos.
Il est établi par le tribunal arbitral, un procès-verbal de la réunion visée à l'article 20.1. Ce procès-verbal est signé par l'arbitre. Les parties ou leurs représentants sont invités à signer également le procès-verbal ou, sinon, à faire mention des réserves à formuler. Une copie de ce procès-verbal est adressée aux parties et à leurs conseils, ainsi qu'au Secrétariat du Centre. Le calendrier prévisionnel de l'arbitrage figurant dans le procès-verbal prévu à l'article 20.2 peut, en cas de nécessité, être modifié par le tribunal arbitral, à son initiative après observations des parties, ou à la demande de celles-ci. Ce calendrier modifié est adressé au Secrétariat du Centre pour être communiqué à celles-ci. Le tribunal arbitral rédige le projet de sentence dans

---

[280] Art. 19

les trente (30) jours au plus qui suivent la clôture des débats. Ce délai peut être prorogé par le Centre à la demande du tribunal arbitral si celui-ci en justifie d'un juste motif. Le projet de sentence rendu dans les conditions de délai de l'alinéa ci-dessus est aussitôt transmis au Secrétariat du Centre, qui le notifie au Comité Permanent pour examen préalable. Le Comité Permanent dispose d'un délai de quinze (15) jours pour examiner le projet de sentence et transmettre, à son tour, ses observations éventuelles au Secrétariat. Une fois le projet de sentence retransmis au tribunal arbitral, ce dernier doit procéder, dans les sept (7) jours qui suivent, à sa finalisation. La sentence signée est immédiatement adressée au Secrétariat. Lorsque la sentence intervenue ne met pas un terme final à la procédure d'arbitrage, une réunion est aussitôt organisée pour fixer, dans les mêmes conditions, un nouveau calendrier pour la sentence qui tranchera complètement le litige.[281]

Paragraphe 10. Langue de l'arbitrage

425. En l'absence d'une stipulation relative à la langue de l'arbitrage dans la convention d'arbitrage ou en cas de désaccord tel que indiqué à l'article 20.1b) ci-dessus, le tribunal arbitral se prononce sur la langue de l'arbitrage en fonction des circonstances de l'affaire. Toutefois, le tribunal arbitral pourra admettre pour la production de documents de toute nature ou l'audition de témoins ou d'experts le français et l'anglais.[282]

Paragraphe 11. Règles applicables à la procédure

426. Les règles applicables à la procédure devant le tribunal arbitral sont celles qui résultent du présent règlement et, dans le silence de ce dernier, celles que les parties ou à défaut l'arbitre, déterminent, en se référant ou non à une loi interne de procédure applicable à l'arbitrage. En tout état de cause, les parties sont traitées sur un pied d'égalité et à tout stade de la procédure, chaque partie doit avoir toute possibilité de faire valoir ses droits et proposer ses moyens. Toutes les pièces ou informations que l'une des parties fournit au tribunal arbitral doivent être communiquées en même temps par elle à l'autre partie.[283]

Paragraphe 12. Loi applicable au fond

427. Les parties sont libres de déterminer le droit que le tribunal arbitral devra appliquer au fond du litige. A défaut d'indications par les parties du droit applicable, le tribunal arbitral appliquera la loi désignée par la règle de

---

[281] Art. 20
[282] Art. 21
[283] Art. 22

conflit qu'il jugera appropriée en l'espèce. Dans tous les cas, le tribunal arbitral tiendra compte des stipulations du contrat et des usages du commerce. L'arbitre reçoit les pouvoirs d'amiable compositeur (''ex æquo et bono'') si les parties ont donné leur accord sur ce point dans la convention d'arbitrage, ou postérieurement.[284]

Paragraphe 13. Demandes nouvelles

428. En cours de procédure les parties ont toute liberté pour évoquer de nouveaux moyens à l'appui des demandes qu'elles ont formulées. Elles peuvent aussi formuler de nouvelles demandes, reconventionnelles ou non, si ces demandes restent dans le cadre de la convention d'arbitrage, à moins que le tribunal arbitral considère qu'il ne doit pas autoriser une telle extension de sa mission, en raison, notamment, du retard avec lequel cette extension est sollicitée. Les demandes nouvelles ne sont plus reçues après la mise en délibéré.[285]

Paragraphe 14. Instruction de la cause. Preuves et audiences

429. Le tribunal arbitral instruit la cause dans les plus brefs délais par tous les moyens 14 appropriés, et dans un délai qui ne peut excéder soixante (60) jours. Le tribunal arbitral décide quelles sont, outre la demande et la réponse, les autres pièces écrites que les parties doivent ou peuvent lui présenter; il fixe le délai dans lequel ces pièces doivent être communiquées, en égard du respect du principe de célérité qui commande l'arbitrage CAG. Après examen des écrits des parties et des pièces versées par elles aux débats, les parties sont entendues contradictoirement si l'une d'elles en fait la demande ; à défaut, le tribunal arbitral peut décider d'office leur audition. Les parties comparaissent soit en personne, soit par représentants dûment accrédités. Elles peuvent être assistées de leurs conseils. Le tribunal arbitral peut décider d'entendre les parties séparément s'il l'estime nécessaire. L'audition des parties a lieu au jour et au lieu fixé par l'arbitre. Si l'une des parties, quoique régulièrement convoquée, ne se présente pas, le tribunal arbitral, après s'être assuré que la convocation lui est bien parvenue, a le pouvoir, à défaut d'excuse valable, de procéder néanmoins à l'accomplissement de sa mission, le débat étant réputé contradictoire. Le compte rendu ou le procès-verbal d'audition des parties est adressé en copie au Secrétariat du Centre. Le tribunal arbitral peut statuer sur pièces si les parties le demandent ou l'acceptent. Le tribunal arbitral peut nommer un ou plusieurs experts, définir leur mission, recevoir leurs rapports et les entendre en présence des parties ou de leurs conseils. Le tribunal arbitral règle le déroulement des audiences.

[284] Art. 23
[285] Art. 24

Celles-ci sont contradictoires. Sauf accord de l'arbitre et des parties, elles ne sont pas ouvertes aux personnes étrangères à la procédure. Chaque partie doit apporter la preuve des faits sur lesquels elle fonde sa demande ou sa réponse. S'il le juge nécessaire, le tribunal arbitral peut prier une partie de lui fournir ainsi qu'à l'autre partie, dans le délai qu'il fixe, un résumé des pièces et autres preuves que la partie intéressée a l'intention de produire à l'appui des faits qui constituent l'objet du litige et qui sont exposés dans sa demande ou dans sa réponse. A tout moment de la procédure, le tribunal arbitral peut demander aux parties de produire des preuves complémentaires, en leur fixant un délai à cet effet.
Si des témoins doivent être entendus, chaque partie communique, quinze jours au moins avant l'audience, au tribunal arbitral et à l'autre partie, les noms et adresses des témoins qu'elle se propose de produire en précisant l'objet des témoignages et la langue dans laquelle ils seront présentés. Le tribunal arbitral prend des dispositions pour faire assurer la traduction des exposés oraux faits à l'audience et établir un procès-verbal de l'audience, s'il juge que l'une ou l'autre de ces mesures s'imposent eu égard aux circonstances de l'espèce ou si les parties en sont convenues et ont notifié cet accord au tribunal quinze jours au moins avant l'audience. Le tribunal arbitral peut demander que des témoins se retirent pendant la déposition d'autres témoins. Il est libre de fixer la manière dont les témoins sont interrogés. La preuve par témoins peut également être administrée sous la forme de déclarations écrites signées par les témoins. Le tribunal arbitral est juge de la recevabilité de la pertinence et de l'importance des preuves présentées. Si l'aide des autorités judiciaires est nécessaire à l'administration de la preuve, le tribunal arbitral peut d'office ou à la demande d'une partie requérir le concours du juge compétent.[286]

Paragraphe 15. Mesures provisoires ou conservatoires

430. A la demande de l'une ou l'autre des parties, le tribunal arbitral peut prendre toutes mesures provisoires ou conservatoires qu'il juge nécessaires en ce qui concerne l'objet du litige, notamment les mesures conservatoires pour les marchandises, les documents ou les matériels litigieux. Ces mesures provisoires ou conservatoires peuvent être prises sous la forme d'une sentence provisoire. Le tribunal arbitral peut exiger un cautionnement au titre des frais occasionnés par ces mesures. Une demande de mesures provisoires ou conservatoires adressée par l'une ou l'autre des parties à une autorité judiciaire ne doit pas être nécessairement considérée comme incompatible avec la convention d'arbitrage ni comme une renonciation au droit de se prévaloir de ladite convention. Le tribunal arbitral sera

[286] Art. 25

immédiatement avisé de toute demande de cette nature; il peut être saisi d'une telle demande pendante devant l'autorité judiciaire.[287]

Paragraphe 16. Sentences d'accord parties

431. Si les parties se mettent d'accord au cours de la procédure arbitrale, elles peuvent demander au tribunal arbitral que cet accord soit constaté en la forme d'une sentence rendue d'accord parties.

432. Exception d'incompétence. Si l'une des parties entend invoquer la non arbitrabilité de tout ou partie du litige, pour quelque motif que ce soit, elle doit soulever l'exception dans les mémoires 16 prévus aux articles 12 et 13 ci-dessus, et, au plus tard, au cours de la réunion prescrite à l'article 20. A tout moment de l'instance, le tribunal arbitral peut examiner d'office sa propre compétence pour des motifs d'ordre public, sur lesquels les parties sont alors invitées à présenter leurs observations. Le tribunal arbitral peut statuer sur l'exception d'incompétence soit par une sentence préalable, soit dans une sentence finale ou partielle après débats au fond.[288]

Paragraphe 17. Délibéré - Sentence arbitrale

433. Le tribunal arbitral peut demander aux parties si elles ont encore des preuves à présenter, des témoins à produire ou des déclarations à faire, faute desquels il peut déclarer la clôture des débats et la mise en délibéré. Au cours de celle-ci, des notes en délibéré peuvent être adressées au tribunal arbitral avec communication d'un exemplaire à l'autre partie. Le tribunal arbitral apprécie souverainement les notes en délibéré. Le tribunal arbitral peut, s'il l'estime nécessaire en raison de circonstances exceptionnelles, décider, de sa propre initiative ou à la demande d'une partie, la réouverture des débats à tout moment avant le prononcé de la sentence. Sauf accord contraire des parties, et sous réserve qu'un tel accord soit admissible au regard de la loi applicable, toutes les sentences doivent être motivées. Elles sont réputées rendues au siège de l'arbitrage et au jour de leur signature après l'examen du Centre. Elles doivent être signées par le tribunal arbitral, en ayant égard, le cas échéant, aux dispositions des articles 10.3 et 10.4 ci-dessus. Si trois arbitres ont été désignés, la sentence est rendue à la majorité. La sentence est signée, par les trois membres du tribunal arbitral. Toutefois, au cas où la sentence a été rendue à la majorité, le refus de signature de l'arbitre minoritaire n'affecte pas la validité de la sentence. Tout membre du tribunal arbitral peut remettre au Président de celui-ci son opinion

---

[287] Art. 26
[288] Art. 28

particulière pour être jointe à la sentence en vue de l'examen de celle-ci par le Centre.[289]

Paragraphe 18. Examen préalable par le Centre

434. Les projets de sentence sur la compétence, des sentences partielles qui mettent un terme à certaines prétentions des parties, ainsi que les projets de sentences définitives, sont soumises à l'examen du Comité Permanent dans les conditions de délai prévues à l'article 20.5 ci-dessus. Le Comité Permanent peut proposer des modifications de pure forme. Il peut, en respectant la liberté de décision du tribunal arbitral, appeler son attention sur des points intéressant le fond du litige et le respect du Règlement d'arbitrage du Centre. Le Comité donne en outre au tribunal arbitral les indications nécessaires à la liquidation des frais d'arbitrage et, notamment, fixe le montant des honoraires de l'arbitre et des frais de procédure. Aucune sentence ne peut être notifiée aux parties si elle n'a été préalablement approuvée en la forme par le Centre. Lors de son examen préalable des projets de sentence arbitrale, le Centre veille tout particulièrement au respect des exigences de forme résultant du droit applicable à la procédure, et s'il y a lieu, des règles impératives du lieu de l'arbitrage, notamment en ce qui concerne la motivation des sentences, leur signature et l'admissibilité des opinions dissidentes.[290]

Paragraphe 19. Décision relative aux frais de l'arbitrage

435. La sentence finale du tribunal arbitral, outre la décision sur le fond, liquide les frais de l'arbitrage et décide à laquelle des parties le paiement en incombe, ou dans quelle proportion ils sont partagés entre elles.
Les frais de l'arbitrage comprennent :
a) Les honoraires de l'arbitre et les frais administratifs fixés par le Centre, les frais éventuels de l'arbitre, les frais de fonctionnement du tribunal arbitral, les honoraires et frais des experts en cas d'expertise.
Les honoraires des arbitres et les frais administratifs du Centre sont fixés conformément à un barème établi par le Conseil Supérieur du Centre et annexé aux présentes.
b) Les frais normaux exposés par les parties pour leur défense, selon l'appréciation qui est faite par le tribunal arbitral des demandes formulées sur ce point par les parties.

---

[289] Art. 29
[290] Art. 30

Si les circonstances de l'espèce le rendent exceptionnellement nécessaire, le Centre peut fixer les honoraires de l'arbitre à un montant supérieur ou inférieur à ce qui résulterait de l'application du barème.[291]

Paragraphe 20. Notification de la sentence

436. La sentence rendue, le Secrétariat du Centre en notifie aux parties le texte signé du tribunal arbitral, après que les frais d'arbitrage visés à l'article 30.2
a), ont été réglés intégralement au Secrétariat par les parties ou l'une d'entre elles.
Des copies supplémentaires certifiées conformes par le Secrétariat du Centre sont à tout moment délivrées aux parties qui en font la demande, et à elles seulement. Par le fait de la notification ainsi effectuée, les parties renoncent à toute autre notification ou dépôt à la charge du tribunal arbitral.[292]

Paragraphe 21. Rectification et interprétation de la sentence

437. Toute demande en rectification d'erreurs matérielles d'une sentence, ou en interprétation de celle-ci, ou en complément de la sentence, qui aurait omis de statuer sur une demande qui était soumise à l'arbitre, doit être adressée au Secrétariat du Centre dans les trente (30) jours de la notification de la sentence. Le Secrétariat du Centre communique, dès réception, la requête qu'il a reçue au tribunal arbitral et à la partie adverse en accordant à celle-ci un délai de trente (30) jours pour adresser ses observations au demandeur et au tribunal arbitral. Au cas où le Secrétariat du Centre, pour un motif quelconque, ne pourrait pas transmettre la demande au tribunal arbitral qui a statué, le Centre désignerait après observations des parties, un nouveau tribunal arbitral. Après examen contradictoire du point de vue des parties et des pièces qu'elles ont éventuellement soumises, le projet de sentence doit être adressé pour l'examen préalable prévu à l'article 29 dans les quinze jours (15) jours de la saisine en rectification ou en interprétation du tribunal arbitral. La procédure qui précède ne comporte pas d'honoraires sauf dans le cas de désignation d'un nouveau tribunal arbitral, conformément à l'alinéa 3 ci-dessus. Quant aux frais, s'il en est, ils sont supportés par la partie qui a formé la requête si celle-ci est rejetée entièrement. Dans le cas contraire, ils sont partagés entre les parties dans la proportion fixée pour les frais d'arbitrage dans la sentence, objet de la requête.[293]

---

[291] Art. 31
[292] Art. 32
[293] Art. 33

Paragraphe 22. Caractère définitif et exécutoire de la sentence

438. Les sentences arbitrales rendues conformément au présent règlement sont définitives. Par la soumission de leur différend à l'arbitrage CAG, les parties s'engagent à exécuter sans délai la sentence à intervenir et renoncent à toutes voies de recours auxquelles elles peuvent renoncer. Il appartient à chacune des parties d'assurer l'exécution de la sentence. Toutefois, et lorsque le droit applicable au lieu de l'exécution de la sentence le permet, le tribunal arbitral peut prononcer, s'il l'estime justifié et sur demande d'une des parties ou même d'office, l'exécution provisoire de la sentence, nonobstant toute voie de 19 recours auquel les parties n'ont pu renoncer.[294]

Paragraphe 23. Dépôt de la sentence

439. Toute sentence rendue conformément au présent règlement est déposée en original au Secrétariat du Centre. Le Centre et le tribunal arbitral prêtent leur concours aux parties pour l'accomplissement de toutes autres formalités pouvant être nécessaires.

440. Règle générale. Dans tous les cas non visés expressément ci-dessus, le Centre et le tribunal arbitral procèdent, en s'inspirant de ce règlement et en faisant tous leurs efforts pour que la sentence soit susceptible de sanction légale.

Section 4. Dispositions diverses

Paragraphe 1. Jonction de demandes d'arbitrage

441. Lorsqu'une partie introduit une demande d'arbitrage relative à une relation juridique faisant l'objet d'une procédure d'arbitrage entre les mêmes parties et pendante devant le Centre d'arbitrage du GICAM, celui-ci peut décider de joindre cette demande à la procédure en cours, sous réserve des dispositions de l'article 13 ci-dessus.[295]

Paragraphe 2. Exception de compensation

442. Au cas où une partie oppose une exception de compensation à une demande, principale ou reconventionnelle, cette exception de compensation est prise en compte dans le calcul de la provision d'arbitrage, au même titre

---

[294] Art. 34
[295] Art. 37

qu'une demande distincte, lorsqu'elle est susceptible d'entraîner, de la part des arbitres, l'examen de questions supplémentaires.[296]

Paragraphe 3. Représentation et Assistance

443. Les parties peuvent se faire représenter ou assister par des personnes de leur choix, avocats ou non. Les noms et adresses de ces personnes doivent être communiqués par écrit à l'autre partie. Cette communication doit préciser si la désignation est faite en vue d'une représentation ou d'une assistance.[297]

Copies de la sentence. Le Centre fournit aux parties, sur leur demande, des copies de la sentence certifiée conforme.

Paragraphe 4. Renonciation au droit de se prévaloir du présent règlement

444. Toute partie qui, bien qu'elle sache que l'une des dispositions ou conditions énoncées dans le présent règlement d'arbitrage n'a pas été respectée, poursuit néanmoins l'arbitrage sans formuler d'objection est réputée avoir renoncé à son droit de faire objection.[298]

---

[296] Art. 38
[297] Art. 39
[298] Art. 40

CHAPITRE 9. ARBITRAGE INTERNATIONAL : SPÉCIFICITÉ DU RÈGLEMENT D'ARBITRAGE CCJA PAR RAPPORT À L'ACTE UNIFORME OHADA

445. L'Acte uniforme de l'Organisation pour l'harmonisation en Afrique du droit des affaires (OHADA) sur le droit de l'arbitrage a été adopté à Ouagadougou le 11 mars 1999. Il en est de même pour le Règlement d'arbitrage de la Cour commune de justice et d'arbitrage (CCJA). Depuis le début de son activité d'administration des arbitrages, la CCJA a rendu 11 sentences arbitrales dont seules trois ont fait l'objet d'un recours en annulation. L'examen de ces recours est l'occasion pour CCJA de préciser certains points de son règlement d'arbitrage, ce qu'a fait la Cour dans son arrêt rendu le 17 juillet 2010.[299] En l'espèce, un contrat cadre d'approvisionnement en graines de coton avait été conclu entre deux société béninoises. Le fournisseur s'engageait à fournir les quantités fixées par le client. Se plaignant d'avoir subi un préjudice du fait de l'insuffisance d'approvisionnement du fournisseur, le client porte le litige devant un tribunal arbitral siégeant sous l'égide de la CCJA. Ce dernier rend une sentence déclarant le fournisseur responsable du défaut d'approvisionnement en septembre 2006. Un recours en annulation est formé devant la CCJA, conformément à son règlement d'arbitrage, au motif que la sentence a été rendue après l'expiration du délai d'arbitrage prévu par les articles 12 et 16 de l'Acte uniforme. La CCJA, en Assemblée plénière, énonce expressément le caractère « spécifique » ou dérogatoire de l'arbitrage CCJA par rapport au droit commun de l'arbitrage OHADA. En effet, la Cour affirme que « l'Acte uniforme relatif au droit de l'arbitrage ne figure pas au nombre des actes juridiques précités qui sont applicables en l'espèce à l'arbitrage institutionnel spécifique de la CCJA ». Les textes applicables à l'arbitrage CCJA sont, relève-t-elle, « le Titre IV du Traité de l'OHADA, le Règlement d'arbitrage de la CCJA, le Règlement intérieur de la Cour, leurs annexes et les barèmes des frais d'arbitrage ». La Cour affirme donc clairement la distinction entre l'arbitrage OHADA de droit commun et l'arbitrage CCJA. Il faut noter que le Règlement d'arbitrage de la CCJA étant relativement jeune et utilisé depuis peu, les occasions pour la Cour de se prononcer sur son Règlement est encore rares. Il convient donc d'être particulièrement attentif à ses évolutions au regard du dynamisme économique de la zone OHADA et de sa forte implication dans le commerce international.

[299] CCJA, 17 juillet 2008, Rev. arb. 2010, n°3, p. 595

CHAPITRE 10. L'ARBITRAGE AU CENTRE D'ARBITRAGE, DE MEDIATION ET DE CONCILIATION DU BURKINA FASO

446. L'univers des grandes entreprises et des pme/pmi demeure sujet aux litiges et aux conflits. Parmi les modalités de règlement des litiges encore méconnues de certaines petites entreprises, figure la conciliation et l'arbitrage. Les pme/pmi offrant des prestations dans divers domaines sont appelées à entrer en relation avec des personnes physiques et morales de droit privé. De ce fait, elles peuvent se retrouver dans une situation faisant intervenir un litige ou un conflit qui l'opposerait à un tiers. Les notions de conciliation et d'arbitrage

Paragraphe 1. La conciliation

447. La conciliation est un mode de règlement des différends par accord des parties obtenu avec l'aide d'un tiers appelé conciliateur. Cet accord est le plus souvent concrétisé dans un procès-verbal de conciliation signé par les parties et le conciliateur.

Paragraphe 2. Distinction entre arbitrage et conciliation

448. Le procès-verbal de conciliation, à la différence de la sentence arbitrale, n'est pas une décision juridictionnelle et ne lie donc pas les parties. La solution proposée par le conciliateur doit être acceptée par les parties. En pratique, les confusions entre ces deux procédures sont assez fréquentes, et ce, principalement en présence de procédures arbitrales dans lesquelles les arbitres statuent en amiable composition. Il convient également de noter qu'en matière d'arbitrage institutionnel, le recours à la conciliation est prévu par la plupart des centres permanents d'arbitrage, parmi lesquels le Centre d'Arbitrage, de Médiation et de Conciliation de Ouagadougou (CAMC-O).

Paragraphe 3. Avantages de la conciliation

449. - la conciliation peut être mise en œuvre rapidement et est peu onéreuse ;
- la procédure est informelle, et par conséquent, souple ;
- la conciliation est une procédure acceptée par les parties qui refusent l'arbitrage.

L'arbitrage est une procédure dans le cadre de laquelle le litige est soumis, par convention entre les parties, à un ou plusieurs arbitres qui rendent une décision contraignante. En décidant de recourir à l'arbitrage, les parties optent pour une procédure de règlement des litiges privés en lieu et place d'une procédure judiciaire.

Paragraphe 4. L'arbitrage est une procédure consensuelle

450. L'arbitrage ne peut avoir lieu que si les deux parties y ont consenti. S'agissant de litiges futurs découlant d'un contrat, les parties insèrent une clause d'arbitrage dans le contrat. Un litige existant peut faire l'objet d'un arbitrage au moyen d'une convention ad hoc (spéciale) conclue entre les parties. À la différence de la médiation, une partie ne peut se retirer unilatéralement de la procédure d'arbitrage.

Paragraphe 5. Les parties choisissent le ou les arbitres

451. Conformément au Règlement d'arbitrage du CAMCO, les parties peuvent choisir d'un commun accord un arbitre unique. Si elles optent pour un tribunal arbitral composé de trois membres, chaque partie désigne l'un des deux arbitres appelés ultérieurement à nommer l'arbitre qui présidera le tribunal arbitral. Le Centre peut aussi recommander des arbitres possédant les compétences nécessaires ou nommer directement les membres du tribunal arbitral.

Paragraphe 6. L'arbitrage est neutre

452. Outre le fait qu'elles peuvent choisir des intermédiaires neutres de la nationalité appropriée, les parties peuvent décider d'éléments aussi importants que la législation applicable, la langue et le lieu de la procédure. Cela leur permet de s'assurer qu'aucune partie ne bénéficie d'un avantage lié au déroulement de la procédure dans son pays.

Paragraphe 7. Les avantages de l'arbitrage

453. - confidentialité : c'est un avantage très apprécié des milieux d'affaires ;
- compétence technique des arbitres, le choix de ces derniers se faisant en grande partie en raison de la connaissance qu'ils ont des problèmes soulevés par le litige ;
- moindre formalisme de la procédure ;
- recherche par les parties d'une justice autre que la justice rendue par les juridictions étatiques. Les procédures arbitrales peuvent être longues. Par ailleurs, parmi les avantages de l'arbitrage il y avait le faible coût des procédures. Il faut désormais savoir que, l'arbitrage peut entraîner des frais très élevés.

454. ANNEXE I : FRAIS D'ARBITRAGE

1. Droits de constitution du tribunal arbitral
150 000 F.CFA par partie à la procédure arbitrale.
2. Tableau de calcul des frais administratifs et des honoraires

a) Frais administratifs

Pour un montant en litige (en F.CFA)	Frais administratifs
Jusqu'à 5.000.000	200.000 F.CFA
De 5.000.001 à 25.000.000	4,5 %
De 25.000.001 à 50.000.000	3,5 %
De 50.000.001 à 100.000.000	3 %
De 100.000.000 à 250.000.000	2,5 %
De 250.000.001 à 500.000.000	2 %
De 500.000.001 à 1.000.000.000	1 %
Au-dessus de 1.000.000.000	0,5 %

BIBLIOGRAPHIE SELECTIVE

- Aka (N), *Acte uniforme sur le droit de l'arbitrage dans l'espace OHADA*, (annotations sous l'article 35).
- Amboulou (H.D), *Le droit des entreprises en difficulté dans l'espace OHADA*, L'Harmattan, 2014.
- Amboulou (H.D.), *Le droit des affaires dans l'espace OHADA*, L'Harmattan, 2014.
- Amboulou (H.D.), *Le droit des sûretés dans l'espace OHADA*, L'Harmattan, 2014.
- Amoussou-Guenon (R), *L'état du droit de l'arbitrage interne et international en Afrique avant l'adoption des instruments de l'OHADA*, Communication au colloque de Yaoundé sur les perspectives de l'arbitrage en Afrique.
- Amoussou-Guenon (R), *Redécouvrir l'arbitrage commercial international en Afrique francophone*, Cahiers juridiques et fiscaux de l'exportation, 1995/4, 801
- Ancel (P), *Arbitrage et novation*, Rev. arb. 2002, P.3 spéc. n°20 et s. P. 26
- Bahmael (M.A), *L'intervention du juge étatique des mesures provisoires et conservatoires en présence d'une convention d'arbitrage*. Droit français, anglais et suisse, préf. J. Béguin, LGDJ, 2002, spéc. n°105 et s.
- Beguin (J), *L'étonante liberté de l'arbitre amiable compositeur*, in De Code en Code Mélanges en l'honneur du Doyen Georges Wiederkhr, Daloz 2009, P.1
- Bertin (Ph), *L'intervention des juridictions au cours de la procédure arbitrale*, Rev. arb. 1982, P. 331, spéc P. 335
- Bollée (S), *Les méthodes du droit international privé à l'épreuve des sentences arbitrales*. Préf. P. Mayer. Economica, 2004, spéc n° 275, P. 192
- Clay (Th), Dalloz, Nouvelle Bibliothèque de thèses, 2001, n°741 et s. P. 575 et s.
- Cohen (D), *La soumission de l'arbitrage international à la loi française* (commentaire de l'article 1495 du CPC) Rev. arb. 1991. P. 155
- Pinsolle (Ph), *L'ordre juridique arbitral et la qualification de la sentence arbitrale de décision de justice internationale*, Cah. Arb. Vol.4, Pedone, 2008, P. 110
- Ditechev (A), *Le contrat d'arbitrage. Etude sur le contrat ayant pour objet la mission d'arbitrer*. Rev arb. 1981.397.
- Fouchard (Ph), Gaillard (E) et Goldman (B), Traité de l'arbitrage commercial international, Litec, 1996, n°7, P.11

- Fouchard (Ph), *L'arbitrage judiciaire*, in Etudes offertes à Pierre Bellet, Litec, 1991, 167.
- Fouchard (Ph), *La coopération du Président du tribunal de grande instance à l'arbitrage*, Rev. arb. 1985, P.5, spéc. P. 35
- Fouchard (Ph), *Quand un arbitrage est-il international* ? Rev. arb. 1970, P. 59
- Gaudemet (Y), *L'arbitrage : aspects de droit public. Etat de la question*, Rev. arb. 1992, 251
- Goldsmith (J.Cl), *Les modes de règlement amiable des différends*, RDAI, 1996, P. 221
- Hascher (D), *Arbitrage du commerce international*, Rép. Dalloz int. 2005 n°5
- Horsmans (G), *Actualité et évolution du droit belge de l'arbitrage*, Rev. arb. 1992, 417
- Jallamion (C), *Arbitrage et pouvoir politique en France du XVIIe au VIXe siècle,* Rev. arb. 2005, P. 3. Spéc. P. 21 à 36
- Jarrosson (Ch) et Pellerin (J), *Le droit français de l'arbitrage après le décret du 13 janvier* 2011, Rev. arb. 2011, n°110 et s.
- Jarrosson (Ch), *La notion d'arbitrage*, LGDJ 1987, P. 111
- Jarrosson (Ch), *Médiation et droit des contrats*, in Médiation et arbitrage, Altenative dispute résolution, L. Cadiet et alii, P. 33, spéc. P. 36
- Kamto (M), *La participation des personnes morales africaines de droit public à l'arbitrage OHADA*. Colloque de Yaoundé (16 et 17 décembre 1999). L'OHADA et les perspectives de l'Arbitrage en Afrique.
- Kassis (A), *Problème de base de l'arbitrage en droit comparé et en droit conventionnel*, Arbitrage contractuel et arbitrage juridictionnel, t1. LGDJ, 1987
- Kenfack Douajni (G) et Imhoos (Ch), *L'Acte uniforme relatif au droit de l'arbitrage dans le cadre du traité OHADA*, Revue camerounaise de l'arbitrage, n°5 avril-mai-juin, 1999, 3
- Kenfack Douajni (G), *Arbitrage forcé et règlement en droit camerounais des litiges entre associés*, Penant, n°825, 1997
- Kenfack Douajni (G), *Le cadre juridique de l'arbitrage au Cameroun*, Revue camerounaise de l'arbitrage, n°4 de janvier-février- mars 1999, 8
- Kroll (S.M) et Mistehis (L.A), Lew (J.D.M), *Comparative international Commercial Arbitration*, Kluwer Law international, aux cahiers de l'arbitrage.
- Lalive (P), *Avantages et inconvénients de l'arbitrage ad'hoc*, in Etudes offertes à Pierre Bellet, Litec, 1991, n°7, P.301
- Loquin (E), *La distinction de l'arbitrage contractuel et de l'arbitrage juridictionnel*, Rev. arb. 1977, P. 315

- Loquin (E), *Les obligations de confidentialité dans l'arbitrage*, Rev. A ; 2006 P. 323
- Loquin (E). *Arbitrage-Institutions d'arbitrage*, JCP. Proc. Civ. Fasc. 1002, n°12
- Meyer (P), *L'Acte uniforme de l'OHADA sur le droit de l'arbitrage*, ROAI, n°6, 1999, 635
- Motulsky (H), *Etudes et notes sur l'arbitrage*, LGDJ, 1987, n°785
- Narim (F.S), *Médiation et arbitrage*, in Arbitration in the next decade, suppl. spéc. Bull. CCI 1999/2, P. 42
- Oppetit (B), *Arbitrage, médiation et conciliation*, Rev.arb. 1984. P.307
- Peter (W.), Arbitration of Mergers and Acquisitions ; Purchase Price Adjustements Disputes, Arb. Int. 2003, P. 491
- Poudret (J F), *Critères d'internationalité de l'arbitrage et droit européen*, in L'extranéité ou le dépassement d'ordre juridique étatique, Pedone, 2000, P.53
- Poudret (J.F) et Besson (S), *Droit comparé de l'arbitrage international*
- Pougoué (P.G), *Le système de l'arbitrage de la CCJA*, Communication au Colloque international des 1 et 17 décembre 1999 à Yaoundé sur l'OHADA et les perspectives de l'arbitrage en Afrique.
- Pougoué (P.G), Tchakoua (J.M) et Feneon (A), *Droit de l'arbitrage dans l'espace OHADA*, PUA, 2000.
- Robine (E), *Les obstacles au développement de l'arbitrage commercial international*, RJDA, 10/96, 823
- Scheider (M.E.), *The revision of the UNCITRAL. Arbitration Rules. Some observations on the process and the results* Cah. arb. 2011 P. 903
- Sockeng (R), *Les effets de la convention d'arbitrage en droit camerounais*, Revue camerounaise de l'arbitrage, n°4, 1999, 10.
- Tchakoua (J), *Le contrôle de la régularité internationale des jugements et sentences arbitrales en droit camerounais*, Thèse de doctorat 3e cycle, Université de Yaoundé, 1991
- Tchakoua (J.M), L'arbitrage et les investissements internationaux en Afrique noire francophone, n°31, 1997, P. 67.
- Vaugon (I) et Dary (M), *Les modes alternatifs de règlement des conflits* : une stratégie garante *pour les entreprises*, Cah, arb. 2010, P. 65

Table des matières

Questions juridiques aux éditions L'Harmattan

Dernières parutions

LA FINANCE ISLAMIQUE FACE AU DROIT FRANÇAIS
Himeur Chihab Mohammed, Abdelmoumen Nedra
Cet ouvrage aborde deux systèmes juridiques - musulman et français -, de manière parallèle. Chaque type de contrat de la finance islamique est traité dans un chapitre à part, à la fois d'un point de vue juridique et pratique. Contrairement à toutes les idées reçues, le droit français n'est pas en contrariété totale avec la pratique de la finance islamique, matière dont les auteurs interrogent le fondement. À l'heure actuelle, l'application de celle-ci est possible.
(26.00 euros, 254 p.)
ISBN : 978-2-343-05160-4, ISBN EBOOK : 978-2-336-37184-9

LE JURISTE TERRITORIAL, UN ACTEUR ESSENTIEL DES COLLECTIVITÉS TERRITORIALES
Michel Emilie - Préface de Nelly Ferreira
Cette étude a pour ambition de démontrer la manière dont le juriste territorial, passant d'un simple gestionnaire de contentieux à un véritable gestionnaire des risques, s'est imposé progressivement au sein des entités décentralisées au point de devenir un acteur indispensable à leur bon fonctionnement.
(Coédition Université de Cergy-Pontoise, Coll. Master Collectivités territoriales et politiques publiques, 15.50 euros, 152 p.) ISBN : 978-2-343-05763-7, ISBN EBOOK : 978-2-336-37242-6

LA PARTICIPATION DES USAGERS AUX POLITIQUES PUBLIQUES LOCALES
Une volonté affichée... pour quelle réalité ?
Roquefort-Cook Katline - Préface de Nelly Ferreira
Les processus participatifs ne sont-ils qu'une comédie, mis à la disposition des élus locaux ? Ou peuvent-ils être la clé d'un nouvel acte de l'action publique, plus en adéquation avec les attentes des habitants ? Néanmoins, les collectivités doivent appréhender les différents écueils de cette participation ; car, à travers l'analyse de différentes expériences participatives, c'est la démocratie locale que la participation citoyenne vient interroger. L'usager aura-t-il demain un rôle plus efficient dans la conduite des politiques publiques locales ?
(Coédition Université de Cergy-Pontoise, Coll. Master Collectivités territoriales et politiques publiques, 14.00 euros, 134 p.) ISBN : 978-2-343-05691-3, ISBN EBOOK : 978-2-336-37240-2

L'E-ADMINISTRATION ET LA GESTION DE LA RELATION AUX CITOYENS
L'exemple des services scolaires
Hattab Amélie - Préface de Laeticia Janicot
L'e-administration ou la dématérialisation des différentes procédures est devenue une étape incontournable dans la réussite des projets de modernisation de la gestion des collectivités territoriales. L'étude de cette dématérialisation des services scolaires permet d'identifier les avantages et les difficultés engendrés par un passage au numérique dans une collectivité. Elle met aussi en évidence les effets sur le fonctionnement interne de l'administration territoriale et sur les relations et démarches de l'usager avec cette dernière.
(Coédition Université de Cergy-Pontoise, Coll. Master Collectivités territoriales et politiques publiques, 15.50 euros, 148 p.) ISBN : 978-2-343-05591-6, ISBN EBOOK : 978-2-336-37241-9

LA GOUVERNANCE : ENTRE LE CITOYEN ET LE POLITIQUE
M'Rad Hatem
Chaque époque a sa propre conception de la politique. Celle d'hier se fondait sur le pouvoir régalien, puis sur la seule participation électorale. Celle d'aujourd'hui traduit l'émergence du pouvoir citoyen et ses multiples manifestations dans toutes les sphères de l'action politique, économique et sociale. La gouvernance est la conciliation entre la sphère du citoyen et celle du pouvoir politique. Elle condamne le citoyen et le politique à cohabiter pacifiquement et démocratiquement pour que l'État puisse gagner en efficience.
(Coll. Logiques Juridiques, 23.00 euros, 222 p., Broché)
ISBN : 978-2-343-05493-3, ISBN EBOOK : 978-2-336-37303-4

L'INTERRÉGULATION
Sous la direction de Gabriel Eckert et Jean-Philippe Kovar
L'interrégulation est un ensemble de procédés juridiques permettant d'organiser les relations entre des autorités publiques en charge de la réglementation, du contrôle ou de la surveillance des secteurs d'activités économiques. Cet ouvrage collectif l'étudie dans ses dimensions transdisciplinaire, transectorielle et transnationale. Sont ainsi envisagés les rapports entre les autorités de concurrence et les autorités de régulation sectorielle, ainsi que les interactions entre les autorités de régulation de secteurs ou pays différents.
(Coll. Logiques Juridiques, 25.50 euros, 250 p.)
ISBN : 978-2-343-05672-2, ISBN EBOOK : 978-2-336-37132-0

NOUVELLES RECHERCHES SUR LES FONCTIONS DE L'INTÉRÊT GÉNÉRAL DANS LA JURISPRUDENCE ADMINISTRATIVE
Coq Véronique - Préface de Benoît Plessix
Dans la jurisprudence administrative, l'intérêt général s'exprime en plusieurs sens. L'approche choisie consiste à le penser au-delà du phénomène de dilution de la notion. Dans cette perspective, l'intérêt général est examiné sous l'angle du droit administratif, mais aussi sous le prisme de la théorie et de la philosophie du droit. Ces recherches sont ainsi nouvelles en raison de l'évolution du contentieux administratif et par le regard pluridiscipinaire porté sur le sujet qui fait appel à la pure analyse du droit positif et à la théorie du droit.
(Coll. Logiques Juridiques, 56.00 euros, 666 p.)
ISBN : 978-2-343-05089-8, ISBN EBOOK : 978-2-336-37218-1

FAIRE L'ÉCONOMIE DE LA DÉNONCIATION
Sous la direction de Sonny Perseil et Yvon Pesqueux
Auditeurs, comptables, consultants et experts, journalistes, juges, policiers, mais aussi chercheurs en sciences sociales gagnent souvent leur vie en dénonçant des pratiques considérées comme déviantes, transgressives ou tout simplement mauvaises, pratiques en général dissimulées par les agents politiques ou économiques. Faire l'économie de la dénonciation dans une approche sans doute plus psychologique, c'est essayer de comprendre ce qui pousse des individus à la délation. Ces contributions se proposent de saisir les fondamentaux de cette économie, mais aussi de questionner une thématique connexe, la transparence.
(Coll. Perspectives organisationnelles, 20.00 euros, 206 p.)
ISBN : 978-2-343-05767-5, ISBN EBOOK : 978-2-336-37243-3

LA RESPONSABILITÉ PÉNALE DE LA PERSONNE MORALE
Enjeux et avenir
Sous la direction de Delphine Brach-Thiel et Ann Jacobs
Le principe et la mise en œuvre de la responsabilité pénale de la personne morale se trouvent aujourd'hui à la croisée des chemins. Comparer et confronter les systèmes français et belge ne peut qu'être source d'enrichissements à l'heure où les débats ne sont pas clos et où il reste encore pour la jurisprudence, de grandes questions en attente.
(Coll. Comité international des pénalistes francophones, 22.00 euros, 222 p.)
ISBN : 978-2-343-05690-6, ISBN EBOOK : 978-2-336-37230-3

JUSTE VICTIME DANS LE PROCÈS PÉNAL
Sous la direction de Sylvie Humbert et Franck Ludwiczak
La vision classique du procès pénal qui oppose la société à l'auteur d'un fait délictuel est révolue. La victime n'est plus simplement perçue comme simple témoin ou instrument fondant la preuve de l'infraction, mais représente désormais un acteur incontournable du processus répressif. Ce colloque a permis d'apporter des regards complémentaires sur l'évolution de la justice pénale et sur la place à accorder à la victime dans le processus répressif.
(Coll. Droit, Société et Risque, 26.50 euros, 266 p.)
ISBN : 978-2-343-02595-7, ISBN EBOOK : 978-2-336-37213-6

LE DROIT À LA VILLE
Justifications, apports, manifestations et portées
Lamare Marine - Préface de Fabien Girard
Le droit à la ville a été créé par le philosophe et sociologue français Henri Lefebvre, en 1968, afin de répondre aux maux des sociétés urbaines, notamment marquées par l'exclusion, des logements indignes, l'absence de lieux conviviaux et d'espaces verts et par un défaut de participation. Inspirée des travaux d'Henri Lefebvre et des apports de la société civile et des chercheurs sur le sujet, la présente analyse met en lumière la dimension sociale des droits humains ainsi que l'exigence de participation des habitants dans le façonnement de leur ville.
(Coll. Logiques sociales, série Questions urbaines, 30.00 euros, 306 p.)
ISBN : 978-2-343-05548-0, ISBN EBOOK : 978-2-336-37090-3

LA RÉPUBLIQUE FACE AUX DROITS DES MINORITÉS
Lire l'ordre juridique français à partir de la théorie libérale de Will Kymlicka
Médard Robin
Le pari de cet ouvrage consiste à utiliser le lexique de «La citoyenneté multiculturelle» (Kymlicka, 1995) comme grille de lecture du droit français. Or, loin de confirmer leur incompatibilité, cette analyse met en relief une corrélation certaine entre l'ordre juridique français et le droit des minorités tel que conceptualisé par la théorie libérale de Kymlicka. Cette tolérance du droit français invite l'auteur à douter de la pertinence des interprétations communautariennes des principes républicains.
(Coll. Questions contemporaines, 23.00 euros, 234 p.)
ISBN : 978-2-343-05537-4, ISBN EBOOK : 978-2-336-37082-8

IRRESPONSABILITÉS RÉCURRENTES DES ÉLITES
Accidents fortuits et crimes en col blanc
Fines Louise
En scrutant trois catastrophes récentes : la marée noire et British Petroleum (2010), le désastre de la centrale Fukushima et Tepco (2011) et l'explosion des wagons de pétrole à Lac-Mégantic (province de Québec) et la compagnie Montréal, Maine et Atlantic Railway (2013), cet ouvrage réfléchit à la pertinence de qualifier d'accidents des conduites qui s'apparentent à des crimes. L'auteur soupèse les notions d'accidents et de sacrifice nécessaire lorsque vient le temps d'évaluer la sécurité du public et les risques pour les populations locales.
(Coll. Questions contemporaines, 16.50 euros, 160 p.)
ISBN : 978-2-343-04704-1, ISBN EBOOK : 978-2-336-37194-8

TERRES, TERRITOIRES, RESSOURCES
Politiques, pratiques et droits des peuples autochtones
Sous la direction d'Irène Bellier
Cette étude aborde la problématique des droits fonciers et territoriaux, le besoin d'une sécurité juridique et de la relation à la terre ; elle questionne la place de l'homme dans les projets de développement ou de protection de l'environnement, elle se penche enfin sur les enjeux miniers. Anthropologues, géographes, juristes, leaders autochtones et politistes offrent ici un tour d'horizon.
(Coll. Horizons autochtones, 30.00 euros, 394 p.)
ISBN : 978-2-343-05543-5, ISBN EBOOK : 978-2-336-37181-8

ANNALES DE LA FACULTÉ DE DROIT ET SCIENCE POLITIQUE DE NICE
(Année 2014)
Textes réunis par Yves Strickler
Ces annales se veulent être une photographie, à période régulière, des activités de la faculté de Nice. Cet ouvrage contient les résultats des travaux doctoraux soutenus en 2014 ainsi que la liste des écrits publiés la même année par les chercheurs confirmés de l'université. Il accueille également des contributions et conférences prononcées à la faculté de Nice ou communiquées par leurs auteurs au comité de lecture, dans tous les domaines de la recherche en droit et science politique, tout en ouvrant sur les autres domaines des sciences de la société.
(Coédition Université de Nice-Sophia Antipolis, 32.00 euros, 322 p.)
ISBN : 978-2-343-05852-8, ISBN EBOOK : 978-2-336-37238-9

LA COUR PÉNALE INTERNATIONALE À L'ÉPREUVE DE LA RÉPRESSION EN AFRIQUE
Des préjugés aux réalités
Dangnossi Issaka
Quelles analyses peut-on faire de la fréquence des interventions de la CPI en Afrique ? Pourquoi tous les suspects sont-ils des ressortissants du continent africain, même si cet état de fait repose sur des bases juridiques conformes au droit international. La politique du bureau du procureur de la CPI est-elle dictée par les rapports de force politico-militaires qui se présentent sur le terrain ? Quelles alternatives s'offrent à la CPI et aux Etats africains ? Le châtiment judiciaire est-il la seule voie de lutte contre l'impunité ?
(Coll. Études africaines, série Droit, 21.00 euros, 208 p.)
ISBN : 978-2-343-05421-6, ISBN EBOOK : 978-2-336-37039-2

REVUE AFRICAINE DES SCIENCES JURIDIQUES RASJ
African journal of law (Numéro spécial)
Ce numéro s'articule autour de deux grandes parties : Droit privé : - L'ordonnance camerounaise du 6 juillet 1974 fixant le régime foncier - La question de la double nationalité sous le prisme du droit international privé - La répression pénale du blanchiment des capitaux en zone CEMAC, etc. Droit public : - Recherches sur les contrats publics d'affaires au Cameroun - Le principe de l'unité de trésorerie en droit public camerounais - La mise en place du Sénat au Cameroun, etc.
(Coédition Université de Yaoundé (fac. des sc. juridique et politique), 31.00 euros, 300 p.)
ISBN : 978-2-343-05675-3, ISBN EBOOK : 978-2-336-37046-0

LE DROIT DES MARCHÉS FINANCIERS DANS L'ESPACE OHADA
Amboulou Hygin Didace
Ce livre est une analyse approfondie des marchés financiers du Bénin, du Burkina Faso, du Cameroun, du Congo, de la Côte-d'Ivoire, du Gabon, de la Guinée Bissau, de la Guinée Équatoriale, du Mali, du Niger et du Sénégal. Il propose des pistes adéquates pour la construction d'un système juridique cohérent et adapté à leur environnement afin de faciliter leur intégration économique.
(Coll. Études africaines, 18.00 euros, 186 p.)
ISBN : 978-2-343-04487-3, ISBN EBOOK : 978-2-336-37065-1

CONTRIBUTION À L'ÉTUDE JURIDIQUE DES CONCESSIONS PORTUAIRES
Seka Aba Clément - Avant-propos du professeur Martin Ndendé
Préface de Maître Robert Rézenthel
Les concessions portuaires apparaissent comme les outils juridiques offrant un cadre d'accueil, en termes de performance et de rentabilité, aux activités économiques dans les ports maritimes. Aujourd'hui le problème de la qualification juridique de ces concessions portuaires semble se poser. Les contrats de concession dans les ports peuvent-ils être classés dans une famille juridique préétablie et être rattachés à une catégorie juridique préexistante ?
(Coll. Affaires maritimes et Transports, 59.00 euros, 700 p.)
ISBN : 978-2-343-04834-5, ISBN EBOOK : 978-2-336-36839-9

L'HARMATTAN ITALIA
Via Degli Artisti 15; 10124 Torino

L'HARMATTAN HONGRIE
Könyvesbolt ; Kossuth L. u. 14-16
1053 Budapest

L'HARMATTAN KINSHASA
185, avenue Nyangwe
Commune de Lingwala
Kinshasa, R.D. Congo
(00243) 998697603 ou (00243) 999229662

L'HARMATTAN CONGO
67, av. E. P. Lumumba
Bât. – Congo Pharmacie (Bib. Nat.)
BP2874 Brazzaville
harmattan.congo@yahoo.fr

L'HARMATTAN GUINÉE
Almamya Rue KA 028, en face
du restaurant Le Cèdre
OKB agency BP 3470 Conakry
(00224) 657 20 85 08 / 664 28 91 96
harmattanguinee@yahoo.fr

L'HARMATTAN MALI
Rue 73, Porte 536, Niamakoro,
Cité Unicef, Bamako
Tél. 00 (223) 20205724 / +(223) 76378082
poudiougopaul@yahoo.fr
pp.harmattan@gmail.com

L'HARMATTAN CAMEROUN
BP 11486
Face à la SNI, immeuble Don Bosco
Yaoundé
(00237) 99 76 61 66
harmattancam@yahoo.fr

L'HARMATTAN CÔTE D'IVOIRE
Résidence Karl / cité des arts
Abidjan-Cocody 03 BP 1588 Abidjan 03
(00225) 05 77 87 31
etien_nda@yahoo.fr

L'HARMATTAN BURKINA
Penou Achille Some
Ouagadougou
(+226) 70 26 88 27

L'HARMATTAN SÉNÉGAL
10 VDN en face Mermoz, après le pont de Fann
BP 45034 Dakar Fann
33 825 98 58 / 33 860 9858
senharmattan@gmail.com / senlibraire@gmail.com
www.harmattansenegal.com

L'HARMATTAN BÉNIN
ISOR-BENIN
01 BP 359 COTONOU-RP
Quartier Gbèdjromèdé,
Rue Agbélenco, Lot 1247 I
Tél : 00 229 21 32 53 79
christian_dablaka123@yahoo.fr

651364 - Avril 2016
Achevé d'imprimer par

1livre.com
du rêve à la réalité !